티베트 비밀 역사

박 근 형

지식산업사

티베트 비밀 역사

초판 제1쇄 발행 2013. 6. 20.
초판 제2쇄 발행 2013. 12. 20.

지은이   박 근 형
펴낸이   김 경 희
펴낸곳   (주)지식산업사
　　　　　본사 ● 413-832, 경기도 파주시 교하읍 문발리 520-12
　　　　　　　　전화 (031) 955-4226~7 팩스 (031)955-4228
　　　　　서울사무소 ● 110-040, 서울시 종로구 통의동 35-18
　　　　　　　　전화 (02)734-1978 팩스 (02)720-7900
　　　　　한글문패 지식산업사
　　　　　영문문패 www.jisik.co.kr
　　　　　전자우편 jsp@jisik.co.kr
　　　　　등록번호 1-363
　　　　　등록날짜 1969. 5. 8.

ⓒ 박근형, 2013
ISBN 978 - 89 - 423 - 2081 - 3 03910

이 책을 읽고 저자에게 문의하고자 하는 이는
지식산업사 전자우편으로 연락 바랍니다.

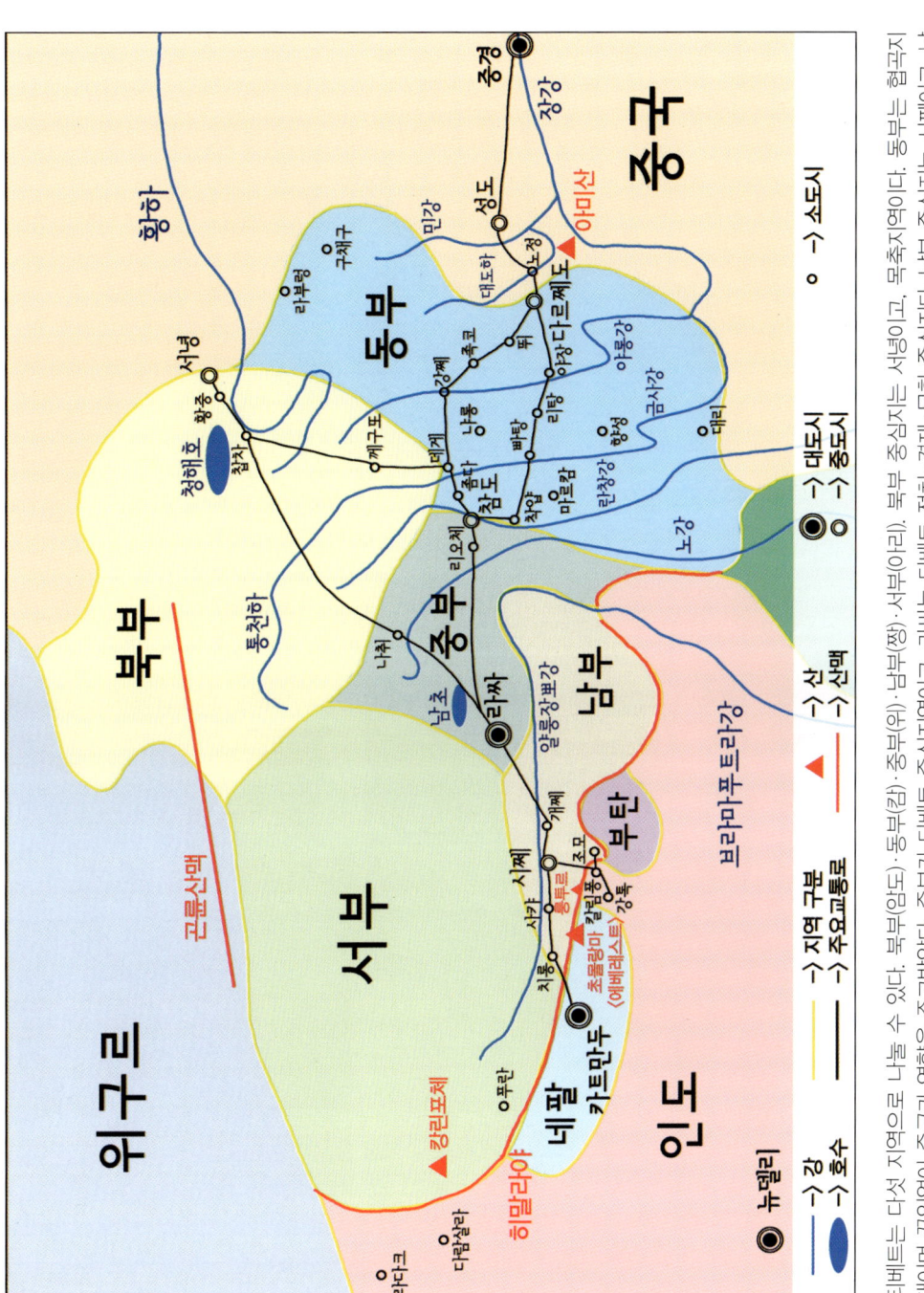

티베트는 다섯 지역으로 나눌 수 있다. 북부(암도)·동부(캄)·중부(위)·남부(짱)·서부(아리). 북부 중심지는 시닝이고, 목축지역이다. 동부는 협곡지 대이며 공음없이 중국과 영향을 주고받았다. 중부가 티베트 중심지역이고, 라싸는 티베트 정치·경제·문화 중심지다. 남부 중심지는 시제이고, 남 쪽 끝에 히말라야가 펼쳐져 있으며, 이곳만 넘어가면 인도·네팔·부탄이 나타난다. 서부는 황량한 고원이며 사람이 별로 없다.

1_ 조캉에서 바라본 라싸 시내 전경. 오른쪽 위에 있는 웅장한 건물이 포탈라궁이다.

2_ 쩨뿡 사원.

3_ 1939년 데게德格개뽀. 개뽀는 칸이라는 뜻이며, 모두 사병을 거느렸다. 티베트는 1959년이 되어야 사병이 완전히 사라졌다.

4_ 지금도 동부지역에 남아 있는 뵌뽀 무당. 티베트는 불교가 들어오기 전에 무당이 다스리는 나라였다.

5_ 북부지방 한 유목민 가족. 북부티베트인은 얼굴 생김새가 일반적인 한국인과 다를 바 없다.

6_ 짜시륀뽀에 있는 실내청동미륵불.

7_ 동부지방 어느 일처다부제 가정. 사진에 나오는 이들은 네 형제가 한 여자와 결혼했으며, 이 두 사람은 막내남편과 아내의 다정한 모습이다.

8_ 토링사원.

9_ 라싸와 시쩨의 중간에 있는 교통요지 개쩨. 밑에 있는 것이 배쾨르 사원이고, 왼쪽 위에 있
   는 것이 개쩨 성벽이다.

10_ 구게왕국 유적지.

11_ 구룽구九龍溝에 있는 한 호수. 동부지방은 아름다운 협곡과 물길이 만들어낸 멋진 풍경이 많다.

끝없는 매듭의 만다라
Mandala of The Endless Knot

머리말

    이 책은 한국사람 박근형이 쓴 티베트통사다. 그러나 단순한 티베트이야기가 아니다. 이것은 우리 모두의 이야기다. 나는 티베트의 비밀을 찾아 헤매었다. 그리고 나름대로 명쾌하게 서술하려고 애썼다. 오락소설처럼 재미있게 읽기 바란다.

    이 수많은 이야기 속에 당신이 들어 있다. 이 진실을 깨닫는다면 당신은 이미 다른 사람이 되어 있을 것이다.

2013년 5월

차 례

ॐ मणि पद्मे हूँ는 산스크리트어로 육자진언 '옴마니반메옴'을 뜻한다.

일러두기

1. 모든 고유명사는 최대한 병기한다.
2. 중국지명과 한족 이름은 한국어한자발음으로 표기한다.
3. 모든 임금은 이름을 병기한다.

제1장 토번시대

기원전 3세기~842년

1. 신화와 전설

티베트는 바다였다

티베트인은 자기 나라를 푀$_{\bar{5}}$라고 부른다. 티베트는 다섯 지역으로 나눌 수 있다.

청해성靑海省은 몽골어로 '코코노르kokonor', 티베트어로 '암도Amdo; 安多'라고 부른다. 광활한 목축지대이며, 이곳이 북부티베트다.

다르쩨도打箭爐: 오늘날 강정康定를 포함하고 이곳을 기준으로 서쪽, 곧 사천성四川省 서부와 운남성雲南省 북부가 동부티베트이며, 티베트어로 '캄Khams; 康'이라 부른다. 이곳 사람들은 대체로 거칠고 다혈질이 많다. 그래서 예로부터 뛰어난 티베트 전사가 이곳에서 나왔다. 이곳은 교통이 불편한 협곡지대다.

중부티베트가 티베트 중심지역이다. 라싸拉薩는 해발 3천 7백 미터이지만, 티베트에서 낮은 고도에 속한다. 그곳은 티베트인의 정신적 고향이며 문화중심지다. 라싸 한가운데 포탈라궁布達拉宮이 있는데, 실제로 바로 앞에서 보면 위압감을 느낀다.

남부티베트 중심지는 짜시륀뽀 사원札什倫布寺이 있는 시쩨日喀則다. 남부티베트 끝으로 내려가면 히말라야가 웅장하게 뻗어 있다. 이 히말라야를 넘어가면 인도·네팔·부탄으로 들어간다. 중부티베트를 '위衛', 남부티베트를 '짱藏'이라 부른다. 중부와 남부는 문화차이가 크지 않다. 그래서 이 둘을 합쳐 '위짱衛藏'이라 부른다.

위짱 서쪽이 서부티베트이며, '아리阿里'라고 부른다. 아리는 평균 해발고도가 5천 미터이며, 그냥 황무지다. 나무도 자라지 않는다. 면적은 한반도의 2배인데 인구가 2만 명뿐이다.

티베트 북부에서 히말라야까지 뻗어있는 고원지대를 티베트고원靑藏高原이라 부른다. 티베트인은 높은 곳에 산다. 설산雪山도 많다. 그래서 티베트 별명이 설역雪域: 강짼崗堅이다. 티베트는 바다가 없다. 그런데 소금을 자급자족한다. 호수에서 소금이 나오고 산에서도 소금이 나온다. 인류가 지구에 살기 전 이곳은 바다였던 것이다.

원숭이와 인간이 몸을 섞어 티베트인이 탄생하다

태초에 지구는 사람이 없었다. 오랜 시간이 지난 뒤 관음보살觀音菩薩이 특이한 변종으로 태어난 원숭이를 대륙으로 보내 중생을 이롭게 하기로 결심했다. 이 원숭이는 마지막 대홍수 때 관음보살의 배려로 조개처럼 생긴 오색 알 속에 들어가 살아남은 종족의 후예였다. 이 원숭이가 관음보살의 뜻에 따라 한 동굴로 들어가 도를 닦았다.

어느 날 그곳에 바위의 정령인 나찰녀羅刹女가 나타났다. 나찰녀는 원시인이었다. 도를 닦고 있는 원숭이를 보고 한눈에 반했다. 그와 자고 싶었다. 그러나 원숭이는 나찰녀를 거들떠보지도 않았다. 나찰녀가 앞에서 온갖 음란한 짓을 하며 갈망했지만 마찬가지였다.

"그러면 나는 자결하겠습니다."

원숭이는 난처했다. 자기 때문에 생명을 잃어버리는 것을 보고 싶지 않았다. 그래서 자비심으로 그 나찰녀와 몸을 섞었다. 이렇게 자식 6명이 태어났다. 이들이 티베트인의 시조다.

이 티베트 개국신화에 홍수가 나오고 원숭이가 나오는 것이 흥미롭다. 또 자신들 어머니를 원시인이었다고 말하는 것도 흥미롭다. "우리 어머니는 못 생겼어요."라고 말하는 자식도 있나? 더군다나 자신들의 어머니가 음란한 짓을 했다는 말까지 한다. 그래서 더욱 사실 같다. 하지만 원숭이가 문제다. 티베트는 원숭이가 없다. 그리고 원숭이가 사람처럼 도를 닦고 사람 말을 알아듣는다? 그 원숭이가 진짜 원숭이였을까? 원숭이처럼 생긴 사람이라면 원래 어느 지방 사람이었을까? 차라리 외계인이라면 설명하기 쉽다. 먼 옛날 외계인과 지구인이 몸을 섞어 자손들이 태어나 한 민족을 형성했다고 해석할 수 있기 때문이다. 어차피 신화는 정답이 없다.

귀신에게 납치당한 소년

티베트 샤머니즘이 뵌뽀本波; 本敎다. 만물에 깃든 영혼을 믿고, 주술을 외우며, 짐승을 죽여 그 피로 제사를 지낸다. 흑마술도 썼다. 심지어 의식을 거행하며 칼로 사람도 죽였다. 지금도 여러 뵌뽀 무당이 많은 굿을 한다.

뵌뽀의 창시자는 기원전 3세기 서부티베트 센랍미우체辛臘璞佛. 이 사람은 13살 때 귀신에게 납치당했다. 그런데 13년 뒤 다시 세상에 나타났다. 그것도 원반을 타고 하늘을 날아 하늘사다리를 타고 캉린 포체岡仁波且; 캉디세岡底斯; 수미산須彌山; 카일라스Kailas, 6,714m 정상으로 내려왔다. 가슴에 만卍; swastika자가 새겨져 있었다.

다시 나타난 센랍미우체는 초능력자였다. 죽은 사람도 살려 낼 수 있었다. 센랍미우체는 여러 제자를 길렀고, 50살 때 캉린포체 정상에서 온몸이 무지개빛으로 변하며 하늘로 올라갔다.

2000년, 한 러시아 탐험대가 재미있는 조사보고서를 발표했다.

"캉린포체는 인공구조물이며, 거대한 피라미드이고, 정상에서 방사능을 검출했다."[1]

그래서 이렇게 생각하는 사람들도 있다.

"그 귀신은 외계인이다. 그 소년에게 원시적인 과학지식을 전수해 준 것이다."

괴이하게 생겨서 임금이 되다

기원전 3세기, 티베트 얄룽雅隆계곡에서 원시 뵌뽀를 믿는 12명이 방목하고 있었다. 그런데 이들 앞에 한 소년이 나타났다. 눈이 처지고 눈과 피부가 녹색을 띠고 있었으며 손발에 물갈퀴 같은 것이 달려 있었다.

"너는 어디에서 왔느냐?"[2]

그러나 서로 말이 통하지 않았다. 소년은 그냥 손가락으로 하늘을 가리켰다.

"오! 하늘이 보내주신 우리 임금님이구나."[3]

이들이 소년을 어깨가마 태워 부락으로 데려왔다. 이 사람이 토번왕국 최초 임금 네치짼뽀聶赤贊普다. 네치짼뽀는 '어깨무등으로 왕좌에 오른 임금'이란 뜻이다.

이것이 티베트 개국설화이다. 네치짼뽀는 3년 동안 말을 한 마디도 하지 않았다. 무슨 말인지 알아듣지도 못했을 것이다. 그러나 아무리 바보라도 3년 동안 한 언어를 날마다 내내 들으면 갑자기 귀가 '뻥!' 하고 터지며 무슨 말인지 다 알아듣는다. 이 네치짼뽀가 3년 만에 느닷없이 말을 하기 시작했다. 궁전을 지으라는 것이다. 그래서 건설한 궁전이 윰브라캉雍布拉康인데, 이것이 지금도 얄룽계곡에 남아 있다. 네치짼뽀에서 시작하는 이 왕조를 토번왕조吐蕃王朝라 한다. 토번투뾔; 투보; 吐蕃은 티베트TIBET; 土伯特의 어원이다.

무당이 다스리는 나라

제1대 임금 네치짼뽀부터 제7대 임금 십치짼뽀塞赤贊普까지 토번왕조 임금은 뵌뽀 무당의 지배를 받았다. 그래서 뚜렷한 업적이 없다. 다만 특이한 기록이 있다. 이 7명은 모두 죽기 전에 하늘로 올라갔기 때문에 무덤도 없다는 것이다.

사실일까? '신비롭다'는 말은 '모른다'는 뜻이다. 알면 신비롭지 않다. 원시인이 카드마술을 보면 신비롭다. 그 마술사는 하늘의 아들인 것이다. 추측 하나가 눈앞에 펼쳐진다. 임금이 죽었다. 이 임금은 하늘에서 내려왔다. 신의 아들이다. 죽을 수 없는 존재다. 그런데 죽었다. 어찌 해야 하는가? 무당들이 임금의 죽음을 숨기고 밀실에 모여

속닥거린다. 결정했다. 시체가 편안하게 잠을 자고 있는 것처럼 꾸민다. 성스러운 행사를 연다. 백성들이 엎드려 그 행사를 축복한다. 무당들이 산에 올라가기 전에 외친다.

"이곳은 성스러운 곳이므로 아무도 들어올 수 없습니다. 이제 돌아가시오."

백성들이 아쉬워하며 돌아간다. 무당들은 정상에 올라갔다. 칼로 시체를 토막 내어 자른다. 독수리들이 피 냄새를 맡고 우루루 몰려들어 맛있게 먹는다. 뼈만 남았다. 그러자 무당들이 망치로 뼈를 잘게 부숴 버렸다. 독수리들은 뼈까지 다 먹어 버린다. 이제 됐다. 시체는 남지 않았다. 무당들이 서로 축하하며 마을로 내려왔다.

"임금은 하늘로 올라갔습니다."

틀린 말도 아니다. 실제로 하늘로 올라갔으니까. 무당들은 새 임금을 뽑았다. 원시사회에서 무당은 최고 지식인이다. 백성도 임금도 모두 무당의 말을 잘 들어야 한다. 그래야 나라가 잘 돌아간다.

어쩌면 무당들이 임금을 죽였을 것이다. 권력은 마약과 같다. 한 번 맛들이면 죽을 때까지 포기하고 싶지 않다. 자기 말을 안 들을 조짐이 보이면 재빨리 죽여야 한다. 어차피 하늘로 올라갈 사람인데 무슨 문제란 말인가.

아버지의 원수를 아들이 갚다

기원전 2세기 제8대 임금 지쿰짼뽀止貢贊普는 힘이 장사였다. 그를 지키는 호위부대도 생겼다. 그래도 무당들은 위협으로 느끼지 않았다. 임금이 자신들을 존경하며 우대했기 때문이다. 이들은 중요한 사실을 까먹은 것이 분명하다. 세속권력이 종교권력에게 대항할 수 있는 힘은 경제력과 군사력에서 나온다는 사실을 말이다.

　서부티베트에서 융둥뵌뽀雍仲本敎; 卍敎 무당 세 사람이 토번으로 들어왔다. 센랍미우체의 가르침에 인도 외도外道와 페르시아나 중앙아시아에서 받아들인 민간신앙까지 소화해서 발전시킨 사람들이었다. 토번의 기존 무당들이 하수라면 이들은 고수였다. 지쿰짼뽀는 이 세 사람을 우대했다. 기존 하수들은 밥그릇 위협을 느꼈을 것이다. 그럼에도 기존 하수들은 새로 나타난 고수들과 별다른 마찰 없이 잘 지냈다. 비결이 무엇이었을까?

　새로 나타난 고수들이 하수들에게 자신들의 가르침과 비법을 전수해 준 것이다. 그렇지 않으면 낯선 이방인들은 기존 권력자들과 어울릴 수 없다. 많은 기독교 선교사가 의학을 배운 뒤 오지에 들어가 선교하는 것도 같은 이치다. 원시인에게 현대의학은 곧 마법이기 때문이다.

　하지만 이 세 사람이 백성들의 정신을 통제하기 시작했다. 임금도 이 세 사람이 허락하지 않으면 지시를 내릴 수 없는 사태까지 벌어졌다. 이제야 임금이 조금씩 자기 힘을 가지기 시작한 상황이었는데, 다시 새로운 무당들에게 지배당하는 경향이 뚜렷하게 보이고 있었다. 신하들이 탄식했다.

　"임금께서 돌아가시면 저들이 정권을 탈취할 것이다."4

　지쿰짼뽀가 결단을 내렸다. 융둥뵌뽀 무당 세 사람을 불렀다.

　"너희가 내 머리 위에서 놀고 있구나."5

지쿰짼뽀는 무당 4명만 남기고 모두 추방해 버렸다. 그러나 여론이 좋지 않았다. 백성들은 뵌뽀 무당들을 존경하고 있었던 것이다. 일부 지방 호족들도 반발했다. 원시사회에서 무당은 의사 노릇까지 담당한다. 어느 무당에게 가장 신통력이 있는가를 알 수 있는 기준은 얼마나 사람을 잘 치료할 수 있느냐에 있다. 회사 사장이 자기 생명의 은인을 해고했다고 생각해 보라. 사장을 어찌 좋아할 수 있겠는가. 이렇게 반발하는 대표적인 호족으로 로암다제洛昻達孜라는 사람이 있었다. 그러자 지쿰짼뽀가 선수를 쳤다. 로암다제에게 결투를 신청한 것이다.

로암다제는 눈앞이 캄캄했다. 원시사회에서 결투는 재판이다. 결투에서 지는 것은 곧 사형이다. 힘으로 싸우면 지쿰짼뽀를 도저히 이길 수 없다. 결투를 거절하면 부락민 전체가 도륙당한다. 다른 방법이 필요하다. 지식인들의 도움을 받아야 한다. 무당들이 로암다제에게 묘수를 가르쳐 줬다. 조건부 승낙.

"우리 정정당당하게 맨몸으로 싸웁시다."6

지쿰짼뽀가 받아들였다. 소수의 호위병만 거느리고 결투장에 맨몸으로 나타났다. 그러자 로암다제가 미리 준비한 황소 1백 마리를 한번에 풀었다. 모든 황소는 머리에 창을 달고 꼬리에 먼지포대를 묶었다. 먼지가 자욱하게 피어오르며 황소들이 돌격했다. 로암다제가 먼저 활을 쐈다. 지쿰짼뽀는 맨손으로 황소 한 마리를 때려눕히고 창을 집어 들어 날아오는 화살을 쳐냈다. 그리고 소 떼를 이리저리 물리쳤다. 이때 로암다제가 재빨리 달려들어 도끼로 지쿰짼뽀의 배를 찍은 뒤 칼로 목을 베었다. 이 모든 일이 순식간에 벌어졌다.

이제 토번 임금의 죽음을 숨길 수 없었다. 무당들은 백성들에게 이렇게 변명했다.

"임금이 결투하다가 실수로 하늘과 연결된 밧줄을 잘라 버렸소. 다시는 죽지 않고 하늘로 올라가는 임금이 없을 것이오."

무당들은 지쿰짼뽀 시신을 동갑銅匣에 넣어 강물 속으로 던져 버렸다. 로암다제는 부락민들을 이끌고 윰브라캉을 약탈했다. 왕궁에 남아 있는 사람이면 닥치는 대로 다 죽였다. 다행히 두 아들과 왕비는 구사일생으로 탈출했다.

이렇게 로암다제가 제9대 임금이 되었다. 로암다제는 자기 집을 왕궁으로 삼았으며, 유일하게 네치짼뽀의 피를 받지 않은 토번 임금이었다.

탈출한 왕비는 변방에서 홀로 양을 치며 살았다. 그러던 어느 날 산에서 흰 갑옷을 입은 멋진 청년이 자신을 덮치는 꿈을 꿨다. 그리고 여덟 달만에 '자루' 같은 것을 낳았다. 그녀는 자루를 들판에 내다 버렸다. 그러자 짐승들이 그 자루를 보호했다. 신기하게 여겨 뿔로 자루를 갈라서 열어 보니 속에 사내아기가 있었다. 그녀는 이 아기를 아레게阿列杰라 이름지었다.

고대 티베트에서 13살은 성인이었다. 아레게가 13살이 되자 어머니가 놀라운 비밀을 알려줬다. 자신이 왕비라는 것이다. 어머니 지시에 따라 아레게는 천신만고 끝에 서부티베트에서 온 신통한 무당들을 만나 이들의 도움으로 지쿰짼뽀의 시신을 찾았고, 씨 다른 두 형을 찾았다. 이들은 무당들 도움으로 변방에서 서서히 세력을 키웠다.

예로부터 훌륭한 소설가는 몰락한 가문에서 나왔고, 난세의 영웅은 변방에서 나왔다.

　그래도 로암다제에게 정면으로 도전장을 내미는 것은 두려웠다. 그래서 신통한 무당들이 다른 방법을 가르쳐 줬다. 무당은 의사다. 독약을 잘 안다. 모두가 갖고 싶어 할 정도로 빼어난 개 한 마리를 구해서 특이한 독을 발랐다. 이 개를 로암다제에게 들여보내는 데 성공했고, 로암다제는 날마다 손으로 그 개를 쓰다듬었다. 그리하여 로암다제는 어느 날 갑자기 쓰러져 죽었다. 이 소식을 접하자마자 두 왕자가 3천 병력을 이끌고 들이닥쳐 궁궐을 점령했다. 아들 셋이 이렇게 아버지의 원수를 갚았다.

　그런 다음 첫째 왕자와 아레게가 둘째 왕자를 왕위에 올렸다. 이 사람이 제10대 임금 부데궁게布德貢杰다. 첫째 왕자와 아레게는 부데궁게를 보좌하는 신하가 되었다. 신통력 있는 뵌뽀 무당들도 부데궁게를 보좌했다. 이제 임금과 무당은 사이좋게 지냈다. 국민감정을 하루아침에 바꿀 수는 없다. 무당은 백성들의 정신을 다스린다. 세속권력은 종교권력을 이용해서 법 없이도 질서 있는 사회를 유지할 수 있다. 이제 옛날과 달랐다. 무당들은 임금을 갖고 노는 권력자가 아니라 임금의 참모가 되었다.

　그리고 토번이 유목사회에서 농업사회로 변하기 시작했다. 농지를 정비하고, 수로도 만들고, 황무지를 개간해서 목초지로 만들고, 소를 이용해서 밭을 갈았다. 농업이 발전하면서 경제도 발전하기 시작했고, 새로운 궁전도 건설했다. 신하도 차츰 늘어났고 왕권도 조금씩 강해졌다. 토번은 5백 년 동안 서서히 힘을 키웠다.

눈이 있어도 못 보고 귀가 있어도 못 듣는 사람들

기원후 5세기 제28대 임금 라토토리녠쩬拉脫脫日年贊 때 눈길을 끌 만한 사건이 벌어졌다. 괴이하게 생긴 두 사람이 라토토리녠쩬을 찾아왔다. 이들은 키가 크고 파란 눈과 독수리 코를 갖고 있었으며, 머리카락이 하나도 없었다. 그런데 옷은 토번 옷이었다. 한 사람은 스님 리티시黎提斯였고 다른 한 사람은 통역사 로삼초洛森措였다. 이들이 열심히 불교를 설명했다. 그러나 임금은 무슨 뜻인지 이해할 수 없었다. 무당들도 이해하지 못하기는 마찬가지였다. 어쩌면 이해하려는 의지도 없었을 것이다. 사람은 자기 권력이 침해받는다고 느끼는 순간 머리가 이성적으로 돌아가지 않는다.

아무리 진리를 말해도 때가 되지 않으면 소비군중이 받아들이지 못하고 오히려 비웃는다. 그리하여 바보 99명은 건전한 여론이 되고, 천재 1명은 정신병자가 된다.

스님 리티시는 토번 최고 지식인들조차 눈이 있어도 못 보고 귀가 있어도 못 듣는 현실을 깨달았다. 그래서 누런 보자기로 싼 보물을 임금에게 바치고 떠났다. 그것을 풀어보니 황금으로 만든 정교한 세공품과 책이 들어 있었다. 임금은 이를 궁전 깊숙한 곳에 감추어 놓고 가끔 혼자 꺼내 봤다. 이상한 문자가 적혀 있는 괴상한 물건이었다.

라토토리녠쩬은 120살까지 오래 살았다. 그래서 이런 소문이 돌았다.

"임금이 그 보물을 몰래 볼 때마다 빛이 나온다."₇

2. 군사강국

티베트통일의 초석을 다지다

토번이 영토를 넓히는 방법은 회맹會盟이었다. A가 B와 싸운다. A
는 B를 이기고 화해한다. B는 A와 힘을 합친다. A와 B는 C와 싸운
다. C를 이긴 뒤 화해하고 힘을 합친다. 이것이 눈사태처럼 계속 커
졌다.

6세기 티베트에 강력한 세 나라가 있었다. 서부티베트에 있는 샹
슝象雄, 얄룽장뽀雅魯藏布강 북쪽에 있는 숨빠蘇毗, 얄룽장뽀강 남쪽
에 있는 토번土蕃이 그것이다. 토번은 농업과 수공업과 교역이 발달
하면서 인구가 약 20만 명이었다. 이제 안에서 충분히 쌓은 에너지를
밖으로 분출할 때가 되었다.

제31대 임금 닥리녠세達日年塞는 12왕국을 정복하고 40살에 죽었
다. 점령당한 왕국의 왕들은 토번의 신하가 되었다. 그러나 신하이면
서 호족이었다. 중앙정부 힘이 약해지면 지방권력자로 쉽게 변신하는
사람들이다.

제32대 임금은 남리뢴짼囊日倫贊이었다. 이때 행운이 연달아 굴러
왔다. 충뽀 붕새주쩨瓊保·邦色蘇孜가 남부티베트 왕 마르몬馬爾門의 목

을 베어 2만 가구를 남리뢴짼에게 바쳤다. 남리뢴짼은 충뽀 붕새주쩨에게 남부티베트 통치권을 줬다. 왜 충뽀 붕새주쩨는 매국노가 되었을까? 복수한 것이 아닐까?

600년, 남리뢴짼은 정병 1만 명을 이끌고 숨빠를 멸망시켰다. 이때 충뽀 붕새주쩨가 용맹을 떨쳤다. 숨빠 왕에게 불만을 품은 숨빠 호족들이 도와주었기에 가능한 일이었다.

남리뢴짼은 숨빠를 정복한 뒤에도 같은 조치를 취했다. 일치단결하여 매국행위를 한 숨빠 호족들에게 영지와 노예를 하사했다. 이들은 남리뢴짼에게 충성했다. 이익이 있기 때문에 충성한다. 사람은 이익이 없으면 충성하지 않는다.

토번은 자신과 맞먹는 국력을 지닌 숨빠를 정복하며 티베트고원 최대 강국이 되었다. 중부티베트와 남부티베트는 하나가 되었다. 인구가 늘어나고 경제도 발전하고 군사력도 막강해졌다. 이제 토번은 단순한 부족국가가 아니었다. 제32대 임금 남리뢴짼 때 토번은 진정한 고대국가가 된 것이다.

그러나 그것은 중앙집권국가가 아닌 봉건왕국이었고, 형식적인 통일국가였다. 이 보이지 않는 위기가 마침내 폭발했다. 남리뢴짼이 독살당한 것이다. 뒤이어 숨빠를 중심으로 여러 부족이 들고 일어났다. 참으로 다행스러운 것은 남리뢴짼의 뒤를 이은 제33대 임금이 티베트 역사에서 가장 위대한 임금 송짼감뽀松贊干布, 617~650였다는 사실이다.

송짼감뽀

송짼감뽀는 629년 13살 때 급하게 왕위에 올라 반역자들을 토벌했다. 자기 아버지를 독살한 주모자 집안은 아예 씨를 말렸다. 그러나 반란에 가담한 세력의 백성들은 경고만 하고 해치지 않았다.

저 나이에 혼자 이렇게 뛰어난 정치수완을 발휘할 수는 없다. 송짼감뽀를 적극적으로 도와준 신하로 숨빠 호족 냥 망보쩨娘·芒布杰와 남부티베트 호족 충뽀 붕새주쩨가 있었다. 그런데 충뽀 붕새주쩨는 기회주의자였다. 기회주의자는 이간질을 좋아한다.

임금에게 말했다.

"망보쩨는 흑심이 있는 것 아닌가요?"[8]

그리고 망보쩨에게 말했다.

"임금이 자네를 숙청하려 하네."[9]

어느 날 송짼감뽀가 회의에 참석할 것을 여러 번 명했는데, 냥 망보쩨는 응하지 않았다. 송짼감뽀가 말했다.

"망보쩨가 흑심을 품고 있는 것이 사실이구나."[10]

송짼감뽀는 암살자를 보내 망보쩨를 제거한 뒤 군대를 동원하여 망보쩨 부락을 쑥대밭으로 만들었다. 남리뢴짼에게 충성하고 그 아들을 열심히 보좌한 이 호족은 이렇게 비참하게 사라졌다.

재상 충뽀 붕새주쩨가 송짼감뽀에게 말했다.

"선왕이 계실 때 저는 쌍남부티베트을 바쳤지만 친히 오시지 않았습니다. 이제 그 왕자께서 보위에 계시니 시찰하실 것을 청합니다. 제 영지에서 거행하는 주연酒宴에 참석할 수 있으신지요?"[11]

송짼감뽀가 허락했다. 그리고 믿을만한 신하 까르 동짼위승嘎爾·東贊域松; 祿東贊을 먼저 보내 행사준비 감독을 맡겼다. 그런데 동짼위승이 급하게 돌아왔다.

"충뽀 붕새주쩨가 암살을 준비하고 있습니다."

충뽀 붕새주쩨가 이 사실을 알고 아들 앙레충髯日瓊을 불러 마지막 비책을 알려줬다.

"너는 내 목을 갖고 임금에게 가거라."

그리고 충뽀 붕새주쩨는 자결했다.

앙레충이 재빨리 아버지 목을 베어 송짼감뽀에게 갔다.

"아버지께서 노망이 들어 음모를 꾸몄기 때문에 제가 아버지를 처단했습니다."₁₂

그리하여 충뽀 집안은 화를 입지 않았다.

까르 동짼위승은 재상이 되었다. 왕권은 아직 불안했다. 이 난국을 어떻게 타개할 것인가?

정치개혁과 행정개혁을 해야 한다.

먼저 수도를 얄룽장뽀강 북쪽에 있는 라싸拉薩로 옮겼다. 이곳 한가운데에 아담하지만 튼튼한 왕궁도 건설했다.

송짼감뽀는 정치제도를 개혁했다. 이때 주요 호족들을 중앙관리로 임명하고 등급까지 정했다. 조회를 할 때 왕궁에 모이는 신하가 약 4백 명이었다. 아버지 남리뢴짼 때 토번 임금과 부족장들의 회맹관계가 이제 임금과 신하의 관계君臣關係로 발전한 것이다.

그러나 토번왕조의 신하는 언제나 귀족이면서 호족이었다. 임금이 내리는 녹봉으로 먹고 산 것이 아니라 자기 영지에서 나오는 각종 수확물을 먹고 살았다. 티베트는 조선왕조만큼 강력한 중앙집권 왕조를 수립한 적이 한 번도 없었다. 티베트에서 사병私兵이 완전히 사라지는 것은 1959년이다.

서쪽으로 참도昌都부터 동쪽으로 다르쩨도打箭爐까지가 동부티베트다. 송짼감뽀 때 참도는 송뽀宋博라는 독립왕국이었다. 토번 군대가 송뽀를 멸망시켰다. 그리고 군사제도를 개편했다. 전 군을 다섯 군단으로 나누었다. 한 구역이 한 군단이었다. 전국을 다섯 구역으로 나눈 것이다. 644년 서부티베트 샹슝象雄을 멸하자 토번은 모두 여섯 군단이 되었다.

한 구역 인구가 약 4천 호戶였고, 임금의 친위대는 1천 호였다. 군단마다 말·갑옷·깃발 색깔도 다르게 만들었다. 노예는 호족의 소유물이었고, 평민이 농민이거나 유목민이면서 동시에 군인이었다. 군사왕국의 군사제도 개편은 곧 행정개혁이다.

토번군의 최대 강점은 번개 같은 기동력이었다. 기마부대가 주력이었으며, 보급부대가 없었다. 병사들은 짬빠糌粑: 미숫가루와 육포를 먹었다. 그야말로 휴대하기 편리한 전투식량이었다.

왕권을 강화하려면 근거가 있어야 한다. 이것이 법률이다. 초대 임금 네치짼뽀부터 제32대 임금 남리뢴짼까지 토번은 뵌뽀로 백성을 다스렸다. 뵌뽀로 백성을 다스린다? 이것은 이런 뜻이다.

무당은 모든 가르침을 입으로 전한다. 그것도 제자에게만 비밀리에 전수한다. 왜 그럴까? 지식이 권력이기 때문이다Knowledge is power. 권력을 독점하고자 지식을 독점하는 것이다. 문학·사학·철학·과학·의학 지식을 날마다 열심히 외운다. 혼자 중얼중얼 외우는데, 무지몽매

한 백성이 보기에 마치 주문을 외우는 것 같다. 바로 여기에서 '뵌뽀
本波'라는 말이 나왔다. 뵌뽀는 원래 '암송하다'라는 뜻이다.

뵌뽀는 지식을 독점하기 때문에 시시비비를 가릴 수 있는 권력이
있다. 그래서 뵌뽀 무당의 한 마디 한 마디가 불문법이다. 무당이 재
판관이었던 것이다.

이제 임금이 사법권을 빼앗아야 한다. 하지만 세상에 "너 권력을
내놓아라."는 말을 듣고 순순히 응하는 사람은 없다. 자기 밥그릇이
기 때문이다. 따라서 뵌뽀를 제압하는 신무기가 필요했다. 이것이 성
문법成文法이다. 성문법은 불문법을 이긴다. 그런데 티베트는 문자가
없었다.

왕권을 강화하려면 법률이 있어야 하고, 법률을 만들려면 문자를
창제해야 한다.

송짼감뽀는 똑똑한 젊은이 16명을 뽑아 많은 황금과 예물을 주
어서 인도로 보냈다. 유학생들에게 학비와 생활비를 준 것이다. 이들
은 히말라야를 넘어 인도 북부 카슈미르Kashmir에 이르러서 바라만巴
熱曇·리비까라利比嘎拉·쩨와비따야씨하遮瓦畢地亞森晗로부터 산스크리트
梵語와 문자학을 배웠다.

인도와 티베트는 모든 것이 다르다. 흙도 다르고 공기도 다르고
기후도 다르다. 끝내 적응하지 못한 15명이 하나씩 하나씩 열사병으
로 죽었다. 하지만 참으로 다행스럽게 오직 한 명이 끝까지 살아남았
다. 이 사람은 퇸미라는 마을 출신이었고, 티베트 민중들이 삼보짜
학자라고 불렀다. 그래서 역사는 그의 이름을 퇸미삼보짜呑彌桑布札로
기록했다.

퇸미삼보짜는 홀로 천신만고 끝에 라싸로 돌아왔다. 이 사람이 산스크리트와 다른 인도 고대문자를 참조해서 티베트어 발음에 맞게 조금씩 변형시켰다. 글자체는 공문서용 고딕체와 실용 필기체로 나누어서 만들었다. 티베트문자는 이렇게 탄생했다.

티베트는 우리보다 자그마치 8백 년 전에 문자를 가진 문화민족이다.

송짼감뽀는 티베트의 세종대왕世宗大王, 1397~1450인 셈이다.

티베트를 사랑하는 한국인 김규현金奎鉉은 송짼감뽀의 이 업적을 이렇게 극찬한다.

우리는 수없이 봤다. 세계 역사상 자기 문자와 문화가 없는 나라가 무력의 힘만으로 일시에 일어났다가 사라진 사례들을. 문화가 없는 민족이 겪어야 했던 사필귀정事必歸正의 결과였다. 따라서 7세기라는 비교적 이른 시기에 나라 글을 정책적으로 만들어 강제로 실용화시킨 송짼감

한국을 뜻하는 티베트어

20세기 전반기 티베트의 천재 인문학자 게뒨초펠更敦群培, 1903~1951은 《백사白史》라는 토번 역사서를 썼다. 이 책을 보면 송짼감뽀 시기 역사서술에 꼬우리ཀོ་འུ་ལི라는 나라가 나온다. 게뒨초펠은 이렇게 각주를 달았다.

"조선이다. 지금은 일본에 병합당했다.朝鮮. 近期爲日本所屬."*

이 책에 나오는 꼬우리가 고려이며, 고려는 고구려다. 고려와 고구려는 같은 말이다. 현대 티베트어에서 꼬우리는 대한민국을 뜻한다.

* 更敦群培(TIBET), 格桑曲批 譯, 周季文 校, 《白史(更敦群培文集精要)》, 第174頁, 中國藏學出版社, 1996年 12月 第1版.

이제 이것이 쓸 만한 문자인지 시험해야 한다. 무엇으로 시험할까? 이것은 1백 년 전부터 답이 있었다.

"라토토리녠쨘께서 받으신 그 귀중한 보물에 대체 무슨 내용이 들어 있을까?"

그래서 열심히 번역했다. 번역은 성공이었다. 그 보물은《참회경懺悔經》·《불설대승장엄보왕경佛說大乘莊嚴寶王經》·《제불보살명칭경諸佛菩薩名稱經》등 불경 21권이었다. 티베트 왕실과 지식인들은 이때부터 불교를 이해하기 시작했다.

송짼감뽀는 불교에 대해 관대한 태도를 취했지만 믿지는 않았다. 하지만 그의 왕권강화를 위한 노력이 먼 훗날 티베트를 불교국가로 만드는 밑거름이 되었다.

드디어 송짼감뽀가 법률을 만들 것을 명했다. 이 작업은 쉽지 않았다. 그래서 송짼감뽀가 죽은 지 5년이 지난 655년에 완성했다.

송짼감뽀는 관습법으로 다스린 것이 분명하다. 토번의 관습법은 일반적인 유목민족과 다를 바 없다. 살인자는 사형에 처하고, 도둑질이나 간음을 하면 팔·다리를 자르거나 눈알을 뺀다. 전리품은 모두 자기 차지다. 상관에게 바치지 않는다. 그리고 말싸움을 하거나 가볍게 때리는 것은 죄가 아니다. 술주정은 죄가 아닌 것이다.

송짼감뽀는 여전히 뵌뽀를 존중했다. 중요한 국정에 대해 무당들에게 자문을 구했다. 심하게는 전쟁하러 나가기 전에도 무당을 불러 점을 쳤다. 무당은 양의 뼈를 태워 그 갈라진 흔적을 보고 길흉을 점쳤다.

송짼감뽀의 왕비는 다섯이었다. 첫째 왕비는 같은 토번 출신이었고, 둘째와 셋째는 새로 병합을 하려 하는 작은 왕국 출신이었다. 결혼정책으로 나라를 통합한 것이다. 송짼감뽀의 넷째 왕비는 네팔 사람이다. 암슈바르마Amsuvarma에게 청혼해서 브리쿠티Bhrikuti Devi; 赤尊를 얻었는데, 이 사람을 가리키는 '브리쿠티'와 '치쭨赤尊'은 그냥 '공주'라는 뜻이다. 이 사람의 진짜 이름은 기록에 없다. 왜 그럴까? 당시 사람들 모두 그냥 이렇게 불렀기 때문이다. 그렇다면 암슈바르마가 송짼감뽀의 요청에 순순히 응했을까? 앞뒤 정황을 살펴보면 그렇지 않다. '청혼'은 외교수사外交修辭다. 송짼감뽀가 암슈바르마를 협박했던 것이다.

브리쿠티는 독실한 불교신자였다. 송짼감뽀에게 종교생활에 필요한 건물을 지어줄 것을 부탁했다. 송짼감뽀가 넓은 마음으로 받아줬고, 이에 따라 작은 법당을 지었다. 이것이 조캉大昭寺이다. 조캉은 지금도 티베트불교 신자의 성지다.

634년 송짼감뽀가 당나라에 외교사절을 보냈다. 이 외교사절이 당태종唐太宗; 李世民, 599~649에게 청혼했다. 공주를 달라는 것이다. 이세민은 거절했다. 대신 빙덕하憑德遐를 라싸로 보내 송짼감뽀의 등극을 축하했다. 축하사절로 가장하여 토번이라는 나라를 탐색하도록 한 것이다. 이때 송짼감뽀가 다시 한 번 청혼했다. 이번에도 이세민은 거절했다. 송짼감뽀가 치욕을 당한 것이다.

송짼감뽀는 동쪽으로 군사력을 늘렸다. 시나브로 동부티베트를 병합한 것이다. 재정비를 끝낸 토번군은 638년 북부티베트로 진격했다. 당시 북부티베트는 토욕혼吐谷渾이라는 독립국가였다. 두 기병대가 대초원에서 맞붙었지만 토욕혼이 참패했다. 토욕혼 임금이 당나라로 도망갔다. 이제 당나라 군대와 맞붙을 차례다.

이때 토번군은 성동격서聲東擊西 전술을 채택했다. 같은 해 8월, 토번군은 토욕혼에서 당나라와 맞붙는 것이 아니라 동남쪽으로 말머리를 돌려서 사천성四川省 송주松州: 오늘날 송번松潘를 공격했다. 송주가 무너지면 사천성 전체가 위험해진다. 동북쪽에 고구려高句麗가 있고, 북쪽과 서북쪽에 돌궐突厥이 있어서 언제나 불안했다. 돌궐은 오늘날 터키TURKEY이고, 우리와 형제민족이다. 그런데 이제 서남쪽에서 토번이라는 새 강자가 나타났다. 그대가 당태종이라고 상상해 보라. 한마디로 좌불안석坐不安席이었다.

당군 5만은 열흘 동안 성 안에서 토번군 20만을 상대해야 했다. 일시적인 승리도 있었지만 전체적인 승패에 영향을 줄 정도는 아니었다. 송주함락은 누가 봐도 뻔했다. 이때 까르 동짼위숭이 기민한 외교술을 발휘했다. 당나라 수도 장안長安을 방문해서 황금 5천 냥과 진귀한 보물들을 선물하며 다시 한 번 청혼했다. 송짼감뽀가 당태종을 협박한 것이다.

당태종이 굴복했다. 고구려만 없었어도 굴복하지 않았을 것이다. 고구려를 침략하는 것이 가장 급했기 때문에 서남쪽을 안정시키기 위해서라도 굴복해야 했다. 그러나 딸을 보낼 마음은 조금도 없었다. 이것은 토번에게 바치는 전리품이다. 왜 자기 딸을 보낸단 말인가.

당태종의 사촌으로 이도종李道宗이라는 사람이 있었다. 641년, 당태종 이세민은 이 사람의 16살 먹은 딸을 자기 공주로 삼았다. 이름

_가장 위대한 토번 임금 송짼감뽀와 문성공주

은 문성공주文成公主. 그리고 곧바로 토번으로 보냈다. 송짼감뽀는 친히 청해호靑海湖까지 마중 나와 이 가짜공주를 환영했다. 처음에는 가짜공주라는 사실을 몰랐던 것 같다. 나중에는 알았겠지만, 실제보다 형식이 더 중요했기 때문에 웃어 넘겼을 것이다.

이때 토번 사람들은 얼굴을 붉게 칠하는 풍습이 있었다. 문성공주가 이것을 매우 싫어했다. 송짼감뽀는 문성공주의 부탁을 받아들여 이 풍습을 금지시켰다. 문성공주도 브리쿠티처럼 독실한 불교신자였다. 송짼감뽀는 문성공주의 부탁을 받아들여 작은 법당을 만들었다. 이것이 오늘날 조캉 옆에 있는 라모체小昭寺다. 이곳도 티베트불교 신자의 성지다.

송짼감뽀는 644년 서부티베트 샹슝을 멸망시켰다. 문자와 법률창제, 정치와 행정개혁, 그리고 티베트통일. 송짼감뽀는 티베트 역사에서 가장 위대한 임금이다.

송짼감뽀는 잠시 왕위를 자기 아들 궁송궁짼貢松貢贊에게 물려줬다. 이 사람이 제34대 임금이다. 그러나 13살에 등극한 자기 아들이 19살에 죽었다. 그래서 다시 자기가 왕위에 올랐다. 이 과정에서 구체적으로 무슨 일이 있었을까? 이것은 아직도 수수께끼다.

대비천대첩

당고종唐高宗; 李治, 628~683이 왕위에 있을 때 신라新羅와 연합하여 660년 백제百濟를 멸망시키고, 668년 고구려高句麗를 멸망시켰다. 대동강大同江 이남은 신라 땅이 되었고, 고구려 영토에서 유민들이 당나라에 지속적인 저항을 했다. 이들이 훗날 발해渤海와 고려高麗와 금金을 건설한다.

당나라는 일단 백제와 고구려를 무너뜨려 동북쪽의 걱정거리를 없앴기 때문에 서남쪽으로 눈길을 돌릴 수 있었다. 667년부터 당군이 북부티베트를 조금씩 점령하기 시작했다. 토번군도 666년부터 670년까지 실크로드 주요 도시국가 4개를 점령했다. 마침내 두 군사 강국이 진검승부를 펼쳐야 했다. 10만 당군 총사령관은 설인귀薛仁貴, 40만 토번군 총사령관은 까르 치링짼뽀噶爾·欽陵贊婆: 까르 치징짼죄噶爾·尺津贊壯. 670년 4월, 두 군대가 청해호에서 맞붙었다.

처음에는 당군이 이겼다. 치링짼뽀가 일부러 소수부대를 보내 져준 것이다. 당 주력군이 맹렬히 돌격했다. 이것이 설인귀의 실수였다. 주력부대와 보급부대 간격이 멀어진 것이다. 토번군 20만이 재빨리 우회해서 보급부대를 각개격파했다. 당군은 추위와 배고픔을 견디다

한국과 설인귀

일본은 백제의 분국이었다. 660년 신라와 당나라가 연합하여 백제를 멸망시키자 일본 조정이 발칵 뒤집혔다. 분국은 본국을 구하기 위해 국가총력전을 준비했다. 그리하여 벌어진 것이 663년 백촌강대전白村江大戰; 白江戰役. 하지만 일본은 당군에게 참패를 당했다.

고구려가 멸망한 근본원인은 내분이었다. 당나라와 신라 연합군은 668년 고구려를 멸망시켰다. 이때 당군 총사령관이 설인귀였다. 670년 4월 설인귀가 이끄는 당군이 토번을 침략했지만 대비천에서 참패를 당했다.

648년 신라와 당은 백제와 고구려를 멸망시키면 대동강 이남을 신라가 차지한다는 조약을 맺었었다. 그러나 당은 백제를 멸망시킨 뒤 백제 옛 땅에 웅진도독부熊津都督府를 비롯한 5개 도독부를 설치했고, 고구려를 멸망시킨 뒤 668년 평양에 설치한 안동도호부安東都護府가 670년부터 신라까지 관리하도록 하는 조치를 취했다.

신라는 드디어 분노가 폭발했다. 670년 3월 신라군 1만과 고구려유민군 1만이 압록강鴨綠江을 건너 당군을 공격했다. 이렇게 나당전쟁羅唐戰爭이 벌어졌다. 신라군은 동시에 백제 주둔 당군을 공격했고, 671년 사비성泗沘城을 함락시켜 백제 옛 땅을 완전히 수복했다.

671년 당나라는 백제를 다시 빼앗으려고 설인귀에게 해군을 지휘하여 백제로 향하게 했다. 동시에 다른 당나라 부대가 압록강을 건너 신라군을 공격했다. 설인귀의 해군은 신라군에게 격파당하고 돌아갔다. 압록강을 넘어온 당군은 신라군을 격파했다. 신라군은 4년 동안 고전하면서 처절하게 버텼다.

675년 9월 설인귀가 다시 배를 타고 상륙했다. 그러나 신라군이 천성泉城전투에서 설인귀를 격파했다. 거의 동시에 신라 3만 보병은 매소성買肖城에 주둔하고 있던 당군 20만 명을 격파했다. 이제 전세는 신라에게 기울었다. 676년 11월 기벌포伎伐浦해전에서 설인귀가 이끄는 당나라 해군과 신라 해군이 마지막 격전을 벌였다. 이 해전도 신라군이 이겼다.

당나라는 전쟁을 계속해 나갈 의지를 완전히 잃었고, 677년 안동도호부를 요하遼河 서쪽 신성新城으로 옮겼다. 신라는 이렇게 당나라를 완전히 몰아냈고, 고구려의 후예들이 당군에게 지속적으로 대항하여 발해를 세웠다. 한반도는 신라와 발해라는 남북국시대698~926로 들어섰다.

못해 대비천大非川으로 후퇴했다. 그러나 토번 주력군이 이곳에서 기다리고 있을 줄이야!

토번군은 번개같이 당군을 포위해서 일제히 공격했다. 이것은 더이상 전투가 아니라 살육이었다. 고구려를 멸망시킨 그 막강한 당군이 토번군에게 전멸당하고 소수만 살아남아 도망칠 수 있었다. 이때부터 당나라는 토번 앞에서 전전긍긍해야 했다. 토번 제37대 임금 치데죽짼墀德祖贊의 왕비 금성공주金城公主도 토번의 부드러운 협박 때문에 당나라가 토번에 바친 가짜공주였다.

당나라는 755년부터 762년까지 안사의 난安史之亂을 겪었다. 토번은 이 기회를 놓치지 않았다. 755년부터 서역에서 장안으로 가는 주요 길목을 하나씩 점령했고, 763년 드디어 앤람 닥라루콩恩蘭·達熱路恭이 총지휘하는 토번군은 곽자의郭子儀 장군이 총지휘하는 당군을

중화인민공화국의 티베트역사관 한 조각

중국 티베트학의 대가 왕요王堯는 이렇게 말했다.

"서양학자들은 '토번이 장안을 점령했으니 이것이 외국이 아니면 무엇이냐?'고 말하는데, 원나라도, 청나라도, 다 중국왕조입니다. 그래요! 토번이 장안을 점령했어요. 그래서 티베트역사도 중국역사이고, 티베트는 중국의 일부입니다!西方學者說 '吐蕃占領了長安, 這不是外國嗎?' 但, 元也是, 淸也是, 都是中國王朝, 中國歷史. 是啊! 吐蕃占領了長安, 所以西藏歷史也是中國歷史, 西藏是中國的一部分!"*

일반적인 외국 역사학자들은 이런 말을 들으면 어처구니없어서 아예 대꾸도 안 한다.

* 2005年 11月 7日(星期一) 四川 成都 建中大厦 3層 會議室 中國邊疆考古學術討論會 王堯 演講, 朴根亨 記錄.

격파하고 당나라의 수도 장안을 점령했다. 토번군은 수도를 약탈하고 집을 불태우며 허수아비 임금을 세운 뒤 보름 만에 철수했다. 당나라 왕실은 텅 비어 있는 장안으로 돌아와 이 허수아비 임금을 없애고 정통 왕위를 이었다. 그러나 이때부터 150년 동안 당나라는 종이호랑이였다.

822년, 토번과 당나라는 장경회맹비長慶會盟碑를 세웠다.

> 토번인은 토번의 땅에서, 한족은 한족의 땅에서 평안히 살지어다. 14

이때부터 티베트와 중국은 오랫동안 서로 간섭하지 않았다.

까르의 시대

송짼감뽀는 650년에 죽었고, 문성공주는 680년에 죽었다.

송짼감뽀의 손자 망송망짼芒松芒贊; 乞黎跋布. 재위 650~676이 제35대 임금이 되었다. 이때 나이가 한 살이었다. 까르 동짼위숭이 선왕의 유지를 받들어 새 임금을 보좌했다. 모든 내치와 외치를 책임졌고, 5년 뒤 법률도 완성했다. 시간이 흘러가며 다른 귀족들은 서서히 깨닫기 시작했다. 지금 토번의 임금은 사실 까르 동짼위숭이라는 것을.

662년부터 666년까지 까르 동짼위숭은 토욕혼에서 총독으로 있었다. 토번 임금이 직접 토욕혼에서 머물며 현지지도를 한 것과 같았다. 666년 토번은 실크로드의 오아시스 도시국가 우기국于闐國; 호탄 Khotan을 점령했다. 이번에도 까르 동짼위숭이 우기국에서 각종 민심

수습을 지휘했다. 그리고 667년에 죽었다.

까르 동짼위슝은 다섯 아들이 있었다. 맏아들 까르 짼네돔부噶爾·贊聶多布가 재상이 되었고, 둘째와 셋째가 동부와 북부티베트 군정 사무를 책임졌다. 동짼위슝의 둘째 아들이 까르 치링짼뽀다. 이 사람이 670년 4월 대비천에서 막강한 설인귀의 기마부대를 전멸시켰다.

망송망짼은 676년에 죽었고, 치두송赤都松; 器弩悉弄; 乞梨弩悉籠, 재위 676~704이 제36대 임금으로 왕위를 이었다. 이때 치두송도 나이가 한 살이었다. 까르 짼네돔부는 685년에 죽었고, 까르 치링짼뽀가 재상이 되었다.

650년부터 698년까지 토번왕국은 까르 가문이 다스렸다.

698년, 치두송은 20대 청년으로 자랐고 정치권이 50년 가까이 비정상으로 돌아갔다는 사실을 알게 되었다. 게다가 결단력도 있는 사람이었다. 까르 가문이 여당이라면 야당에 해당하는 귀족과 호족들도 있다. 치두송이 이들과 교류했다.

한 나라 대권을 쥐고 있는 사람은 반드시 튼튼한 정보망을 갖고 있다. 그런데 까르 치링짼뽀는 695년부터 698년까지 토욕혼에서 전방을 진두지휘하고 있었다. 그래서 치두송의 움직임을 눈치채지 못했다.

아무리 그래도 이것은 심했다. 멀리 떨어져 있어도 정보망이 정상적으로 돌아가면 다른 귀족과 호족들이 알려준다. 까르 치링짼뽀는 적이 많았던 것이다.

까르 동짼위슝은 초심을 잘 지켜서 토번왕실에 충성했다. 속마음은 알 수 없다. 그래도 최소한 겉으로는 임금에게 복종했다. 왕실은 동짼위숭에게 위협을 느끼지 않았다. 이 상황은 동짼위숭이 죽으면서 달라졌다. 아들들은, 아버지처럼 보이지 않는 실권자가 아니라, 보이는 실권자로 살았다.

드디어 그날이 왔다. 치두송이 명령을 내렸다.

"우리 다 같이 사냥하자."

아무리 힘이 없어도 임금은 임금이다. 복종하는 척 해야 한다.

치두송은 사냥터에서 까르 파벌에 속하는 2천 명을 죽였다. 치두송은 짐승을 사냥하지 않고 인간을 사냥했던 것이다.

치링짼보가 거병했다. 치두송도 치링짼뽀를 상대로 친정했다. 그런데 치링짼뽀 군대는 치두송 군대와 맞붙기 전에 무너졌다. 병사들도 알았기 때문이다. 승산이 없다는 것을.

마침내 까르 치링짼뽀는 자살했다. 이때 같이 자살한 사람이 1백 명이었다.

698년, 치두송은 이렇게 왕권을 되찾았다. 치두송은 재상을 임명하지 않았다. 가장 믿을 수 있는 사람이 어머니 치마뢰墀瑪類였다. 치두송은 변방을 이리저리 옮겨 다니며 외치에 주력했고, 치마뢰는 라싸에서 내치에 주력했다. 이렇게 6년이 흘렀고, 704년 겨울 치두송은 변방 숙영지 천막에서 죽었다.

치마뢰는 한 살 먹은 손자 치데죽짼墀德祖贊; 棄隷縮贊, 재위 705~754을 제37대 임금으로 올렸다. 그리고 712년에 죽었다. 727년부터 티베트역사는 다른 방향으로 흐르기 시작한다.

3. 왕권강화를 위하여

불교를 진흥시키다

제37대 임금 치데죽짼이 9살부터 24살까지, 임금을 보좌한 재상
은 3명이 있었다. 이 15년 동안 임금과 귀족 관계는 별다른 이상이
없었다. 그리고 727년 치데죽짼은 티베트역사에서 처음으로 3명을
동시에 재상으로 임명했다.

임금과 신하의 관계는 여전히 미묘했다. 치데죽짼은 날마다 귀족
과 호족들을 경계했고, 이들을 서로 적당히 경계하도록 조종하며 왕
권을 안정시켰다. 그리고 왕권을 더욱 굳건히 하고자 티베트에 처음
으로 불교를 진흥시켰다.

오늘날 중화인민공화국 신강위구르자치구新疆維吾爾自治區에 해당
하는 서역 오아시스 지역은 8세기까지 불교가 흥성한 곳이었다. 더욱
이 우기국은 사원도 많고 스님도 많은 전형적인 불교국가였다. 당나
라도 중국 역사에서 가장 불교가 흥성한 시기였다. 까르 짼네돔부가
실권자였던 때부터 우기국과 당나라에서 많은 승려가 토번으로 들어
와 종교활동을 하고 있었다. 그럼에도 티베트 민중은 불교에 별 관심
이 없었다.

이 사실은 신라 구법승 혜초慧超. 704~780가 723년부터 727년까지 서역과 인도를 답사하고 쓴 《왕오천축국전往五天竺國傳》이 증명한다. 이것은 한국인이 쓴 최초의 해외여행기다. 혜초는 토번에 대해 이렇게 증언했다.

"국왕과 백성 모두 불교를 모르고, 절도 없다."₁₅

그러나 혜초도 몰랐다. 보슬비에 옷이 젖기 시작하듯 티베트에 불교가 퍼지고 있었음을.

치데죽짼은 우기국과 당나라에서 들어온 승려들을 우대하고 이들이 마음껏 포교할 수 있도록 허락했으며, 법당도 짓도록 했다. 치데죽짼의 아내 금성공주도 열렬한 불교신자였다.

하지만 출가하는 티베트인은 없었다. 뵌뽀에 빠져 있는 티베트 귀족들에게 불교는 위험한 문화충격이었다. 신하들은 임금이 불교를 진흥시키는 것을 달갑지 않게 생각했다. 경전을 모시는 법당을 짓는 것부터 불만이었다. 법당을 짓는 동안 춤과 노래를 금지시켰기 때문이다.

"이 임금은 완전히 스님 아닌가!"₁₆

신하들은 불만이 가득했지만 계속 참았다. 그러던 739년, 드디어 기회가 찾아왔다. 전염병이 돌았던 것이다. 이때 금성공주와 치데죽짼의 아들 라뵌拉本도 죽었다. 신하들이 임금에게 강력히 호소했다.

"저 중들 때문에 이런 재난이 벌어졌습니다."

기록은 없다. 그러나 뵌뽀 무당들이 신하들과 힘을 합쳤을 것이다. 무당들에게 불교탄압은 생존권투쟁이다. 치데죽짼은 한 발 물러나야 했다. 그래서 승려들을 모두 인도로 추방했다. 그리고 742년 치송데짼땐松德贊이 태어났다.

치데죽짼은 10년 이상 기다렸다. 그리고 750년 이후 인도와 당나라로 불경을 구하는 외교사절단을 보냈다. 인도로 간 사절단은 히말라야에서 길을 찾지 못해 실패했고, 당나라로 간 사절단 5명은 장안에서 당나라 임금을 만나 불경 1천 권을 받았다. 이 사절단 단장이 상시桑喜였는데, 상시는 티베트인 아버지와 중국인 어머니의 혼혈이었다. 중국어가 유창했기 때문에 단장을 맡았던 것이다. 이들이 임무를 마치고 무사히 돌아오는 길에 사천성四川省 성도成都를 지나갔다. 이때 성도에 정중사淨衆寺가 있었고, 정중사 주지가 김화상金和尚이라는 애칭으로 칭송받은 무상대사無相大師, 684~762였다.

기존 상식으로 받아들여지고 있는 중국 선종禪宗의 계보는 인도인 달마대사達摩大師가 시조다. 2대조는 혜가慧可, 3대조는 승찬僧璨, 4대조는 도신道信, 5대조는 홍인弘忍, 6대조는 혜능慧能, 7대조는 신회神會, 8대조는 회양懷讓, 9대조가 도일道一로 전해진다.

하지만 이것은 후대 사람들이 조작한 것이다. 이 놀라운 사실을 현대 중국인문학의 아버지 호적胡適, 1891~1962 선생과 대한민국 서지학書誌學의 아버지 서여西餘 민영규閔泳珪, 1915~2005 선생이 밝혀냈다. 진실은 이렇다.

시조 달마부터 5대조 홍인까지는 계보가 분명하다. 문제는 홍인이 여러 뛰어난 제자에게 불법佛法을 전수해 줬다는 것이다. 6대조가 혜능 한 명이라는 주장은 홍인이 혜능에게 몰래 의발衣鉢을 줬다는 이야기에 바탕을 두고 하는 말이다. 이 이야기는 후대 조작이다. 이런 일이 없었다. 더욱 충격적인 진실은 《육조단경六祖壇經》이 위서僞書

라는 것이다.

한 성서학자가 평생에 걸친 연구 끝에 《요한복음》이 위서라는 사실을 증명했다고 가정해 보자. 이것은 교회가 뿌리째 흔들리는 충격적인 이야기다. 《육조단경》이 위서라는 것은 이 정도로 충격적인 사실이다. 한마디로 기존 중국 선종 역사를 5대조 홍인부터 다시 써야 한다는 말이다.

홍인은 여러 명에게 불법을 전수했으며, 대표적인 제자로 3명을 들 수 있다. 북종선北宗禪 신수神秀, 남종선南宗禪 혜능慧能, 사천선四川禪 지선智詵이다. 혜능은 글도 모르는 무식한 나무꾼이었다. 훗날 북종선과 남종선의 제자들이 "누가 더 정통이냐?"는 다툼을 벌였는데, 사천선은 이 싸움에 별 관심이 없었다. 왜냐하면 홍인이 인정한 진짜 정통법맥은 바로 지선에서 출발하는 사천선이기 때문이다. 따라서 중국 선종의 법맥은 사천선이 적계이고, 북종선과 남종선은 방계다.

홍인의 직계제자가 사천선의 시조 지선이고, 지선의 직계제자가 처적處寂, 처적의 직계제자가 신라왕자 무상無相이다. 무상도 여러 뛰어난 제자가 있었는데, 그 가운데 가장 뛰어난 제자가 도일道—이다. 그런데 한국 선종의 기초를 닦은 구산선문九山禪門을 창시한 사람들이 대부분 도일의 제자의 제자다. 이들은 당당하게 "내가 도일의 법맥을 받았다."고 밝혔다. 이 구산선문이 고려시대 지눌知訥, 1158~1210을 낳았고, 지눌은 현대 한국불교 최대종파인 조계종曹溪宗의 시조다.

무상대사의 속성俗姓은 김金이다. 김화상은 '김 스님'이라는 뜻이다. 중국인이 아니라 한국인이다. 신라 성덕왕聖德王의 셋째 아들이며, 군남사群南寺에서 득도得道했다. 김씨 성을 가진 이 왕자는 이미 신라에서 유명한 스님이었다. 그럼에도 728년 당나라로 건너갔다. 장안에 도착하자마자 당현종唐玄宗; 李隆基, 685~762을 만났고, 선정사禪定寺에서 잠시 머물렀다. 그리고 사천성 자중현資中縣 덕순사德純寺; 寧國寺로 가서 처적處寂의 직계제자가 되었다.

무상은 2년 동안 처적의 가르침을 받았으며, 덕순사에서 10리 떨어진 어하구御河溝에서 12년 동안 용맹정진했다. 그리고 743년부터 20년 동안 정중사淨衆寺; 淨因寺; 竹林寺; 萬佛寺; 萬福寺의 주지였다. 무상대사는 당시 당나라 민중들이 존경하는 고승이었다.

이때 토번왕국 외교사절단 상시 일행이 정중사를 방문하여 무상대사에게 인사드렸고, 두 달 동안 이 절에 머물며 무상대사의 가르침을 받았다. 무상대사는 이렇게 말했다.

"토번은 불교와 연분이 있으니 결국 교법敎法이 흥성할 것이오. 그리하려면 선지식善知識께서 있어야 하오. 산타라크시타欣達諾吉達; 寂護가 찾아와 교화해야 가능할 것이오."[17]

무상대사는 앞으로 티베트에 인도불교가 흥성할 것을 예언한 것이다. 그리고 선물로 불경 3권을 줬다. 토번 사절단 가운데 한 명인 바 셀낭拔·塞囊이 이것을 기록했고, 이 큰스님의 이름을 니마尼瑪; '태양'이라는 뜻로 적었다. 훗날 치밀한 고증 끝에 니마가 무상대사라는 사실이 밝혀졌다.

상시 일행은 무상대사에게 하직인사를 하고 동부티베트를 거쳐 756년 라싸로 돌아왔다. 그러나 자신들을 보낸 치데죽짼墀德祖贊은 이미 죽었다.

제1차 불교탄압운동

치데죽짼은 754년 원림에서 말 타다가 떨어져 죽었다. 이때 토번 지배층은 불교라는 탈을 쓴 세력과 뵌뽀라는 탈을 쓴 세력 사이 권력다툼 조짐이 있었다. 치데죽짼이 총애한 두 재상 발 동짭末·東則布과 랑 메식朗·邁色은 변방호족 출신이면서 치데죽짼처럼 불교를 좋아했다. 무당들과 가까운 뵌뽀를 좋아하는 중부티베트 출신 귀족들은 이들을 질투할 수밖에 없었다.

755년, 앤람 닥라루콩恩蘭·達熱路恭이 왕자 치송데짼墀松德贊; 乞黎蘇籠獵贊, 742~797에게 말했다.

"우리가 조사하니 발 동짭과 랑 메식이 부왕을 죽인 원흉입니다."

공교롭게도 이때 변방에서 중앙정부에 반기를 들려는 조짐까지 있었다. 섭정을 맡은 외척 마샹 찐빠께瑪祥·仲巴杰는 치데죽짼의 총애를 받았던 이 두 재상을 처형하고 모든 재산을 몰수했다. 그리고 이렇게 선언했다.

"임금께서 단명하신 것은 불교를 믿었기 때문이다. 불교는 내세에 다시 태어날 수 있다고 말한다. 사람을 속이는 거짓말이다. 지금 재난을 없애려면 뵌뽀를 믿어야 한다. 불교를 믿는 사람은 모두 황무지로 추방할 것이다. 뵌뽀를 제외하고 다른 모든 신앙을 엄금한다."[18]

그리고 치데죽짼 때 세운 법당을 모두 부숴 버렸다. 그 자리에 들어선 것은 도살장이었다.

진리의 영역으로 들어가면 실상과 허상의 구분은 의미가 없다. 있는 것이 없는 것이고 없는 것이 있는 것이며色卽是空 空卽是色, 마음과 물질과 에너지는 영원히 같은 것이다. 그러나 일상생활은 실상과 허상을 구분할 줄 알아야 한다.

종교는 핑계였고, 본질은 권력싸움이었다.

치송데짼은 756년 제38대 임금으로 등극했다. 그러나 실권은 외척 마샹 찐빠께에게 있었다. 치송데짼은 조심조심 숨죽이며 살았고, 6년 동안 토번은 외래문화 불교를 배척하는 열기로 가득했다.

참으로 다행스러운 것은 불교에 관대한 정치세력도 있었다는 사실이다. 샹 냐쌍尚·尼雅桑과 괴 치쌍야라桂·墀桑雅拉가 대표적인 인물이다. 이들은 6년 동안 임금을 몰래 도왔다.

치송데짼이 어렸을 때부터 불교를 좋아한 것은 분명하다. 아버지 영향을 받았을 것이다. 치송데짼은 등극한 지 얼마 되지 않아 자기처럼 숨죽이며 조용히 살고 있던 상시를 불렀다. 상시는 무상대사가 자신에게 선물한 《십선경十善經》·《능단금강반야바라밀다경能斷金剛般若波羅密多經》·《불설도간경佛說稻秆經》을 티베트어로 읽고 해설해 줬다. 상시가 치송데짼의 비밀 불교과외선생이 된 것이다.

치송데짼은 상시의 불교수업에 깊이 빠져들었다. 그러다 상시가 당나라에서 가져온 중국어불경 1천 권을 동굴 속에 감추어 뒀다는 이야기를 했다. 치송데짼은 상시에게 그 동굴에서 번역에 매진할 것을 밀명했다. 반공국가 대통령이 몰래 《공산당선언》 수업을 받아 공산주의에 심취하고 《자본론》을 번역하라고 밀명한 것과 같았다.

이때 바 셀낭은 토번에 없었다. 당나라에 사절단으로 갔었던 상시와 나머지 세 명이 동굴에서 열심히 일했다. 그런데 이들이 불온서적을 번역하고 있는 사실이 탄로 났다. 마샹 찐빠께와 앤람 닥라루콩이 직접 이 동굴을 덮쳤다.

"너희 지금 무슨 일을 열심히 하고 있는 거냐? 네팔의 신을 믿으면 안 된다는 것을 모르는가? 불교와 같은 말을 하는 사람은 임금에게 알리지도 않고 현장에서 생매장할 수 있다. 너희는 무슨 해명이 필요한가!"[19]

그래도 이들은 일단 참았고, 상시가 임금에게 알릴 것을 허락했다. 상시가 긴급보고를 하자 치송데짼이 난감해졌다. 치송데짼이 말했다.

"바 셀낭이 오기 전엔 바꿀 수가 없지."[20]

샹 냐쌍이 건의했다.

"상시 일행을 추방시켜서 바 셀낭의 조수로 삼는 것이 좋겠습니다."[21]

임금이 그대로 따랐다.

바 셀낭

바 셀낭拔·塞囊은 아들과 딸 두 자식이 있었다. 그런데 병인지 사고인지 알 수 없지만 자식 둘이 같이 죽었다. 이때 중국인 스님이 장례를 치러줬다. 1년 뒤에는 아내마저 자식들을 그리워하다 물에 빠져죽었다. 바 셀낭은 불교에 빠져들어 슬픔을 이겨냈다. 그러던 가운데 치데죽짼의 명령으로 상시를 단장으로 하는 외교사절단에 참여해서 당나라에 다녀왔다.

치송데짼도 바 셀낭의 불교 지식이 탁월하다는 사실을 알고 있었다.

"너를 망율芒域 지방관으로 임명한다."

망율은 티베트 서남부 네팔과 접경지대다. 사람이 거의 살지 않는, 유목민들만이 지나다니는 땅이었다. 그곳은 지방관이 있든 없든 다른 호족들이 신경 쓰지도 않았다.

바 셀낭은 망율을 지나쳐 인도로 갔다. 인도 불교유적지와 사찰을 순례하고, 나란다 사원那爛陀寺에서 산타라크시타寂護를 만나 이 사람의 제자가 되었다. 출가만 하지 않았을 뿐, 이미 높은 법력法力을 지닌 재가불자在家佛者였다.

바 셀낭이 인도유학을 마치고 라싸로 돌아와 치송데짼을 알현했다. 치송데짼은 농담 반 진담 반으로 말했다.

"셀낭. 이곳에서 불도의 길을 가면 마샹 찐빠께가 너를 변방으로 추방시킬 거야."₂₂

바 셀낭도 농담 반 진담 반으로 대답했다.

"망율에 가보니 추방당한 것과 같더군요."₂₃

식사시간이 되자 치송데짼이 바 셀낭을 안전한 방으로 데려갔다. 요즘으로 치면 도청도촬방지안전방盜聽盜撮防止安全房이라 말할 수 있겠다.

"네가 배운 것을 말해 보아라."

셀낭이 열심히 설법했다. 그리고 이렇게 말했다.

"산타라크시타라는 분이 계십니다. 학식이 풍부하고 미래를 보는 눈도 있는 선지식이십니다."₂₄

셀낭의 설법을 들은 뒤 치송데짼이 말했다.

"마샹 찐빠께가 너를 죽이려 할 것이다. 너는 잠시 지방에 내려가 숨어있어라."[25]

지상에서 무덤으로

762년 드디어 기회가 찾아왔다. 앤람 닥라루콩을 비롯한 여당 주요 인물들이 당나라 장안 공략을 위해 멀리 떠났고, 마샹 찐빠께 혼자 라싸에 있었다. 괴 치쌍야라가 백성들의 존경을 받는 한 무당을 매수했다. 이 무당은 겉모습과 달리 재물만 밝히는 속물이거나 마샹 찐빠께를 미워하는 사람이었을 것이다. 어쩌면 둘 다일 수도 있다. 이제 재미있는 연극 한 편이 무대 위에 올랐다. 무당이 접신接神해서 말했다.

"임금께서 병에 걸리셨다. 이 병이 나으려면 가장 지위 높은 두 신하가 앞으로 임금이 누우실 무덤에서 3년 동안 편안히 있어야 한다. 그러면 임금의 병이 나으리라."[26]

치송데짼은 두 팔을 움직일 수 없다며 하루 내내 앓는 소리만 내고 있었다. 괴 치쌍야라가 말했다.

"내가 무덤에 들어가겠소."[27]

마샹 찐빠께가 가만히 있을 수 없었다. 민심은 책임감 없는 정치 지도자를 좋아하지 않기 때문이다. 두 사람이 무덤으로 들어갔다. 먼저 괴 치쌍야라가 한담을 나누며 마샹 찐빠께를 안심시켰다. 그러다 마샹 찐빠께가 잠깐 방심한 사이, 괴 치쌍야라는 밖으로 빠져나와 재빨리 입구를 막아 버렸다. 미처 빠져나오지 못한 마샹 찐빠께는 그곳에서 죽었다.

763년 당나라 수도 장안을 점령한 장군들이 라싸로 개선했다. 치송데짼은 이들의 노고를 극찬했다. 합당한 명예와 재물도 줬다. 그러나 세상은 이미 변했다. 야당이 여당으로 탈바꿈한 것이다.

산타라크시타

치송데짼은 불교를 엄금하는 법령을 폐지했다. 그리고 숨어 지내던 바 셀낭을 불렀다.

"산타라크시타를 데려와라."

산타라크시타가 바 셀낭과 같이 히말라야를 넘어 망율에 도착하자 고관 3명이 미리 망율까지 마중나와 환대했다. 그리고 그해 라싸에 도착하자 곧바로 궁궐로 들어가 임금을 알현했다. 세상에 이렇게 극진한 대접이 없었다.

산타라크시타는 티베트어를 할 줄 몰랐고, 카슈미르인 아난다阿難陀가 통역했다. 치송데짼은 모든 왕족과 신하를 불렀다. 산타라크시타는 네 달 동안 날마다 이들에게 불교 교리를 가르쳤다.

그러나 끝내 강의를 중단해야 했다. 번개가 궁궐에 내리치고, 홍수가 나고, 전염병이 돌았다. 야당이 울분을 터트렸다.

"이 모든 것이 불교를 우대했기 때문이다!"[28]

치송데짼이 산타라크시타에게 부탁했다.

"잠시 네팔에 계십시오."

뵌뽀 세력이 억지로 산타라크시타의 강의를 들었을 때 가장 받아들일 수 없는 교리가 무엇이었을까? 바로 연기緣起다. 그들은 이렇게 생각했을 것이다.

'죽은 사람이 다시 태어나? 저거 미친놈 아냐?'

산타라크시타는 뵌뽀 세력에게 엄청난 치욕을 당하고 티베트를 떠났다. 산타라크시타는 이런 깨달음을 얻었을 것이다.

"그렇구나! 무식한 사람에게 아무리 증거와 논리로 열심히 설명해도 알아듣지 못한다. 저 무지몽매한 군중을 가르치려면 마지막 방법밖에 없다. 신비로운 행위로 겁을 주어 무조건 믿게 하는 것이다. 그러면 진리를 이해하지 못해도 우리를 무서워하며 꿇어 엎드려 열심히 믿을 것이다."

정확한 연도는 알 수 없지만 앞뒤 정황을 살펴보면 치송데짼은 약 7년 동안 가만히 있었다. 현명한 임금이다. 치송데짼은 불도저가 아니었다.

770년쯤, 치송데짼이 바 셀낭을 네팔로 보냈다. 바 셀낭과 같이 산타라크시타가 라싸로 들어오며 초능력자 한 명을 데려왔다. 위대한 그 이름 파드마삼바바蓮花生!

초능력자 파드마삼바바

인도 스님들도 대부분 파드마삼바바를 보지 못했다. 다만 파드마삼바바가 동굴에서 초능력을 수행하고 있을 때 어떤 사람이 우연히 만나 물었다.

"당신은 누구십니까?"

_파드마삼바바

파드마삼바바는 이렇게 대답했다.

"나는 부모도 없고 스승도 없으며 스스로 부처가 된 자생불自生佛이오."

파드마삼바바가 산타라크시타와 바 셀낭의 안내를 받으며 걸어서 히말라야를 넘었다.

엄청난 인도 마법사가 토번에 왔다! 그러자 불교를 싫어하는 토번의 신하들이 자객 18명을 보냈다. 하나하나가 일당백의 무사다. 하지만 파드마삼바바가 주문 한 번 외우니 이들의 몸이 모두 굳어버렸다. 곧 몸을 원래대로 풀어줬고, 이들이 라싸로 돌아가 신하들에게 보고했다.

파드마삼바바가 라싸로 들어섰다. 치송데짼이 왕궁에서 기다리지 않고 친히 교외까지 마중 나왔다. 그런데 파드마삼바바는 임금에게 절도 안 했다. 대신 시 한 수를 읊었다.

> 헤아릴 수 없이 오랜 세월 속에서 복덕福德과 지혜를 쌓은,
> 나는 연꽃 속에서 태어난 부처라네.
> 무한히 심오한 교법敎法을 터득하고 삼장三藏을 배워서 통달한,
> 나는 연꽃 속에서 태어난 성스러운 다르마불법; 佛法라네. [29]

세상에, 이런 사람이 어디 있는가! 뵌뽀를 숭배하는 신하들이 보기에 이것은 죽으려고 환장한 것이다. 이들이 칼을 빼들었다. 파드마삼바바는 웃으며 그들을 손가락으로 가리켰다. 그러자 그 끝에서 불꽃이 일어 임금의 옷을 태웠고, 뒤이어 천둥과 지진이 일어났다.

　　산타라크시타와 바 셀낭을 뺀 모든 사람이 공포에 질려서 그 자리에 엎드렸다. 치송데짼도 파드마삼바바 앞에 엎드렸다.

4. 불교가 자라다

티베트 최초의 승가

그래도 뵌뽀 세력은 고집이 대단했다. 도저히 외국의 신을 받아들일 수 없었다. 그러자 산타라크시타가 한 가지 제안을 했다. 토론을 하자는 것이다.

771년 궁궐에서 임금이 지켜보는 가운데 불교와 뵌뽀의 난상토론이 벌어졌다. 이때 뵌뽀가 일방적으로 두들겨 맞았다. 원시종교로 출발한 뵌뽀는 나름대로 많은 발전을 했지만 고등종교인 불교의 적수가 되지 못했다. 뵌뽀를 변호하는 티베트 귀족들은 모두 그 시대 최고 티베트 지식인들이었다. 그러나 산타라크시타를 당해 낼 수 없었다.

마침내 치송데짼은 뵌뽀를 금지한다고 선언했다. 다만 해마다 궁궐에서 짐승을 죽여 악귀를 쫓는 의식은 유지한다고 말했다. 이제 중부와 남부티베트에서 뵌뽀가 사라지기 시작했다. 지금은 동부티베트에 조금 남아 있다.

그리하여 토번왕국 제38대 임금 치송데짼 시기부터 티베트는 불

_삼예 사원

교국가가 되었다. 불교의 중심지가 필요했다. 그래서 법당이 아닌 진짜 불교사원을 짓기로 했다. 끝내 앤람 닥라루콩이 울분을 터트렸다.

"나는 이 일불교사원 건립이 싫습니다! 나는 뵌뽀가 좋습니다!"[30]

치송데짼은 앤람 닥라루콩을 묶어서 채찍질을 하라고 했다. 그리고 북부티베트 변방으로 추방했다.

불교사원은 775년에 짓기 시작하여 779년에 완공했다. 삼예 사원桑耶寺. 티베트 최초의 절이다. 사원을 짓던 4년 동안 밤마다 뵌뽀 신도들이 건물을 부수려고도 했다. 그러나 파드마삼바바가 이들을 다 초능력으로 물리쳤다.

779년 봄, 치송데짼과 왕실 그리고 모든 신하가 삼예 사원 준공식에 참석했다. 그리고 다시는 불교를 탄압하지 않을 것을 맹세했다.

준공식이 끝나자 치송데짼은 인도로 외교사절을 보내서 인도 스님 12명을 삼예 사원으로 모셨다. 그리고 산타라크시타가 티베트 귀족의 자제 7명의 머리를 깎았다. 이들 가운데 첫째가 바 셀낭이었다. 티베트 최초의 스님은 이렇게 탄생했다.

바 셀낭은 티베트 최초의 불교사원 삼예 사원과 티베트 최초의 스님 7명이 어떻게 탄생했는지 그 과정을 기록으로 남겼다. 《바세拔協》. 이것이 지금까지 전해오는 가장 오래된 티베트역사책이다.

그리고 파드마삼바바는 사라졌다. 언제 어디에서 죽었는지도 알 수 없다. 그런데 파드마삼바바는 티베트를 떠나기 전에 이상한 말을 했다.

"쇠로 된 새가 하늘을 날고 바퀴 달린 말이 땅을 달릴 때, 너희 티베트족은 세상에 개미떼처럼 흩어지리라. 그리하여 너희의 다르마불법; 佛法가 붉은 족속백인들에게 전해지리라."[31]

1천 2백 년 동안 이 예언이 무슨 뜻인지 아무도 몰랐다.

중국불교가 인도불교를 공격하다

치송데짼의 적극적인 흥불정책으로 승려가 3백 명으로 늘어났고, 산타라크시타는 토번에서 최고 어른으로 이들을 이끌었다. 그러다가 토번에서 죽었다. 뒤를 이어 예세왕뽀益希旺波가 토번에서 불교를 이끌었다. 예세왕뽀는 바 셀낭의 법명法名이다. 그러나 계속 바 셀낭으로 부르자.

그런데 이때 뷘뽀보다 더 강한 도전자가 나타났다.

돈황敦煌은 서역과 토번과 당나라 사람들이 엇갈리는 곳이었다. 돈황은 토번 영토였고 당나라 스님들도 이곳에 있었다. 이들이 토번으로 들어왔다. 토번 상류층들이 중국불교에 쉽게 빠져들었다. 왜 이런 일이 벌어졌을까? 이것은 유럽에서 벌어진 가톨릭과 개신교의 싸움을 생각하면 쉽게 이해할 수 있다.

가톨릭에서 신자는 죄의 용서를 받으려면 반드시 신부에게 고백해야 한다. 신부는 하느님과 신자를 연결하는 매개체이고, 교황은 신의 대리자다. 그만큼 막강한 권력을 가지며, 교황청의 성서해석과 다른 의견은 용서하지 않는다. 절대권력은 절대부패한다. 중세시대 성당은 단순한 종교기관이 아니라 행정기관이었다. 신자의 소속을 밝혀 놓은 교적부教籍簿는 곧 주민등록초본이었다. 교적부에서 이름을 지워 버리면 왕도 죽은 사람이 된다. 하지만 절대권력을 가진 성직자도 사람이다. 사람은 이기적인 동물이기 때문에 사리사욕에 쉽게 빠지며, 타락한 자신의 모습을 하느님의 뜻으로 정당화하는 논리를 계속 개발하며 자신을 세뇌한다. 이에 반기를 든 것이 개신교다.

개신교는 누구나 신과 직접 대화할 수 있고, 누구나 자유롭게 성서를 해석할 수 있다고 주장한다. 권위를 부정하고 자유를 주는 것이다.

불교신자는 누구나 해탈하기를 원한다. 그래야 니르바나nirvana; 열반涅槃로 들어갈 수 있기 때문이다. 인도불교는 이렇게 주장한다.

"날마다 선업善業과 수행을 쌓아야 한다. 이런 인생을 수억 겁 반복해야 한다. 그래야 해탈하여 니르바나로 갈 수 있다."

1겁은 4억 3천 2백만 년이다. 그런데 1겁이 아니라 수억 겁이다. 이것은 "너희는 해탈 못해."라는 뜻이다.

하지만 중국불교는 이렇게 주장한다.

"즉심즉불卽心卽佛이다. 불립문자不立文字다. 누구나 깨달음만 얻으면 지금 이 자리에서 해탈할 수 있다."

글을 모르는 무식한 사람도, 천하의 몹쓸 악당도, 지금 이 자리에서 깨달음만 얻으면 누구나 부처가 될 수 있다.

불경이라는 권위를 부정하고 중생에게 자유를 주는 것이다.

바로 여기에서 왜 당시 티베트 상류층이 중국불교에 쉽게 빠졌는지 알 수 있다.

중국불교가 인도불교보다 더 자유를 주기 때문이다.

삼예공방전

이제 심각한 사태가 벌어졌다. 삼예 사원이 썰렁해졌다. 기존 스님들도 중국불교에 빠진 것이다. 인도불교는 소수파로 전락했다.

치송데짼이 충격받았다. 그는 독실한 불교신자이지만, 신자이기 이전에 임금이다. 종교는 허상이고 정치가 실상이다. 호족의 힘을 누르고 왕권을 강화하고자 불교를 숭상했다. 그런데 젊은 불교가 정통불교를 제압하고 있었다. 호족들이 재빨리 뵌뽀라는 버스를 버리고 중국불교라는 탱크로 갈아타면 인도불교라는 지프를 타고 있는 자신은 당해 낼 수 없다.

치송데짼이 바 셀낭을 불렀다. 바 셀낭은 산타라크시타의 제자 까마라실라蓮花戒를 추천했다. 산타라크시타가 죽기 전에 이런 일이 있을 것을 미리 알고 "지금 네팔에 있는 까마라실라를 데려오면 된다."고 유언했다는 것이다. 치송데짼이 급히 네팔로 사절을 보내 까마라실라를 티베트로 모셨다.

그리하여 792년부터 794년까지 삼예 사원에서 인도불교와 중국 불교가 입으로 진검승부를 펼쳤다. 인도불교 대표선수는 까마라실라, 중국불교 대표선수는 마하연摩訶衍. 둘 가운데 하나는 반드시 굴복해야 하는 전쟁이었다.

뵌뽀는 인도불교의 적수가 아니었다. 신하들도 산타라크시타의 말솜씨가 너무 좋다고 불평할 정도였다. 그러나 선종禪宗은 차원이 달랐다. 선종도 불교다. 만만한 상대가 아니었다. 자그마치 3년이나 논쟁했다. 막상막하였던 것이다.

마침내 까마라실라가 이겼고 마하연이 졌다. 마하연은 중국불교의 패배를 인정했고, 티베트를 영원히 떠났다.

삼예공방전은 매우 중요하다. 만약 이때 마하연이 이겼다면 모든 티베트인은 중국불교를 받아들였을 것이고, 중국어와 중국 문화까지 다 받아들였을 것이다. 인도불교가 이겼기 때문에 티베트인은 지금도 "인도는 우리의 스승이며 우리는 인도의 학생"이라고 생각한다. 반대로 중국인과 중국 문화를 깔보면서 싫어한다.

한족의 종교는 돈이다. 티베트인의 특징을 넉 자로 하면 '종교민족'이고, 한족의 특징을 넉 자로 하면 '상인민족'이다. 티베트와 중국은 물과 기름이다. 한 지붕 아래 한 가족으로 도저히 사이좋게 살 수 없는 관계다. 중국 문화를 너무 많이 받아들인 한국도 중국과 사이 나쁜 경우가 많은데, 티베트는 더 이상 무슨 말이 필요하겠는가.

그렇다면 왜 중국불교가 인도불교에게 졌을까? 이것은 세 가지 원인이 있다.

첫째, 논리력이 부족했다. 마하연은 이렇게 말했다.

"모든 생각과 집착을 버려야 성불成佛할 수 있습니다."[32]

까마라실라는 이렇게 반박했다.

"생각과 집착을 버려야 한다는 것 자체가 강렬한 생각과 집착입니다."[33]

그리고 치밀한 근거와 논리를 전개했다. 심지어 이런 유머까지 날렸다.

"정말 생각과 집착이 없다면 그것은 헬렐레 쳐다보는 바보 병신 아닌가요?"[34]

인도불교는 성불을 등산에 비유한다.

"한 걸음 한 걸음 힘들게 올라가야 합니다. 순식간에 정상으로 올라갈 수는 없습니다."[35]

인도불교는 논리적이다. 그러나 선종은 논리 자체를 싫어한다. 선종의 백미가 화두와 선문답인데, 이것은 논리와 상극이다. 토론은 논리싸움이다. 근거가 없는 논리는 설득력이 떨어진다.

둘째, 이해력이 부족했다. 사트바薩埵라는 불교용어가 있다. 사트바는 '살아 있는 모든 것'이란 뜻이고, 동물·유령·악마까지 포함한다.

불교는 한나라 때 인도에서 중국으로 건너 왔다. 불경은 후한 말기에 이미 중국어 번역본이 있었다. 이때 유명한 역경승譯經僧으로 지루가참支婁迦讖이라는 사람이 있었다. 본명은 로카크세마Lokaksema이며 이란계 서역인이다. 이 사람이 번역한 《무량청정평등각경無量淸淨平等覺經》은 오늘날 《대무량수경大無量壽經》이다. 이 책에서 지루가참은 사트바를 '인민人民'으로 번역했다. 명백한 오역이다. 이렇게 일부러 오역하면서 효행孝行덕목까지 설명했다. 인간 말고 다른 생물을 포함시켜 그것이 인간과 더불어 구제되는 것이라고 중국인에게 설명하는 것이 너무 어려웠기 때문이다.

같은 불경을 60년 뒤인 252년 강승개康僧鎧라는 사마르칸드 출신 역경승이 '인천人天'으로 번역했다. '인민'보다 나은 번역이다. 그러나 이때까지도 중국인에게 짐승까지 포함시켜 이해시키는 것은 무리였다.

다시 오랜 시간이 흘러 '중생衆生'이라는 번역이 나왔다. '인천'보다 나은 것이지만 그래도 아직 부족한 번역이다.

강승개의 번역본이 나온 지 450년이 지난 당나라 때 남인도 출신 승려 보제류지菩提流支가 '유정有情'으로 번역했다. 이것은 반세기 전 현장법사玄奘法師의 번역이다. 유정은 '마음을 가진 살아있는 것'이란 뜻이다. 식물을 무정無情이라 불렀다.

그리고 다시 170년이 지나 북송 시기인 980년 법현法賢이 같은 불경을 《대승무량수장엄경大乘無量壽莊嚴經》으로 번역했다. 이 역본이 사트바를 정확하게 번역했다.

'소재하는 일체 중생 및 염마라계삼악도중지옥아귀축생一體所在衆生及焰摩羅界三惡道中地獄餓鬼畜生'.

중국인은 '사트바' 하나를 정확하게 이해하는 데 자그마치 860년이 걸린 것이다.

독일 최고 칸트 전문가와 한국 최고 칸트 전문가가 맞붙었다고 상상해 보라. 칸트에 대해 한국인이 독일인을 어떻게 이긴단 말인가.

셋째, 치송데짼이 있었다. 마하연은 처음에 몰랐을 것이다. 그러나 나중에 알았을 것이다. 치송데짼이 끝내 인도불교의 손을 들어주리라는 것을. 중국불교가 이기면 무슨 일이 벌어졌을까? 치송데짼이 판을 뒤엎었을 것이다. 자신을 포함한 모든 중국불교 신도는 죽음을 면치 못하는 것이다.

마하연은 분노가 끓어올랐다. 중국으로 돌아가면서 자객 4명을 고용했고, 이들이 한밤중에 까마라실라와 바 셀낭을 암살했다.

그리고 3년 뒤 치송데짼이 죽었다.

이때부터 토번왕국은 불교 때문에 나라가 이상하게 돌아가기 시작한다.

바보임금

치송데짼은 아들 넷이 있었다. 첫째 무치짼뽀穆墀贊普는 어렸을 때 죽었고, 둘째가 무네짼뽀牟尼贊普, 셋째가 무틱짼뽀牟底贊普, 넷째가 치데송짼墀德松贊이었다.

797년 둘째 무네짼뽀재위 797~798가 제39대 임금이 되었다. 이 사람도 아버지 영향을 받아 불교를 숭상했다.

이 사람은 온실 속 화초로 자랐을 것이다. 온실 속 화초는 실상과 허상을 구분하지 못한다. 아무리 뛰어난 암기력으로 많은 지식을 습득해도 생각하는 힘이 모자라면 남에게 기대지 않고 스스로 일어설 수 없다. 젊을 때는 돈 주고 사서라도 고생해야 하는 것이다.

아버지 치송데짼이 독실한 불교신자인 것은 사실이다. 하지만 아버지는 왕권을 강화하기 위해 불교를 숭상했다. 아버지는 부인했을 것이다. 세상과 인간을 보는 눈이 없는 사람은 겉만 보고 판단한다. 온갖 실패와 시련을 겪지 않았기 때문이다. 무네짼뽀는 아버지의 겉만 보고 "불교가 최고!"라고 생각했을 것이다. 아직도 많은 신하가 겉으로만 "불교 만세!"라 외치고 속으로 "나는 그래도 뵌뽀가 좋아."라고 말하는 것을 몰랐을 것이다. 미국영화 〈스팅The Sting〉에서 폴 뉴먼Paul Leonard Newman은 로버트 레드포드Robert Redford에게 이렇게 말했다.

"속았다는 것도 모르게 사기 쳐야 해!"

무네짼뽀는 이런 인생법칙을 모르고 있었다. 그렇지 않다면 그런 일을 할 수가 없다.

샤캅빠夏格巴는 명저《티베트정치사藏區政治史》에서 이렇게 말했다.

"무네짼뽀는 토번 백성들 재산을 세 번 균등분배했다. 토번은 세계에서 가장 일찍 토지개혁을 한 나라다."[36]

재위하던 1년 7개월 동안 한 나라의 모든 토지를 모든 인민에게 균등분배한다? 그것도 세 번이나? 말이 안 된다. 그런데 앞뒤 정황을 살펴보면 분명 이런 일이 있었다. 참으로 난감하다. 어떻게 해석해야 할까?

아마 라싸 안에서만 시행하지 않았을까. 귀족들은 연극을 했을 것이다. 재산을 대부분 숨기고 조금만 바치면서 자신을 착한 사람으로 꾸몄을 것이다. 임금은 이것을 빈민들에게 나누어줬을 것이다. 그러나 물고기 잡는 법을 가르치지 않고 물고기만 주면 별 소용이 없다. 빈민은 여전히 가난하고 귀족은 임금 눈치를 보면서 조용히 산다. 이런 일이 세 번이나 벌어졌을 것이다. 한마디로 바보임금이다.

무네짼뽀는 24살에 독살당했다.

스님을 재상으로

798년 치송데짼의 넷째 아들 치데송짼墀德松贊, 재위 798~815이 제
40대 임금이 되었다. 이 사람이 재위한 17년은 평안했다. 그는 노자
老子를 몰랐겠지만, 이 사람의 정치는 노자의 가르침과 부합했다.

"모든 일을 무위無爲로 대하고 말없이 움직이는 가르침."[37]

다만 눈여겨볼 사실이 하나 있다. 804년 치데송짼은 재상을 6명
으로 늘렸다. 그 가운데 2명이 스님이다. 이제 무당이 임금을 보좌하
는 것이 아니라 스님이 임금을 보좌하는 것이다.

분명 치데송짼은 훌륭한 임금이다. 특별한 사건이 없을 정도로
17년 동안 나라를 잘 다스렸으니까. 그러나 이때부터 불교가 정치와
합쳐지기 시작했다.

5. 탄압과 암살

불도저

815년 치데송짼이 죽었다. 치데송짼은 다섯 아들이 있었다. 첫째는 출가해서 스님이 되었고, 둘째와 셋째는 어렸을 때 죽었다. 넷째는 랑다르마朗達磨였고, 막내가 렐빠쨴熱巴堅; 墀祖德贊, 806~838이었다. 렐빠쨴은 '머리를 길게 땋은 사람長辮者'이라는 뜻이다. 렐빠쨴재위 815~838이 23년 동안 제41대 임금으로 군림했다.

이 사람이야말로 "극단은 위험하다."는 진리를 증명하는 사례다. 나름대로 열심히 국정을 운영했을 것이다. 그러나 너무 불교를 좋아했다.

먼저 불사佛事를 일으켰다. 그것도 지나치게 크고 화려한 절을 건설했다. 얼마나 크고 세심한 건물이었는지, 끝끝내 완성하지 못했다.

민심을 듣지 않고 '내 생각이 무조건 맞다.'며 불도저 같은 정치를 했다. 국력을 낭비하고 백성이 도탄에 빠졌다.

그리고 7호양승제七戶養僧制를 실시했다. 일곱 가구가 스님 한 명을 먹여 살린다는 뜻이다. 단순히 일곱 가구가 스님 한 명을 굶어 죽지 않게 한다면 백성도 견딜 만하다. 하지만 그 정도가 아니었다. 스님의 승복에 바느질로 고친 자국이 있으면 그 일곱 가구가 엄한 처벌을 받았다. 어떤 벌이었는지 기록이 없다. 설마 죽이지는 않았겠지만, 대신 엄청 때렸을 것이다.

다시 말해 일곱 가구가 재물을 모아 스님에게 언제나 최고급 옷을 선물해야 한다는 얘기다. 그 때문에 당시 토번 백성들은 술 마시며 이렇게 한탄했을 것이다.

"석가모니는 부자를 좋아한다. 그러니 우리는 가난해서 석가모니가 싫다."

렐빠짼은 재미있는 지시도 내렸다.

"가짜중에게도 머리 숙여 인사하라."[38]

무서운 지시도 내렸다.

"스님을 손으로 가리키는 자는 그 손가락을 잘라라. 스님을 삐딱하게 쳐다보는 자는 그 눈알을 뽑아라."[39]

자신은 코미디언이 되었다. 왕궁에서 회의를 할 때 길게 땋은 머리에 비단을 묶어 뒤로 길게 늘어뜨렸다. 그리고 그 비단에 스님이 앉았다. 불교 존숭을 이렇게 실천했다. 회의에 참석한 신하들은 웃음을 참느라 혼났을 것이다.

야사野史에 따르면, 렐빠짼의 숭불정책은 불교신자도 받아들이기 힘들었다. 렐빠짼은 백성들에게 고기를 먹지 말라고 말했다. 티베트는 언제나 농작물이 부족하다. 고기를 안 먹으면 굶어 죽는다. 심지어 농사도 짓지 말라고 했다. 땅을 호미로 갈면 땅속에 있는 벌레가 죽는다. 이것도 살생이니 농사를 지으면 안 된다는 것이다. 그럼 과일만 따먹으며 살란 말인가?

이런 상황에서 23년이나 임금 자리에 있었던 것이 수수께끼다. 비결이 무엇일까? 기록은 없다. 비밀조직이 있지 않았을까. 이 조직은 렐빠쨈에게 충성하는 스님과 기회주의자들로 구성했을 것이다. 이들이 모든 신하를 철저하게 감시하고, 하지 못할 일이 없는 권력을 휘둘렀을 것이다. 자기 마음에 안 들면 손가락도 자르고 눈알도 뽑았을 것이다. 그렇게 티베트 전역이 공포에 떨었다.

해결책은 오직 하나. 임금을 죽여야 한다.

838년, 렐빠쨈은 한 신하에게 칼을 맞아서 죽었다. 독살이 아니라 칼에 찔려 죽었다. 이 신하 이름은 기록이 없다. 그러나 그 사람 이름은 중요하지 않다. 모든 신하의 공동살인이었으니까.

설상가상

신하들은 왕궁 안에 있는 스님들도 다 죽였다. 그리고 렐빠쨈의 형 랑다르마朗達磨를 제42대 임금으로 추대했다. 랑다르마는 다른 형제와 달리 불교에 대한 믿음이 별로 없었고, 사냥과 술과 여자를 좋아하는 사람이었기 때문이다. 이때 나이가 39살이었다.

랑다르마는 잠시 '아무 것도 하지 않는 정치無爲政治'를 시행했다.

그런데 예상하지 못한 일이 벌어졌다. 839년, 엄청난 지진이 티베트 전역에서 일어났다. 이때 많은 사람이 죽거나 집을 잃었다. 동부 티베트는 큰 운석이 떨어져서 산 하나가 무너졌다. 엎친 데 덮친 격이다. 여기에서 끝나지 않고 산이 무너지면서 강물 흐름이 바뀌어 사흘 동안 상류로 역류했다. 지금 우리가 봐도 겁나는 일이다. 그때 사람들은 어떻게 생각했을까? 나라가 망할 징조라고 생각하지 않았을까?

게다가 갑자기 쥐떼들이 백성들의 곡식을 게걸스럽게 먹어 치우는 참화가 벌어졌다. 그러자 굶어 죽는 사람이 속출했다. 티베트는 예로부터 굶어 죽는 사람이 없기로 유명했다. 먹을 것이 없어도 걱정하지 않았다. 사냥하면 되기 때문이다. 그런데 굶어 죽는다? 이것은 동물들이 집단으로 도망갔다는 뜻이다. 한마디로 생지옥이었다.

라싸를 비롯한 중부티베트는 갑자기 서리가 많이 내려 농작물이 다 죽었다. 뒤이어 가뭄이 들었다. 참상은 여기에서 그치지 않았다. 가축도 사람도 전염병으로 쓰러져 죽었다.

제2차 불교탄압운동

왕실도 난감했다. 일단 재정이 문제였다. 왕궁에 돈이 없다. 호족들에게 세금을 거둘 수도 없다. 오히려 세금부담을 줄여 주어야 할 판이다. 그렇다면 해결책은 두 가지다. 정부가 직접 장사해서 돈을 벌거나 지출을 줄여야 한다.

841년, 랑다르마는 정부가 사원과 스님에게 제공했던 모든 지출을 폐지했다. 이 조치만으로 승복을 벗고 환속하는 스님들이 있었다.

랑다르마정부는 재정문제보다 더 심각한 문제가 있었다. 민심을 달래야 하는 것이다. 백성은 천재가 아니다. 그러나 바보도 아니다. 말만 번지르르하게 하면 백성은 더욱 욕한다. 눈에 보이는 확실한 결과로 민심을 달래야 한다. 어떻게 할까? 랑다르마정부는 이렇게 결정했다.

"이 모든 원인이 불교에 있다는 것을 백성들에게 적극적으로 홍보하자. 그리고 이 땅에서 불교를 없애 버리자."

그리하여 842년 제2차 불교탄압운동이 벌어졌다.

큰스님들은 무조건 죽였다. 일반 스님들에게 환속을 강요했다. 말을 안 들으면 죽였다. 사원 안에 있는 불상을 땅에 묻고, 모든 불경을 강물에 던져 버리거나 불태웠다. 불경을 번역하는 스님들은 변방으로 추방했다. 사원 안을 텅 비우고 문을 걸어 잠갔다.

제2차 불교탄압운동이 벌어진 근본 원인은 랑다르마가 아니라 렐빠짼이다.

끝까지 환속을 거부한 많은 스님이 티베트 사방팔방으로 도망갔다. 하지만 이것이 나중에 티베트가 진정한 불교국가로 탄생하는 계기가 될 줄이야!

세상만사 새옹지마塞翁之馬다.

스님이 임금을 암살하다

라룽 베끼도제拉隆·貝吉多杰라는 스님이 있었다. 동굴 속에서 혼자 수행하며 세상과 담을 쌓은 사람이었다. 그래도 지금 티베트 전역에서 엄청난 재난이 벌어지는 것을 알고 있었다. 마을 사람이 알려줬을 것이다. 번뇌가 온몸을 감았다. '내가 어찌 해야 하는가?'

이 스님이 내린 결론은 "불법佛法을 수호하기 위해 내가 이 혼란을 매듭지어야 한다."는 것이었다.

이 스님이 사용한 병법은 위장술이었다.

먼저 뵌뽀 무당들이 입는 검은 예복을 구했다. 이 예복을 바깥은 검은색이고 안쪽은 흰색으로 수선했다. 또 흰색 말을 구해서 숯으로 검게 칠했다. 그리고 활과 화살을 구했다.

스님이 라싸로 들어갔다. 랑다르마는 조캉에 있었다. 조캉 옆에 20년 전 토번과 당나라가 "토번인은 토번의 땅에서, 한족은 한족의 땅에서 평안히 살지어다."라고 맹세한 내용을 기록한 장경회맹비가 있었다. 랑다르마는 이 비문을 읽고 있었다. 무당으로 변장한 이 스님이 가까이 다가갔다.

드디어 화살이 날아갔다. 랑다르마 미간에 정확히 명중해서 꿰뚫었다. 아비규환이 벌어졌다.

스님이 재빨리 말을 타고 도망갔다. 친위대가 충격을 받아 잠시 멍하니 있다가 빨리 정신 차리고 스님을 추격하기 시작했다. 스님이 강을 건너자 숯이 벗겨지며 검은 말이 흰 말로 변했다. 동시에 옷을 뒤집어 입었다.

친위대가 그곳 사람들에게 물었다.

"검은 옷을 입고 검은 말을 탄 사람을 못 봤습니까?"

"흰 옷을 입고 흰 말을 탄 사람은 봤지만 검은 옷을 입고 검은 말을 탄 사람은 못 봤습니다."

스님은 이렇게 유유히 빠져나갔다.

라룽 베끼도제의 암살을 어떻게 평가해야 할까? 달라이라마는 라룽 베끼도제가 "랑다르마를 구하기 위해 랑다르마를 암살했다."고 평가한다.

"불가에 전해 내려오는 유명한 이야기가 있습니다. 상인 5백 명을 데리고 바다를 건너던 상단의 우두머리가 그 가운데 한 명이 배에 탄 모든 사람을 죽일 속셈이 있는 것을 알게 됩니다. 우두머리는 결국 나쁜 생각을 품고 있던 상인을 죽입니다. 왜 그랬는지 아십니까? 배에 탄 많은 사람의 목숨을 구해야 하기도 했지만, 그 상인이 속에 담고 있던 계획을 실행해 죄를 짓는 것을 막아야 했기 때문이지요. 그 사람 대신 살인죄를 떠안은 것이었습니다."[40]

842년, 랑다르마는 암살당했다.

이제 누가 왕위를 이을 것인가? 신하와 왕실이 복잡하게 얽혀 서로 싸웠다. 동부와 북부는 토번 군대가 군벌로 변해서 자기들끼리 내전을 벌였다. 더 이상 먹고 살기 힘든 백성들도 곳곳에서 봉기를 일으켰다. 이런 전국 여러 세력이 얽혀서 도저히 풀 수 없는 지경에 이르렀다. 많은 신하가 진절머리를 내며 자기 영지로 돌아갔다. 이들은 영지에서 왕으로 군림했다. 왕실은 호족과 군벌들이 무서워서 더 이상 왕궁에 있을 수 없었다. 그리하여 왕궁이 텅 비어 버렸다.

842년, 토번왕국은 이렇게 멸망했다.

1 김규현金奎鉉(한국),《티베트 역사산책》, 110쪽, 정신세계사, 2003년 2월 제1판.

2 從哪裏來?

　夏格巴Tsepon W. D. Shakabpa(TIBET), 藏區政治史翻譯組 譯,《藏區政治史
　TIBET: A Political History》(上), 第88頁, 油印本(中國), 1992年.

3 藏地來君主了.

　夏格巴(TIBET), 藏區政治史翻譯組 譯,《藏區政治史》(上), 第88頁, 油印本(中
　國), 1992年.

4 到了贊普子孫之時, 國政定將被本教奪去.

　本教文獻《教法要義》, 第88頁~第89頁; 恰白·次旦平措,諾章·吳堅,平措次仁 共
　著, 陳慶英,格桑益西,何宗英,許德存 共譯,《西藏通史──松石寶串》, 第28頁, 西
　藏古籍出版社, 1996年; 石碩(中國),《吐蕃政教關係史》, 第65頁, 四川人民出版社,
　2000年 8月 第1版.

5 你們以至騎到大王頭上來了.

　本教文獻《名稱寶洲名》; 石碩(中國),《吐蕃政教關係史》, 第65頁, 四川人民出版
　社, 2000年 8月 第1版.

6 김규현(한국),《티베트 역사산책》, 97쪽, 정신세계사, 2003년 2월 제1판.

7 김규현(한국),《티베트 역사산책》, 120쪽, 정신세계사, 2003년 2월 제1판.

8 尚囊心情不二志?

　王堯、陳踐 譯註,《敦煌吐蕃歷史文書(增訂本)》, 第165頁, 民族出版社, 1992年; 石
　碩(中國),《吐蕃政教關係史》, 第116頁, 四川人民出版社, 2000年 8月 第1版.

9 贊普將對汝無罪加罪矣.

　王堯、陳踐 譯註,《敦煌吐蕃歷史文書(增訂本)》, 第165頁, 民族出版社, 1992年; 石
　碩(中國),《吐蕃政教關係史》, 第116頁, 四川人民出版社, 2000年 8月 第1版.

10 尚囊心懷二志乃眞實之事也.

　王堯、陳踐 譯註,《敦煌吐蕃歷史文書(增訂本)》, 第165頁, 民族出版社, 1992年; 石
　碩(中國),《吐蕃政教關係史》, 第116頁, 四川人民出版社, 2000年 8月 第1版.

11 往昔, 先王贊普囊日在位之時, 小臣親自將藏蕃收歸大王轄下, 然, 先王幷未親

臨其地, 今, 王子贊普登極, 請親往巡視, 親臨其地, 小臣將於寒舍赤邦松之中
舉行盛大酒宴迎請大王啓駕, 大王其賞光否?

王堯、陳踐 譯註,《敦煌吐蕃歷史文書(增訂本)》, 第165頁~第166頁, 民族出版社,
1992年; 石碩(中國),《吐蕃政敎關係史》, 第116頁~第117頁, 四川人民出版社,
2000年 8月 第1版.

12 臣之老父, 日薄西山, 設置陰謀, 臣乃將老父殺死, 割下其首級前來報命.

　　王堯、陳踐 譯註,《敦煌吐蕃歷史文書(增訂本)》, 第165頁~第166頁, 民族出版社,
1992年; 石碩(中國),《吐蕃政敎關係史》, 第117頁, 四川人民出版社, 2000年 8月
第1版.

13 김규현(한국),《티베트 역사산책》, 154~155쪽, 정신세계사, 2003년 2월 제1판.

14 蕃於蕃國受安, 漢亦漢國受樂.

　　夏格巴(TIBET), 藏區政治史飜譯組 譯,《藏區政治史》(上), 第122頁, 油印本(中
國), 1992年.

15 《왕오천축국전往五天竺國傳》〈토번국吐蕃國〉의 전체 원문은 다음과 같다.

　　已東, 吐蕃國, 純住冰山雪山川谷之間, 以氈帳而居. 無有城棚 [郭] 屋舍, 處所
與突厥相似, 隨逐手 [水] 草. 其王雖在一處, 亦無城, 但依氈帳以爲居業. 土
地出羊、馬、貓牛 [牦牛]、(毬)、褐之類. 衣着毛褐皮裘, 女人亦爾. 土地極寒,
不同餘國. 家常食麨, 少有餠飯. 國王、百姓等, 惣不識佛法, 無有寺舍. 國人悉
皆穿地作(坑)而臥, 無有床席. 人民極黑, 白者全希 [稀]. 言音與諸國不同. 多
愛喫虱, 爲着毛褐, 甚饒蟣虱, 捉得便(抛)口裡, 終不棄也.
　　혜초慧超(한국), 정수일 역주,《왕오천축국전》, 263쪽, 학고재, 2004년 4월 제1
판.

16 我們這位贊普莫非是個婆羅門.

　　拔·塞囊(TIBET), 佟錦華、黃布凡 譯註,《拔協》, 第2頁, 四川民族出版社, 1990年
10月 第1版.

17 吐蕃是有佛法緣分的, 最終敎法定會昌盛興隆. 那要有佛敎的善知識, 撒霍爾
(今孟加拉)國王之子欣達諾吉達(卽靜命大師)比丘前來敎化才行.

　　拔·塞囊(TIBET), 佟錦華、黃布凡 譯註,《拔協》, 第8頁, 四川民族出版社, 1990年
10月 第1版.

18 國王所以短命而死, 都是奉行佛法的報應, 實在不吉祥. 佛法說來世可以轉生,
乃是騙人的謊言. 爲了消除今生災難, 應該奉行本波敎. 誰若再行佛法, 定將他
孤零零地一個人流放到邊謊地區去! 從今以後, 除本波敎外, 一律不準信奉其
他敎派.

拔·塞囊(TIBET), 佟錦華·黃布凡 譯註,《拔協》, 第8頁, 四川民族出版社, 1990年
10月 第1版.

19 你們三個勤奮人在那裏乾什麼? 瑪祥的小法有載: 人死如果做冥福, 定予支身
流放; 不得奉行供養南方尼婆羅之神佛. 這些你們沒有聽到嗎? 凡所行之諸多
事務, 如與佛法言論相同者, 無需禀告於王, 卽當埋於沙中! 然後以小法懲處.
這是否還要辯論!

黃顥,《〈賢者喜宴〉摘譯(五)》, 載《西藏民族學院學報》1981年 第4期, 第59頁~第
60頁; 石碩(中國),《吐蕃政敎關係史》, 第255頁, 四川人民出版社, 2000年 8月 第1
版.

20 在塞囊未返回之時, 不可立卽改變.

黃顥,《〈賢者喜宴〉摘譯(五)》, 載《西藏民族學院學報》1981年 第4期, 第59頁~第
60頁; 石碩(中國),《吐蕃政敎關係史》, 第255頁, 四川人民出版社, 2000年 8月 第1
版.

21 應派遣桑喜去做上部使者塞囊的助手.

黃顥,《〈賢者喜宴〉摘譯(五)》, 載《西藏民族學院學報》1981年 第4期, 第59頁~第
60頁; 石碩(中國),《吐蕃政敎關係史》, 第255頁, 四川人民出版社, 2000年 8月 第1
版.

22 塞囊你如果純屬行佛, 他(瑪祥·仲巴杰)是否懷疑將你流放呢!

黃顥,《〈賢者喜宴〉摘譯(五)》, 載《西藏民族學院學報》1981年 第4期, 第58頁~第
59頁; 石碩(中國),《吐蕃政敎關係史》, 第252頁, 四川人民出版社, 2000年 8月 第1
版.

23 到了芒域的上部, 此亦與流放相仿.

黃顥,《〈賢者喜宴〉摘譯(五)》, 載《西藏民族學院學報》1981年 第4期, 第58頁~第
59頁; 石碩(中國),《吐蕃政敎關係史》, 第252頁, 四川人民出版社, 2000年 8月 第1
版.

24 堪布菩提薩埵(寂護)是一位學識淵博、豫智未來幷具有多種功德之善知識.

黃顥,《〈賢者喜宴〉摘譯(五)》, 載《西藏民族學院學報》1981年 第4期, 第58頁~第
59頁; 石碩(中國),《吐蕃政敎關係史》, 第252頁, 四川人民出版社, 2000年 8月 第1
版.

25 舅臣將可能殺害於你. 你暫且到地方上隱藏起來.

黃顥,《〈賢者喜宴〉摘譯(五)》, 載《西藏民族學院學報》1981年 第4期, 第58頁~第
59頁; 石碩(中國),《吐蕃政敎關係史》, 第252頁, 四川人民出版社, 2000年 8月 第1
版.

26 贊普身體有恙, 須由兩位職位最高的大臣於贊普墓內閉住三年, 才能渡過難關.

黃顯, 《〈賢者喜宴〉摘譯(五)》, 載《西藏民族學院學報》1981年 第4期, 第68頁~第69頁; 石碩(中國), 《吐蕃政敎關係史》, 第256頁, 四川人民出版社, 2000年 8月 第1版.

27 我將自願前往墓中.

黃顯, 《〈賢者喜宴〉摘譯(五)》, 載《西藏民族學院學報》1981年 第4期, 第68頁~第69頁; 石碩(中國), 《吐蕃政敎關係史》, 第256頁, 四川人民出版社, 2000年 8月 第1版.

28 此乃奉行佛法的報應.

黃顯, 《〈賢者喜宴〉摘譯(六)》, 載《西藏民族學院學報》1982年 第1期, 第39頁; 石碩(中國), 《吐蕃政敎關係史》, 第260頁, 四川人民出版社, 2000年 8月 第1版.

29 김규현 글, 이상원 사진, 《바람의 땅 티베트》, 170쪽, 실크로드문화센터, 2008년 5월 제1판.

30 建造神殿一事, 此係佛敎之事, 我不喜歡此事, 我乃信奉本敎.

黃顯, 《〈賢者喜宴〉摘譯(七)》, 載《西藏民族學院學報》1982年 第2期, 第39頁; 石碩(中國), 《吐蕃政敎關係史》, 第267頁, 四川人民出版社, 2000年 8月 第1版.

31 청전淸典, 《달라이라마와 함께 지낸 20년》, 38쪽, 지영사, 2006년 6월 제1판.

32 無所思憶, 心無所應, 始能成佛.

拔·塞囊(TIBET), 佟錦華·黃布凡 譯註, 《拔協》, 第48頁, 四川民族出版社, 1990年 10月 第1版.

33 這種想法本身便是十分强烈的思念和作意.

拔·塞囊(TIBET), 佟錦華·黃布凡 譯註, 《拔協》, 第51頁, 四川民族出版社, 1990年 10月 第1版.

34 這不過與笨伯及昏睡者一樣而已.

拔·塞囊(TIBET), 佟錦華·黃布凡 譯註, 《拔協》, 第52頁, 四川民族出版社, 1990年 10月 第1版.

35 須一步步艱難地攀登, 不能一步登上.

拔·塞囊(TIBET), 佟錦華·黃布凡 譯註, 《拔協》, 第53頁, 四川民族出版社, 1990年 10月 第1版.

36 牟尼贊普在吐蕃百姓中曾三次均貧富. 吐蕃是世界上最早實行土地改革的國家.

夏格巴(TIBET), 藏區政治史飜譯組 譯, 《藏區政治史》(上), 第113頁, 油印本(中國), 1992年.

37 "모든 일을 무위無爲로 대하고 말없이 움직이는 가르침."은 최치원崔致遠

(857~?)이 쓴 〈난랑비서鸞郎碑序〉에 나오는 말이다. 〈난랑비서〉는 9세기 한국 한문학의 수준을 알 수 있는 명문이고, 한국인의 전통사상인 풍류의 단서도 제공하고 있다. 전체 원문은 다음과 같다.

(我)國有玄妙之道, 曰: 風流. 設敎之源, 備詳《仙史》, 實內包含三敎, 接化群生. 且如, 入則孝於家, 出則忠於國, 魯司寇之旨也. 處無爲之事, 行不言之敎, 周柱史之宗也. 諸惡莫作, 諸善奉行, 竺乾太子之化也.

38 見了穿袈裟的俗人也恭敬致禮.

《娘氏敎法源流》; 恰白·次旦平措,諾章·吳堅,平措次仁 共著, 陳慶英,格桑益西,何宗英,許德存 共譯, 《西藏通史——松石寶串》, 第178頁, 西藏古籍出版社, 1996年; 石碩(中國), 《吐蕃政敎關係史》, 第322頁, 四川人民出版社, 2000年 8月 第1版.

39 若有人以指指我的出家人, 就斷其指! 斜眼敵視僧人者, 挖眼!

拔·塞囊(TIBET), 佟錦華·黃布凡 譯註, 《拔協》, 第64頁, 四川民族出版社, 1990年 10月 第1版.

40 토머스 레어드Thomas Laird(미국), 황정연 옮김, 《달라이라마가 들려주는 티베트 이야기The Story of TIBET》, 96쪽, 웅진지식하우스, 2008년 5월 제1판.

有個大家都知道的佛敎故事, 說有500名商人要渡海, 爲首的商人突然發現其中有一人想要害死船上所有的人, 爲了挽救全船人的性命, 並且防止那人鑄下大錯, 因此爲首的商人只好在殺人者未犯行前, 先殺死他.

湯瑪斯·賴爾德Thomas Laird(美國), 莊安祺(臺灣) 譯, 《西藏的故事——與達賴喇嘛談西藏歷史The Story of TIBET》, 第65頁, 聯經出版社(臺灣), 2008年 7月 第1版.

제2장 분열시대

842~1246

1. 처음부터 다시 시작하다

도망가리

무슨 일이든 마지막 방법은 처음부터 다시 시작하는 것이다.

랑다르마의 제2차 불교탄압운동으로 돌아가자. 산속에서 수행에 전념하고 있던 스님 세 명이 있었다. 장릅쎄藏饒色, 요게와충約格瓦窮, 마르사캬무니瑪爾釋迦牟尼. 이 세 명이 충격적인 장면을 봤다. 승복 입은 사람이 사냥하고 있었다.

"저 스님 미쳤나?"₁

정부가 모든 재정지원을 끊었기 때문에 스님이 먹고 살고자 계율을 어길 수밖에 없었다. 이들은 사냥하던 스님에게 자세한 이야기를 듣고 속세가 어떻게 돌아가고 있는지 깨달았다.

"랑다르마가 불교를 탄압하고 있구나!"

이들은 갖고 있던 불경을 당나귀 한 마리에 싣고 한밤중에 도망쳤다.

먼저 남부티베트 망율에 도착했다. 그러나 먹고 살기 힘들었다. 서부티베트로 갔다. 이곳도 마찬가지였다. 서북 변방 카르룩葛邏祿으로 갔다. 이곳은 파란 눈을 가진 투르크突厥인들이 살고 있었다. 이곳도 먹고 살기 힘들었다. 몽골로 갔다. 아예 말이 안 통했다. 북부티베트 종카宗喀 지방으로 들어갔다. 마침내 토번왕국은 멸망했고, 더 이상 불교탄압도 없었다. 이들은 마음의 안정을 찾았고, 모두 노인이 되었다.

초라한 새 출발

어느 날 한 목동이 이 세 명을 봤다. 순식간에 소문이 퍼졌다.

"이상한 옷을 입은 세 사람이 나타났다!"

뷘뽀를 믿는 무쑤쎄姆索色라는 소년은 호기심이 생겼다.

"불교도는 대체 어떻게 생겼을까?"₂

무쑤쎄가 이들을 찾아뵙고 인품에 반했다.

"저도 출가하고 싶습니다."

무쑤쎄는 장릅쎄를 스승으로 삼고 요게와충을 계율감독관으로 삼아 사미계沙彌戒를 받았다. 법명 게와릅쎄格瓦饒色. 892~975.

학생은 석사학위를 받은 뒤 박사학위를 받는다. 그래야 진짜 박사가 된다. 가톨릭 신학도는 부제품을 받은 뒤 사제품을 받는다. 그래야 진짜 신부가 된다. 스님도 마찬가지다. 먼저 사미계를 받은 뒤 비구계比丘戒를 받아야 진짜 스님이 된다.

게와릅쎄는 똑똑했다. 불교 교리를 빨리 익혔다. 이제 비구계를 받고 싶었다. 그러나 비구계는 다르다. 사미계는 비구 2명이 인정하면 받을 수 있지만, 비구계는 비구 10명이 인정해야 받을 수 있다. 다만 예외적으로 시골에서 비구를 찾기 힘들 때 비구 5명이 인정하면 비구계를 받을 수 있다. 두 명이 부족한 것이다.

게와릅쎄는 랑다르마를 암살한 라룽 베끼도제가 아직 살아 있다는 사실을 알았다. 천신만고 끝에 동부티베트 동쪽 끝 다르쩨도에서 노인이 되어 있는 라룽 베끼도제를 찾았다. 그러나 베끼도제가 거절했다.

"나는 안 돼. 국왕을 죽였으니 계율을 어겼어."[3]

구하라, 받을 것이다. 찾으라, 얻을 것이다. 문을 두드려라, 열릴 것이다. 아들이 빵을 달라는데 돌을 줄 사람이 어디 있으며, 생선을 달라는데 뱀을 줄 사람이 어디 있겠는가. 간절히 원하면 끝내 도움을 받는다. 베끼도제가 보기에 게와릅쎄가 불쌍했을 것이다.

"하지만 도와줄 수는 있지."[4]

다르쩨도는 티베트문화권과 중국문화권의 점이지대다. 그래서 한족도 많다. 베끼도제가 중국인 스님 두 명을 찾았다. 이 두 명이 허락하고 게와릅쎄와 같이 북부티베트 변방까지 걸어가서 장릅쎄를 만났다. 이렇게 억지스럽지만 5명을 채웠다. 그리하여 게와릅쎄는 토번왕국이 망한 뒤 처음으로 비구계를 받은 스님이 되었다.

그리고 5년이 흘렀다.

불꽃 하나가 대지를 불태운다

삼예 사원 지역 호족은 차나 예셰개짼查納·益西堅贊이었다. 이 사람은 불심이 깊었다. 그러나 다스리는 곳에 스님이 없었다. 그래서 중부와 남부에서 불심이 깊고 똑똑한 젊은이 10명을 뽑아 장릅쎄에게 보냈다. 이 대표단 단장은 루메 취침세랍魯梅·楚呈嘉饒. 그런데 이때 장릅쎄는 너무 늙어서 가르칠 힘이 없었다. 장릅쎄가 이들을 게와릅쎄에게 보냈다. 게와릅쎄가 크게 놀랐다.

"제가 비구계를 받은 지 5년밖에 안됐는데 어떻게 남을 가르칩니까?"[5]

하지만 장릅쎄는 단호하게 말했다.

"지금은 특수한 상황이다. 네가 가르쳐라."[6]

그래서 게와릅쎄가 이 10명에게 중요한 불교 교리와 계율을 속성으로 가르쳤다. 그런 다음 자기 스승 3명과 중국인 스님 2명까지 모두 6명을 모아서 이들에게, 사미계도 거치지 않고, 곧바로 비구계를 줬다. 장릅쎄와 게와릅쎄는 이렇게 자신에게 주어진 역사임무를 마쳤다.

루메 취침세랍과 나머지 9명이 스님이 되어 삼예 사원으로 돌아왔다. 차나 예셰개짼은 이미 죽었고 아들 애닥치바厄達赤巴가 영주가 되어 있었다. 애닥치바는 아버지에게 물려받은 열쇠를 루메 취침세랍에게 줬다. 바로 삼예 사원 대문열쇠였다.

드디어 대문을 열었다.

한마디로 참담했다. 사원 안이 숲으로 변했고, 까마귀가 지붕에 집을 지었으며, 건물 안에 거미줄이 가득했고, 기둥 여기저기에 금이 가 있었다.

승복을 입은 이들이 청소를 시작했다. 이때 76살 먹은 한 할머니가 말했다.

"제가 6살 때 저런 옷 입은 사람을 본 적이 있어요."[7]

불꽃 하나가 대지를 불태운다. 드디어 불꽃이 살아났다. 루메 취침세랍이 제자들을 길러냈고, 이 제자들이 또 제자들을 길러냈다. 이렇게 130년이 흘렀다. 그러나 올바른 불교는 아니었다.

망해야 다시 태어날 수 있다

토번왕국의 불교는 티베트불교가 아니라 그냥 불교였다. 왕실과 귀족 중심 불교였고, 민중의 지지를 받지 못한 강압적인 불교였다. 그것도 중부와 남부에서만 포교활동이 벌어졌다. 북부와 동부는 불교가 무엇인지 모르는 사람도 많았다.

랑다르마는 불교를 철저하게 탄압했기 때문에 겉보기에 불교는 티베트에서 사라졌다. 스님이 사라졌기 때문이다. 그러나 거사居士가 있다. 렐빠짼 시기가 되면 출가만 하지 않았을 뿐, 스승도 없이 혼자 집에서 밤마다 수행에 전념하는 사람들이 생기기 시작한다. 이 사람들은 "나는 불교를 모릅니다."라고 거짓말 한 마디만 하면 체포할 명분이 없다. 스님도 마찬가지다. 승복을 벗고 머리를 길러도 정신까지 바꿀 수는 없다.

위기는 기회다. 이들은 살아남으려고 민중 속으로 들어갔다. 그리하여 뵌뽀를 적극적으로 받아들였고 뵌뽀의 의식과 각종 토속 신을 끌어안았다. 심지어 티베트불교는 무당스님도 있다. 티베트에서 불교는 철저하게 망했기 때문에 진정한 티베트불교로 다시 태어날 수 있었다.

여기에서 밀교를 눈여겨보아야 한다. 밀교의 핵심은 이렇다.

"육체각성이 정신각성을 인도한다."

석가모니는 이렇게 말했다.

> 숲 속에 앉아 있어도
>
> 타오르는 불꽃처럼 갖가지 유혹이 나타나느니
>
> 특히 여자는 수행자의 마음을 흔든다.
>
> 모든 감각적인 기쁨을 뒤로 하라. ₈

> 색욕을 너무 밝히는 자는
>
> 마침내 진리의 가르침을 잃어버리고
>
> 사악한 길로 접어들게 되나니. ₉

그렇다면 왜 쾌락을 긍정하는 불교가 나왔을까?

밀 교

석가모니釋迦牟尼는 사캬무니sakya muni의 음역으로, 사캬족 성자라
는 뜻이다. 본명은 고타마 싯다르타Gautama Siddhatta이며, 카필라迦毘羅
국 왕자였다. 석가모니는 인간이 속세에서 맛볼 수 있는 모든 쾌락을
다 누린 사람이다. 그래서 수행할 때 온갖 유혹을 물리칠 수 있었다.
석가모니의 가르침을 받은 사람들은 색욕을 멀리했다. 그런데 티베트
가 인도불교를 받아들일 때 인도는 이미 후기불교였다.

인도불교는 초기·중기·후기로 나눌 수 있다. 석가모니는 저술을

하지 않았다. 석가모니의 가르침을 받은 사람들이 석가모니가 생전에 한 말을 노래로 외웠다. 이것이 《숫타니파타Sutta-Nipata》. 나머지 불경은 순수한 석가모니의 가르침이 아니다. 나쁘게 말하면 후대 조작이다. 《숫타니파타》를 보면 어려운 말이 없다. 석가모니는 대중에게 언제나 쉽고 알기 좋게 말했다. 그리고 "뱀이 묵은 허물을 벗어버리듯" 모든 집착을 다 버리고 "저 광야를 걸어가는 코뿔소의 외뿔처럼 혼자 가라."고 말했다. 남을 억지로 진리의 영역에 데려오라고 말하지 않았다. 자신이 열심히 수행해서 깨달음을 얻고 해탈해서 니르바나열반로 가는 것이 중요하다. 이것이 초기 인도불교다.

중기로 들어서면 이야기가 달라진다. 자신이 해탈하는 것보다 중생을 구제하는 것이 더 중요하다는 사상이 퍼졌다. 이렇게 생각하는 사람들이 석가모니의 순수한 가르침을 따르는 사람들을 비웃었다.

"너희는 작은 수레야."

너희가 작은 수레라면 우리는 큰 수레다. 여기에서 소승小乘과 대승大乘이라는 말이 나왔다. 그런데 중기불교는 여러 철학사상이 발달했다. 시간이 더 지나자 발달한 정도가 아니라 난해해졌다. 스님과 학자들은 자신만의 우월함에 빠지고, 민중은 설법만 들으면 머리가 아파서 고개를 절레절레 흔들고 불교를 멀리했다. 학문과 종교는 대중성을 잃으면 생명력이 떨어진다.

7세기 중엽부터 스님들이 반성하기 시작했다. 어떻게 하면 다시 민중 속으로 들어갈 것인가? 인도인은 대부분 힌두교를 믿는다. 따라서 힌두교를 적극적으로 받아들여야 한다. 기존 교리도 쉽게 만들어야 한다. 어차피 일반 대중은 글도 모른다. 이들도 금방 외울 수 있어야 한다. 바로 한 마디로 끝나는 주문이다. 가장 대표적인 주문이 육자진언六字眞言이다.

"옴마니반메옴唵嘛呢叭咪吽."

이것만 날마다 열심히 외워라. 그러면 해탈할 수 있다.

석가모니는 신을 논하지 않았다. 석가모니도 우리와 다를 바 없는 사람일 뿐이지, 신이 아니다. 그런데 현재 불교는 신들이 많다. 힌두교의 여러 신을 받아들였기 때문이다. 그래서 민중에게 다가갈 수 있었다.

힌두교는 섹스를 나쁘게 보지 않는다. 심하게는 남자신과 여자신이 섹스하는 장면을 거대한 인형을 조종하면서 재현하고, 신도들은 이를 보며 즐거워한다. 지나치지만 않다면 섹스는 즐거운 것이다.

인도불교는 이것도 받아들였다. 육체쾌락을 부정적으로 보지 않고 긍정적으로 보기 시작한 것이다. 육체쾌락도 훌륭한 수행법이 될 수 있다. 물론 처음부터 음양합일의 실천으로 나가지는 않았다. 호흡과 명상을 중시했다. 이때 남녀가 끌어안고 있는 불상을 보며 모든 인위적인 구분이 틀렸음을 깨닫는 수행도 했다. 이를 우도밀교右道密敎라 한다.

그런데 밀교도 말기로 들어서면 좌도밀교左道密敎가 번성한다. 좌도밀교의 백미가 무상요가無上瑜珈다. 무상요가는 혼자 하지 않는다. 남녀가 밀실에서 같이한다. 이때 옷을 모두 벗는다. 사람이 우주이고 우주가 사람이며, 무한이라는 시공간 속에서 자신은 일부이자 전체다. 이런 깨달음을 얻은 두 남녀수행자가 상대를 바라본다. 먼저 남자가 여자의 몸 전체를 애무한다. 다음에 여자가 남자의 몸 전체를 애무한다. 이제 남녀는 더 이상 정신적 속박이 없다. 자비심이 무한으로 치솟고, 두 사람은 몸을 합친다. 이렇게 쾌락으로 해탈한다.

이것은 남몰래 하는 수행이다. 그래서 위험하다. 위험하기 때문에 스승이 잘 인도해야 한다. 티베트어로 이 스승을 라마라고 한다. 그래서 라마교라는 말이 나왔다. 이것은 틀렸다. 티베트불교가 맞다.

티베트는 인도불교의 소승·대승·밀교 교리를 모두 받아들였다. 여기에 뵌뽀까지 흡수했다. 그래서 매우 재미있고 흥미진진한 불교가 되었다. 동시에 위험한 불교가 되었다. 티베트불교는 뵌뽀를 끌어안았기 때문에 흑마술도 있다. 스님이 초능력으로 사람을 죽일 수 있고, 도술로 사기칠 수도 있다. 여기에 밀교 자체도 위험성이 있다.

원래 밀교는 나쁜 것이 아니다. 하지만 여자수행자의 허락 없이 무상요가를 하면 이것은 겁탈이다. 쉽게 집단혼음으로 발전할 수도 있으며, 불쌍한 중생에게 자기 몸을 주는 보시, 곧 육보시를 스스로 즐기는 스님도 생길 수 있다.

장룹쩨는 고승이 아니었다. 이 사람이 게와릅쩨를 속성으로 가르쳤다. 게와릅쩨는 남을 가르치기에 부족한 사람이었다. 그런데 이 사람이 10명을 속성으로 가르치고 곧바로 비구계를 줬다. 고등학생이 중령으로부터 기초 군사지식을 한 달 만에 배운 뒤 별을 단 것과 다를 바 없었다. 이 사람들이 다른 제자들을 가르쳤다.

티베트불교는 유치했다. 게다가 타락했다. 수많은 스님이 흑마술과 무상요가에 탐닉했다. 이렇게 130년이 흘렀다. 티베트 내부에서 훌륭한 스승이 나올 가능성은 희박했다. 외부에서 맞아들여야 한다. 누구를 데려올 것인가?

2. 인도불교의 마지막 불꽃

1천 2백 년을 기다린 예언

《밀린다왕문경彌蘭陀王問經; 那先比丘經》이라는 불경이 있다. 마케도니아Macedonia 알렉산드로스Alexandros, 기원전 356~기원전 323 대왕이 아프가니스탄과 인도 서북부를 점령한 뒤, 이곳에 그리스인이 아프가니스탄인과 인도인을 다스리는 나라가 생겼다. 이것이 박트리아大夏 왕조다. 이 나라에 밀린다Milinda라는 왕이 있었다. 정확한 이름은 메난드로스Menandros, 기원전 163?~기원전 105?.

메난드로스는 철학을 좋아하는 박학다식한 임금이었다. 인생과 우주의 진리에 대해 수많은 현자가 이 임금과 토론을 벌였지만 아무도 이기지 못했다. 우여곡절 끝에 이 임금은 마지막으로 나가세나那先比丘 존자를 찾아가 엄청난 학식으로 수많은 질문을 던졌다. 그러자 나가세나는 매우 난해한 질문들을 너무나 쉽게 대답한다. 마침내 메난드로스가 탄복했고, 불교신자가 되었다.

이 불경에 따르면, 메난드로스는 데바닷다提婆達多에 관한 질문을 던졌다. 데바닷다는 석가모니의 사촌동생이고 제자이며, 동시에 석가모니를 배반하고 승단을 분열시키려 했던 악인이기도 하다. 나가세나

존자는 이렇게 대답했다.

"대왕이여, 데바닷다는 지옥고를 치른 뒤 아티샤라는 벽지불辟支佛: 변방의 부처이 될 것입니다."[10]

데바닷다가 지옥에서 벌을 받은 뒤 다시 태어나 훌륭한 스님으로 성장할 것이며, 변방으로 가서 부처가 될 것이라는 예언이다. 나가세나는 데바닷다가 다시 태어났을 때 어떤 이름을 가지는가도 정확하게 예언했다.

아티샤阿底峽, 982~1054.

희 생

토번왕국이 멸망한 뒤, 서부티베트는 구게古格왕국이 되었다. 이곳에 데쭉퀸德祖袞이라는 왕이 있었다. 데쭉퀸은 코리科日와 송에松額라는 아들이 있었다. 맏아들 코리는 출가해서 스님이 되었다. 법명은 예셰외益西沃. 누가 이 사람에게 사미계를 줬는지 기록이 없다. 어쩌면 자기가 법명을 짓고 스님 행세를 했을 수도 있다. 그래도 불심은 깊었다. 그는 구게왕국에 절을 지었다. 토링 사원托林寺. 지금은 폐허가 되어 유적지로 남아 있다.

예셰외는 스승이 없었다. 스승을 찾아 전국을 떠돌아 다녔다. 마침내 삼예 사원에서 스승을 찾았다. 아르초阿爾措. 그런데 시간이 지나면서 이상한 사실을 발견했다. 아르초를 포함한 훌륭한 스님 18명이 날마다 흑마술과 섹스에 탐닉하면서 살고 있었다.

'이것이 진짜 석가모니의 가르침인가?'

예세외는 왕자여서 재물이 많았다. 이 재물로 석가모니의 진짜 가르침을 배워야겠다는 생각을 했다. 그런데 자기가 직접 인도로 갈 용기는 없었나보다. 예세외는 전국을 돌아다니며 호족의 똑똑한 아들 21명을 모았다. 이들의 부모에게 황금을 주며 설득했다. 그리고 이들에게도 많은 황금을 줬다. 이것이 여행경비와 유학자금이었다.

그러나 걱정했던 일이 다시 벌어졌다. 송짼감뽀가 젊은이 16명을 인도로 보냈을 때도 오직 한 명만 살아남았듯이, 카슈미르에 도착하자 19명이 열사병으로 죽었다. 다행히 린첸상뽀仁欽桑波, 958~1055와 렉빠세랍勒巴西饒이 끝까지 살아남았다. 더욱이 린첸상뽀는 훌륭한 인도인 스승 75명에게 배우고 방대한 불경에 통달했다. 이 두 명이 토링 사원으로 돌아와 불경을 번역하고 제자들을 길렀다. 그리하여 정통 인도불교의 법맥이 서부티베트에서 살아나기 시작했다.

구게왕국 임금은 스님이 된 예세외의 동생 송에였다. 송에는 세 아들이 있었다. 라데拉德, 외데沃德, 시와외西瓦沃. 예세외는 늙었고 송에는 죽었다. 맏아들 라데가 임금이 되었고, 시와외는 출가해서 장춥외絳曲沃가 되었다.

이때 인도불교의 총본부는 비크라마실라 사원戒香寺; 超行寺이었다. 이곳에 훌륭한 스님 32명이 있었고, 가장 뛰어난 스님이 아티샤였다. 예세외가 이 소문을 듣고 간절한 편지를 써서 많은 황금과 대표단을 보냈다. 아티샤는 이렇게 말했다.

"갈 수 있을지 지켜봅시다."[11]

보내온 황금은 안 받았다. 인도불교를 지켜야 하는 자신이 인도를 떠날 수는 없었던 것이다.

그래도 예세외는 포기하지 않았다. 더 많은 황금을 얻고자 늙은 몸으로 직접 금광을 찾아 북동쪽으로 갔다. 그런데 이때 이곳은 카르룩 군대가 전쟁을 벌이고 있었다. 그리고 이 늙은이가 구게왕국 임금의 큰아버지라는 사실을 알았다. 생포하면 몸값을 받을 수 있다. 카르룩 칸이 예세외를 사로잡아 감옥에 집어넣었다.

구게왕국은 난리가 났다. 장춥외가 전사 1백 명을 이끌고 카르룩에 도착했다. 이때 장춥외가 갑자기 이런 생각을 했다. 큰아버지 구출에 실패하면 아티샤를 모실 수 없다. 성공하려면 많은 적군을 죽여야 한다. 아티샤는 스님이 살생해서 계율을 어긴 사실을 알면 절대 오지 않을 것이다. 그래서 카르룩 칸과 담판했다. 칸이 말했다.

"네 큰아버지 몸무게에 해당하는 금을 내면 풀어 주겠다."[12]

최대한 금을 모아왔다. 그래도 큰아버지 머리 무게만큼 모자랐다. 예세외가 감옥에서 장춥외에게 말했다.

"나는 늙었다. 나는 불교를 위해 죽으니 이보다 더 좋을 수 없다. 카르룩 칸에게 절대 황금을 주지 마라. 너는 이 황금을 갖고 아티샤에게 가거라."[13]

아티샤가 이 이야기를 듣고 도저히 티베트에 안 갈 수 없었다.

"티베트에서 2년만 머물겠소."[14]

아티샤

1040년, 아티샤가 구게왕국 대표단과 같이 인도를 떠났다. 네팔에 머물며 고산지대에 적응했고, 히말라야를 넘어 1042년 구게왕국

에 도착했다. 이때 그의 나이 61
살이었다.

구게왕국 모든 백성이 마중
나왔다. 스님들도 다 나왔다. 스님
들이 화려한 비단옷을 입고 있었
다. 이것은 잘 입은 정도가 아니
라 사치였다. 이들이 아티샤를 보
자마자 앞다투어 달려 나갔다. 아
티샤는 기본 계율조차 안 지키는
이 엉터리 스님들을 보고 충격을
받아서 머리를 감싸 쥐며 한마디
내뱉었다.

_아티샤

"티베트에 사는 유령들이 달려오는구나!"15

원래 아티샤는 밀교 고승이었다. 그러나 기본 계율도 지키지 않는
티베트 승려들을 보고 혀를 찼다. 도저히 밀교를 가르칠 수 있는 상
황이 아니었다. 수열과 극한도 모르는 학생에게 적분을 가르칠 수 없
기 때문이다. 그래서 아티샤는 계율을 세우고 올바르게 수행하는 순
서와 방법을 가르쳤다. 더욱이 흑마술과 무상요가만 탐닉하는 수행
자들을 올바르게 지도했다. 대만 최고 선지식 성운대사星雲大師는 이
렇게 말했다.

"착하게 살면 그것이 보살입니다."16

아티샤의 눈에 이들은 착하게 살지 않는 사람들이었다. 한 나라
를 대표하는 최고 학자가 외국에 가서 비행청소년들을 가르치는 것

과 다를 바 없었다.

아티샤는 자신이 죽어도 티베트인들이 올바른 수행을 계속할 수 있도록 간단한 수행 안내책자를 썼다. 이것이 《깨달음에 이르는 길장춥람기쮠메; 보리도차제菩提道次第》. 대학교수가 유치원생 교과서를 쓴 것과 같았다.

순식간에 2년이 지났다. 그런데 아티샤의 명성이 티베트 전역에 퍼졌다. 중부와 남부에서 수많은 호족이 애원했다. 아티샤는 이들의 요청을 뿌리칠 수 없었다. 중부와 남부를 돌아다니며 건전한 티베트 불교를 확립시켰다. 이렇게 10년이 지났다.

1054년, 아티샤는 라싸 근교 네탕 사원聶塘寺에서 죽었다. 그리하여 아티샤는 벽지불辟支佛이 되었다.

시주와 법주

불교는 티베트에서 두 번이나 탄압받았지만 완전히 죽지 않았고, 마침내 왕실불교가 아닌 민중불교로 다시 태어났다. 이제 티베트인은, 변방에 사는 사람이 아니면, 대부분 불교신자가 되었다. 불교가 드디어 뵌뽀의 기능을 빼앗았다. 토번왕국의 강력한 군사력은 옛날 이야기가 되었다.

통일정권은 없고, 호족들이 자기 땅을 다스린다. 백성은 불교신자다. 호족도 독실한 불교신자다. 백성을 잘 다스리려면 불교와 손을 잡아야 한다. 사원도 자신을 든든하게 지켜주는 보호자가 필요하다. 시주施主는 법주法主가 필요하고 법주는 시주가 필요하다. 세속권력과 종교권력이 서로 원한 것이다. 구체적으로 이렇게 빗댈 수 있다.

한 마을이 있고 이 마을 옆 산에 절이 있다. 촌장은 세속권력자로 마을을 다스린다. 마을 주민은 불교를 신봉하고, 옆 산에 있는 사원의 주지를 존숭한다. 그러면 촌장은 그 주지를 정신적인 권력자로 인정하고 같이 존숭할 수밖에 없다. 그렇지 않으면 자기 권력의 정당성이 위협받기 때문이다. 촌장은 그 절에 권력을 행사할 수 없다. 그러나 그 절이 산적들에게 위협받으면 군대를 이끌고 산적들과 맞서 싸워야 한다. 주지는 축복을 내려 주며 촌장을 문수보살文殊菩薩로 우대해 준다. 촌장은 자비를 선사해 준 주지를 관음보살觀音菩薩의 화신으로 우대한다. 촌장은 무력이라는 힘이 있고, 주지는 종교라는 힘이 있다. 이렇게 두 사람은 독립적인 대등한 관계다.

이것이 시주와 법주의 관계다. 티베트는 10세기 말부터 불교와 호족들이 결합하는 현상이 벌어졌다. 티베트도 여러 불교종파가 생겼다. 대표적인 것이 사캬薩迦와 까귀噶擧와 까담噶丹이었다.

그런데 아티샤의 가르침을 충실하게 따르지 않는 사람도 많았다. 이 사람들은 파드마삼바바의 가르침을 좋아했고, 경전공부보다 요가수련을 중시했다. 이 사람들을 닝마寧瑪라고 불렀다. 밀교 전통을 가장 잘 간직한 사람들이다. 닝마를 대표하는 책이《티베트 사자의 서西藏度亡經》이며, 티베트어 제목은《바르도 퇴돌》이다. 사람이 죽어서 다시 태어나기까지 그 중간과정과 시간을 바르도中有라 한다. 바로 이때 깨달음을 얻어 해탈退돌하면 다시 태어나지 않을 수 있다. 윤회의 고통에서 해방되는 것이다. 이 책 저자가 파드마삼바바인데, 이것은 티베트인 학자들도 의심한다. 하물며 한족 학자들은 오죽하겠는가!

중국 티베트역사학의 대가 석석石碩은 이렇게 말했다.

"자기가 죽어봐야 이 책에 나오는 이야기가 사실인지 알 수 있다. 따라서 이 책 내용이 참인지 거짓인지 증명할 수 있는 방법이 없다."[17]

닝마는 각자 동굴이나 숲속에서 혼자 수행하는 사람들이다. 사원도 있지만 정치적으로 큰 영향을 끼치지 못했다. 티베트 정치에 큰 영향을 끼치는 사람들이 사캬와 까귀다.

이제 불교가 티베트의 기본 사회조직이 되면서 한 사회를 단결시키는 기본 역량이 되었다. 주지스님이 마을 사람들에게 "무기를 들어라!" 하면 모두 무기를 들고, "싸우지 마라!"고 하면 모두 싸우지 않기 때문이다.

그런데 이것이 나중에는 한 지역사회에서 벌어지는 것이 아니라 국가 대 국가의 외교관계가 되어 버린다.

인도에서 불교가 사라지다

인도는 10세기부터 이슬람의 침략을 받았다. 힌두교는 민중들 속에서 강인한 생명력으로 버텼지만 불교는 달랐다. 이슬람군대에게 불교사원은 우상을 숭배하는 건물일 뿐이었고, 이들은 알라의 이름으로 불교사원을 파괴했다. 그래서 수많은 승려와 불교학자가 스리랑카와 미얀마로 탈출했다. 이들이 계속 동남아시아로 퍼져서 그곳 불교진흥에 이바지했다. 그리고 일부 승려들은 동쪽과 남쪽으로 도망가지 않고 북쪽으로 탈출했다. 이들이 네팔과 남부티베트로 들어왔다. 시나브로 인도 민중이 대부분 불교를 외면했고, 비크라마실라 사원만 인도의 유일한 불교사원으로 남았다.

1203년, 이슬람군대는 비크라마실라 사원마저 철저하게 파괴했다. 수많은 승려가 죽었고, 살아남은 승려들이 불경을 품에 안은 채 목숨을 걸고 티베트로 탈출했다. 이들을 이끌고 티베트로 넘어온 지도자가 비크라마실라 사원의 마지막 주지스님 사캬스리바드라釋迦室利跋陀羅, 1127~1225다. 티베트 호족과 민중은 이들을 환영했다. 이들이 산스크리트 경전을 티베트어로 열심히 번역했다. 그리하여 정통 인도 불교의 법맥은 티베트에서 살아남았다.

주

1 僧人瘋了?
拔·塞囊(TIBET), 佟錦華·黃布凡 譯註, 《拔協》, 第69頁, 四川民族出版社, 1990年 10月 第1版.

2 佛敎徒究竟是個什麼樣?
夏格巴Tsepon W. D. Shakabpa(TIBET), 藏區政治史飜譯組 譯, 《藏區政治史 TIBET: A Political History》(上), 第137頁, 油印本(中國), 1992年.

3 我不行, 因爲我殺死了罪惡的國王, 破了殺戒.
拔·塞囊(TIBET), 佟錦華·黃布凡 譯註, 《拔協》, 第71頁, 四川民族出版社, 1990年 10月 第1版.

4 但是, 我可以幫你去找.
拔·塞囊(TIBET), 佟錦華·黃布凡 譯註, 《拔協》, 第71頁, 四川民族出版社, 1990年 10月 第1版.

5 我自己受戒還不滿五年, 不能任親敎師.
夏格巴(TIBET), 藏區政治史飜譯組 譯, 《藏區政治史》(上), 第137頁, 油印本(中 國), 1992年.

6 情況特殊, 可以擔任, 你答應吧!
夏格巴(TIBET), 藏區政治史飜譯組 譯, 《藏區政治史》(上), 第137頁, 油印本(中 國), 1992年.

7 記得我六歲時曾看到過穿這種僧衣.
夏格巴(TIBET), 藏區政治史飜譯組 譯, 《藏區政治史》(上), 第137頁, 油印本(中 國), 1992年.

8 석가모니釋迦牟尼(인도) 구술, 석지현 옮김, 《숫타니파타Sutta-Nipata》, 138~139 쪽(제3장 큰 장Mahavagga 제11묶음), 민족사, 2001년 6월 제1판.

9 석가모니(인도) 구술, 석지현 옮김, 《숫타니파타》, 159쪽(제4장 시詩의 장 Atthakavagga 제7묶음), 민족사, 2001년 6월 제1판.

10 정안鄭安(한국) 엮음, 《밀린다왕문경Milindapanha; 彌蘭陀王問經; 那先比丘經》, 142쪽, 우리출판사, 1999년 3월 제1판.

11 是否可去, 我要觀察觀察!

　　拔·塞囊(TIBET), 佟錦華、黃布凡 譯註, 《拔協》, 第75頁, 四川民族出版社, 1990年
　　10月 第1版.

12 拿出和你伯父體重相等的黃金來贖人.

　　夏格巴(TIBET), 藏區政治史翻譯組 譯, 《藏區政治史》(上), 第140頁, 油印本(中
　　國), 1992年.

13 我已年高, 這次能爲佛敎去死, 是最好不過的了. 不要給萬邏祿王一厘一葱的黃
　　金. 把所有黃金帶去, 到印度再次迎請阿底峽尊者吧!

　　夏格巴(TIBET), 藏區政治史翻譯組 譯, 《藏區政治史》(上), 第140頁, 油印本(中
　　國), 1992年.

14 김규현金奎鉉(한국), 《티베트 역사산책》, 234쪽, 정신세계사, 2003년 2월 제1판.

15 토머스 레어드Thomas Laird(미국), 황정연 옮김, 《달라이라마가 들려주는 티베트
　　이야기The Story of TIBET》, 108쪽, 웅진지식하우스, 2008년 5월 제1판.

　　西藏的鬼來了!

　　湯瑪斯·賴爾德Thomas Laird(美國), 莊安祺(臺灣) 譯, 《西藏的故事——與達賴
　　喇嘛談西藏歷史The Story of TIBET》, 第73頁, 聯經出版社(臺灣), 2008年 7月
　　第1版.

16 이것은 지금 대만을 대표하는 선지식 성운대사星雲大師가 한 말을 필자가 재해
　　석한 것이다. 원문은 다음과 같다.

　　總而言之, 要成爲菩薩, 說難不難, 說容易也不太容易, 不過可以確定的是: 菩
　　薩也是凡人做的. 只要我們能涵養慈悲的性情, 發菩提心, 學習菩薩堅忍無我
　　的精神, 修持六波羅密, 有心成爲菩薩, 那麼, 人人都是菩薩.

　　星雲大師(臺灣), 《菩薩的宗敎體驗》, 第29頁, 香海文化事業有限公司(臺灣), 2008
　　年 10月 第1版.

17 只有自己死才能知道這本書眞實與否, 所以沒有證明辦法.

　　2006年 前半期 四川大學 石碩 演講《藏學研究專題》朴根亨 記錄.

제3장 사캬시대

1246~1354

1. 몽골의 등장

위대한 몽골 백성

몽골의 조상은 흉노匈奴다. 흉노는 한자가 아니다. 그냥 '사람'이라는 뜻이다. 흉노는 특정 민족이름이 아니다. 진시황이 중원을 통일하기 전 알타이산맥 동남쪽에 거주한 유목민 모두를 일컫는 말이다. 흉노는 먼저 서흉노와 동흉노로 나뉜다. 서흉노가 훈족Huns이 되어 유럽을 정복했고, 동흉노는 한나라를 세운 유방劉邦의 막강한 대군을 굴복시켰다.

동흉노는 다시 남흉노와 북흉노로 나뉘었다. 남흉노에서 선비족鮮卑族이 나왔고, 이들이 한족을 정복하여 5호16국五胡十六國과 수隋·당唐을 세웠다. 당태종 이세민도 선비족이다. 북흉노는 돌궐·고려·거란·여진·몽골·일본으로 나뉘었다. 거란·여진·몽골은 고려고구려로 뭉쳤으며, 돌궐은 고려의 형제였다. 훗날 돌궐은 아랍으로 이동해서 투르크제국을 건설했고, 만주에서 발해와 거란과 여진이 힘을 키워 중국 북부를 점령했다.

몽골과 만주족과 한국과 일본은 같은 흉노의 후예다. 이것은 문헌연구도 필요 없다. 몽골·선비·돌궐·거란·여진 무덤에서 유골 DNA

를 추출하고 한국인과 일본인의 DNA까지 분석하면 이들은 모두 같은 민족이다.

1206년 테무진이 몽골 부족들을 통합하고 예케 몽골 울루스YEKE MONGGOL ULUS의 칭기즈칸이 되었다. 예케 몽골 울루스의 직역은 '위대한 몽골 백성', 의역은 '몽골제국'. 특이한 국명이다. 나라이름에 백성이 들어가다니. 왜 이렇게 지었을까? 서울대 동양사학과 교수 김호동金浩東의 해석이 설득력을 지닌다.

"칭기즈칸은 나라이름 짓는 데 관심이 없었던 것 같아요!"[1]

칭기즈칸은 중앙아시아 여러 부족을 복속시킨 뒤 1209년 탕구트Tangut; 西夏 원정을 시작했고, 수도가 포위되어 위기에 빠진 탕구트는 복속하겠다는 거짓약속을 했다. 칭기즈칸은 군대를 철수시켰고, 1211년 금나라 원정을 단행했다. 몽골인들은 초원의 기마전에 능숙했지만 공성전攻城戰에 서툴렀다. 1214년 금나라는 공물을 바치겠다는 약속을 했고, 칭기즈칸은 몽골로 회군했다. 그러나 이것도 거짓말이었다. 금나라는 수도를 북경에서 개봉開封으로 옮기고 결사항전을 다짐했다. 1215년 칭기즈칸은 황하 이북을 쑥대밭으로 만들었고, 금나라는 계속 끈질기게 버텼다.

이런 상황에서 1218년 칭기즈칸이 아프가니스탄과 중앙아시아에 걸쳐 새로 생겨난 강국 호레즘Khorezm으로 보낸 상단商團이 오트라르Otrar에서 몰살당한 사건이 벌어졌다. 이 사건이 세계사를 완전히 뒤바꾸어 놓았다. 1219년부터 1225년까지 15만 몽골군이 서방원정을 벌였다. 호레즘을 멸망시켰고, 서아시아의 많은 도시를 잿더미로 만들었다. 일부 병력은 흑해 북안까지 가서 러시아 군대를 격파하고 철수했다. 칭기즈칸은 1226년 다시 탕구트 원정을 벌였고, 1227년 원정 도중에 죽었다. 같은 해 몽골군은 탕구트를 철저하게 도륙했다.

칭기즈칸의 서방원정은 너무나 중요하다. 이 사건으로 몽골이 중원을 제압하기 전에 세계의 다른 문명을 보았기 때문이다. 그것도 세계에서 가장 찬란하고 화려한 문명을 봤다. 이때 이슬람은 세계에서 가장 발달한 문명이었다. 이슬람은 먼저 아랍 전통문화와 학문이 있었다. 더욱이 고도로 발달한 수학과 화학과 천문학이 있었다. 여기에 그리스 로마 학문을 거부감 없이 받아들이고 발전시켰다.

몽골은 바로 이 세계 최고 문명을 봤다. 이것이 다른 흉노와 달랐다. 5호16국과 요·금 모두 다른 문명권과 접촉한 적이 없었다. 그들에게 중국문명은 최고 문명이었다. 중국을 정복한 뒤 중국문명에 심취하고, 그 중국문명에 빠져 동화당하는 것이 그들이 걸어온 길이었다. 심지어 선비족 효문제孝文帝; 拓跋宏, 467~499는 선비족의 풍습과 언어를 금지시켰다. 몽골은 달랐다. 이슬람도 가봤고 인도도 가봤다. 나중에는 유럽도 갔다. 기독교문화도 알고 있었다. 이런 까닭으로 몽골은 중국을 정복하기 전에 중국문명에 대한 면역력이 있었다. 훗날 등장하는 만주족은 이 면역력이 없었다.

놀랍게도 티베트는 중국문명에 대한 면역력이 있었다. 우리보다 8백 년 전에 실용적인 문자를 가진 문화민족이고, 불교는 그 자체가 훌륭한 인문학이다. 중국고전학문이 위대하다는 사실은 인정하지만 부러워하지 않는다. 자신들은 세계에서 가장 완벽한 대장경을 갖고 있기 때문이다.

칭기즈칸의 셋째 아들 우구데이Ögedei, 재위 1229~1241가 칸을 물려

받았다. 우구데이는 카라코룸和林을 수도로 정했고, 1234년 금나라를 멸망시켰으며, 1235년 송나라 정복을 결정했다. 그리하여 실제로 1234년부터 1279년까지 몽골과 중국 사이에 45년전쟁이 벌어졌다.

바로 이 시기에 몽골은 고려를 30년 동안 일곱 번 침략했다. 고려 무신정권은 수도를 강화도江華島로 옮겼다. 몽골군은 해전을 모르기 때문이다. 민중은 산속으로 들어가서 싸웠다. 말이 올라올 수 없는 험준한 산악지형에 산성을 쌓고 칼이 아닌 활로 싸웠다. 그래서 고려는 오래 버텼다. 하지만 마지막 일곱 번째 침략이 너무 비참했다. 원래 우리나라 나무 주종은 참나무류였다. 그런데 몽골의 일곱 번째 침략 이후 주종이 소나무로 바뀐다. 몽골군이 우리나라 전 국토에 불을 질러 없앴을 뿐 아니라, 거듭된 전쟁으로 나라에서 배를 만드는 일이 많아져 여기에 쓰일 나무를 베기 시작했기 때문이다. 이때 황룡사9층목탑黃龍寺九層木塔도 사라졌다. 지금 영국군이 프랑스를 침략해서 에펠탑을 폭파시켰다고 상상해 보라. 프랑스인들 심정이 어떠하겠는가.

같은 시기에 다른 몽골 기병은 페르시아를 정복하고, 러시아를 쑥대밭으로 만든 뒤, 폴란드·체코·헝가리를 유린하고 비엔나Vienna 부근까지 도달했다. 유럽 전체가 공포에 떨었다. 이때 기적이 벌어졌다. 1241년 12월 11일 우구데이가 죽은 것이다. 몽골에서 칸 계승다툼이 벌어졌고, 몽골군이 유럽에서 철수했다. 유럽 전체가 공포에 떨었던 바로 이때, 티베트가 몽골과 인연을 맺었다.

몽골의 티베트 탐험

우구데이는 1234년 금나라를 멸망시킨 뒤 탕구트 옛 영토를 셋째 아들 쿠텐闊端, 1206~1251에게 줬다. 이곳은 북부티베트와 겹치는 지역이었다. 쿠텐은 양주凉州: 甘肅武威에 머물렀다. 1239년, 쿠텐은 자기 수하 장군 도다낙보多達那波를 보내 북부티베트를 유린했다. 그런데 이 부대는 1240년에 양주로 돌아왔다. 왜 돌아왔을까? 기록이 없다. 석석은 이런 추측을 했다.

"춥고 산소도 부족하다. 땅은 넓은데 사람도 별로 없어 황량하다. 몽골 기병은 행군·작전·병참 다 힘들었을 것이다."₂

또 몽골군은 고산병 때문에 고생했을 가능성도 크다. 그러나 석석은 또 한 가지 중요한 원인이 있다고 추측했다.

"도다낙보는 직접 들어가 본 뒤에야 알았을 것이다. 사원이 많고, 이 사원들이 각자 자기 영역을 다스리고 있다는 것을. 통일정권이 없

고산병
일반적으로 3천 미터 이상이면 고산병에 걸린다. 5천 미터를 올라가도 괜찮은 사람은 특이체질이다. 안 겪어본 사람은 모른다. 얼마나 고통스러운지. 첫째, 심장박동이 빨라진다. 둘째, 보이지 않는 손이 내 목을 조르는 느낌 때문에 호흡이 힘들다. 셋째, 머릿속에 바늘이 들어 있어서 온 머리가 지끈지끈 아프다. 그래도 여기까지 정신력으로 버틸 수 있다. 넷째 증상부터 정신력으로 이기기 힘들다. 넷째, 토할 것 같다. 다섯째, 눈알이 빠져나올 것 같다. 이 다섯 가지 느낌이 하루 내내 이어진다. 공포의 하루가 지난 뒤 거울을 보면 마지막 여섯째 증상이 나타난다. 얼굴이 부어 있다.

다는 것을. 따라서 형식적으로라도 티베트 통일정권을 만들어야 한다. 이 통일정권만 직접 통제하면 되는 것이다. 이는 앞으로 몽골과 티베트가 서로 이익을 주고받는 관계로 발전할 것을 뜻한다. 티베트는 다른 민족보다 몽골과 더욱 친해지는 것이다."[3]

2. 몽골과 사캬

사캬의 내력

누구를 티베트의 대표세력으로 삼을 것인가? 쿠텐은 사캬를 선택했다. 사캬의 내력은 이렇다.

토번왕국 귀족 가운데 남부티베트 호족 퀸昆씨 가문이 있었다. 아티샤가 티베트불교를 열심히 지도해 주고 있을 때 이 가문에 퀸 꾄 족개呸昆·貢覺杰波, 1034~1102라는 어린이가 있었다. 어릴 때부터 아버지와 같이 밀교수행을 했고, 훌륭한 스승을 만나 가르침도 받았다.

_사캬 사원

이 사람이 1073년 퀸씨 가문 영지 안에 사캬 사원薩迦寺을 세웠다. 그리하여 이 가문 자제들이 대대로 사캬라는 종파를 발전시킨다.

제1대조는 퀸 뀐족개뽀의 아들 퀸 귄까르닝뽀昆·袞噶寧布, 1092~1158. 이 사람이 사캬의 주요 교리를 확립했다. 제2대조는 퀸 귄까르닝뽀의 둘째 아들 퀸 쇠남쩨모昆·索南孜摩. 제3대조는 퀸 귄까르닝뽀의 셋째 아들 퀸 작빠개쩬昆·扎巴堅贊. 제4대조는 퀸 귄까르닝뽀의 막내아들 퀸 배친외뽀昆·貝欽奧波의 맏아들 퀸 배땐된줍昆·貝丹敦珠, 1182~1251이며, 법명은 귄까르개쩬貢噶堅贊. 티베트 민중들이 이 박학다식한 스님을 존경하여 '사캬 판디다薩迦班智達'라고 불렀다. 사캬의 슬기로운 분薩迦智者이라는 뜻이다. 사캬 판디다 귄까르개쩬. 줄여서 사판이라 부른다. 쿠텐이 선택한 티베트 우두머리가 바로 사판이었다.

사 판

1244년 쿠텐이 사판에게 편지를 보냈다.

"내가 너를 선택했다. 길이 험난하다 하여 거절하지 말기 바란다. 내가 대군을 이끌고 무수한 중생에게 해를 끼친다면 네가 어찌 무서워하지 않겠느냐? 불교와 중생을 위해 당장 와라."₄

이것은 거절할 수 없는 조건이었다. 사판은 먼저 조카 팍빠八思巴, 1235~1280와 차낙도제恰那多吉, 1239~1267 형제를 보냈다. 이 형제가 1245년 양주에 도착했고, 1246년 큰아버지 사판이 양주에 도착했다. 팍빠 형제는 인질이었다.

사판이 양주에 도착했을 때 충격적인 장면을 봤다. 몽골인들이 9

살이 넘은 한족들을 호수에 빠트려 죽이고 있었다. 왜 그랬을까? 몽골인에게 가장 좋은 땅은 목초지다. 한족은 농사를 지으며 목초지를 훼손하는 나쁜 사람들이었다. 농민들을 죽이면 다시 목초지로 바꿀 수 있다. 사판은 몽골인들을 타이르며 말렸다. 그리고 몽골인들이 이해하기 힘든 가르침을 전했다.

"살인은 죄입니다."

우구데이가 죽자 그 미망인 투르게네Törgene가 1242년부터 1246년까지 몽골의 실권자가 되었다. 1246년 봄과 여름 동안 수도 카라코룸에서 멀지 않은 청해호 부근에서 쿠릴타이Khuriltai: 몽골전통의회. 신라 화백회의와 비슷함가 열렸다. 쿠릴타이에서 투르게네의 아들 구육Güyüg, 1206~1248을 몽골 칸으로 선출했다. 구육의 아우가 쿠텐이었다. 구육은 1246년 8월 24일 즉위했고, 두 달 뒤 투르게네가 죽었다. 쿠텐은 이 모든 일을 겪고 1247년 초 양주로 돌아와 사판을 만났다.

사판은 몽골에게 순종했고, 티베트 주요 호족과 승려들에게 편지를 썼다. 티베트는 선택의 여지가 없었다. 일단 살아남아야 한다. 티베트는 싸우지도 않고 몽골의 품에 안겼다.

사판은 티베트 최고 지식인이었고, 의술도 알고 있었다. 사판은 쿠텐의 피부병을 고쳐 주었다. 그리고 설법도 많이 했다. 쿠텐은 사판의 학식과 인덕에 깊이 빠졌고, 이곳에 티베트불교를 믿는 몽골인들이 생기기 시작했다. 팍빠와 차낙도제도 사판의 가르침에 따라 열심히 공부했고, 몽골어도 금방 익혔다.

사판은 5년 동안 쿠텐과 그 병사들에게 부처의 가르침을 전했다. 그리고 1251년 양주에서 죽었다. 곧이어 같은 해 쿠텐도 양주에서 죽었다. 이때 팍빠와 차낙도제가 육반산六盤山으로 가서 쿠빌라이를 만났다.

쿠빌라이

칭기즈칸은 네 아들이 있었다. 조치Zochi·차가다이Chaghadai·우구데이Ögedei·톨루이Tolöi. 우구데이가 칭기즈칸의 뒤를 이었고, 우구데이가 죽자 그 아들 구육이 칸으로 올랐다. 구육은 조치의 맏아들 바투Bâtu와 사이가 안 좋았다. 1248년 4월 구육은 바투와 한판승부를 펼치기 위해 7일 정도 떨어진 거리까지 접근한 날에 죽었다. 바투가 보낸 자객이 구육을 죽였다는 소문이 파다했다.

구육이 죽자 그 미망인 오굴 카이미쉬Oghul Qaimish가 섭정이 되었다. 카이미쉬는 자기와 구육 사이에 낳은 아들 호자Khoja가 몽골 칸이 되기를 원했다. 그러나 바투가 가만있지 않았다. 톨루이의 미망인 소르칵타니Sorgaghtani가 바투를 설득했고, 바투는 1250년 자신이 주도한 쿠릴타이에서 톨루이와 소르칵타니의 맏아들 뭉케Möngke, 1208~1259를 몽골 칸으로 뽑을 것을 강요했다. 차가다이 가문과 우구데이 가문이 반발했지만 한 번 피바람이 불자 뭉케가 예케 몽골 울루스의 제4대 칸이 되었다.

1251년 통치를 시작한 뭉케는 평소 말이 없었고, 사치와 탐욕을 증오했으며, 사냥이 유일한 오락이었다. 뭉케는 네스토리우스교景敎: 크리스트교의 일파와 도교와 불교 다 호의적으로 대했다. 모든 몽골제국 칸은 가톨릭과 이슬람에 대해서도 특별한 거부감이 없었다.

뭉케는 세 아우가 있었다. 쿠빌라이Qubilai; 忽必烈, 1215~1294, 재위 1260~1294·훌레구Hülägu·아릭 부케Ariq Böke. 훌레구는 메소포타미아를 지나 시리아 정복에 힘썼고, 뭉케와 쿠빌라이는 송나라 정복에 힘을 쏟았다. 1252년 10월 쿠빌라이와 우량카다이Uriyangadai는 사천四川을 지나 운남雲南으로 들어갔다. 이곳은 중국이 아니었다. 남소南詔라는 태국계 독립국이었고, 쿠빌라이는 이곳을 점령했다.

1257년 말 우량카다이는 베트남을 침략했지만 승리하지 못했다. 1282년과 1287년에 다시 베트남을 침략했지만 베트남의 성웅 진흥도陳興道, ?~1300가 인민들을 단결시켜 청야淸野전술과 끈질긴 게릴라전, 그리고 썰물을 이용한 쥐덪화공작전으로 몽골을 연파했다. 베트남은 빛나는 투쟁역사를 가진 나라다.

1259년 8월 쿠빌라이는 북쪽에서 장강 중류 무창武昌을, 뭉케는 사천을 지나 합천合川을, 우량카다이는 광서廣西 계림桂林을 공격하고 있었다. 송나라는 북·서·남 3면 협공을 끈질기게 버텼다. 이때 뭉케가 조어산釣魚山에서 장티푸스로 죽었다. 쿠빌라이는 칭기즈칸 일족 계승문제에 전념하고자 송나라 대신 가사도賈似道와 정전협정을 맺고 하북河北으로 돌아갔다.

누가 칸이 될 것인가? 쿠빌라이와 아릭 부케가 5년 동안 싸웠다. 쿠빌라이가 아릭 부케를 이겨 몽골 칸이 되었고, 몽골제국의 수도는 카라코룸이 아니라 내몽골 상도上都와 금나라 수도의 동북쪽 대도大都; 北京가 되었다. 상도는 여름수도였고, 대도가 겨울수도였다. 유목국가다운 발상이다.

쿠빌라이의 부장 바얀伯顏과 아주Aju는 1268년부터 1273년까지 장강을 지키는 송나라의 보루 번성樊城을 공격해서 함락시켰고, 1276년 수도 항주杭州를 함락시켰으며, 1279년 송나라의 마지막 애국자들을 섬멸했다.

그리하여 중국은 90년 동안 몽골의 속국이 되었다.

김호동이 말했다.

"몽골제국 칸은 예케 몽골 울루스의 칸이었습니다. 원나라 황제가 아니었습니다. 대원大元이라는 명칭은 몽골식 긴 이름이 한족에게 불편하기 때문에 중국식으로 따로 만든 이름에 지나지 않습니다."5

오늘날 중국인들은 "원나라가 중국 정통왕조"라고 주장한다. "몽골이 우리를 지배했기 때문에 몽골은 중국의 일부"라는 것이다. 그런데 중국인들은 "우리가 티베트를 지배했기 때문에 티베트도 중국의 일부"라고 주장한다.

지배했으므로 중국이요, 지배당했으므로 중국이다. 내 것은 내 것, 네 것도 내 것이다. 이 논리는 이렇게 응용할 수 있다.

"내가 이긴 것은 이긴 것이고, 내가 진 것은 진 것이 아니다."

이것은 정신승리법이다. 착각 속에 빠져 사는 것이다. 중국인 자신에게 안 좋다.

팍빠

사캬의 제1대조·2대조·3대조는 결혼해서 자식을 낳았다. 그러나 제4대조 사판은 평생 독신을 지켰다. 그래서 제5대조는 사판의 동생 상차쇠남개짼桑查索南堅贊의 맏아들 퀸 로쬐개짼昆·羅追堅贊, 1235~1280

_팍빠

이 되었다. 법명은 사뺀귄까르개짼薩班貢噶堅贊. 이 사람은 신동이었다. 5살 때 한 번 읽은 글을 그대로 다 외워 버릴 정도였다. 신동의 티베트어가 팍빠八思巴다. 그래서 민중은 이 사람을 '팍빠'라 불렀고, 역사도 이 사람 이름을 팍빠로 기록했다. 하지만 팍빠는 본명이 아니라 별명이다.

1251년 쿠빌라이는 원래 사판을 만나고 싶었다. 그러나 사판은 죽기 직전이어서 거동이 불편했고, 사판이 이미 17살 먹은 팍빠에게 사캬의 교권을 넘겼다. 사판은 팍빠에게 사캬 최고 스님의 권력을 넘겨주면서 조금도 걱정하지 않았다. 더 이상 팍빠에게 가르칠 것이 없었기 때문이다.

1251년 쿠빌라이는 육반산에서 팍빠에게 여러 난해한 철학 질문을 던졌다. 팍빠는 모두 막힘없이 술술술 답변했다. 쿠빌라이는 팍빠의 지식과 슬기와 인덕에 반했다.

사판과 쿠텐이 죽었기 때문에 팍빠는 양주로 돌아갔다. 그곳에서 모든 잔일을 다 처리한 뒤 쿠빌라이 요청으로 다시 쿠빌라이가 거주하는 천막으로 돌아왔다. 그리고 계속 쿠빌라이와 같이 살았다.

1253년 쿠빌라이는 티베트에 몽골군을 주둔시킬 생각을 했는데 팍빠가 이를 강력히 반대했다. 이때 팍빠는 겁도 없이 거만한 태도를 취했다. 아무리 존경하는 사람이라도 이런 모습을 보면 기분 나쁘다. 게다가 자신은 마음만 먹으면 누구든지 죽일 수 있는 권력자다.

"참 거만하군. 당신 조상이 무슨 공덕이라도 있단 말인가?"[6]

"제게 위세가 있는 것은 아닙니다. 그러나 우리 조상은 한족과 탕구트와 인도와 토번의 제왕들이 스승으로 모셨습니다. 이 정도로 명성이 높았지요."[7]

쿠빌라이는 어이가 없었다.

"토번에 언제 왕이 있었단 말인가?"[8]

팍빠는 토번의 역사를 줄줄줄 이야기했고, 토번이 당나라를 연파한 이야기와 당나라 공주를 두 번이나 얻어 낸 이야기도 했다.

"이 사실은 불경에 없지만 다른 여러 문서에 나옵니다. 못 믿으시겠다면 찾아보시지요."[9]

"한족의 역사책을 뒤져 보아라."[10]

팍빠의 말은 사실이었다. 그리하여 쿠빌라이가 기뻐했고, 몽골군이 티베트에 주둔하지 않았다. 팍빠가 티베트를 위기에서 구해 냈다.

앞에서 말했듯이 몽골은 모든 종교에 관대한 태도를 취했다. 사실 칭기즈칸 가문은 오랫동안 네스토리우스교와 깊은 관계가 있었다. 쿠빌라이의 생모와 훌레구의 아내도 네스토리우스교 신자였다. 그런데 쿠빌라이가 자기보다 20살이나 어린 팍빠를 존경하고 스승으로 모시면서 이야기가 조금 달라진다. 몽골 왕실과 귀족들이 티베트 불교에 빠지기 시작한 것이다.

중국에서 불교가 가장 흥성한 시기는 당나라였다. 그러나 당이 망하고 송나라가 세워지자 불교가 조금씩 쇠퇴하기 시작한다. 한족은 원래 신앙심이 별로 없는 상인민족이다. 이들에게 가장 어울리는 종교가 불로장생을 추구하는 도교다. 송나라가 망하고 북방민족이 다시 중국을 지배하자 불교가 되살아나는 조짐이 보였다. 그러자 도교 도사들이 헛소문을 퍼트렸다.

"불교는 도교의 아류다."

불교가 맞대응해야 했다. 1258년 팍빠와 까마박시噶瑪拔希와 카슈미르 출신 승려 나모Na-mo가 도교 도사들과 토론했다. 결과는 티베트불교의 완승이었다.

토론에서 쉽게 이기는 방법은 진실의 편에 서는 것이다.

쿠빌라이는 불교를 비방하는 책을 불태우고 도교가 빼앗은 불교 사원을 원래 주인에게 돌려줄 것을 명했다.

팍빠는 천재였다. 쿠빌라이는 팍빠의 설법에 빠졌다. 1260년 쿠빌라이는 몽골 칸이 되어 팍빠에게 국사國師라는 칭호를 줬고, 쿠빌라이가 다스리는 모든 영토의 불교를 다스리는 권력을 줬다. 그리고 1264년 쿠빌라이는 팍빠에게 티베트 전체 통치권을 줬다. 티베트는 이렇게 형식적인 통일을 했다.

종교적인 자리에서는 쿠빌라이가 팍빠에게 절했고, 세속적인 자리에서는 팍빠가 쿠빌라이에게 절했다. 티베트와 몽골은 이렇게 법주와 시주로 상호 존중하는 관계였다.

쿠빌라이는 팍빠를 절대적으로 신뢰했기 때문에 이런 명령도 내렸다.

"모든 티베트인은 사꺄의 불교만 믿을 수 있다. 다른 종파를 믿는 것을 금한다."[11]

팍빠가 이 소식을 듣고 기겁해서 쿠빌라이에게 강력하게 반대의 견을 내놓았다.

"어느 종파를 믿을 것인가는 자기 선택에 맡겨야 합니다."₁₂

그래서 쿠빌라이가 명령을 거두었다. 다른 종파 사람들은 이 소식을 듣고 팍빠를 진심으로 존경했을 것이다.

1269년 팍빠는 몽골에게 문자를 창제해 주었다. 이것이 팍빠문자 八思巴文字다. 그러나 이 문자는 널리 쓰이지 못했다. 몽골제국에서 실제 행정업무에 종사하는 사람은 위구르인이 많았고, 이들은 몽골어를 위구르문자로 썼다.

팍빠는 1280년 사캬 사원에서 죽었다. 그런데 어떻게 죽었는지 기록이 없다. 샤캅빠는 자기가 어렸을 때 들었던 야사를 《티베트정치사》에 기록했다. 팍빠가 사캬 사원에서 독살당했다는 것이다.

티베트는 예로부터 독살당한 사람이 많았다.

3. 까귀

미라레빠

  이제 사캬와 맞붙는 까귀라는 종파를 살펴보자. 까귀를 이해하려면 먼저 미라레빠를 알아야 한다.

  미라레빠米拉日巴, 1040~1123는 남부티베트 네팔 국경 근처 궁탕貢塘에서 태어났다. 아버지는 상인이었다. 미라레빠는 평민이지만 부유했다. 그런데 미라레빠가 7살이었을 때 아버지가 죽었다. 어머니는 24살이었다. 그러자 큰아버지 눈이 뒤집혔다. 큰아버지가 무력으로 미라레빠 집안의 재산을 빼앗은 것이다. 마키아벨리Niccolò Machiavelli가 말했다.

  "인간이란 어버이의 죽음은 쉽게 잊어도 재산의 상실은 잊지 못합니다."[13]

  미라레빠와 어머니는 돈도 집도 없는 거지가 되었다. 당장 갈아입을 옷도 없어 마을 사람들이 조롱했다. 구더기가 잔뜩 기어 다니는 음식찌꺼기를 먹으며 목숨을 이어갔다. 이렇게 6년이 흘렀다. 우여곡절 끝에 어머니가 돈을 빌렸다. 이것은 학비였다. 주술을 배우라는 것이다.

"아들아! 공부에 전심전력해야 한다. 만약 네가 배운 주술의 결과를 이 마을에 보이지 못하고 돌아온다면 이 늙은 어미는 네 눈앞에서 스스로 목숨을 끊을 것이다."[14]

_미라레빠

미라레빠는 가장 도력이 높은 스승으로부터 초능력을 배우고 돌아왔다. 그 날은 큰아버지 집에서 결혼식이 벌어지고 있었다. 미라레빠가 주문을 외우자 그 넓은 집이 갑자기 무너졌다. 이날 미라레빠는 35명을 죽여서 복수했다. 그의 어머니는 온몸에 환희가 가득 차서 시체와 잿더미로 변해 버린 폐허를 깡충깡충 뛰어다니며 통쾌하게 외쳤다.

"오늘부터 내 기쁨이 무엇일지 생각해 보라!"[15]

그러자 옆에 있었던 한 마을 사람이 중얼거렸다.

"그럴 만도 하지만 복수가 너무 잔인하군."[16]

당사자 앞에서는 말하지 않는다. 그러나 모를 수가 없다. 마을 사람들이 이 두 사람을 무서워하며 욕하고 있다는 것을. 미라레빠가 다시 주문을 외우자 이 마을 모든 밭에 우박이 떨어져 농작물이 다 죽어 버렸다. 마을 사람들은 공포에 빠졌고, 배고픔을 겪었다. 그리고 어머니가 죽었다. 이제 미라레빠는 깨달았다. 자신이 지은 죄가 너무 크다는 것을.

인도에 티로빠替若巴라는 고승이 있었다. 뛰어난 밀교수행자로 유명했다. 티로빠의 제자가 나로빠那若巴였다. 이 사람도 인도인이다. 나로빠의 제자가 마르빠瑪爾巴. 1012~1097다. 이 사람은 티베트인이다. 본명은 쬐끼로최却吉羅追. 출가하지는 않았다.

수행자가 반드시 출가해야 한다는 것은 고정관념이다. 결혼하고 자식도 낳고 일반인처럼 열심히 돈을 벌며 살아도 존경받는 거사가 될 수 있다.

미라레빠는 38살 때 마르빠를 찾아갔다. 마르빠는 미라레빠를 받아들였다. 하지만 인간 이하로 취급했다. 일부러 탑 쌓기를 반복하여 시켰고, 그러다 미라레빠 등 전체에 종기가 생겨 고름과 피범벅이 되었다. 미라레빠가 몰래 마르빠의 강의를 들으면 마르빠는 미라레빠의 머리를 낚아채서 밖으로 내동댕이쳤다. 그리고 온갖 욕과 구타를 일삼았다.

이렇게 6년이 흘렀다. 드디어 마르빠가 미라레빠를 끌어안으며 "너는 6년 동안 악업을 씻었다."고 알려줬다. 이때부터 마르빠는 미라레빠를 친아들처럼 대했다.

미라레빠는 마르빠의 모든 밀교 가르침을 다 배웠다. 그리고 9년 동안 홀로 풀만 먹으며 동굴에서 면벽수행을 했다. 9년 동안 앉은 채로 잤다는 뜻이다. 그리하여 미라레빠는 모든 티베트 민중이 존경하는 닝마 고승이 되었다.

하지만 미라레빠는 83살 때 한 승려가 준 우유를 마시고 죽었다. 독살당한 것이다.

까귀의 시작

미라레빠의 수제자가 닥보라제達波拉結, 1079~1153다. 이 사람은 중부티베트 닥보 마을 출신이고 원래 의사였다. 티베트어로 의사는 '라제'이다. 그래서 민중은 이 사람을 닥보라제라고 불렀다. 본명은 쇠남린첸索南仁欽.

쇠남린첸이 20살 때 아내가 죽었다. 쇠남린첸은 슬픔에 잠겼고, 26살 때 출가했다. 이 사람은 6년 동안 밀교수행과 까담噶丹의 교법을 공부했다. 까담은 아티샤의 직계 종파이다.

1110년, 쇠남린첸은 한 떠돌이 수행자가 하는 말을 들었다. 미라레빠가 가장 신통력 있는 고승이라는 것이다. 그래서 찾아갔다. 미라레빠는 해골로 만든 잔에 술을 가득 부었다.

"마시게."

"음주는 계율에 어긋납니다."

"마시게."

끝내 해골을 집어 들고 그 술을 한숨에 다 마셨다. 이렇게 미라레빠의 시험에 합격했다. 쇠남린첸은 이미 진리를 알고 있었던 것이다. 해골과 술이라는 혐오조차 고정관념이 만들어 낸 허상이라는 것을.

"자네 이름이 뭔가?"

"쇠남린첸입니다."

"지금까지 무엇을 배웠는가?"

"까담의 교법을 배웠습니다."

"내게 오면 내 법을 따라야 하네."

이렇게 쇠남린첸은 미라레빠의 제자가 되었고, 13개월 만에 미라레빠의 가르침을 모두 소화했다. 그리고 미라레빠의 곁을 떠나 계속 밀교 수행과 까담 교법 공부를 같이했다.

1121년, 쇠남린첸은 고향으로 돌아와 감뽀 사원崗波寺을 세웠다. 티베트어에서 어미語尾 빠巴는 '~하는 사람' 또는 '~지방 사람'이라는 뜻이다. 그래서 민중이 이 사람을 '감뽀빠'라 부르기 시작했고 역사도 이 사람 이름을 감뽀빠로 기록했다. 이 사원의 승려가 늘어났고, 민중이 사원의 승려들을 까귀라고 부르기 시작했다. 까귀는 '입으로 전한다口傳'는 뜻이다. 전통 밀교 수행을 위주로 하며 아티샤의 가르침도 적극적으로 공부하는 사람들. 훗날 여러 까귀 분파가 생겨나자 민중은 감뽀 사원 까귀를 닥보까귀達波噶擧라고 불렀다.

까귀는 이렇게 탄생했다.

까마빠와 팍모두빠

까귀는 분파가 많았다. 보통 '12까귀분파'라고 부른다. 먼저 쇠남린첸의 제자 뒤숨첸빠都松欽巴; 본명 쬐끼짝빠却吉扎巴, 1110~1193가 1147년 동부티베트 리오체類鳥齊 부근에 있는 까마噶瑪에 까마댄사 사원噶瑪丹薩寺을 세웠다. 민중은 이 사람을 까마빠噶瑪巴라고 불렀다. 여기에서 까마까귀噶瑪噶擧가 나왔다.

쇠남린첸의 제자 도제개뽀多吉杰布, 1110~1170는 1158년 중부티베트 팍모주帕木竹에 댄사티 사원丹薩替寺을 세웠다. 민중은 이 사람을 팍모주빠帕木竹巴라고 불렀으며, 줄여서 팍주라고도 불렀다. 여기에서 팍주까귀帕竹噶擧가 나왔다.

팍모주빠는 제자가 많았다. 이들이 여러 까귀 종파 사원을 세웠다. 이 가운데 가장 유명한 것이 린첸뻬仁欽貝, 1143~1217가 1179년 지쿵止貢에서 기존 법당을 수리해서 다시 세운 지쿵티 사원止貢替寺이다. 민중은 이 사람을 지쿵빠止貢巴라고 불렀다. 여기에서 지쿵까귀止貢噶擧가 나왔다. 지쿵빠는 인민과 친하게 지내면서 철저하게 금욕을 지켰다. 그래서 지쿵까귀에 금방 신도들이 몰려들었고, 상업활동이 활발해지면서 재력도 높아졌다. 팍빠가 쿠빌라이의 스승이었을 때, 지쿵까귀는 사캬와 맞먹는 강력한 세력이었다.

제1대 까마빠는 뒤숨첸빠다. 제2대 까마빠는 죄끼라마却吉喇嘛, 1204~1283. 민중은 이 사람을 '까마까귀의 법사法師'라는 뜻으로 '까마박시噶瑪拔希'라고 불렀다. 본명은 라마린첸喇嘛仁欽. 동부티베트 출신이고, 그곳에서 이름을 날렸다. 1253년 쿠빌라이가 운남을 정복하고자 동부티베트의 동북쪽 까롱嘉絨지역을 지나갔는데, 이때 까마박시를 불렀다. 까마박시는 쿠빌라이를 만났지만 "팍빠와 같이 내 참모가 되라."는 요청을 거절했다. 그리고 1256년 뭉케의 요청을 받고, 뭉케의 스승이 되었다.

1259년 뭉케가 죽었다. 쿠빌라이는 아릭 부케와 내전을 벌였다. 그런데 까마박시가 아릭 부케를 도와줬다는 혐의가 있었다. 1261년, 쿠빌라이는 티베트인들이 존경하는 이 고승을 감옥에 가두었다. 1264년, 쿠빌라이는 자기 칸 지위를 확실히 안정시켰고, 까마박시를 풀어 주었다. 그 뒤 까마박시는 북부티베트와 동부티베트에서 포교활동에 힘썼고, 1283년 라싸 부근 취푸 사원楚朴寺에서 죽었다.

그리고 팍빠가 죽은 뒤 티베트에서 엄청난 일이 벌어진다. 그것은 감옥살이가 아니라 유혈참극이었다.

지쿵학살

몽골제국 시기 티베트는 별칭이 '13만 호'였다. 13만 가구가 사는 나라라는 뜻이다. 몽골은 티베트를 1만 가구치꼬르; 萬戶 행정구획으로 나눴다. 1만 가구를 다스리는 호족. 이 사람을 만호장萬戶長이라 불렀다. 만호장의 티베트어가 뵌첸本欽이다. 그래서 사캬의 직할 1만 호를 다스리는 사람을 사캬뵌첸薩迦本欽이라 불렀다. 다른 만호장 12명은 이 사람보다 권력이 낮았다. 사캬뵌첸에게 반항하는 것은 몽골 칸에게 반항하는 것과 같았기 때문이다. 그런데 이런 일이 한 번 있었다.

팍빠의 동생 차낙도제의 아들 다마빠라達瑪巴拉가 1280년 사캬뵌첸이 되었다. 1281년 지쿵까귀의 큰스님 린첸도제仁欽多吉가 죽었고, 짝빠예셰扎巴益西가 지쿵까귀의 최고 어른이 되었다. 짝빠예셰는 조카外甥 낙착짜레빠那察扎列巴를 사캬 라마 예셰린첸益西仁欽에게 보냈다. 훌륭한 스승 밑에서 열심히 공부하라고 배려해 준 것이다. 그런데 예셰린첸이 이 사람을 친사캬파로 세뇌시킨 모양이다. 다마빠라가 낙착짜레빠를 지쿵까귀 최고 스님座主으로 임명했다.

결과적으로 조카가 자신을 배신한 것이다. 그뿐만 아니라 사캬 사람이 까귀의 권력자를 임명하는 것은 내정간섭이다. 대한민국 대통령이 서울대학교에서 열심히 공부하고 있는 중국 유학생을 중화인민공화국 공산당 총서기로 임명하면 중국인들이 가만히 있겠는가.

끝내 린첸도제의 동생 작빠린첸扎巴仁欽이 낙착짜레빠를 죽였다. 그러자 사캬 사람들이 일제히 지쿵까귀를 비난했다. 그러자 지쿵까귀 사람들도 일제히 사캬 사람들을 비난하며 작빠린첸을 지지했다.

미움이 미움을 낳으면 원한이 된다. 1285년 지쿵까귀가 티베트 아닌 다른 곳에서 주둔하고 있던 몽골군 9만 명을 티베트로 데려와 사캬에게 무력시위를 했다. 사캬 사람들 얼굴이 사색으로 변했을 것이다.

사람이 큰일을 하려면 참을 줄 알아야 한다. 자신을 통제하지 못하는 사람은 큰 인물이 될 수 없다. 사캬는 일단 참았다.

1287년, 참양린첸개짼絳洋仁欽堅贊이 사캬뾘첸이 되었다. 그리고 서서히 복수의 칼날을 갈았다.

1290년, 드디어 때가 되었다. 쿠빌라이의 일곱 번째 아들의 아들 테무르부카鐵木兒不花가 지휘하는 몽골군을 티베트로 데려온 것이다. 여기에 사캬 자위대까지 합세해서 지쿵까귀를 총공격했다. 자그마치 1만 명을 죽이고 지쿵까귀 영지를 쑥대밭으로 만들었다.

지쿵학살지쿵링록; 止貢寺之亂.

이것은 지쿵까귀가 잘못했다. 낙착짜레빠를 죽일 필요가 없었다. 그냥 허수아비로 만들면 된다. 이것이 불가능해서 죽였다면, 사캬에게 사과하고 아양을 떨어야 했다. 이렇게 상대의 분노를 풀어 주면 된다. 그러나 지쿵까귀는 어정쩡한 전술을 구사했다. 무력시위라니! 어리석은 짓이다. 죽일 수 없다면 웃어야 한다.

4. 사캬의 타락

승복 입은 사기꾼

　종교는 돈맛을 알면 타락한다. 어느 시대나 훌륭한 종교인은 많지 않다. 종교국가에서 종교는 벤처사업이다.

　양련진가楊璉眞伽라는 사람이 있었다. 분명 티베트 승려인데, 티베트어 이름이 무엇인지 알 수 없다. 이 사람은 몽골 왕실에 이런 생각을 내놨다.

　"남송南宋 여섯 황제의 능을 파헤쳐 시체를 꺼내어 머리와 몸을 잘라 각각 따로 두어야 다시는 송나라가 부흥하지 못합니다."

　상당히 그럴듯한 흑마술이다. 그러나 진짜 목적은 따로 있었다. 왕릉 속에 있는 각종 부장품은 그 자체가 재물이다. 그것을 자기가 가지려는 속셈이었다. 몽골군이 남송 여섯 황제 왕릉과 중신·귀족의 묘 1백 기를 파헤쳤고, 양련진가는 부자가 되었다. 이것은 중이 아니라 악마다.

　사캬는 타락했다. 더욱이 섬서陝西는 티베트 승려들의 유흥지였다. 쿠빌라이의 증손자 이순 테무르 칸Yisün Temür Khan, 재위 1323~1328 시절 중국인 장규張珪가 용기 있게 공개적으로 항의했다.

"이 라마들은 허리띠에 금 글자로 쓴 통행증을 달고 말 타고 돌아다닙니다. 이들이 고을을 황폐화합니다. 이들은 여인숙에 묵지 않고 민가로 들어가 그 집 식구들을 내쫓고 부인을 유혹하고 강간합니다. 게다가 사람들이 갖고 있는 적은 돈까지도 강탈합니다. 이 흡혈귀들에 대한 조치가 필요합니다."[17]

티베트는 몽골과 같이 중국을 통치하고 학대하는 정복자였다.

조선시대 초기에 편찬한 고려시대 기전체紀傳體 역사서 《고려사高麗史》도 티베트불교의 타락을 기록했다. 이 기록에 나오는 공주는 고려 충렬왕忠烈王; 王昛, 1236~1308과 결혼한 제국대장공주齊國大長公主; 莊穆王后, 1259~1297이며, 몽골인이다. 본명은 보르지긴 쿠틀룩켈미쉬孛儿支斤·忽都魯揭里迷失. 아버지는 쿠빌라이칸忽必烈可汗, 어머니는 아수쩬카툰阿速真可敦. 충렬왕은 쿠빌라이칸의 사위였다.

1276년충렬왕2 토번의 승려가 원나라에서 왔다.

"제사帝師: 팍빠께서 나를 보내 공주와 국왕을 위해 복을 빌게 했습니다."

재상들이 깃발과 일산盖: 日傘을 갖춰 마중 나갔고, 거리와 마을에서 모두 향을 피웠다. 그 중은 고기를 먹고 술을 마시면서 늘 하는 말이 "우리 불법佛法은 술과 고기를 꺼리지 않고, 다만 여색을 가까이하지 않습니다." 라고 하더니, 얼마 지나지 않아 창가倡家: 고려시대 유곽에서 잤다.

또한 그 중은 만다라도장曼陀羅道場을 차릴 것을 청하고, 황금·비단·안마鞍馬·닭·양을 준비하라고 했으며, 밀가루로 인형을 만들었는

데 길이가 석자였다. 이것을 제단 가운데에 놓고, 밀가루로 어린이와 등

고려와 티베트

우리는 몽골과 30년 동안 싸웠다. 끝내 국력이 바닥났고, 고려왕실은 쿠빌라이 칸에게 항복했다. 몽골은 자신에게 대항하면 씨도 남기지 않고 다 죽인다. 고려인은 지구에서 완전히 사라져야 정상이었다. 그럼에도 몽골은 우리에게 파격적인 특혜를 베푼다. 먼저 고려라는 국체國體를 인정해 주었다. 그리고 원나라 공주를 고려 국왕과 결혼시켰다. 쿠빌라이 칸은 고려 국왕이 아프다는 말을 듣자 직접 약을 보냈고, 고려의 술에 대해 이례적으로 세금을 면해 주었다. 그리고 쿠빌라이 칸은 이런 말도 했다.

"고려와 몽골은 군신관계라 할지라도 내가 느끼는 기쁨은 아버지와 아들과 같다.高麗君臣, 感戴來朝, 義雖君臣, 而歡若父子."*

몽골이 중국을 지배하던 시절, 고려와 티베트는 문화교류가 있었다. 지금도 남아 있는 대표적인 증거 세 가지만 보자.

첫째, 한국불교도 육자진언 '옴마니반메옴'을 암송한다. 특히 진각종眞覺宗이 육자진언을 중시한다. 육자진언은 티베트에서 건너온 것이다.

둘째, 한국어에 탱화幀畵라는 낱말이 있다. 정幀을 '정'으로 읽지 않고 '탱'으로 읽는다. 탱화는 부처를 그린 족자라는 뜻이다. 족자는 두루마리에 그려서 벽에 걸어놓는 그림이라는 뜻이다. 이 탱화의 어원이 티베트어 '탕카唐佧'다. 한국의 탱화는 티베트에서 건너온 문화다. 지금도 여러 개가 남아 있는데, 1628년 법형法泂 스님이 그린 칠장사七長寺 오불회괘불탱화五佛會掛佛幀畵가 유명하다.

셋째, 운주사雲珠寺에 있는 대석합체불大釋合體佛도 티베트불교의 영향이다. 밀교는 남녀가 끌어안고 있는 합신불合身佛을 사용하기 때문이다. 운주사의 대석합체불은 비로자나불毗盧舍那佛과 석가모니불釋迦牟尼佛이 등을 맞대고 있는 모양이지만, 바로 이 절 밖에 있는 쌍와불雙臥佛은 조금 오묘하다. 부부가 같이 누워 있는 모습이기 때문이다.

* 《元史》券六 世祖本紀; 김운회金雲會, 《대쥬신을 찾아서》, 제20장 〈元史〉는 또 하나의 고려사高麗史, 해냄, 2006년 3월 제1판.

탑 모형을 108개씩 만들어 주위에 늘어놓고, 소라螺를 불고 북을 치면서 대략 나흘에 걸쳐 행사했는데, 그 중은 화관花冠을 쓰고 손에 화살 한 대를 잡았으며, 검은 천을 화살 끝에 매고 주위를 돌면서 날뛰었다. 그러다가 가루로 만든 사람을 수레에 실은 다음, 깃발 든 사람 2명, 갑옷 입은 사람 4명, 활과 화살을 잡은 사람 30명에게 성문 밖으로 끌고 가서 버리게 했다.

공주가 그 승려에게 많은 돈을 주었는데, 그 승려의 제자들이 다투다가 고소했다.

"저 승려는 제사帝師; 팍빠가 보낸 중이 아니며, 불사佛事도 다 가짜였습니다."

공주가 그 승려를 불러 죄를 추궁하자 다 자백했다. 그래서 금교역金郊驛 밖으로 추방했다. [18]

경제와 바다를 모르는 정권

쿠빌라이가 죽은 뒤 손자 테무르 울제이투Temür Öljeitü, 재위 1294~1307가 몽골 칸이 되었다. 이 시절에는 나라가 그럭저럭 잘 돌아갔다. 그러나 테무르 울제이투가 죽은 뒤 격렬한 권력투쟁이 끝없이 벌어졌다.

예케 몽골 울루스는 정치이념이 없었고, 몽골인들은 경제를 몰랐다. 왜 몰랐을까? 유목경제는 단순하기 때문이다.

유목민은 농업과 상업을 경멸한다. 농민과 상인이 양식과 돈을 저축하기 때문이다. 끊임없이 이동하는 유목민에게 무거운 짐을 운반하고 저장하는 것은 거추장스러운 일이었다. 필요한 것은 다음 정착지에서 조달하면 된다. 그리고 그냥 소비하면 된다. 도저히 먹고 살 수 없는 상황이 와도 걱정할 필요가 없다. 약탈하면 되니까. 약탈당하는 것을 좋아하는 농경민은 없다. 따라서 싸움이 벌어진다. 유목민에게 살인과 약탈과 겁탈은 죄가 아니었다.

이것이 훗날 등장하는 만주족과 다르다. 같은 흉노이지만 만주족은 수렵민이었다. 사냥을 하고 약초를 캐고 강물 속에서 진주를 캤다. 이 사람들은 유목민만큼 자주 이사하지 않는다. 게다가 저축도 해야 한다. 가죽과 약초와 진주는 상품이다. 쉽게 상업을 익힌다. 사냥꾼들이기 때문에 하루하루가 군사훈련이다. 단결만 하면 엄청난 힘을 발휘한다. 만주족은 짐승을 죽이는 것이 죄가 아니었다. 다만 사람을 죽이는 것은 죄였다.

몽골인은 유목경제 습성을 버리지 못했다. 그래서 돈이 생기면 그날을 넘기지 않고 다 써 버리는 경향이 있었다. 대제국을 건설한 뒤 훌륭한 칸이 나오지 않자 국가재정에 문제가 생겼다. 낭비가 심했던 것이다. 더욱이 수많은 티베트 승려가 절을 지어 달라고 부탁했다. 그러면 쉽게 돈을 줬다. 지어진 절은 그 승려의 회사인 것이다. 각종 불교의식도 너무 많았다. 지금으로 치면 이벤트사업이다. 티베트 승려들만 떼돈을 벌었다.

그래도 몽골 왕실은 크게 걱정하지 않았다. 장강長江 이남이 풍요로웠기 때문이다. 이곳의 식량과 소금이 계속 올라왔다. 그러나 강남도 한계가 있다. 적당히 거둬들여야 하는데 너무 많이 거둬들이면 강남 사람들도 도탄에 빠진다.

몽골 왕실은 재정위기가 벌어지자 교초交鈔를 남발했다. 교초는 지폐다. 생각 없이 돈을 마구 찍어내면 통화팽창이 일어난다. 돈의 가치가 떨어지는 것이다. 원나라 후기 반세기 동안 쌀값이 자그마치 2천 5백 배가 올랐다. 이런 상황에서 강남의 풍요로운 물산이 수도로 올라오지 않는다면 이 정권은 쫓겨날 수밖에 없다. 물산은 바다에서 배 타고 올라온다. 몽골인은 바다를 몰랐다.

방국진方國珍이 해적으로 유명했다. 몽골이 토벌군을 보냈다. 그런데 몽골군이 패하고 사령관 토르치반朶兒只班은 포로가 되었다. 막강한 몽골군이 풋내기 해적보다 약하다니! 이것이 사실이었다. 몽골 조정은 방국진에게 정해현위定海縣尉라는 관직을 줬다. 방국진은 깨달았을 것이다.

'나는 싸워야 크는 조직을 이끌고 있구나!'

그래서 이런 일이 계속 벌어졌다. 방국진은 행성참정行省參政까지 올라갔다. 이제 몽골에 반대하는 중국인의 독립운동이 내륙 각지에서 일어나기 시작했다.

몽골을 몰아내고 한족 독립국가 명나라를 세우는 종교가 백련교白蓮敎다. 백련교는 미륵불미래불을 믿으며 금욕을 강조하는 불교의 일파였다. 그런데 백련교의 다른 이름이 명교明敎였다. 명나라를 세우는 주원장朱元璋, 1328~1398도 젊었을 때 백련교 신자였다. 국호를 명明으로 정한 것은 주원장이 젊었을 때 명교 속에 있었음을 기념하는 뜻도 있었다.

백련교도의 중국독립전쟁에 참가하는 사람들은 머리에 붉은 두건을 묶었다. 고려인들은 이들을 홍건적紅巾賊이라 불렀다. 여기에 참가한 사람들은 대부분 종교신자가 아니라 굶어 죽기 싫어서 들어온 것이었다. 이들은 1351년에 거병했다.

바로 이 시기에 티베트는 창춥개짼绛曲堅贊, 1302~1364이라는 위인이 사캬정권을 타도한다.

5. 스님총사령관

재벌스님

　만호장 가운데 스님도 있었다. 만호장이면서 한 종단을 이끄는 스님. 정치권력과 종교권력을 모두 갖고 있는 지방권력자. 이 사람을 라뵌喇本이라 불렀다. 팍모주빠의 제1대 라뵌은 작빠린첸扎巴仁欽, 1250~1310이다. 작빠린첸은 죽을 때까지 12년 동안 팍모주빠 라뵌이었고, 신도들의 헌금을 모아 땅을 사들였다. 그리고 주민들이 이곳에서 농업과 목축업에 열심히 종사할 것을 설법했다.

　토번왕국이 망한 뒤 중부와 남부의 경제형태는 분산되어 있었다. 농사짓고 싶은 사람은 농사짓고, 소와 양을 기르고 싶은 사람은 소와 양을 기른다. 이들이 곳곳에 넓게 퍼져있다. 호족은 자기 세력권 안에 사는 이들에게 세금을 걷고, 자신과 한 배를 탄 사원의 스님들이 말 타고 돌아다니며 평민들에게 불경을 읽어 주고 뜻을 풀이해 주며 "착하게 살라."고 말한다. 평민들은 가끔 절에서 열리는 법회에 참여한다. 법회가 끝나면 오랜만에 만난 사람끼리 인사하고 안부를 묻고 각종 정보를 교환한다. 그리고 각자 팔고 싶은 물건을 팔고, 사고 싶은 물건을 산다.

그러나 작빠린첸이 추진한 경제정책은 달랐다. 처음부터 계획적이었다. 땅을 사서 주민을 배치하고 생산증대를 꾀했다. 이것을 분산적이 아닌 각각 한 마을마다 집중적으로 실시했다. 그리고 마을마다 유기적으로 서로 돕는 체제를 조직했다. 마침내 작은 마을이 모여 큰 마을을 이루었다. 이것은 회사 정도가 아니라 기업이다. 작빠린첸은 재벌그룹 회장이 되었다. 훗날 다른 중부와 남부 호족들이 이 방법을 배워서 그대로 시행했다. 이것을 티베트어로 시카谿作라 부른다. 시카가 중국어로 장원莊園이다. 이 장원경제가 1959년까지 이어졌다.

창춥개짼

작빠린첸을 이은 두 라뷘은 민심을 얻지 못했다. 제4대 라뷘이 작빠린첸의 조카侄子 창춥개짼이다. 창춥개짼은 9살에 출가했고, 14살 때 고향을 떠나 사캬 사원에서 공부했다. 사캬 사원 큰스님寺主 닥리첸뽀빼達尼欽波貝는 창춥개짼이 타고난 정치인이라는 것을 알아차렸다.

"너는 만호장이 될 것이다."₁₉

창춥개짼은 1322년 고향으로 돌아와 팍모주빠 라뷘이 되었다. 창춥개짼은 자기 영지 주민들의 세금을 감면했다. 동시에 각종 농업과 목축업의 생산증대를 장려했다. 전체 생산량이 늘어나자, 각 민가의 수입 가운데 세납비율을 줄였는데도 팍모주빠의 징세수입은 오히려 늘어났다.

납세가 줄면서 빈민이 줄고 중산층이 늘어나기 시작했다. 그러자 이곳으로 이사하는 주민도 늘어났다. 이주민이 늘어나자 잉여노동력이 생겼다. 창춥개쩬은 나무심기사업을 벌였다. 황무지가 지력地力 있는 땅으로 변했다. 이주민들이 이곳을 개간하고 수로를 만들었다. 농업생산이 늘어나고 팍모주빠의 징세수입도 늘어났다.

그리고 창춥개쩬은 다리건설을 명령했다. 다리를 완성하자 사람들이 오가면서 길이 생겼다. 창춥개쩬은 도로정비도 실시했다. 다른 지역과 견줄 수 없을 정도로 교통과 소식이 빨랐다. 이제 티베트 전역 상인들이 가만있지 않았다. 팍모주빠의 영지에서 장사하면 많은 이윤을 얻을 수 있다는 것을 알자 상인들이 몰려들었다. 팍모주빠 주민 가운데 장사로 부자가 되는 사람들이 생겼다.

부자도 불교신자다. 법회에 참여한다. 창춥개쩬은 카리스마가 있었다. 자신은 검소하게 살았고, 쾌락을 멀리했으며, 부처의 가르침을 전했다. 부자들은 아낌없이 절에 헌금했다. 창춥개쩬은 이 헌금으로 빈민들을 도왔다. 기록은 없지만 창춥개쩬은 스님들의 부정부패도 척결했을 것이다.

팍모주빠는 생기발랄한 경제중심지가 되었다. 인민들이 창춥개쩬을 존경했다. 그래서 창춥개쩬에게 굴복하지 않고 순종했다.

창춥개쩬은 모든 인민에게 군사훈련을 실시했다. 이들이 불평 없이 잘 따라 주었다. 겉보기에 이들은 일반 평민이었다. 그러나 창춥개쩬이 승복 입고 위엄 있는 자태로 명령을 내리면 순식간에 무기를 들고 일사분란하게 움직였다.

까귀가 사캬를 무찌르다

이제 내부에 쌓은 에너지를 밖으로 분출할 때가 되었다. 1347년, 창춥개짼은 체바 만호蔡巴萬戶를 무력으로 병합했다. 그리고 1349년, 지쿵 만호止貢萬戶를 병합했다. 사캬 사람들은 당황했다. 사캬정부는 몽골이 지켜 주는 정권이었지, 스스로 강한 군사력을 가진 정부가 아니었다. 빨리 몽골군을 불러야 했다. 이때 몽골 칸은 토곤 테무르 Togün-Temur, 1320~1370였다. 중국을 지배한 마지막 몽골 칸이다. 그런데 몽골왕실은 해적 때문에 재정이 모자라서 티베트에 신경 쓸 여유가 없었다. 창춥개짼은 전격전電擊戰과 각개격파로 다른 만호장들을 굴복시켰다.

창춥개짼은 한 지역을 점령하면 스님들을 건드리지 않았다. 주민들을 학대하지도 않았다. 창춥개짼은 모든 종파를 존중했고, 주민들에게 선정을 베풀었다. 티베트는 만호장만 있지 않고 천호장千戶長도 있다. 천호장이 모여 만호장이 생기는 것이다. 창춥개짼은 만호장만 처단하고 천호장은 건드리지 않았다. 참으로 현실적이고 합리적이며 시야가 넓은 사람이다.

이때 사캬는 권력층끼리 죽고 죽이는 내란이 벌어졌다. 창춥개짼이 이 기회를 놓치지 않았다. 1354년, 드디어 창춥개짼이 지휘하는 팍모주빠 군대가 사캬 사원을 포위했다. 사캬 군대는 겁먹고 항복했다. 창춥개짼의 군대가 사캬 사원 안으로 무혈입성했고, 창춥개짼은 재판을 열어 사캬뷘첸을 포함하는 고위관리 4백 명을 삭탈관직削奪官職; 革除職位했다. 죽이지는 않았다. 사캬정부는 이렇게 무너졌다.

팍모주빠 라뵌 창춥개짼이 순수한 티베트의 힘으로 중부와 남부를 통일했다. 모든 티베트인은 티베트불교의 성지 토링 사원에 자유롭게 갈 수 있었다. 서부는 구게왕국이 있었지만 만호장보다 힘이 약했기 때문에 팍모주빠에게 별다른 위협이 아니었다. 북부는 소수 유목민이 자유롭게 오가며 까귀의 가르침에 순종했으며, 동부는 토번왕국 멸망 뒤 군벌들이 계곡마다 자기 기반을 잡고 스스로 '개뾔結布'라 일컬으며 복잡하게 살고 있었다. 그럼에도 이들은 까마박시의 포교활동 뒤 뵌뽀의 가르침과 까귀의 가르침에 모두 순종했다. 개뾔들도 창춥개짼을 티베트 최고 권력자로 인정했다.

창춥개짼은 몽골 왕실에 외교사절단을 보냈다. 이때 몽골은 백련교도의 중국독립운동 때문에 더 이상 티베트에 영향력을 행사할 수 없었다. 몽골은 티베트의 새 정부를 인정했고, 창춥개짼에게 새로운 호칭을 선물했다.

시뚜司徒.

시뚜는 정치·종교 권력을 모두 갖고 있는 우두머리라는 뜻이며, 한자 사도司徒를 티베트어로 음역한 낱말이다. 중국문헌은 창춥개짼을 대사도大司徒라고 기록했다. 이때부터 130년 동안 티베트 국가원수의 호칭이 시뚜였다. 역사는 이 정부를 팍모주빠정권으로 기록했다.

1 김호동金浩東 강연, 한국학술진흥재단 인문강좌 '실크로드, 몽골제국, 세계사의
   탄생(제2강 세계를 제패한 몽골제국)', 2009년 3월 21일, 서울역사박물관 강당,
   박근형 기록.

2 這裏氣候高寒, 海拔高度極高, 缺氧量高達40%, 加之其地域遼闊、荒凉、人煙
   稀疏, 因此, 蒙古騎兵在進入西藏後, 其軍事上無論是行軍、作戰, 還是給養供
   應, 顯然都面臨了很大困難.
   石碩, 《西藏文明東向發展史》, 第169頁, 四川人民出版社, 1994年 3月 第1版.

3 另一個困難則可能是多達那波在進入西藏以後, 發現當地寺廟林立, 各敎派勢
   力都處于各自爲政、分散割據的狀態, 幷無一個統一的政權. 要實現對西藏的
   控制, 唯一的辦法是首先必須在西藏的各僧俗地方勢力中扶持起一個統一的地
   方政權, 哪怕是形式上的也行, 幷通過對這一地方政權的直接操縱和控制來實
   行對西藏的統治. 這就意味着蒙古在西藏的工作將以互利的方式進行, 從而也
   注定了蒙藏之間必將發生較之于蒙古與其他征服民族之間的更密切的關係.
   石碩, 《西藏文明東向發展史》, 第169頁~第170頁, 四川人民出版社, 1994年 3月 第
   1版.

4 朕選中汝薩班, 故望汝不辭道路艱難前來. 如果吾指揮大軍, 傷害衆生, 汝豈不
   懼乎? 故今汝體念佛敎和衆生, 盡快前來!
   阿旺·貢噶索南(TIBET), 陳慶英、高禾福、周潤年 譯注, 《薩迦世係史》, 第77頁, 西
   藏人民出版社, 2002年 9月 第2版.

5 김호동 강연, 한국학술진흥재단 인문강좌 '실크로드, 몽골제국, 세계사의 탄생(제
   1강 실크로드와 유목제국)', 2009년 3월 14일, 서울역사박물관 강당, 박근형 기
   록.

6 你爲何如此倨傲, 你的祖先有何功業?
   阿旺·貢噶索南(TIBET), 陳慶英、高禾福、周潤年 譯注, 《薩迦世係史》, 第102頁, 西
   藏人民出版社, 2002年 9月 第2版.

7 我並沒有什麼威勢, 但我先輩曾被漢地、西夏、印度、門地、吐蕃的帝王供奉爲上
   師, 故威望甚高.

阿旺·貢噶索南(TIBET), 陳慶英·高禾福·周潤年 譯注,《薩迦世係史》, 第102頁, 西藏人民出版社, 2002年 9月 第2版.

8 吐蕃地方何時有王?

阿旺·貢噶索南(TIBET), 陳慶英·高禾福·周潤年 譯注,《薩迦世係史》, 第102頁, 西藏人民出版社, 2002年 9月 第2版.

9 此事實有, 佛書雖不載, 但有文書記載, 請查閱卽知.

阿旺·貢噶索南(TIBET), 陳慶英·高禾福·周潤年 譯注,《薩迦世係史》, 第102頁, 西藏人民出版社, 2002年 9月 第2版.

10 飜閱漢地先前之史籍.

阿旺·貢噶索南(TIBET), 陳慶英·高禾福·周潤年 譯注,《薩迦世係史》, 第102頁, 西藏人民出版社, 2002年 9月 第2版.

11 全體藏人只準崇信薩迦派, 不許信奉其他敎派.

夏格巴Tsepon W. D. Shakabpa(TIBET), 藏區政治史翻譯組 譯,《藏區政治史 TIBET: A Political History》(上), 第162頁, 油印本(中國), 1992年.

12 信哪個敎派應當讓其自願選擇.

夏格巴(TIBET), 藏區政治史翻譯組 譯,《藏區政治史》(上), 第162頁, 油印本(中國), 1992年.

13 니콜로 마키아벨리Niccolò Machiavelli(이탈리아), 강정인·김경희 옮김,《군주론Il Principe》, 115쪽, 까치, 2008년 5월 제3판.

14 토머스 레어드Thomas Laird(미국), 황정연 옮김,《달라이라마가 들려주는 티베트 이야기The Story of TIBET》, 113~114쪽, 웅진지식하우스, 2008년 5월 제1판.
兒子, 你得專心學習. 如果你學不出什麽名堂, 那麽身爲你母親的我, 只好在你的面前自殺.
湯瑪斯·賴爾德Thomas Laird(美國), 莊安祺(臺灣) 譯,《西藏的故事——與達賴喇嘛談西藏歷史The Story of TIBET》, 第77頁, 聯經出版社(臺灣), 2008年 7月 第1版.

15 토머스 레어드(미국), 황정연 옮김,《달라이라마가 들려주는 티베트 이야기》, 114쪽, 웅진지식하우스, 2008년 5월 제1판.
想想我從今而後的快樂!
湯瑪斯·賴爾德(美國), 莊安祺(臺灣) 譯,《西藏的故事——與達賴喇嘛談西藏歷史》, 第77頁, 聯經出版社(臺灣), 2008年 7月 第1版.

16 토머스 레어드(미국), 황정연 옮김,《달라이라마가 들려주는 티베트 이야기》, 114쪽, 웅진지식하우스, 2008년 5월 제1판.

或許有道理, 只是這樣的報仇實在太殘酷了.

湯瑪斯·賴爾德(美國), 莊安祺(臺灣) 譯, 《西藏的故事——與達賴喇嘛談西藏歷史》, 第77頁, 聯經出版社(臺灣), 2008年 7月 第1版.

17 르네 그루쎄René Grousset(프랑스), 김호동·유원수·정재훈 옮김, 《유라시아 유목제국사L'Empire des Steppes》, 432쪽, 사계절, 1998년 9월 제1판.

人見該喇嘛等騎馬經西部諸省, 於腰際佩金字護照. 入城後, 以居舍爲旅邸, 驅主人出, 以欺辱婦女. 不知足於彼等狂妄行業, 且進而奪取百姓微資. 此等匪姦, 其凶暴較稅吏過之.

勒內·格魯塞René Grousset(法國), 黎荔·馮京瑤·李丹丹 譯, 《草原帝國The Empire of The Steppes》, 第218頁, 國際文化出版公司, 2010年 6月 第2版.

18 忠烈王二年(1276), 有吐蕃僧自元來自言 "帝師遣我爲公主、國王祈福", 宰俱備旗、蓋出迎, 閭巷皆焚香. 其僧食肉飲酒常言 "我法不忌酒肉, 唯不邇女色", 無何潛宿倡家. 又請設曼陀羅道場, 今備金、帛、鞍馬、鷄、羊, 以麵爲人, 長三尺, 置壇中, 又以麵作小兒及燈塔各百八列置, 其傍吹螺擊鼓凡四日, 僧戴花冠手執一箭, 繫黑布其端, 周回踴躍, 車載人, 令旗者二、甲者四、弓矢者三十棄城門外. 公主施錢甚厚, 其侍爭之訴曰 "僧非帝師之遣, 其佛事亦僞也." 公主詰之, 皆伏, 遂黜金郊外.

《高麗史》券八十九 后妃列傳第二 齊國大長公主; 김호동, 《황하에서 천산까지》, 136쪽, 사계절, 1999년 2월 제1판.

19 你將來必任萬戶長.

鄧銳齡, 《元明兩代中央與西藏地方的關係》, 第40頁, 中國藏學出版社, 1989年 2月 第1版.

제4장 까귀시대

1354~1642

1. 겔룩의 탄생

송짼감뽀에 버금가는 인물

창춥개짼은 사캬를 굴복시키기 3년 전인 1351년 제탕澤當 지방에 제탕 사원澤當寺을 세웠다. 팍모주빠의 본부사원인 댄사티 사원丹薩替寺은 주로 밀교수행을 하는 곳이었고, 제탕 사원은 주로 경전연구와 강의를 하는 곳이었다. 지금으로 치면 국립중앙도서관과 국립대학이다. 제탕 사원에서 모든 종파 사람들이 모여서 연구와 토론과 강의를 했다. 학문의 자유를 준 것이다.

창춥개짼은 티베트를 통일한 뒤 행정개혁을 단행했다. 중부와 남부의 기존 13만 호를 13개의 종宗으로 바꾸었다. 행정구획은 바꾸지 않았다. 그러나 13개 종의 우두머리는 기존 호족이 맡고 있던 만호장뵌첸이 아니라 팍모주빠정부가 파견한 종뵌宗本이 되었다. 종뵌은 임기가 3년이었다. 그래서 종뵌이 지방권력자로 변할 걱정이 없었다. 천호장들은 종뵌에게 복종했고, 종뵌은 시뚜에게 복종했다.

그리고 법률개혁을 단행했다. 분열시대와 사캬시대는 법이 없었다. 호족이 재판관이었고, 관습법으로 다스렸다. 호족의 말이 곧 법이었다. 더욱이 세법이 없었다. 세율 없는 징세는 약탈이다. 창춥개짼은 납세율을 전체 소출의 6분의 1로 통일했다. 이것만으로도 민심을 얻을 수 있었다.

사캬 스님들은 술을 많이 마셨고, 약탈도 마음대로 했고, 여자도 많이 겁탈했다. 백성은 하소연할 곳도 없었다. 창춥개짼은 이것도 금지시켰다. 티베트는 토번왕국이 망한 지 5백 년 만에 다시 법치국가가 되었다.

창춥개짼은 송짼감뽀에 버금가는 위대한 인물이었다.

창춥개짼은 1364년에 죽었다. 4년 뒤 주원장朱元璋이 이끄는 중국 독립군이 몽골인들을 몽골초원으로 쫓아냈다. 티베트는 이렇게 몽골과 헤어졌다.

창춥개짼이 죽은 뒤 조카 사캬개짼釋迦堅贊; 章陽沙加監藏. 1340~1373 이 시뚜가 되었다. 이 사람은 남부에서 벌어진 반란을 평정하며 팍모주빠정부를 더욱 안정시켰다. 그 뒤 팍모주빠정부는 80년 동안 티베트를 평화롭게 다스렸다.

까 담

사캬와 까귀를 살펴봤으니 이제 까담噶丹을 보자. 까담은 아티샤의 티베트 직계 종파다.

1056년 아티샤의 수제자 좀된 개이중내仲敦·杰微君乃. 1005~1064 거사가 라쩽 사원熱振寺을 세웠다. 여기에서 까담이라는 종파가 생겼다. 까담은 '부처의 뜻을 가르친다教授佛的教誨'는 뜻이다. 까담은 아티샤의 가르침에 충실했다. 먼저 소승불교를 배우고, 다음에 대승불교를 배운다. 그리고 높은 법력을 지닌 스님만 밀교수행을 허락한다. 경전 공부와 계율을 강조했기 때문에 사캬만큼 타락하지는 않았다.

까담은 350년 동안 티베트 정치에 별다른 영향력을 발휘하지 못했다. 그러나 가장 위대한 티베트 학승 종카빠宗喀巴, 1357~1419가 나오면서 티베트 역사의 주인이 된다.

겔룩의 시조 종카빠

종카빠는 1357년 북부티베트 종카宗喀 지방에서 태어났다. 이곳은 오늘날 청해성靑海省 서녕西寧이다. 북부에서도 변방에 속하고, 한족과 무슬림과 티베트인이 공존하는 곳이다. 종카빠의 본명은 로쌍작빠羅桑扎巴. 종카 사람이기 때문에 훗날 민중이 이 사람을 '종카빠'라고 불렀다.

_종카빠

아버지 이름은 루붐게魯布木格이고, 몽골 칸이 임명한 지방관 다루가치達魯花赤였다. 기록은 없지만, 종카빠에게 몽골인 피가 흐르고 있었을 가능성이 있다.

루붐게는 여섯 아들을 낳았고, 종카빠는 네 번째 아들이다. 아버지는 7살 먹은 종카빠를 까총 사원甲瓊寺에 보내 출가시켰다.

이것은 우리가 자식을 초등학교에 보내는 것과 같다. 까총 사원은 까담 종파의 것이었다. 티베트는 아티샤의 법맥을 받은 사람뿐 아니라 평생 산스크리트를 연구하는 역경승도 '까담'이라 일컬었다. 지금으로 치면 인문학에 두루 통달한 대학교수 집단이다. 종카빠는 된줍 린첸頓珠仁欽의 지도를 받아 10년 동안 공부했다. 천재는 아니지만 모범생이었다.

1373년 종카빠는 까총 사원을 떠났다. 그리고 9년 동안 중부와 남부의 각 분야 뛰어난 스승들을 만나서 소승과 대승의 모든 교리와 견해를 다 소화했다. 더욱이 1375년부터 1380년까지 사꺄 종파 라마인 레다와仁達瓦의 지도를 많이 받았다. 사꺄가 아무리 타락했어도 훌륭한 스승은 있었다. 레다와가 그런 사람이었다.

지금으로 말하면 레다와는 종카빠의 박사과정 지도교수였다. 박사과정을 밟고 있는 사람은 학생이 아니라 연구생이다. 공부하는 학생이 아니라 연구하는 학자인 것이다. 본과생을 가르칠 수 있다. 그래서 종카빠는 21살이었던 1377년부터 다른 스님들을 가르쳤다. 종카빠는 이때 이미 뛰어난 학자였다. 그래서 종카빠 수업을 들은 사람 가운데 종카빠를 추종하는 사람들이 생기기 시작했다.

티베트불교 스님은 훌륭한 학승으로 인정받으려면 다섯 과목 공부를 해야 한다. 《입중론入中論》·《구사론俱舍論》·《집론集論》·《양석론量釋論》·《계경戒經》. 일반적인 스님은 한 과목도 평생 끝내기 힘들지만, 종카빠는 이 다섯 과목을 다 공부했다. 그리고 중부와 남부 각 사찰에 흩어져 있는 각 과목 최고 전문스님을 찾아 시험을 봤다. 우리가 생각하는 일반적인 필기시험이 아니다. 8시간 가까이 심사자와 마주

보며 1대 1로 피 말리는 질문과 대답을 하는 구두시험이다.

종카빠는 1376년 《입중론》 시험에 합격했고, 1380년부터 1381년까지 나머지 네 과목 시험에 모두 합격했다. 이때 티베트는 학위제도가 없었다. 훗날 종카빠가 이 학위제도를 만드는데, 이 다섯 과목 다 합격한 사람을 '게셰格西'라고 부른다. 박사博士라는 뜻이다.

종카빠는 1385년 29살 때 팍모주빠의 본거지 얄룽 지방으로 가서 춥침린첸粗墀仁欽으로부터 비구계를 받았다.

종카빠는 여기에서 만족하지 않았다. 이미 종카빠 이름이 널리 알려졌기 때문에 종파에 상관없이 모든 사찰이 종카빠에게 경전강의를 요청했다. 종카빠는 중부와 남부 사찰을 열심히 돌아다니며 강의했고, 그곳 큰스님들과 학문교류를 했다.

그리고 밀교공부를 시작했다. 더욱이 1390년부터 1392년까지 퀸상와袞桑瓦의 지도를 받아 심도 깊은 밀교 경전공부와 밀교수행을 했다. 종카빠는 아티샤의 가르침 그대로 공부하고 수행한 사람이었다.

그 뒤로도 1399년까지 종카빠는 밀교공부와 수행을 게을리하지 않았다. 티베트에 있는 모든 뛰어난 스님들의 가르침을 받았고, 그것을 다 소화했다. 이제 종카빠는 단순한 까담 스님이 아니었다. 티베트불교의 모든 정수를 한 몸에 지니고 있는 고승이었다.

종카빠는 1401년 45살 때부터 1408년 52살 때까지 책 여덟 권을 썼다. 이 여덟 권이 다 명작이다. 특히 《람림: 깨달음에 이르는 길菩提道次第廣論》은 티베트불교를 연구하는 학자가 가장 먼저 읽어야 하는 필독서 가운데 필독서다. 달라이라마는 종카빠의 책을 이렇게 평가했다.

"종카빠의 글은 정말 멋지고 훌륭합니다. 인도불경에 그분이 단 주석을 공부할 때 보니, 분명한 가르침이면 주석을 거의 달지 않고, 원문이 어려우면 줄줄이 달았더군요. 그분은 원전이 어떤 뜻인지 철저히 이해하려고 노력했습니다. 종카빠는 그런 스님이었습니다."[1]

제5대 시뚜 작빠개짼扎巴堅贊. 1374~1432은 1398년 종카빠에게 편지를 썼다. 이 편지는 지금 남아 있지 않다. 그러나 종카빠가 작빠개짼에게 보낸 답장은 일부 남아 있다. 종카빠의 주장은 이렇게 요약할 수 있다.

"불교로 백성을 다스려야 합니다."[2]

현대 한국인이 이해하기 힘든 말이다. 정치와 종교는 당연히 분리해야 한다. 고려인은 불교를 숭상했지만, 끝내 타락한 불교에 등을 돌렸다. 조선왕조는 불교를 탄압했고, 승려가 수도 한양에 들어올 수조차 없었다. 조선은 불교 대신 성리학이라는 대안을 찾았다. 그러나 티베트인은 조선처럼 다른 대안을 찾지 않았다. 오로지 불교였다.

세계사를 살펴보면 모든 나라는 정치와 종교가 일체인 상태에서 출발한다. 유럽은 15세기 이래 르네상스인문주의가 벌어지며 인간의 지위가 올라가고 신의 속박에서 벗어난다. 그러나 티베트는 이런 운동이 없었다. 종카빠 이후 승려와 지식인들은 불교를 티베트문명의 희망으로 봤다. 그들이 선택한 길은 불교의 힘으로 야만과 뒤떨어진 문명을 고등문명으로 해방시키는 것이었다. 불교는 자비와 평화의 종교이기 때문에 실제 일반 인민의 생활이 그리 참혹하지 않았고, 불교사상 자체가 생명을 중시하기 때문에 자연환경보호도 잘 이루어졌으며, 티베트는 개인적으로 능력만 있으면 누구나 사회에서 존경받는

지식인이나 고승이 될 수 있었다. 티베트는 다른 나라처럼 혁명으로 평등한 사회를 만들지 않고, 불교로 평등한 사회를 만든 나라였다.

불교로 백성을 다스리려면 불교가 솔선수범을 해야 한다. 1388

티베트인의 이름과 결혼에 대하여

티베트인은 지금도 귀족이 아니면 성姓이 없다. 이름도 비슷하다. 티베트인 이름은 니마尼瑪(태양)·다와達瓦(달)·갸초嘉措(바다) 이런 낱말이 많이 들어간다. 그래서 티베트인은 같은 이름이 매우 많다. 이런 까닭으로 신분증 고유번호로 구분한다.

티베트인에게 성姓이 없는 근본원인은 일처다부제一妻多夫制 때문이다. 지금 티베트인은 대부분 일처일부一妻一夫다. 하지만 티베트는 1959년 이전까지 혼인형식이 다양했다. 일처일부도 있었고, 일부다처一夫多妻도 있었고, 일처다부도 있었다. 일처일부가 우리 고정관념이다. 일부다처는 우리에게 생소하지 않은 개념이다. 남편이 부인 여러 명이나 첩 여러 명을 거느리는 것은 한국역사에 많이 나온다. 부인 한 명이 남편 여러 명을 소유하는 것은 우리 고정관념에 따르면 야만이다. 하지만 실상은 전혀 그렇지 않다.

형제 네 명이 있다. 이 네 명이 한 여자와 결혼했다. 부인이 순번을 정한다. "너는 오늘. 너는 내일. 너는 모레." 부인은 하루하루가 즐겁고, 남자끼리 서로 평등하다. 이들은 사랑이 넘치는 가족을 이룬다. 이것이 일처다부제의 진실이다. 아기가 태어나면 "누구의 씨?"를 전혀 생각하지 않고 "첫째 아빠, 둘째 아빠"라고 부른다.

티베트인은 지금도 이 유풍이 있기 때문에 "성姓이 있어야 한다."는 강박관념이 없다. 귀족에게 성이 있는 까닭은 일처일부나 일부다처였기 때문이다. 드물지만 평민이 귀족의 딸과 결혼하는 경우도 있었다. 그러면 그 평민은 그 귀족의 성姓을 받았다. 예를 들어, 아왕직메阿旺晋美는 아뙤阿沛 가문 여자 아뙤 체땐조까阿沛·才旦卓嘎와 결혼했다. 그래서 이 사람 성명이 아뙤 아왕직메 阿沛·阿旺晋美, 1911～다. 서양인들 개념과 완전히 반대다.

년, 종카빠는 노란 모자黃帽를 썼다. 이것이 무슨 뜻인가?

종카빠 이전 티베트에서 노란 모자를 쓴 사람이 두 명 있었다. 첫째가 게와릅쎄. 토번왕국이 멸망한 뒤 처음으로 비구계를 받은 사람이다. 인도는 대승불교 다섯 과목에 통달한 선지식이 노란 모자를 쓰는 풍습이 있었다. 박사학위를 받은 사람이 박사모를 쓰는 것과 같다. 게와릅쎄가 이 인도풍습을 모방한 것이다.

둘째가 사캬스리바드라. 인도의 마지막 불교사원 비크라마실라의 마지막 주지스님이다. 목숨을 걸고 히말라야를 넘어 티베트에서 인도불교의 마지막 가르침을 전해 주었다. 바로 이 사람이 팍빠의 스승이며 큰아버지인 사캬 판디다 귄까르개쩬에게 비구계를 줬다. 그리고 노란 모자를 쓰고 다녔다.

사판은 사캬스리바드라가 전해 준 계율을 잘 지켰고, 평생 깨끗하게 살았다. 종카빠에게 비구계를 준 춥침린첸은 까귀 스님인데 사캬스리바드라에게서 전해진 사캬 종파 법맥으로부터 비구계를 받았다. 종카빠는 까담인데 까귀 스님으로부터 비구계를 받았다. 인도불교의 마지막 법맥이 사캬에게 갔고, 사캬의 법맥이 까귀에게 갔고, 까귀의 법맥이 아티샤의 법맥을 이어받은 까담에게 전해진 것이다.

존경받는 사람은 존경이라는 권력이 생긴다. 이것은 보이지 않는 지위다. 높은 지위에 올라간 사람은 자유를 제한받는다. 말과 행동을 마음대로 할 수 없다. 말 한 마디만 잘못해도 인생이 끝난다. 자신에게 엄격한 계율을 강요할 수밖에 없다. 그래서 노란 모자는 '군기반장'이라는 뜻도 있었다.

종카빠가 노란 모자를 쓴 것은 이런 뜻이다.

"내가 군기반장이 되어 티베트불교의 계율을 바로잡겠다."

먼저 자신이 모범을 보였다. 종카빠는 술을 마시지 않았고, 음식도 정해진 시간에 조금만 먹었다. 규칙적인 생활을 했고, 사리사욕이 없었으며, 검소하게 살았고, 철저하게 금욕을 지켰다. 사실 종카빠는 일부러 이렇게 행동한 것이 아니라 원래 이런 사람이었다.

정말 훌륭한 스승은 "나를 존경하지 마라."고 명령해도 학생들이 존경한다. 어린이는 어버이의 말과 행동을 따라하고, 학생은 스승의 말과 행동을 따라한다. 모든 학습의 시작은 모방이기 때문이다. 그것은 소리없는 가르침이었다. 종카빠의 제자들도 종카빠처럼 살았다. 이들도 여러 사찰을 돌아다니며 경전강의를 했다. 이제 민중이 까담을 좋아하고 종카빠를 존경했다.

1408년, 명태종明太宗; 朱棣, 1360~1424이 종카빠를 북경으로 초청했다. 그러나 종카빠가 거절했다. 이것이 티베트 민중들에게 감동을 줬다. 북경에 가면 명나라 임금이 '하사'하는 작위를 받고, 돈도 많이 받는다. 종카빠는 이 돈과 명예를 거절했다. 종교인은 바로 이렇게 행동해야 민중의 존경을 받는다.

제5대 시뚜 작빠개짼도 종카빠를 존경했다.

"라싸에서 성대한 법회를 열어 주십시오. 돈은 제가 지원해 드리겠습니다."

시뚜는 라싸에 살지 않았지만, 조캉大昭寺과 라모체小昭寺가 있는 라싸는 티베트불교의 성지였다.

1409년, 까담의 최고 어른이며 모든 티베트 민중이 존경하는 이 고승은 라싸 조캉 앞 광장에서 잔치를 열었다. 티베트력은 음력과 비숫하다. 티베트력 1월 1일부터 15일까지 벌어진 법회에서 종카빠는 모든 종파 스님과 민중을 감동시키는 설법을 했고, 춤과 노래와 연극 공연이 벌어졌다. 예전 티베트에서 이렇게 성대한 법회가 없었다. 전국 각지에서 사람들이 몰려들어 즐겁게 먹고 마시며 오락을 만끽하고 설법도 실컷 들으면서 행복을 느꼈다. 그러다 자연스럽게 시장이 생겼다.

묀람첸모黙郎欽摩; 傳昭大祈願法會. 이것이 1959년까지 이어졌다.

1409년, 종카빠는 라싸 동쪽 족卓이라는 산에 까땐 사원噶丹寺을 세웠다. 1416년, 종카빠의 제자 참양자시빼땐降央扎西貝典이 라싸 서부 지역 언덕에 쩨뿡 사원哲蚌寺을 세웠다. 1419년, 종카빠의 제자 사캬 예셰釋迦益西가 라싸 북부지역 골짜기에 세라 사원色拉寺을 세웠다. 이것이 현존하는 티베트 3대 사원이다. 그리고 종카빠는 죽었다.

이것은 모두 제5대 시뚜 작빠개짼이 도와주었기에 가능했다. 작빠개짼은 집권 47년 동안 선정을 베풀었으며, 티베트 모든 종파를

_세라 사원

차별없이 대우했다.

이제 민중이 까담을 '겔룩格魯'이라 부르기 시작했다. 겔룩은 '계율에 밝다'라는 뜻이다. 어느새 까담 승려들도 자신을 '겔룩'이라 불렀다. 까담은 이렇게 겔룩으로 다시 태어났다. 1409년은 까담이 겔룩으로 태어난 해다.

지금 티베트불교는 98퍼센트가 겔룩이다. 까담의 시조는 아티샤이지만, 겔룩의 시조는 종카빠다.

2. 몽골이 다시 일어서다

돈으로 평화를 사다

중국은 인구가 많고 땅도 넓다. 우수한 전통문화와 학술도 있다. 다른 나라를 보자. 인도와 메소포타미아와 이집트와 그리스는 언제나 다른 문명과 교류하며 살았다. 그래서 자신이 최고라는 자아도취가 강하지 않았다. 그러나 중국인은 달랐다. 중국은 다른 문명과 멀리 떨어져 있었다. 그래서 쉽게 자기만족에 빠졌으며 독특한 역사기록 관습이 있었다. 외국 사신이 궁궐을 방문하면 무조건 조공朝貢으로 기록하는 것이다. 훗날 중국인은 포르투갈도 네덜란드도 러시아도 영국도 "우리에게 조공했다."고 기록했다. "우리가 종주국宗主國이고 너희는 번속국蕃屬國"이라는 것이다. 한족이지만 중국역사를 객관적으로 볼 줄 아는 진순신陳舜臣은 종번宗蕃관계를 단순명쾌하게 설명했다.

"책봉册封을 받아 진공進貢이라는 교역을 하는 것이다. 중국은 그들의 내정에 간섭하지 않는다."[3]

종속국從屬國이 아니라 종속국宗屬國이다. 종속국從屬國은 진짜 종속국이고, 종속국宗屬國은 가짜 종속국이다. 중국인은 이것만으로 만족했다. 어차피 중국 전통 지리관념에 따르면 지구 전체가 중국 영토이기 때문이다.

명나라는 티베트 실권자와 동부 지역 여러 호족이나 유명한 고승들에게 작위를 줬다. 지금 중국 역사가들은 이것을 다봉중건多封衆建

티베트불교를 좋아한 명나라 임금

명나라는 현군賢君이 빨리 죽고 암군暗君이 오래 살았다. 사실 명나라를 창시한 주원장은 정신병자였다. 그리고 명나라 제10대 임금 무종武宗; 朱厚照, 1491~1521이 괴짜였다.

1507년 8월. 서화문西華門 부근에 표방豹房이라는 것을 만들었다. 겉은 이슬람사원을 모방한 건축인데 내부는 티베트불교 양식이었다. 그 건물 분위기 자체가 괴이했다. 명무종은 밤낮 그곳에서 기묘한 행동을 했다. 스스로 태경법왕太慶法王이라 부르고 티베트어로 불경을 읽다가 무상요가로 쾌락을 추구했다. 심하게는 환관과 섹스를 했다.

가끔 이런 짓을 하면 신하들이 이해한다. 임금은 날마다 엄청 많은 행정업무를 소화해야 하는 직업이기 때문이다. 하지만 명무종은 이런 짓을 거의 날마다 했다.

게다가 툭하면 궁궐을 탈주해서 시정市井으로 놀러나갔다. 어떻게 놀았을까? 예로부터 사내가 하는 나쁜 짓은 크게 세 가지다.

술, 노름, 여자.

그리고 궁궐 안에서 군인들과 전쟁놀이를 했다. 전쟁놀이 자체는 체력단련으로 생각할 수 있다. 그러나 이것도 재미없어지면 궁궐 밖으로 진짜 군대를 끌고 나가 전쟁놀이를 했다.

1518년 설날, 주후조는 거용관居庸關을 넘어 선부宣府에 있었다. 몽골과 국경을 접하는 곳이다. 주후조는 이곳에서 미인들을 약탈한 뒤 궁궐로 데려와 밤낮으로 음락에 빠졌다.

14년 동안 임금이 이렇게 살았는데, 명나라는 그럭저럭 돌아갔다.

이라 부른다. 이렇게 명나라가 티베트를 통치했다는 것이다. 여러 역사서를 읽어 보면 이것은 거짓말이다. 명나라는 티베트를 통치할 능력도 의지도 없었다. 명나라는 2백 년 이상 몽골에게 시달림을 받았기 때문이다. 팍모주빠정부도 명나라와 친하게 지내려는 의지가 없었다. "토번인은 토번의 땅에서, 한족은 한족의 땅에서 평안히" 살면 되는 것이다.

중국인은 명나라 때부터 동부지방 개뾰들을 토사土司라고 불렀다. 토사는 기미정책羈縻政策을 실시하는 변방지역의 세습지방관이라는 뜻이다. 여기에서 기미정책이 무슨 뜻인지 알아야 한다. 기羈는 말고삐馬絡頭라는 뜻이고, 미縻는 소가 사는 땅牛疆이라는 뜻이다. 그 지방 사람들을 야만인 정도가 아니라 짐승으로 다루고 있음을 알 수 있다. 저 짐승들이 날뛰면 우리가 피곤해지니까 각종 재물로 따뜻하게 어루만져 주겠다는 것이다.

그래서 티베트인들은 토사라는 낱말을 매우 싫어한다. 티베트어는 개뾰結布다. 개뾰는 칸汗이라는 뜻이다. 토사는 지금 당장 버려야 하는 용어다.

동부티베트 개뾰들은 책봉받으면 좋아했다. 명나라와 무역을 할 수 있기 때문이다. 개뾰들은 약초와 말을 팔았고, 명나라는 각종 재물과 비단과 차를 '하사下賜'했다. 중국인은 언제나 "하사했다."고 기록했다. 실제로는 언제나 명나라가 밑지는 국제무역이었다. 명나라는 이렇게 티베트에게 돈으로 평화를 샀다.

에센 타이시

주원장이 이끄는 중국독립군은 1368년 8월 북경北京; 大都에 입성했다. 몽골 칸 토곤 테무르는 1370년 몽골초원에서 죽었고, 몽골은 동몽골과 서몽골로 나뉘었다. 서몽골을 오이라트阿魯德; 瓦剌部라 불렀고, 동몽골을 타타르獀韃라고 불렀다. 동몽골 칸이 쿠빌라이의 적통이다.

타타르는 명나라 군대에게 밀리면서 다시 여러 부족으로 나누어 내전을 벌였다. 이 시기에 오이라트가 힘을 키웠다. 1409년 오이라트의 마흐무트Mahmud; Batula가 타타르 칸 보나시리Bonasiri를 공격해서 카라코룸을 점령했고, 보나시리는 오늘날 몽골공화국의 동부지역으로 도망갔다. 이 기회를 놓치지 않고 명나라 제3대 임금 태종이 구복丘福에게 10만 병력을 주어 보나시리 공격을 명했다. 그러나 구복은 보나시리에게 역습을 받아 10만 병력이 전멸당했다. 명태종은 1410년부터 1424년에 죽을 때까지 다섯 번이나 친정했다. 그럼에도 타타르에게 타격을 주지 못했다.

오이라트의 지도자 마흐무트의 아들이 토곤妥懽이다. 1431년 토곤은 대흥안령大興安嶺 대회전大會戰에서 타타르를 무찔렀고, 쿠빌라이계의 적통 톡토보카脫脫不花를 몽골 칸으로 옹립했으며, 자신은 타이시Tai-si가 되었다. 타이시는 중국어 태사太師를 음역한 말이다. 자기가 몽골 칸으로 올라서지 않고 왜 이런 짓을 했을까? 몽골 칸은 쿠빌라이계 사람이어야 한다는 고정관념이 몽골인들에게 강했기 때문이다.

그리고 1439년 토곤의 아들 에센也先이 타이시로 올랐다.

토목보대첩

칭기즈칸의 몽골은 장사에 서툴렀다. 그러나 이미 중원을 경영한 칭기즈칸의 후예들은 상업을 알았다. 중국은 매우 큰 시장이다. 몽골은 중국에게 말을 팔아서 무역흑자를 얻었다. 지금으로 빗대면 자동차를 판 것과 같다. 그런데 1448년 11월 몽골 사절단 2천 5백 명은 자신들 숫자를 3천 5백 명으로 보고했다. 그리고 품질 좋은 말 사이에 허약한 말도 많이 끼워서 한꺼번에 살 것을 요구했다. 불량품을 같이 판 것이다. 명나라 태감太監 왕진王振은 2천 5백 명에게만 은상恩賞하고 말 값도 사절단이 제시한 가격의 5분의 1만 줬다. 이것은 무역보복이다. 에센이 보고를 받고 분노했다. 단순한 돈 문제가 아니라 자존심 문제였다.

1449년 7월, 에센이 총지휘하는 몽골군이 요동遼東부터 감숙甘肅까지 총공격을 했다. 그러자 명나라 50만 대군이 출정했다. 이들은 8월 2일 산서성山西省 대동大同에 도착한 뒤 북경으로 돌아가기 시작했다. 에센의 2만 군대가 놀라운 기동력으로 보급부대를 각개격파했다. 그리고 8월 14일, 명나라 군대는 토목土木이라는 보堡에 도착했다. 보는 소수 기동대가 잠시 머무는 작은 기지다.

8월 15일, 에센이 직접 지휘하는 몽골 기병 2만 명이 토목보를 포위했다. 명나라 군대는 목이 말라서 지쳐 있었다. 그런데 갑자기 에센이 포위를 풀고 후퇴했다. 명나라 군대는 에센이 만들어 준 길을 따라 출격했다. 에센의 몽골군은 번개같이 포위해서 학살을 즐겼다. 명나라의 완전한 참패였다. 살아 돌아간 명나라 병력이 거의 없었다.

대소 신료가 대부분 죽었고 명나라 임금은 포로가 되었다.

1449년 토목보참패 뒤 명나라는 2백 년 동안 몽골 앞에서 전전긍긍했다. 티베트에 영향력을 행사하는 것은 상상할 수도 없었다. 동부티베트 개뽀들이 무역하러 오면 정부문서에 "조공왔다."고 기록하며 자기위로만 할 뿐이었다.

에센은 타이시로 만족할 수 없었다. 몽골 칸 톡토보카도 힘을 키워 에센에게 칼을 겨누었다. 에센은 톡토보카와 싸워 이겼다. 쿠빌라이의 적통이어야 칸이 될 수 있다? 그럼 칭기즈칸은 누구의 적통이어서 칸이 되었단 말인가! 에센은 톡토보카 핏줄을 잇는 사람을 남김없이 죽였다. 그리고 1453년 몽골 칸이 되었다. 그러나 1년 뒤 암살당했다. 칸을 잃은 몽골은 다시 여러 부족으로 갈라져 30년 동안 서로 죽고 죽이는 혼돈 속에 빠졌다.

알탄칸

30년의 혼란기 끝에 서몽골이 아닌 동몽골에서 영웅호걸이 나타났다. 이 사람이 바얀뭉케伯顔蒙可, 1464~1524. 바얀뭉케는 1488년 칸에 올라 스스로 다얀칸達延汗이라 불렀다. 다얀은 대원大元을 음역한 낱말이다. 이 몽골제국은 시베리아와 오늘날 내·외몽골 및 중앙아시아와 북부티베트 오른쪽 오르도스鄂爾多斯까지 포함하는 광대한 영역이었다.

다얀칸은 행정구역을 우익 3만 호戶와 좌익 3만 호로 나누었다. 우익은 오르도스·투메트土黙特·잉사포永謝布였고, 좌익은 할하喀爾喀·우랑카이兀良哈·차하르察哈爾였다.

여기서 알아두어야 할 것이 있다. 북방기마민족의 지리관념은 한족과 반대다. 평소 북쪽을 보지 않고 남쪽을 보기 때문에 기준방향도 북쪽이 아니라 남쪽이다. 따라서 몽골인의 사고방식을 이해하려면 우리가 사용하는 세계지도를 180도 돌려서 봐야 한다. 이런 까닭으로 서쪽이 우익右翼이고, 동쪽이 좌익左翼이다.

다얀칸은 자기 셋째 아들 바르스볼로드Bars-Bolod가 오르도스를 다스리게 하고, 바르스볼로드의 둘째 아들 알탄俺笤이 투메트를 다스리도록 했다. 그래서 중국 역사가들은 '투메트부 알탄칸土黙特部 俺笤汗, 1507~1582'이라 기록했다.

다얀칸이 죽자 다시 권력투쟁이 벌어졌다. 최후의 승리자가 알탄칸이다. 알탄칸은 동몽골 실력자 다라이손Daraisün을 열하熱河까지 몰아붙이고 자기가 칸에 오르는 것을 승복하게 했다. 그리하여 몽골에 칸 두 명이 나타났다. 그러나 다라이손은 실력이 없었기 때문에 실제로 알탄칸이 몽골제국을 다시 통일했다고 말할 수 있다. 알탄칸은 자기가 이끄는 투메트를 차하르와 합친 뒤 자기 세력권에 있는 몽골을 '차하르'라고 불렀다.

《명사明史》를 보면 북로의 화北虜之禍라는 표현이 나온다. 이것이 알탄칸의 침공이다. 알탄칸이 명나라를 괴롭힌 것도 까닭이 있었다.

중국인은 무역보복을 이간계離間計와 병행해서 썼다. 다른 나라에게 이간계를 사용하는 것을 이이제이以夷制夷라고 했다. 명나라는 다라이손과 무역하면서 알탄칸과 무역하지 않았다. 몽골의 주력상품이 말인데, 명나라는 알탄칸에게 말 시장馬市을 허용하지 않은 것이다.

그러면 알탄칸은 자기 식구를 먹여 살릴 수 없다. 그래서 해마다 명나라를 침공했던 것이다. 실상은 살인과 약탈과 강간이었다. 유목민족에게 살인과 약탈과 겁탈은 죄가 아니니까.

알탄칸은 용장勇將이면서 지장智將이었다. 1542년 대동大同에 무역 사절단을 보냈는데, 이번에도 명나라가 거부했다. 알탄칸은 산서성山西省을 쑥대밭으로 만들었으며, 20만 명을 죽이고 가축 2백만 마리를 약탈했다. 몽골인에게 알탄칸은 영웅이지만, 중국인에게 알탄칸은 악마였다.

1550년에 벌어진 경술의 변庚戌之變은 다시 명나라가 멸망할 뻔했던 위기였다. 알탄칸이 명나라 군대를 추풍낙엽처럼 무찌르고 북경을 포위했다. 명나라 사람들은 간이 타고 피눈물이 흐를 지경이었다. 해결책은 하나밖에 없었다. 알탄칸은 수일 만에 포위를 풀었고, 1551년부터 대동에서 말 시장이 열렸다. 1년에 봄과 가을로 두 번 열렸는데, 알탄칸의 부하들은 습관을 버리지 못해서 장사만 하지 않고 약탈도 많이 했다. 이것은 합법적인 약탈이다.

끝내 명나라는 말 시장을 폐지했다. 그러자 알탄칸이 또 괴롭혔다. 중국인이 몽골에게 오랫동안 받은 고통은 도저히 말로 표현할 수 없는 것이었다.

그런데 1570년에 엉뚱한 사건이 벌어졌다. 알탄칸이 손자의 아내를 빼앗아 자기 여자로 만들었다. 더구나 그 여자는 손자와 사촌지간이었다. 알탄칸의 손자는 할아버지를 도저히 이해할 수 없었다. 너무 화가 났기 때문에 명나라에 투항해 버렸다.

알탄칸은 미녀를 사랑했지만 손자를 사랑하는 마음도 대단했다.

그렇기에 명나라에 유화적인 태도를 보였고, 명나라는 알탄칸에게 순의왕順義王이라는 작위를 줬다.

순한 성품을 지닌 의로운 왕? 이것은 "너는 성품이 순하다."는 뜻이 아니라, "제발 더 이상 우리를 괴롭히지 말고 착하게 살아 주세요."라고 부탁하는 것이다. 우리 세상은 반대로 생각해야 진실을 알 수 있는 현상이 많다.

1571년부터 다시 말 시장이 열렸고, 몽골과 중국은 평화롭게 지냈다.

왜 몽골이 더 이상 중국을 괴롭히지 않았을까? 이것을 이해하려면 눈길을 티베트로 돌려야 한다.

3. 제1대 달라이라마

환생

    쿠빌라이가 미워해서 감옥살이를 한 제2대 까마빠 까마박시는 티베트에서 처음으로 환생제도還生制度를 만든 사람이다.

    환생을 이해하려면 불교의 핵심을 유념해야 한다. 불교의 핵심은 공空이며, 기본교리는 무한, 무분별, 인연, 자비다. 불교는 선악구분을 하지 않는다. 세상 만물은 고정된 실체가 하나도 없기 때문이다. 1백 살 먹은 노인도 1백 년 전에는 존재하지 않았다. 우리 인생은 인연因緣에 따라 흘러간다. 인연은 원인과 결과다. 세상 모든 현상은 원인이 있다. 원인이 있어 결과가 생기고, 그 결과가 원인이 되어 또 다른 결과를 만든다. 이것이 무한으로 이어진다.

    석가모니는 삶 자체가 고통이라는 사실을 제자들에게 강조했고, 삶과 죽음을 반복하는 시간의 수레바퀴時輪에서 완전히 벗어나야 한다고 가르쳤다. 어찌 하면 벗어날 수 있는가? 극단적인 쾌락도 극단적인 고행도 하지 말고, 중도中道의 편안한 수행으로 해탈에 이르러야 한다. 세상만물은 실체가 없음을 온몸으로 느껴야 하는 것이다. 우리 감각도 모두 허상이며, '나'라는 존재도 고정불변한 실체가 아니다. 그냥 원자의 조합으로 잠시 움직이고 있는 임시유기체일 뿐이다. 따라서 사실은 고통도, 쾌락도, 실상과 허상이라는 구분도, 이 구분을 결정하는 실체조차 존재하지 않는다. 서로가 서로에게 착각하고 있을 뿐이며, 더 나아가 이 착각조차 존재하지 않는다. 이 진리를 온몸으로 깨달으면 세상만물에 대한 자비심이 생기고, 이 자비심조차 초월한다. 해탈하여 니르바나에 이르는 것이다. 그러면 다시는 시간의 수레바퀴에 따라 처음으로 돌아가 다시 태어나지 않는다.

그러나 까마박시는 생각이 달랐다. 자기가 다시 태어나서 불쌍한 사트바를 계속 구제하겠다고 결심했다.

스님도 결혼할 수 있다. 결혼한 스님을 대처승帶妻僧이라 한다. 그러나 스님은 독신이 원칙이다. 자식을 낳을 수 없다. 그렇다면 자기 종파를 어떻게 유지할 것인가? 까마박시가 고안한 제도는 그야말로 신비주의였다.

자기가 죽지 않겠다는 것이다.

하지만 안 죽는 사람은 없다. 이것을 어떻게 해결할 것인가? 바로 환생이다. 죽지만 다시 태어난다. 니르바나를 거부하고 다시 태어나서 계속 종파를 이끌면 된다.

까마박시가 만든 이 논리가 지금 티베트불교의 큰 특징이 되었다.

스스로 환생해서 중생을 구제하는 라마. 이것을 티베트어로 튀쿠 孜古라고 한다. 튀쿠를 중국어로 활불活佛이라 번역한다. '살아 있는 부처'라는 뜻이다. 이 활불을 영어로 리빙 붓다Living Buddha라고 번역한다. 그러나 처음 중국어 번역이 틀렸다. 튀쿠는 몸이 변했다는 뜻이지, 부처가 아니다. 티베트불교는 살아 있는 부처를 인정하지 않는다. 달라이라마는 부처가 아니다. 우리와 다를 바 없는 사람이다. 뛰쿠의 정확한 번역은 화신化身이다.

환생은 중국어로 전세轉世다. 방금 환생한 아기, 나아가 어린이. 영특한 동자이기 때문에 영동靈童이라 한다. 그래서 전세영동轉世靈童이라 부른다. 이렇게 생각하는 사람들이 있다.

"위대한 스님이 다시 태어났다면서, 왜 그 아이는 다시 글을 배워야 해?"

이것은 오해다. 뛰쿠는 단순히 몸만 변한 것이 아니다. 그야말로 처음으로 돌아가 다시 태어난 것이다. 뛰쿠는 같은 사람이 아니다. 화신이지, 인간복제가 아니다. 다만 '영혼'을 긍정하는 개념이라는 사실을 염두해야 한다.

종카빠의 제자들

까마박시噶瑪拔希, 1204~1283는 뒤숨첸빠都松欽巴, 1110~1193를 제1대 까마빠로 규정했고, 자신이 제2대 까마빠가 되었다. 까마박시가 죽은 뒤 후계자가 2명이 나타났다. 랑중도제襄君多吉, 1284~1339는 검은 모자를 썼고, 작빠셍게扎巴僧格, 1283~1349는 빨간 모자를 썼다. 그리하여 까마까귀는 흑모파黑帽派와 홍모파紅帽派로 갈라졌다. 지금 살아 있는 제17대 까마빠 오겐친레도제烏金欽麗多吉, 1985~는 흑모파다. 홍모파 까마빠는 1792년에 법맥이 끊어졌다.

1419년 종카빠가 죽었다. 종카빠가 까땐 사원 주지까땐치바; 甘丹赤巴였기 때문에 이 뒤를 이은 주지가 곧 겔룩 최고 어른이 되었다. 종카빠의 제자 개찹제賈曹杰가 까땐 주지가 되었다. 개찹제는 1431년 같은 종카빠의 제자 케쥽제克珠杰에게 까땐 주지 자리를 넘겨주고 1432년에 죽었다. 케쥽제는 1438년에 죽었고, 또한 종카빠의 제자 샤루와 렉빠개짼夏魯洼·勒巴堅贊이 까땐 주지가 되었다. 뒤를 이어 로쬐최종洛追却迥, 최끼개짼却吉堅贊, 로쬐땐바洛追丹巴, 뮌람포와門郎泊洼가 까땐 주지가 되었다.

_짜시륀뽀 사원

이 일곱 명은 모두 남부 출신이고, 환생과 튀쿠에 관심도 없었다.

종교도 사업이다

게뒨줍빠根敦珠巴, 1391~1474는 남부티베트 사캬 사원 부근 한 유복한 유목민 가정에서 태어났다. 본명은 배마도제白瑪多吉. 그가 태어난 날 밤, 강도들이 이 가정의 소와 양을 약탈했다. 태어나자마자 빈털터리가 된 것이다. 그리고 일곱 살 때 아버지가 돌아가셨다. 어머니는 그를 네탕 사원納塘寺에 맡겼다. 이곳은 까담 종파 사원이었다. 게뒨줍빠는 불경 읽기와 수행하는 모습을 흉내 내면서 혼자 재미있게 놀았다. 그래서 다른 스님들이 매우 귀여워했다.

열심히 공부하는 사람도 즐기며 공부하는 사람을 이길 수 없다. 공자는 "나처럼 배우기 좋아하는 사람도 없을 것不如丘之好學也"이라 말했다. 공자는 자신이 천재가 아니라고 고백한 것이다. 게뒨줍빠도 천재가 아니었다. 다만 배우는 것이 놀이였다.

그는 16살 때 사미계와 게뒨줍빠라는 법명을 받았고, 20살 때 비구계를 받았다. 그리고 25살이던 1415년에 종카빠를 만나고 싶다는 일념으로 무작정 네탕 사원을 떠났고, 마침내 만났다. 그러나 이때 종카빠는 늙고 바쁜 몸이었다. 그래서 체계적인 가르침을 받지 못했다. 그냥 몇 번 만나 이야기를 나누었을 뿐이다. 게뒨줍빠는 이것만으로도 황송하게 생각했다.

게뒨줍빠는 주로 종카빠의 제자들에게 배웠다. 맹자는 직접 공자에게 배우지 않았지만 자기가 공자의 제자라고 생각했다. 게뒨줍빠도 자기가 종카빠의 제자라고 생각했다. 사실 게뒨줍빠에게 오랫동안 수많은 가르침을 전해 준 사람은 종카빠의 제자 셰랍셍게喜饒僧格였다. 게뒨줍빠는 종카빠가 죽은 뒤에도 용맹정진했고, 사원을 실제로 운영하는 방법에도 관심을 갖고 스스로 공부했다.

1426년 게뒨줍빠는 은사 셰랍셍게와 같이 고향으로 돌아왔다. 그리고 12년 동안 남부 지역을 돌아다니며 저술과 경전강의를 했다. 게뒨줍빠를 따르는 제자들이 생겼고, 1438년 다시 중부 지방으로 가서 공부와 강의를 병행했으며, 1440년 다시 남부로 돌아왔다. 이때 시쩨日喀則 호족과 친분도 맺었다. 은사 셰랍셍게는 1445년 까땐 사원에서 죽었다.

게뒨줍빠가 종카빠와 셰랍셍게의 가르침을 계승하는 사원을 남부 지방에 세우기로 결심했다. 오늘날 사업을 시작하는 사람은 은행에서 돈을 빌린다. 그러나 티베트는 은행이 없었다. 따라서 돈 많은 호족이나 다른 사원의 도움을 받아야 한다. 게뒨줍빠는 여러 사원에 도움을 청했지만 거절당했다. 겉으로는 부드럽게 그럴 듯한 이유를 밝혔지만, 그것은 핑계다. 진짜 이유는 신도를 빼앗기고 싶지 않기 때문이다. 사원의 이윤원천은 신도의 헌금이다. 돈을 많이 낼수록 복을 받는다는 논리는 얼마든지 만들 수 있다. 바로 이런 논리를 잘 만들고 포장하는 사람, 신도들이 원하는 이야기를 잘 해 주는 종교인이 많은 돈을 번다. 게뒨줍빠는 지식도 많고 언행도 모범적인 스님이었다. 그들은 경쟁자를 도와주고 싶지 않았던 것이다.

그래서 게뒨줍빠는 2년 동안 고생했다. 천신만고 끝에 시주 2명을 찾았고, 1년 동안 공사해서 1448년 시쩨에 짜시륀뽀 사원札什倫布 寺을 세웠다. 그러자 게뒨줍빠를 존경하는 까땐 사원 승려들도 짜시륀뽀 사원으로 이사했다.

종교도 사업이다. 게뒨줍빠는 짜시륀뽀라는 회사의 사장이다. 자기 회사원들을 어떻게 먹여 살릴 것인가? 나아가 어떻게 회사를 키울 것인가? 가장 중요한 일은 우수한 상품을 만드는 것이다.

지금은 분업이 발달했기 때문에 생산자도 다양하다. 옛날에는 다양하지 않았다. 스님은 교육을 팔았다. 사람들은 글을 모르기 때문에 스님이 불경을 대신 읽어 주고 뜻풀이를 해 줬다. 이 자체가 교육 서비스다. 재미없게 말하면 소비자가 싫어한다. 중간 중간에 우스갯소리도 필요하다. 웃음을 파는 것이다. 사람들은 뛰어난 강연을 들으면 공감하고 눈물도 흘린다. 재미와 감동을 파는 것이다. 스님은 인생상담도 해 준다. 인생상담의 핵심은 자기가 말하는 것이 아니라 상대가 많은 말을 하도록 유도하는 것이다. 남의 이야기를 잘 들어 주는 사람은 모두가 좋아한다. 스님은 정신과의사와 같았다.

종교인은 그 자체가 상품이다. 훌륭한 제자를 기르는 것은 훌륭한 상품을 만드는 것과 같다. 그래서 종카빠는 게세박사 학위를 받는 절차를 세웠다. 불량품을 용납할 수 없기 때문이다. 게뒨줍빠는 자신이 뛰어난 상품이었고, 다른 훌륭한 상품도 많이 만들었다. 그만큼 신도가 늘었고, 헌금도 늘었다. 더욱이 돈 많은 호족과 친하게 지내려고 노력했다. 돈을 많이 벌고 싶은 목사는 시골에 교회를 세우면 안 된다. 서울 강남에 세워야 하고, 가난한 사람이 아니라 돈 많은 사람을 위해 열심히 기도해야 한다.

자기 회사 식구들을 먹여 살리는 데 성공했으니 이제 회사를 키워야 한다. 어떻게 키울 것인가? 게뒨줍빠는 회사 홍보가 중요하다는 사실을 잘 알고 있는 선각자였다.

광고의 본질은 꿈과 환상이다. 꿈과 환상의 본질은 상상력이다. 상상력과 창의성은 한 핏줄에서 나왔다. 그래서 가장 창의적인 산업이 광고이며, 이에 버금가는 산업이 만화다. 자유가 없으면 상상력이 꽃을 피우지 못한다. 상상력이 없으면 예술이 꽃을 피우지 못한다. 게뒨줍빠는 문화산업의 유용성도 잘 알고 있었다.

1457년, 게뒨줍빠는 당시 티베트 최고 화가 된줍갸초頓珠嘉措를 초빙했다. 이 사람이 짜시륀뽀라는 화폭에 자기가 꿈꾸는 불국토佛國土를 마음껏 그렸다. 게뒨줍빠는 뛰어난 장인들을 모셔서 위엄 있는 석가모니 본존불도 마련했다. 민중은 말과 글보다 눈에 보이는 불국토에 더 감명받았다.

그리고 1459년, 미륵전彌勒殿을 건립하고 그 안에 청동미륵불을 만들기로 마음먹었다. 1463년에 완성한 이 불상이 세계에서 가장 큰 실내청동불상이다. 지금 봐도 놀라운데 당시 사람들은 어떻게 느꼈을까? 미륵불은 미래불이다. 먼 훗날 이 세상에 나타나 고통받는 중생을 행복하게 만들어 줄 부처다. 그때 사람들은 이 청동불상이 사람의 솜씨로 보이지 않았을 것이고, 이 불상 앞에서 복을 빌기 위해서라도 짜시륀뽀 사원에 왔을 것이다. 지금도 티베트인들은 이 불상 앞에서 복을 빌고 있다.

1471년, 게뒨줍빠는 관세음보살 탱화를 제작하기로 결정했다. 우리가 생각하는 옷소매에 들어가는 두루마리가 아니다. 오늘날 큰 빌딩 전체를 덮을 정도로 큰 탱화다. 이렇게 거대한 탱화를 티베트어로 '기쿠'라 부른다. 50명이 넘는 승려가 어깨에 얹고 힘들게 가져오면 신도들이 숨죽이고 있다. 윗단을 언덕 절벽에 고정시키고 줄을 풀어 버리는 순간, 갑자기 눈앞에 거대한 부처님이 나타난다. 무지몽매한 군중이 보기에 이것은 기적이다. 열심히 "옴마니반메옴"을 중얼거리며 이 기쿠를 한 번 만진다. 자신이 방금 부처님을 만진 것이다. 너무나 황송해서 눈물이 나오고 행복에 젖어든다.

게뒨줍빠는 이런 홍보기법을 잘 이용한 사람이었다. 한국의 절에 있는 스님은 크게 이판승理判僧과 사판승事判僧으로 나눈다. 이판승은 수행에 전념하는 스님이고, 사판승은 절을 경영하고 행정사무를 보는 스님이다. 게뒨줍빠는 특이하게도 이판승이면서 사판승이었다.

사회환원을 잘하는 회사는 사랑받는다. 종교단체는 말할 것도 없다. 사회환원을 열심히 하지 않는 종교단체는 존재이유가 없다. 게뒨줍빠는 신도들의 헌금을 잘 관리했고, 가난한 사람들을 먹여 주고 위로해 줬다.

1474년 티베트력 정월, 게뒨줍빠는 라싸 조캉 앞에서 하는 뮌람첸모를 짜시륀뽀에서 했다. 남부지방 사람들이 라싸까지 갈 필요 없이 짜시륀뽀에서 설법을 듣고, 춤과 노래와 연극을 구경하고, 실컷 먹고 마시며 즐겁게 놀았다. 84살이 된 게뒨줍빠는 이 광경을 보며 행복에 젖었다.

그리고 같은 해 티베트력 12월 8일, 게뒨줍빠는 자기 침실에서 방석에 앉은 채로 죽었다. 이 소식이 티베트 전역에 퍼졌다. 겔룩 승려들은 게뒨줍빠를 관세음보살觀世音菩薩의 화신으로 확신했다.

이판사판

한국 산적은 가끔 산사山寺에서 기도하며 자기 죄를 씻었다. 게다가 산적이 죽으면 스님이 장례를 치러줬다. 그래서 산적은 스님을 만나면 공손히 인사했다. 산적 가운데 도적질에 회의를 느껴 산사로 출가하는 사람도 있었다. 그러면 주지스님은 이 산적에게 기본 교리를 가르치고 법명을 주고 호법승護法僧으로 임명했다. 절을 지키는 스님이다. 호법승은 날마다 무술을 연마했고, 술과 고기와 담배를 즐겨도 다른 스님들이 눈감아 줬다. 가끔 무뢰한들이 산사에 들어오면 이 호법승이 무찔렀다.

그런데 산적도 돈벌이가 시원치 않아서 굶주림에 허덕이면 눈이 뒤집어져서 산사를 공격했다. 이때는 호법승으로 안 된다. 이판승理判僧(수행에 전념하는 스님)과 사판승事判僧(행정사무를 보는 스님) 모두 무기를 들어 마지막 한 사람까지 목숨을 걸고 싸워야 한다. 이런 상황이 닥쳤을 때 스님들이 "이판사판이다!"라고 외쳤다. 여기에서 한국어 이판사판이라는 낱말이 나왔다.

4. 제2대 달라이라마

사꺄마사건

창춥개짼은 사꺄 사원을 함락시킨 뒤 잔인한 보복을 하지 않았다. 그 대신 충성스런 신하에게 사꺄 사원 감시 임무를 맡겼고, 이 사람이 임무를 잘 수행했다. 하지만 그것만이 아니었다. 이 사람은 실제로는 사꺄 지방의 왕이 되었다. 하지만 집안사람들이 처신을 잘했다. 팍모주빠 시뚜들에게 교만한 모습을 보이지 않고 겸손하게 행동했다.

작빠개짼은 성군이었지만 엄청난 실수를 저질렀다. 이 집안에게 린뿡仁邦이라는 작위를 하사했다. 이것이 이 가문의 성姓이 되었다. 그뿐만 아니라 린뿡빠仁邦巴가 린뿡종仁邦宗 종뵌宗本을 세습하도록 허락했다. 종뵌의 임기제도는 이렇게 무너졌다.

팍모주빠는 팍주까귀다. 하지만 팍모주빠 시뚜는 까귀이면서 겔룩을 좋아했다. 시뚜 작빠개짼은 1432년에 죽었고, 뒤를 이은 작빠중네扎巴君乃, 1414~1448는 큰 그릇이 아니었으며, 린뿡빠의 딸과 결혼했다. 린뿡빠가 외척이 된 것이다. 팍모주빠는 힘이 약해졌고, 1435년부터 중부와 남부를 통제할 수 없었다. 1453년, 린뿡빠 노르부상뽀仁

邦巴·諾布桑波가 남부에서 쿠데타를 일으켰고, 남부는 반독립지역이 되었다. 이때부터 티베트가 혼란해지기 시작했다.

새 시뚜가 된 린첸도제仁靑多吉. ?~1513는 아기였고, 그렇기에 노르부상뽀의 뒤를 이은 린뽕빠 된외도제仁邦巴·頓悅多吉가 티베트 1인자가 되었다. 그런데 린뽕빠는 까마까귀의 시주였다. 된외도제가 제7대 까마빠 최작갸초却扎嘉措. 1454~1506에게 권했다.

"조캉 안에 승단을 만드시지요."

토번의 제33대 임금 송짼감뽀가 네팔 공주 브리쿠티를 위해 지어준 이 법당은 특정 종파 소속이 아니었다. 그냥 티베트불교의 상징이다. 이곳은 절이 아니라 법당이다. 크지 않다. 그런데 이곳에 승단을 만든다? 이 말은 까마까귀가 조캉을 점령하라는 뜻이다.

하지만 까마빠는 조캉을 점령하지 않았다. 대신 1479년 라싸 북쪽 사낙마薩納瑪에 까마빠가 머무를 수 있는 사원을 건설했다. 그러나 겔룩 세라와 쩨뽕 사원의 승병들이 이곳을 기습해서 하루 만에 폐허로 만들었다. 까마빠 본인을 비롯한 수많은 까마까귀 스님이 황급히 도망쳤다. 이들은 일단 조캉 안으로 들어갔다. 이곳은 아무도 무기를 들고 들어올 수 없는 성지였기 때문이다.

된외도제가 이 소식을 듣고 충격받았다. 다른 여러 호족들도 마찬가지였다. 일촉즉발의 위기였다. 호족들이 파발을 돌려 병력을 집결시키고 일제히 세라와 쩨뽕을 공격하면 이곳 스님들이 몰살당한다. 이때 까마빠가 된외도제를 말렸다.

"저는 평화롭게 해결하길 바랍니다."4

그래서 흐지부지 넘어갔다.

1479년 사낙마사건은 겔룩의 시조 종카빠가 죽고 60년 뒤 벌어졌다. 원래 닝마 스님들은 정치에 관심이 없었고, 사캬는 종단을 간신히 유지하고 있었다. 티베트불교를 주도하는 종파가 까귀였고, 그 가운데 까마까귀가 가장 우세했다. 까귀의 맞수가 겔룩이었다. 겔룩으로 전향하는 스님과 신도가 늘어나고 있었다. 근본원인은 겔룩의 이미지가 '부정부패 없는 종파'였기 때문이다.

하지만 티베트 민중이 사낙마사건을 어떻게 평가했을까? 이렇게 평가하지 않았을까?

"겔룩도 땡중이군!"

그래서 1498년부터 1517년까지 20년 동안 겔룩은 뮌람첸모에 참가를 금지당했다.

타향에서 환영받은 미운 오리새끼

게뒨줍빠가 죽은 뒤 제자들이 서로 짜시륀뽀 주지를 사양했다. 사판승이 되고 싶지 않았기 때문이다. 우여곡절 끝에 상뽀자시桑波扎西를 주지로 추대했다. 그러나 상뽀자시도 오래 견디지 못하고 룽리갸초隆日嘉措에게 주지 자리를 넘겼다.

이때 티베트는 '아무개 라마의 전세영동'이라는 현상이 늘어나고 있었다. 무지몽매한 민중이 신비주의를 좋아했고, 환생한 라마를 린포체仁波且라 불렀다. 절이나 종파를 이끄는 지도자를 전세영동으로 정하는 것이 당시 티베트불교의 새물결이었다. 게뒨줍빠는 이런 말을 했었다.

"나는 중국에서 다시 태어날 것이다."₅

일부 제자들이 자기 스승의 이 말을 이상하게 생각했다. 명나라는 불교가 쇠퇴하고 있는 나라였다. 게뒨줍빠의 일부 제자들은 이렇게 생각했다.

'스승이 중국에서 다시 태어날 리 없다. 티베트에서 다시 태어날 것이다.'

이런 상황에서 게뒨줍빠가 죽은 지 2년 뒤인 1476년 티베트력 12월 3일 짜시륀뽀 사원 부근에서 태어난 한 아기가 나이에 어울리지 않게 똑똑했다. 룽리갸초가 이 아기를 눈여겨보았다. 그래서 다른 스님들과 상의 끝에 1485년 10살 먹은 이 어린이를 짜시륀뽀 사원으로 데려왔고, 1년 뒤 삭발시키고 게뒨갸초根敦嘉措라는 법명을 줬다. 같은 해 겨울, 룽리갸초는 게뒨갸초에게 사미계를 줬고, 1487년 여름에 주지를 사퇴하고 다른 스님들과 소식을 끊었다. 그래서 게뒨줍빠의 다른 제자 예셰쩨모意希孜莫가 짜시륀뽀 주지가 되었다.

예셰쩨모는 게뒨갸초의 스승이다. 동시에 게뒨줍빠 일대기를 기록으로 남긴 사람이기도 하다. 그런데 게뒨줍빠 일대기를 보면 게뒨갸초가 게뒨줍빠의 전세영동이라는 말이 없다. 의심할 여지가 없다. 당시 짜시륀뽀 스님들은 환생제도를 좋아하지 않았다.

원래 겔룩은 학자집단이다. 학자는 감성보다 이성을 좋아한다. 환생제도는 감성에 호소하는 제도이고, 요즘 말로 바꾸면 비과학적인 제도다.

불교의 핵심교리는 그 자체가 과학이다. 상대성이론과 양자론이 하는 이야기와 그렇게 같을 수 없다. 그래서 불교도는 크리스트교도와 달리 유전자복제연구에 큰 거부감이 없다. 불교는 이성의 종교다.

그러나 글도 모르는 무지몽매한 민중은 감성적이다. 따라서 감성적으로 접근해야 한다. 민중은 환생을 좋아했다. 이것은 피할 수 없는 사실이었다. 그래서 겔룩도 처음으로 게뒨갸초라는 전세영동을 만들었다. 짜시륀뽀 스님들은 룽리갸초 의견에 동의했다. 그러나 겉과 속은 달랐다. 게뒨줍빠는 분명 자기가 중국에서 다시 태어나겠다고 말했다. 하지만 게뒨갸초는 티베트에서 태어났다. 어떻게 저 어린이의 전생이 게뒨줍빠란 말인가!

예셰쩨모는 게뒨갸초를 잘 가르쳤다. 하지만 게뒨갸초가 모를 리 없다. 눈빛만 보면 안다. 스승이 자기를 싫어한다는 것을.

1494년 2월, 게뒨갸초는 짜시륀뽀를 떠났다. 떠나는 날 게뒨갸초는 스승에게 하직인사를 하러 갔다. 그러나 예셰쩨모가 거절했다. 얼마나 미워하면 하직인사도 안 받을까!

게뒨갸초는 상처를 안고 쓸쓸히 떠났다.

예수가 말했다.

"어떤 예언자도 자기 고향에서는 환영을 받지 못한다."

《루가복음》 제4장 제26절에 나오는 이 말을 뒤집으면, "예언자스타는 타향에서 환영받는다."는 뜻이다. 게뒨갸초가 그러했다. 1495년, 게뒨갸초가 쩨뽕 사원으로 가자 이곳 승려들이 열렬히 환영했다. 8년 동안 미움을 받은 사람이다. 갑자기 환대를 받으니 기분이 어떠했을까? 말로 표현할 수 없었을 것이다.

사낙마사건 뒤 중부 지방 겔룩 승려들은 풀이 죽어 있었다. 3년 뒤 묀람첸모도 참가하지 못할 정도로 따돌림당하고 있었다. 쩨뽕 사원과 세라 사원 승려들은 스타가 필요했다. 게뒨갸초의 어린 시절을 못 봤기 때문에 호기심도 컸다. 그들에게 게뒨갸초는 스타였다. 칭찬은 고래도 춤추게 한다. 이제 게뒨갸초는 '날기 시작했다.'

선녀와 라,모라,초

게뒨갸초는 10년 동안 중부지방을 돌아다니며 열심히 설법했다. 겔룩 승려와 신도들은 여기에서 희망을 봤다.

게뒨갸초는 스타가 되었다. 게뒨갸초를 도와주겠다고 나서는 호족도 생겼다. 그래서 3년 동안 적당한 터전을 살폈다.

1509년, 게뒨갸초는 중부지방 동남쪽에 최코르게 사원曲科杰寺을 건설하기 시작했다.

1511년 봄, 재미있는 일이 벌어졌다.

게뒨갸초가 선녀仙女; 吉祥天女를 봤다.

이 선녀는 게뒨갸초에게 환영으로 한 호수를 보여 주고 사라졌다. 현지인들에게 물어보니 그것은 북쪽 작은 분지에 있는 조그마한 호수였다. 그 호수는 이름도 없었다. 밑에서는 전혀 안 보이다가 바로 앞까지 올라가야 갑자기 나타난다.

게뒨갸초가 10명을 데리고 그 호수로 올라갔다. 그리고 호수에서 제사를 지낸 뒤 게뒨갸초가 제사음식을 호수에 던졌다.

그러자 동쪽에서 매서운 바람이 불어오더니 그 선녀가 나타났다. 무지개빛이 비치더니 그 안에 궁전 다섯 채가 있었다. 이때 호수 물이 더러워졌고, 물기둥 두 개가 생겼다. 그리고 사라졌다.

게뒨갸초와 10명이 기쁨과 두려움을 같이 안고 사원 건설현장으로 돌아왔다. 순식간에 소문이 퍼졌다. 그래서 수많은 사람이 그 호수로 계속 올라갔다. 게뒨갸초는 이렇게 증언했다.

"그때부터 지금까지 그 호수를 방문해서 기이한 현상을 목격한 사람이 5백 명도 넘는다. 그들이 목격한 현상은 제각기 다 달랐다."[6]

호수의 티베트어가 초_{ᇙᆞ}다. 사람들이 이 호수를 라모라초拉姆拉錯: 부처 어머니의 혼백이 있는 호수佛母魂魄湖라 부르기 시작했다. 제3대 달라이라마부터 제14대 달라이라마까지, 이들은 환생순방 책임자가 직접 라모라초에서 환영을 보고 그 환영에 바탕하여 찾아낸 전세영동들이다. 라모라초는 지금도 그대로 있다. 언젠가는 선녀와 라모라초를 과학적으로 설명할 수 있을 것이라 확신한다.

까땐뽀장

1511년 여름, 짜시륀뽀 사원에서 보낸 한 전령이 최코르게 사원 건설현장에 도착했다. 게뒨갸초가 편지를 읽고 깜짝 놀랐다. 편지 첫 문장이 이러했다.

"미천한 제자 예셰쩨모가 제 스승이시며 게뒨줍빠의 환생존자이신 분께 글월을 올립니다."[7]

예셰쩨모가 게뒨갸초에게 편지를 쓴 것 자체가 놀라운 일이다. 그런데 예셰쩨모는 게뒨갸초를 자신의 스승이라고 말했다. 게다가 게뒨갸초가 게뒨줍빠의 화신임을 인정했다. 예셰쩨모는 편지 본문에서 게뒨갸초의 업적을 찬양했다. 그리고 이렇게 부탁했다.

"짜시륀뽀로 돌아와 주지가 되어주십시오."[8]

아무리 가짜 화신이라도 행동으로 증명하면 그것은 진짜 화신이 된다. 이것이 티베트불교 환생제도의 진실이다.

1511년 예셰쩨모는 70살이 넘었다. 언제 죽을지 모른다. 게뒨갸초는 10년 동안 자신이 게뒨줍빠의 화신임을 행동으로 증명했다. 예셰쩨모는 반성했다. 자신은 스승의 화신을 몰라봤다. 스승의 화신도 스승이다. 자신은 스승을 모질게 대한 나쁜 제자였다.

게뒨갸초는 짜시륀뽀 주지 자리를 거절했다.

"최코르게 사원 공사가 아직 끝나지 않았습니다."[9]

하지만 1512년 가을, 예셰쩨모가 보낸 전령이 또 왔다. 이번에는 거절하지 않았다. 최코르게 사원 완공을 다른 제자들에게 부탁하고 짜시륀뽀로 향했다. 라싸에서 모든 겔룩 승려와 신도들이 길가로 나와 열렬히 환영했다. 짜시륀뽀 사원에 도착하자 승려와 신도 2천 명이 밖으로 나와 이 개선장군을 환영했다. 게뒨갸초는 짜시륀뽀 큰법당 사자좌獅子座: 부처가 앉는 자리에 앉았다. 그리고 예셰쩨모와 진정으로 화해했다.

게뒨갸초는 1512년부터 1516년까지 짜시륀뽀 주지였다. 동시에 모든 종파 승려와 신도가 존경하는 고승이었다. 그래서 다른 사원 승려들이 종파분쟁을 벌이면 게뒨갸초가 중재해서 해결했다. 이제 쩨뿡 사원 승려들이 게뒨갸초에게 주지가 되어줄 것을 요청했다. 게뒨갸초는 짜시륀뽀 주지를 사직하고 1517년 사월 초파일석가탄신일 쩨뿡 사원 큰법당 사자좌에 앉아 쩨뿡 주지가 되었다. 겔룩의 흐트러진 계율도 다시 바로잡았다.

1518년 정월, 겔룩이 20년 만에 묀람첸모에 참가했고, 게뒨갸초가 총감독을 맡았다. 티베트인들은 1백 년 만에 종카빠가 다시 나타났다고 느꼈다. 게뒨갸초는 죽을 때까지 묀람첸모 총감독을 맡았다.

1518년, 팍모주빠 아왕짜시작바개짼阿旺扎西扎巴堅贊이 쩨뽕 사원 서쪽 바로 옆에 게뒨갸초를 위한 별장을 지어 줬다. 게뒨갸초는 주로 이 별장에서 살았다.

까땐치바甘丹赤巴는 까땐 사원 주지라는 뜻이다. 하지만 나중에 뜻이 변해서 겔룩 최고 어른이라는 뜻으로 썼다. 궁전을 티베트어로 뽀장頗章이라 일컫는다. 쩨뽕 사원 옆에 있는 이 별장. 게뒨갸초가 죽은 뒤 민중은 이 별장을 까땐뽀장甘丹頗章이라 불렀다. 겔룩 최고 어른이 사는 궁전이라는 뜻이다.

1526년, 게뒨갸초는 세라 사원 사자좌에 앉아 세라 주지가 되었다. 1535년 쩨뽕 주지를 사직했고, 1537년 세라 주지에서도 물러났다. 그리고 최코르게 사원 주지가 되었다. 게뒨갸초는 까땐 사원 주지가 아니었다. 그러나 실제 명성이 까땐 주지를 넘어섰다.

이때 겔룩은 한 가지 아픔을 겪었다. 1537년 지쿵빠止貢巴가 외카와沃喀瓦라는 호족을 공격했다. 외카와는 징치 사원增其寺에서 버텼지만 함락당했고, 지쿵까귀가 외카와의 영지 안에 있는 겔룩 종파 사원 18곳을 까귀 종파 사원으로 바꿨다. 이 사건으로 겔룩과 까귀는 원수가 되었다.

게뒨갸초는 1542년 3월 까땐뽀장에서 죽었다.

5. 제3대 달라이라마

과잉보호아

1543년 2월 28일 라싸에서 서쪽으로 40킬로미터 떨어진 장원에서 한 사내아기가 태어났다. 이 아기가 1546년 게뒨갸초의 전세영동으로 인정받아 까땐뽀장 사자좌에 앉았다. 법명 쇠남갸초索南嘉措.

제1대 달라이라마 게뒨줍빠는 고아였다. 제2대 달라이라마 게뒨갸초는 미움받으며 자랐다. 쇠남갸초는 반대다. 어릴 때부터 철저한 영재교육을 받았고 사랑을 듬뿍 받으며 자랐다. 쇠남갸초는 이것이 문제였다. 과잉보호아가 되었던 것이다.

정확한 연도는 알 수 없다. 쇠남갸초가 어릴 때 벌어진 일이다. 티베트력 5월이었으니까 초여름이었고, 그해는 오랫동안 가뭄이 이어졌다. 쇠남갸초가 자기 침실에서 미리 꺾어 온 꽃들을 하나씩 던지며 뿌렸다. 그리고 어른들을 흉내 냈다.

"이 공물들을 스승과 석가모니 본존과 호법신들에게 바친다!"[10]

그리고 자기 침실에서 물을 마구 뿌렸다. 침실은 엉망진창이 되었다. 이것은 개구쟁이의 재롱으로 넘길 수도 있겠다. 하지만 시종 중 내 린포체仲乃 仁波且가 화들짝 놀랐다.

"이렇게 제멋대로 놀면 체통이 서지 않습니다. 존자님은 모든 중생이 귀의歸依하는 튀쿠이십니다. 언제나 중생을 생각하시고 수행에 전념하셔야 합니다."[11]

쇠남갸초는 뻔뻔하게 대답했다.

"너는 내 시종인데, 나를 노려보면 내가 무서워할 것 같아? 종카빠 대사만 빼고 나는 누구도 두렵지 않아."[12]

참으로 버릇없는 부잣집 도련님이다. 그래도 공부는 잘했다. 그리고 쇠남갸초가 12살이었던 1554년에 스승 쇠남작빠索南扎巴, 1478~1554가 돌아가셨다. 이때부터 쇠남갸초는 버릇없는 행동을 하지 않고 공부와 수행에 전념했다. 그 뒤를 잇는 전세영동들도 모두 쇠남갸초처럼 티베트 최고 영재교육을 받는다.

쇠남갸초가 살아 있을 때 티베트는 각종 내전이 많았다. 팍모주빠끼리도 내전을 벌였고, 다른 여러 호족도 합종연횡合從連橫을 하며 내전을 벌였다. 쇠남갸초는 소년에 지나지 않았는데 이런 여러 내전을 중재하고 서로 화해시키느라 많은 시간을 보냈다.

쇠남갸초는 20살이었던 1562년에 세라와 쩨빵 승려들을 모아 1년 전 홍수로 무너진 라싸하拉薩河 제방을 복구했다. 정부가 해야 할 일을 한 종단이 자신들의 돈과 인력으로 해 낸 것이다. 말할 것 없이 열심히 돌아다니며 설법도 많이 했다. 그래서 1564년 비구계를 받았을 때 이미 모든 티베트인들이 존경하는 고승이었다.

몽골과 겔룩이 인연을 맺다

알탄칸은 평소 오늘날 중국 내몽골 중심도시 허흐호트呼和浩特; 歸化城에 머물렀다. 말할 것도 없이 실제로는 천막을 치고 살았다. 알탄칸은 중국만 상대로 전쟁을 벌이지 않았다. 서몽골에서 반란 조짐이 보이면 지체 없이 달려갔다.

1558년, 알탄칸이 코코노르를 지나고 있었다. 북부티베트에 있었던 것이다. 이곳에서 우연히 겔룩 승려 1천 명을 사로잡았다. 이 가운데 조게아셍佐格阿僧이라는 라마가 있었다. 샤캅빠는 이렇게 썼다.

"조게아셍이 알탄칸에게 쇠남갸초에 대해 이야기하자, 알탄칸은 쇠남갸초를 존경하는 마음이 생겼다."[13]

하지만 알탄칸이 처음부터 불교에 귀의할 마음이 있었던 것 같지는 않다. 조게아셍을 만난 뒤에도 12년 동안 여전히 명나라를 괴롭혔으니까. 하지만 늙은이가 손자의 아내를 빼앗은 사건이 결정적인 계기였다. 앞에도 나왔듯이, 손자는 울화통이 터져 명나라로 도망갔고, 우여곡절 끝에 1571년 알탄칸은 명나라가 주는 순의왕順義王이라는 작위를 받았다. 그래서 실제로 사람이 조금 부드러워졌다. 진순신陳舜臣은 이렇게 추측했다.

"알탄칸도 나이는 어쩔 수 없었다."[14]

1573년부터 4년 동안 알탄칸과 쇠남갸초 사이에 특사와 사절단이 오고 갔다. 마침내 만나기로 약속했다.

참차 회담

1577년 11월 26일, 쇠남갸초가 말을 타고 쩨뽕 사원에서 출발했다. 알탄칸도 이미 차하르의 중심지 허흐호트에서 부족민들을 데리고 출발했다. 쇠남갸초가 라쩽 사원에 도착했을 때 엄청난 인파가 기다리고 있었다. 여기에 겔룩과 팍모주빠 주요 지도자들이 다 있었다. 이들이 쇠남갸초를 위해 열심히 기도했다. 이 정상회담이 겔룩의 운명을 결정할 중요한 회담이라는 사실을 알고 있었기 때문이다.

1578년 5월 15일, 쇠남갸초와 알탄칸이 청해호 부근 참차恰卜; 恰卜恰: 오늘날 중국 청해성 공화현共和縣에서 드디어 만났다. 몽골인들은 원형으로 천막을 치고 현장에서 원형으로 대열을 이루고 있었다. 이 둘의 역사적 만남을 현장에서 목격한 몽골인이 자그마치 10만 명이었다. 알탄칸의 천막은 한가운데에 있었다.

쇠남갸초는 노란 모자를 쓰고 정식 법복法服을 입었으며, 알탄칸은 몽골식 흰색 정장을 입었다. 둘은 오랜만에 만나는 벗처럼 환하게 웃었다. 서로 인사를 나눈 뒤 알탄칸이 각종 재물로 쇠남갸초에게 보시했다. 그리고 둘이 알탄칸의 천막으로 들어가 정상회담을 가졌다.

정상회담은 성공적으로 끝났다. 둘이 함께 천막을 나왔으며, 알탄칸이 회담 결과를 몽골어로 공식 발표했다. 알탄칸이 한 구절씩 우렁차게 읽으면, 통역자가 현장에서 미리 준비한 티베트어 성명서를 정확하게 읽었다. 〈참차회담성명서〉는 매우 중요한 역사 문건이다. 지금 알탄칸의 목소리를 잘 들어보자.

차하르는 하늘에서 내려왔다. 세력이 강성하여 중국과 티베트를 정복했으며, 사캬와 시주·법주 관계를 수립한 뒤 불교를 드넓게 퍼트렸다. 훗날 토곤 테무르 칸 시절에 불교의 맥이 끊겼기 때문에, 악업惡業을 선업善業으로 삼았고, 살인을 즐거워했으며, 온 세상을 피바다로 만들었다. 시주와 법주, 해와 달이 같이 가는 은혜는 정법의 도正法之道를 열었고, 피바다를 어머니의 젖으로 바꾸었으니 그 은덕이 거대하도다. 여기 모인 모든 사람은 선행을 베푸는 열 가지 법十善之法을 지켜야 할 것이다. 오늘부터, 더욱이 백의몽골인白衣蒙古人들은 다음 네 가지 법을 지켜야한다. 첫째, 과거 몽골인이 죽어서 제사를 지낸다는 이유로 살생순장을 뜻함을 했었다. 이 행위를 뿌리 뽑아야 한다. 만약 다시 옛날처럼 살인을 저지른다면 법에 따라 사형에 처할 것이다. 둘째, (제사를 지내기 위해) 짐승을 죽이는 자는 법에 따라 재산을 몰수할 것이다. 셋째, 라마와 승려를 때리거나 놀리는 자는 법에 따라 배상해야 할 것이다. 넷째, 과거 죽은 자를 모시고자 그 사람 이름을 붙여 주는 옹꾀翁桂: 위패나 시동尸童 대신 자기 조상 모습대로 나무를 깎아서 만든 인형가 있었다. 그뿐만 아니라 다달이 8일·15일·30일에 소와 말을 죽여서 피의 제사를 지냈으며, 달마다 빈부격차를 가리지 않고 가축을 많이 죽일수록 제사를 잘 지낸다고 여겼다. 오늘부터 제단을 불태워야 한다. 제사를 지내려고 살생하는 행위도 뿌리 뽑아야 한다. 이런 잘못을 저지른다면, 법에 따라 그 가축의 10배를 몰수한다. 옹꾀는 불태운다. 옹꾀를 모시는 감실龕室은 파괴한다. 대신 관음보살상으로 옹꾀를 대체하며, 오직 버터·치즈·우유로 제사를 지낼 수 있다. 피의 제사는 절대 안 된다. 그 밖에, 여러분 모두 선업을 쌓기 위해 노력해야 하며, 다달이 8일·15일·30일에 시주해야 한다. 한족과 티베트인에 대한 약탈행위는 엄금한다. 마지막으로 이렇게 말한다. 오늘부터 우리는 티베트가 하는 대로 그대로 한다. [15]

이날부터 몽골은 중국을 괴롭히지 않았다.

달라이라마의 탄생

알탄칸이 발표를 끝냈고, 이제 쇠남갸초가 발표할 차례다. 쇠남갸초는 이 자리에서 설법하지 않았다. 대신《대비관음경大悲觀音經》을 암송했다. 쇠남갸초가 한 구절씩 우렁차게 외우면, 통역자가 몽골어로 통역했다. 이 불경의 주제는 '자비'다. 기본 지식이 없는 사람에게 처음부터 난해한 철학을 이야기하면 겁먹고 도망간다. 그래서 쇠남갸초는 몽골인들에게 "착하게 살아야 해요. 폭력을 쓰면 안돼요."라고 말했던 것이다.

그리고 감격스러운 장면이 벌어졌다. 쇠남갸초가 육자진언 옴마니반메옴을 가르쳤고, 10만 몽골 사람들이 "옴마니반메옴"을 성스럽게 암송했다. 살인, 약탈, 겁탈을 자랑스럽게 생각했던 몽골인들이 이렇게 개과천선했다.

1578년 5월 15일 옴마니반메옴 암송이 끝난 뒤 알탄칸과 쇠남갸초가 존호尊號를 주고받았다. 알탄칸이 쇠남갸초에게 준 존호는 와치르다라 달라이라마瓦齊爾達喇達賴喇嘛.

와치르다라는 금강살타金剛薩埵를 뜻한다. 인도 전설에 따르면 비로자나불毘盧遮那佛; Vairocana; 摩訶毘盧遮那; Mahāvairocana; 盧舍那佛; 大日如

來이 금강살타에게 무상요가를 가르쳐 줬다. 여기에서 와치르다라가 파생되었는데, 그냥 '신성하다'는 뜻으로 쓰였다.

달라이는 몽골어로 바다라는 뜻이다. 티베트민중은 쇠남갸초를 '갸초라마'라고 불렀다. 모든 달라이라마의 법명은 제1대를 제외하고 모두 갸초가 들어간다. 갸초는 바다라는 뜻이다. 그래서 알탄칸이 갸초에 해당하는 몽골어 달라이를 증정했다. 따라서 이제부터 쇠남갸초는 달라이라마다.

쇠남갸초가 알탄칸에게 준 존호는 차크라와르 세첸칸咱克喇瓦爾第徹辰汗.

차크라와르는 전륜성왕轉輪聖王; 斫迦羅跋刺底이라는 뜻이다. 인도 신화에 따르면, 전륜성왕은 바퀴를 타고 하늘을 날아다녔다. 이 왕이 다시 바퀴를 타고 지상세계로 돌아오는 날, 무력을 전혀 사용하지 않고 이 세상을 평화롭게 통일한다. 여기에서 전륜성왕은 불교를 보호하는 왕이다. 세첸은 '현명하다'는 뜻이다.

불교를 보호하는 현명한 칸! 알탄칸이 이 존호를 받고 매우 기뻐했다. 이것도 까닭이 있었다. 누구나 알탄을 칸이라 불렀지만 알탄의 공식직함은 씹투칸錫圖汗이었다. 씹투칸은 부칸副汗이라는 뜻이다. 회장이 아니라 부회장이다. 몽골인에게 "쿠빌라이의 혈통만 칸이 될 수 있다."는 어리석은 고정관념이 남아 있었기 때문이다. 그렇지만 쇠남갸초는 "당신이 진짜 칸입니다."라고 인정했다. 알탄칸이 드디어 권위를 인정받아 정식 칸이 된 것이다.

대만의 몽골인 학자 자치스친札奇斯欽은 또 한 가지 중요한 사실을 지적했다.

《황금사黃金史》에 따르면 쇠남갸초가 알탄칸에게 준 다른 존호가 있다. 노문 카간 예케 에스룬 뎅그리Nom-un Khaghan Yeke Esr-ün Tenggeri이다. 이것은 대범천법왕大梵天法王이라는 뜻이다. 이것은 달라이라마라는 종교권력이 몽골 칸이라는 정치권력보다 높아진 것이다. 중세 유럽의 정치권력자가 군주로 오르려면 교황의 축복을 받아야 하는 것과 같다.[16]

쇠남갸초는 게뒨줍빠를 제1대 달라이라마로, 게뒨갸초를 제2대 달라이라마로 규정했다. 그리고 자신은 제3대 달라이라마가 되었다. 지금 우리가 '달라이라마'라고 부르는 사람은 제14대 달라이라마다.

한국 몽골학 학자 박원길朴元吉은 참차회담을 이렇게 평가했다.

"티베트불교의 윤회론을 통해 몽골의 대칸大可汗이 되려는 알탄칸의 야망과 그를 통해 몽골로 겔룩黃敎을 전파하려는 티베트의 입장이 일대조화를 이루어 성공리에 끝났다."[17]

철가면을 쓴 사나이

제3대 달라이라마는 10년 동안 몽골 포교활동에 매진했다. 알탄칸은 참차회담 4년 뒤인 1582년에 죽었다. 이제 몽골인들이 급속하게 변했다. 사원이 늘어났고, 출가하는 사람도 늘어났다. 몽골인들은 달라이라마의 백성이 되었다. 부드러움이 강함을 이긴다. 티베트는 몽골을 정복했다. 그래서 몽골인들은 야성을 잃었다.

그런데 제3대 달라이라마 쇠남갸초는 몽골을 돌아다니며 "내가 팍빠의 화신"이라 주장했다. 자기가 전생에 팍빠였다는 것이다. 하지만 쇠남갸초는 팍빠만큼 천재가 아니었다. 그리고 팍빠가 다시 태어났다면 왜 사캬가 아닌 겔룩을 부흥시킨단 말인가. 쇠남갸초는 뻔뻔했다. 사람이 얼굴에 탈을 쓰면 뻔뻔해진다. 연예인이 분장을 진하게 하는 것도 뻔뻔해지고자 함이다. 그래야 수많은 관중 앞에서 부끄러움 없이 자기 끼를 펼칠 수 있기 때문이다. 쇠남갸초는 얼굴에 탈을 쓴 정도가 아니라 철가면을 썼다. 그럼에도 당시 몽골인들이 쇠남갸초의 주장을 믿었다.

쇠남갸초는 1588년 3월 27일 몽골에서 죽었다.

6. 만주족의 등장

몽골은 어떻게 흩어졌는가

　유목민은 자유롭다. 재빨리 뭉치고 흩어진다. 알탄칸이 죽은 뒤 몽골은 동몽골과 서몽골로 나뉘었다. 동몽골은 막남漢南몽골과 막북漠北몽골로 구분한다. 막남몽골이 오늘날 중국 내몽골이며, 호르친科爾沁; 喀喇沁 부족과 잘라이드扎賴特 부족이 있었다.

　막북몽골은 할하喀爾喀 부족과 부리야트布里亞特 부족으로 구분한다. 할하가 오늘날 몽골공화국이고, 부리야트는 바이칼Baikal호수 주위에 사는 러시아인이 되었다. 부리야트 부족을 조사한 한국인 학자들은 이구동성으로 말한다. 한국문화의 원형을 가장 잘 보존하고 있는 사람들이라고.

　서몽골을 오이라트阿魯德; 厄魯特라고 불렀다. 오이라트는 4부족으로 갈라진다. 두르베트杜爾伯特, 토르구트土爾扈特, 호쇼트和碩特, 준가르準噶爾.

　누르하치가 만주족을 통일할 때 몽골이 이랬다. 이들은 모두 같은 몽골인이다. 민족이 달라서 이러는 것이 아니다. 한국인이 경상도와 전라도와 평안도를 구분하고, 중국인이 산동인과 절강인과 광동인을 구분하는 것과 같다.

만주인의 탄생

만주인은 본시 여진인女眞人이며, 여진은 고구려의 후예다. 여진을 규합하여 금나라를 세운 완안아골타完顔阿骨打. 1068~1123는 훗날 금태조金太祖라고 부른다. 《금사金史》는 "금태조는 고려인이다.金太祖高麗人."라고 진실을 밝혔다. 금나라는 1127년부터 1234년까지 중국 북부를 지배했다. 이 금나라를 멸망시킨 사람들이 예케 몽골 울루스였다.

16세기 압록강鴨綠江과 두만강豆滿江 북쪽에 사는 여진인들은 크게 세 부족으로 나눌 수 있다. 백두산 북쪽 오늘날 간도間島에 살았던 건주여진建州女眞, 오늘날 흑룡강성黑龍江省에 살았던 해서여진海西女眞; 후라운忽刺溫; 扈倫, 오늘날 연해주沿海州에 살았던 야인여진野人女眞. 이들을 모두 합해도 10만 명이 되지 않았다.

여진 남자는 대부분 사냥꾼이었기 때문에 모두 군인이라 할 수 있다. 그 가운데 건주여진은 조선 함경도와 장사를 많이 했기 때문에 문명화 수준이 가장 높았다. 이 건주여진 사람들은 모두 불교신자였다. 그러나 조금 특이한 불교를 믿은 모양이다. 이 사람들은 문수사리보살文殊師利菩薩을 숭상했다. 줄여서 문수보살 또는 문수사리라고 한다. 아랍인들은 하느님GOD; Elohim; Yahweh을 그대로 부르지 못했다. 황송하다고 생각한 것이다. 그래서 하느님을 알라Allah라고 부른다. 건주여진 사람들도 문수사리를 정확한 한자 그대로 쓰지 못했다. 황송하기 때문이다. 그래서 발음이 같은 다른 한자 曼珠室利 또는 滿

洲室利로 썼다. 문수사리의 여진어 발음이 만주시리Manjushri였다. 만주시리를 줄여서 만주라고도 했다.

"우리는 만주滿洲를 믿는 사람들이다!"

여기에서 만주라는 낱말이 나왔다. 아이신교로 누르하치愛新覺羅·努爾哈赤, 1559~1626는 1589년 건주여진 5부 소극소호蘇克素護·혼하渾河·완안完顏·동악棟鄂·철진哲陳을 통일해서 건주여진 칸이 되었고, 누르하치는 자신들을 '만주인'이라 불렀다. 그리고 파생의미로 그들이 사는 땅을 만주라고 불렀다. 만주와 만주인은 이렇게 탄생한 것이다.

누르하치는 1599년부터 1616년까지 해서여진 4부 예혜부葉赫部, 하다부哈達部, 호이화부輝發部, 우라부烏拉部를 하나씩 싸워서 통합했다. 그리하여 1616년 아이신교로 누르하치는 후금後金; 아마가 아이신 구룬 칸이 되었다.

만주족이 중국을 정복하다

후금은 전국이 여덟 구역으로 나눠져 있었고, 한 구역마다 깃발이 하나씩 있었다. 행정조직이 곧 군사조직이다. 다시 말해 깃발 여덟 개가 모인 군대였다. 그래서 만주군을 팔기군八旗軍이라 불렀다.

후금에게 가장 심각한 문제는 인구부족이었다. 명나라는 총 인구가 1억 명이 넘었다. 하지만 후금은 총 인구가 10만 명도 되지 않았다. 그래서 동몽골과 적극적으로 결혼했고, 이민도 적극적으로 받아들였다. 그래도 부족하자 사람을 약탈했다. 그래도 부족하자 적군을 최대한 달래고 회유했다. 그래서 만주인이 된 조선인도 많았고, 만주인이 된 한족 출신도 많았다. 한족 출신 만주인을 기인旗人이라 불렀다. 조정에서 회의를 할 때 이 기인들이 만주어를 못 알아들어 쩔쩔맸고, 만주인 관료들은 너무 답답해서 두들겨 팼다. 이 한족들은 어린이처럼 엉엉 울었고, 그 모습이 불쌍해서 아이신교로 홍타이지愛新覺羅·皇太極; 淸太宗, 1592~1643가 위로해 줬다.

아이신교로 누르하치는 1626년 명나라의 홍이대포紅夷大砲 포탄에 맞아 죽었다. 화력과 병력은 명나라가 우세했다. 그러나 명나라는 부패했다. 만주인들은 명나라 기술자들을 받아들여 홍이대포를 만들었다. 진순신은 이렇게 말했다.

"동이東夷는 남의 기술을 잘 접수하는 영민靈敏한 종족이다. 일본과 한국이 선진문화를 받아들이는 속도는 믿어지지 않을 정도다."[18]

누르하치의 아들 아이신교로 홍타이지가 1636년 국호를 청淸으로 바꿨으며, 홍타이지는 1643년에 죽었다. 명나라는 1644년 4월 이자성李自成, 1606~?이 이끄는 농민군에게 멸망했다. 산해관山海關을 지키는 마지막 명나라 명장 오삼계吳三桂, 1612~1678가 이자성을 토벌하려고 산해관을 비웠다. 도르곤多爾袞, 1612~1650이 기회를 놓치지 않고 산해관을 점령했다.

청나라 군대는 1644년 6월 6일 북경 자금성紫禁城에 입성했다. 이때 청나라 제3대 칸 순치제順治帝; 아이신교로 푸린; 愛新覺羅·福臨, 1638~1661는 7살이었다.

7. 제4대 달라이라마

린뽕빠의 몰락과 짱빠개뽀의 등장

티베트는 1481년이 되자 전국이 내란상태에 빠졌다. 팍모주빠는 종이호랑이가 되었고, 다른 종뵌들은 겉으로만 시뚜를 존중하며 속으로 비웃었다. 린뽕빠 된줍체땐도제仁邦巴·頓珠才旦多吉가 티베트 1인자였던 시기도 마찬가지였다.

린뽕빠의 가신家臣으로 싱샥빠辛霞巴가 있었다. 티베트의 중심지역은 예나 지금이나 중부이기 때문에 린뽕빠가 중부지방에 있는 경우가 많았다. 그래서 린뽕빠는 믿을 만한 싱샥빠에게 장원 경영을 맡겼다. 그런데 된줍체땐도제의 동생 린뽕빠 아왕직작仁邦巴·阿旺吉查이 티베트 1인자였던 1565년, 싱샥빠 체땐도제辛霞巴·才旦多吉가 장원거주민들을 모아서 쿠데타를 일으켰다. 1년 뒤 다른 여러 종뵌과 손을 잡았고, 중부와 남부 대부분을 차지했다. 그리하여 린뽕빠도 종이호랑이가 되었다.

싱샥빠 체땐도제는 스스로 짱빠개뽀藏巴結布라 불렀다. 남부 출신 칸이라는 뜻이다. 짱빠개뽀는 수도를 시쩨와 가까운 상줍쩨桑珠孜로 정했다. 짜시륀뽀 사원과 가까운 곳이다. 그런데 짱빠개뽀는 까마까귀의 시주였다. 까마까귀와 겔룩은 사이가 안 좋았다. 겔룩은 언제나 눈치를 살피고 입 조심하면서 살아야 하는 것이다.

달라이라마가 암살당하다

제3대 달라이라마가 죽었다. 겔룩과 몽골의 연대는 아직 튼튼하지 않았다. 어찌 할 것인가? 가장 쉬운 방법이 있다. 제4대 달라이라마는 1589년 1월 1일 알탄칸의 손자의 아들로 태어났다. 법명 왼땐갸초雲丹嘉措, 1589~1616. 1601년 라쩽 사원에서 달라이라마 등극식座床典禮을 가졌다.

이제 몽골인들이 티베트 겔룩 종파 사원에서 열심히 공부했다. 순례하러 오는 몽골인도 늘어났다. 라싸에 완전히 정착한 몽골인들도 생겼다. 이제 겔룩과 몽골은 같이 웃고 같이 우는 운명공동체가 되었다.

제1대 짱빠개뽀가 싱샥빠 체땐도제이고, 제2대 짱빠개뽀는 싱샥빠 퓐촉남게辛霞巴·彭措南嘉, 1586~1631다. 퓐촉남게도 까마까귀의 시주다. 퓐촉남게는 제10대 까마빠 최잉도제却英多吉, 1604~1674를 티베트의 주인怙主으로 받들었고, 겔룩을 싫어했다.

퓐촉남게가 1612년 라싸를 점령했다. 이때 달라이라마가 알탄칸의 증손자 왼땐갸초였다. 퓐촉남게가 달라이라마를 죽일지 모른다는 생각에 왼땐갸초는 겁이 났다. 그래서 자기 수행원들과 같이 삼예 사원으로 도망갔다. 삼예 사원은 티베트 최초의 불교사원이자 성지였다. 성지를 함부로 침입할 수는 없다. 게다가 팍모주빠의 소수 호위병도 있었다. 제4대 달라이라마는 이곳에서 가슴 졸이며 지내야 했다. 다행히 핀촉남게가 겔룩을 심하게 다루지는 않았고, 1613년 서부지방 푸란普蘭으로 진격해서 이곳을 자기 세력권으로 확정했다. 제4대 달라이라마는 까땐뽀장으로 돌아왔다.

이제 시째도 라싸도 모두 까마까귀의 세상이었다. 제4대 달라이라마는 핀촉남게가 미웠다. 드디어 결심했다. 신통력 있는 무당스님에게 흑마술로 핀촉남게를 죽일 것을 명령했다.

이때 어떤 흑마술을 사용했는지 알 수 없다. 독살은 힘들었을 것이다. 그렇다면 가능한 방법은 초능력이며, 대표적인 방법이 초상화와 인형이다. 죽이고 싶은 사람을 똑같이 그림으로 그리거나 인형을 만든다. 이 초상화에 기를 불어넣어 활을 쏘거나 인형에 기를 불어넣어 바늘로 마구 찌른다. 그러면 그 사람 몸이 정말 아프다. 이것은 아직 과학으로 검증되지 않았다. 언젠가는 그 신비함을 정확하게 증명할 수 있을 것이다.

1616년, 핀촉남게가 병으로 앓아누웠다. 그러자 소문이 떠돌았다.

"겔룩이 주술을 쓰고 있다."

그리고 제4대 달라이라마 왼땐갸초가 갑자기 죽었다. 이때 나이가 28살이었다. 죽은 원인이 무엇일까? 독살일 가능성이 크다. 그렇다면 누가 죽였을까? 핀촉남게가 아니었을까? 하지만 증거는 없다. 이것은 영원히 원인을 알지 못한 사건으로 남았다.

핀촉남게는 겔룩을 말려 죽이기로 결심했다.

"달라이라마는 환생하지 마라!"

세속군주가 도력 높은 스님에게 환생하지 말라고 명령한다? 웃음밖에 안 나온다. 환생은 뛰쿠 자신이 하고 싶으면 하고, 하기 싫으면 안 하는 것이다. 게다가 뛰쿠 자신이 하고 싶어도 민중이 원하지 않으면 못하고, 하기 싫어도 민중이 원하면 하는 것이다. 이것이 티베트 환생제도의 진실이다.

그럼에도 푄촉남게의 명령은 효과가 있었다. 제4대 달라이라마의 전세영동 찾기를 엄금했기 때문이다. 모든 겔룩 승려와 신도가 비통함에 빠졌다. 이리 죽으나 저리 죽으나 마찬가지다. 이것이 까마까귀 겔룩전쟁噶瑪噶擧格魯戰爭의 근본배경이었다.

1618년 푄촉남게는 정식으로 새로운 정부 수립을 선포했고, 그의 아들 싱샥빠 땐종왕뽀辛霞巴·丹迴旺波. 1605~1645가 1631년에 제3대 짱빠개뽀로 올랐다.

이제 티베트역사에서 처음으로 서양인이 등장한다.

8. 구계왕국

티베트로 들어간 최초의 유럽인

가톨릭은 제2차 바티칸공의회Concilium Vaticanum Secundum, 1962~1965 이전까지 이교도들을 정복대상으로 삼았다. 가톨릭 시장개척을 주도적으로 벌인 단체가 예수회Societas Iesu였다.

인도 고아Goa의 예수회 지부에 안토니오 데 안드라데António de Andrade, 1580~1634라는 포르투갈 수사가 있었다. 이 사람은 지부 최고책임자였다. 그런데 문득 1620년 티베트를 가톨릭의 나라로 바꾸기로 결심했다. 이 사람은 누구에게 티베트에 관한 정보를 들었을까? 기록이 없다.

1624년 3월 31일, 안드라데는 마누엘 마르케스Manuel Marques라는 포르투갈 출신 하급 수사와 같이 출발했다. 이 둘은 갠지스강 상류에서 인도인 힌두교 순례객들을 만나 수사복을 벗고 이들과 같은 옷을 입었다. 그리고 히말라야 바로 앞에서 헤어졌다. 그곳에 작은 마을이 있었다. 마을 사람들은 이 이방인들이 티베트로 넘어가려는 것을 극구 말렸다. 그러나 하느님의 전사들이 포기할 리가 없다.

안드라데는 마르케스를 남겨 두고, 새로 고용한 짐꾼 두 명과 안내자 한 명과 같이 마을을 떠났다. 동상, 눈폭풍, 고산병, 그리고 설 맹雪盲. 우리는 눈동자가 검은색이기 때문에 설맹이 없지만 눈동자가 파란 백인들은 설맹이 있다. 눈雪이 햇빛을 반사하면 돋보기처럼 열 도 발산하기 때문에 안구를 태운다. 눈雪 때문에 눈을 뜰 수 없다. 이 것이 심하면 시력을 잃어 버린다. 그래서 백인은 선글라스를 쓴다. 이 때는 선글라스도 없었다. 안드라데는 잠시 시력을 잃고 사투를 벌여 야 했으며, 끝이 없을 것 같은 암벽등반을 하며 기적적으로 히말라 야를 넘어갔다. 뒤이어 마르케스도 히말라야를 넘어와 안드라데를 만났다. 안드라데는 눈을 제대로 뜨지도 못하면서 감격의 포옹을 했 다. 1624년 8월 말, 이 둘은 이렇게 히말라야를 넘어 티베트로 들어 간 최초의 유럽인이 되었다.

안드라데와 마르케스는 티베트왕국에 도착했다고 생각했다. 하지 만 이들이 다다른 곳은 구게왕국이었다. 구게왕국은 아티샤를 모셔 와서 티베트불교를 중흥시켰다. 또한 토링 사원은 티베트불교의 성지 였다.

인구가 1만 명도 안 되는 이 왕국은 서부티베트에 있었다. 이곳은 평지가 해발 5천 미터다. 나무도 못 자란다. 구게왕국 사람들은 히말 라야에서 물을 끌어들이는 수로를 만들었다. 이것이 생명줄이었다. 그리고 황토암반에 굴을 팠다. 굴 사이사이에 방도 만들었다. 땔감은 티베트야크犛牛의 대변을 말린 것이었다. 가장 꼭대기가 왕과 왕족이 거주하는 작은 궁전이었다. 이들은 유목과 장사로 먹고 살았다.

안드라데와 마르케스는 구게왕국에 도착한 다음날 구게 임금을 만났다. 이 둘은 티베트어를 몰랐다. 대신 페르시아어를 할 줄 알았다. 다행히 구게왕국에 페르시아어를 조금 알아듣는 사람이 있었다.

"우리는 하느님의 복음을 전하러 왔습니다."[19]

하느님? 복음? 구게왕국 임금과 왕족들은 생전 처음 듣는 말이었다. 눈이 있어도 못 보고 귀가 있어도 못 듣는 상황이었던 것이다. 서로가 답답했다. 이때 한 왕족이 탁견을 내놓았다.

"저들은 우리가 몰랐던 라마다."[20]

그제서야 임금의 얼굴빛이 환해졌다. 안드라데도 안심하기 시작했다. 안드라데는 임금에게 선물을 바쳤다. 손안에 들어가는 십자가와 성모마리아상, 묵주와 미사포 등을 넣은 성물함이었다. 임금은 뚫어져라 쳐다보며 대체 어디에 쓰는 물건인지 궁금해 했다. 임금이 이 이방인들을 왕궁으로 부른 까닭을 말했다.

"너희는 어느 교파에 속하는가? 법력法力은 어떠한가?"[21]

안드라데는 하느님이 얼마나 위대하시며 예수의 가르침이 얼마나 대단한지 설명했다.

안드라데는 임금의 환대를 받았기 때문에 이곳에 가톨릭을 전파할 수 있다고 판단했다. 그래서 마르케스를 놔두고 혼자 히말라야를 넘어 10월 말 인도에서 보고서를 작성했다. 이것이 유럽인이 최초로 쓴 티베트 탐험 보고서다.

1625년 여름, 안드라데가 구게왕국으로 돌아왔고, 임금이 반갑게 맞이했다. 안드라데는 임금의 신하가 되었고, 열심히 티베트어를 익혔다.

사실 구게 임금이 안드라데를 신하로 삼은 것은 속셈이 있었다. 임금의 형이 토링 사원 라마였다. 임금은 2인자였고, 토링 사원 라마인 형이 1인자였다. 법력 높은 포르투갈 라마가 토링 사원 라마를 제압하기를 원했던 것이다. 이것은 안드라데도 바라는 바였다. 가톨릭이 불교보다 우수한 종교라는 것을 증명해야 한다. 불교를 열심히 연구해야 하고, 가톨릭 기본 교리서를 티베트어로 써야 한다. 안드라데는 임금에게 성당부터 지어 줄 것을 부탁했다.

가톨릭이 불교를 공격하다

1626년 8월, 아담한 성당을 완공했다. 임금의 명령으로 민가 한 채를 부수고 지은 것이었다. 내부 장식은 전형적인 고딕 양식이었다. 검은색 수사복도 괴이했다. 토링 사원 승려들이 경계하기 시작했다.

실내장식이 휘황찬란해서 이 건물에 재물이 많을 것으로 착각한 사람이 있었다. 이 사람이 들어와서 도둑질을 했다. 백성들이 현장에서 붙잡았다. 임금이 판결을 내렸다.

"저 도둑의 오른손을 잘라라."[22]

안드라데는 자비를 베풀어 줄 것을 호소했다. 그래서 임금이 판결을 취소하고 풀어 줬더니 그 짐승같은 놈이 또 성당에 들어와 도둑질했다. 백성들이 다시 붙잡았다. 감옥에 가두었더니 간수를 죽이고 도망쳤다. 모든 백성이 안드라데를 욕했다.

"처음부터 도둑의 손을 잘랐으면 이런 일이 벌어지지도 않았다!"[23]

얼마 지나지 않아 승려들이 열받는 일이 벌어졌다. 안드라데가 임금과 같이 토링 사원을 방문해서 토론을 벌였다. 안드라데는 시종일관 불교를 비웃었다. 그리고 이런 말도 했다.

"왜 여러분은 '옴마니반메옴'이 무슨 뜻인지 모르죠?"[24]

옴마니반메옴은 "옴! 연꽃 속의 보석이여, 옴!"이라는 뜻이다. 수많은 크리스트교 신자가 주의 기도를 기계적으로 외우듯이, 불교 신자는 진언을 외운다. 너무나 당연해서 의심하지도 않았던 것을 질문받으면 대답하지 못하는 경우가 있다. 토링 사원 승려들은 대답도 못하고 화만 났다. 안드라데는 성서 주요 구절을 티베트어로 말한 뒤 임금에게 이렇게 말했다.

"저들의 논리는 궤변입니다."[25]

구게왕국의 멸망

1630년, 마침내 토링 사원 승려들의 분노가 폭발했다. 임금이 성당에 헌금을 하면서, 토링 사원은 수입의 일정 비율을 세금으로 낼 것을 명령한 것이다. 토링 사원이 자체 무력으로 임금에게 대항할 수는 없었다. 그리하여 라다크왕국Kingdom of Ladakh에 밀사를 보내 구원을 요청했다. 라다크 왕 셍게남계僧格南杰는 이 요청을 받아들였다.

1630년, 라다크 군대가 구게왕국에 도착했다. 안드라데는 고아에서 해결할 행정사무가 있어서 수 주일 전 인도로 떠난 상태였고, 마르케스까지 선교사 6명이 구게왕국에 있었다. 라다크 군대는 먼저 수로를 끊었다. 그리고 포로들에게 돌쌓기를 시키며 채찍으로 때렸다. 이것은 심리전이다. 물도 식량도 떨어졌다. 구게왕국은 항복했다.

그런데 토링 사원 승려들이 예상 못한 사태가 벌어졌다. 라다크 군대가 왕과 왕족을 모두 참수한 뒤 토링 사원 승려들까지 다 죽인 것이다. 그곳은 생지옥이었다. 라다크 군대는 구게왕국의 모든 금은 보화를 약탈하고 라다크로 돌아갔다. 구게왕국 백성 가운데 겨우 2백 명만이 살아남아 도망쳤다. 구게왕국은 이렇게 멸망했다.

안드라데는 1634년 선교사 6명을 데리고 티베트로 가다가 히말라야에서 급사했다. 마르케스는 소식이 끊겼다. 구게왕국과 토링 사원은 지금도 폐허로 남아 있다.

9. 빤첸라마

티베트 불교사원의 특징

1951년까지 티베트의 불교사원은 6천 개가 넘었다. 동네마다 절이 있었다. 종카빠가 말년에 팍모주빠의 지원을 받아 라싸 교외에 지은 까땐 사원과 라싸에 지은 쩨뿡 사원과 세라 사원이 티베트 3대 사원이다. 1959년 이전 까땐 사원은 승려가 3천 3백 명, 세라 사원은 승려가 5천 5백 명, 쩨뿡 사원은 승려가 7천 7백 명이 있었다.

이 정도 크기가 되면 절이 아니라 도시다. 그래서 티베트 불교사원은 자창扎仓이 있다. 한국어는 승원僧院으로 번역할 수 있다. 같은 절 안에서도 "어느 자창 소속인가?"로 구분했다. 자창이 다르면 생활공간도 달랐다. 심하게는 같은 절 안에서 사이가 안 좋은 자창도 있었다. 따로 멀리 떨어져 있는 자창도 있었고, 분사分寺라는 것도 있었다. 지금으로 빗대자면 자회사다.

송짼감뽀가 네팔 출신 왕비를 위해 지어 준 조캉과 중국 출신 왕비를 위해 지어 준 라모체는 특정 종파 소속 사찰이 아니다. 그냥 법당法堂이다. 그래서 크지 않다.

앞으로 벌어질 일을 이해하려면 중요한 사원 네 곳을 더 기억할 필요가 있다. 이미 설명했듯이, 제1대 달라이라마가 시쩨에 창건한 사원이 짜시륀뽀다. 이곳이 남부의 중심지다. 짜시륀뽀는 승려가 5천 5백 명까지 있었다. 라싸와 시쩨의 중간 교통요지 개쩨江孜에 배쾨르 사원白居寺이 있다. 배쾨르 사원의 불탑은 사람이 안에 들어가서 나선통로를 따라 걸어 올라갈 수 있으며, 이 안은 불교벽화로 가득 차 있다.

오늘날 중화인민공화국 청해성 서녕西寧과 사천성 다르쩨도를 잇는 선의 가운데에 짜시고망최떼 사원이 있다. 지금은 라부렁 사원拉卜欏寺이라 부른다. 이 사원 건축은 티베트양식과 중국양식이 섞여 있다. 동부티베트 다르쩨도, 감숙성甘肅省 라부렁 사원, 북부티베트 서녕에 있는 쿰붐 사원塔爾寺을 잇는 선이 티베트와 중국의 접경지역이다. 쿰붐 사원이 있는 곳의 옛 지명이 종카다. 종카빠의 고향이기 때문에 제3대 달라이라마가 이곳에 쿰붐 사원을 세울 것을 명했다.

까땐, 쩨뿡, 세라, 짜시륀뽀, 배쾨르, 라부렁, 쿰붐. 이 일곱 사원을 참배하면 "나는 티베트사원을 두루 봤어요."라고 말할 수 있다. 티베트의 불교사원은 그 자체가 도서관이며, 인쇄소이며, 학교이며, 박물관이며, 병원이며, 은행이며, 사교장이며, 행정기관이며, 구호기관이었다. 티베트는 불교가 모든 것을 해결했다.

왜 출가해야 했는가

중세 유럽 평민은 수도원에 들어가야 글을 배울 수 있었다. 티베트 평민은 절에 들어가야 글을 배울 수 있었다. 그래서 티베트 일반 가장은 자식 가운데 한 명 이상을 스님으로 출가시켰다. 이것은 우리가 자식을 학교에 보내는 것과 같았다. 티베트불교 스님은 출가해도 식구들과 왕래할 수 있다. 속세와 인연을 끊는 것이 아니다. 고기도 먹을 수 있고, 환속도 자유롭게 할 수 있다. 그리고 여자친구가 있는 사람도 많았다. 스님이 술을 마셔도, 동성애를 추구해도, 탈선을 저질러도, 지나치지만 않으면 서로 눈감아 줬다. 그러나 지나치면 안 된다. 후배가 선배에게 꾸중도 들었고 벌도 받았다. 심하면 승복을 벗고 절에서 쫓겨났다.

호족과 귀족은 출가하는 사람이 많지 않았다. 집에서 가정교사가 가르쳤기 때문이다. 교육효과만 따지면 개인교습보다 좋은 방법이 없다. 다만 대인관계와 남녀교류나 사회윤리와 인간심리를 익히기 힘들다는 단점이 있다. 티베트는 이것도 불교로 해결했다. 개인교사가 대부분 스님이었기 때문에 어릴 때부터 불교 계율을 배웠다. 이것이 도덕과 윤리공부였다. 대인관계와 남녀교류는 부모에게 배웠다. 어린이는 부모의 말과 행동을 그대로 흉내낸다. 그래서 아버지가 장원을 다스리는 말투와 행동을 보며 그대로 배웠고, 어머니가 사랑으로 장원 거주민들을 대하는 태도를 보며 그대로 배웠다. 더욱이 귀족인 자기 부모가 평민 출신이지만 훌륭한 스님에게 합장하며 공손히 인사하는 모습을 보고 그대로 배웠다.

아름다운 우연

이제 제5대 달라이라마가 등장할 차례다. 그를 이야기하려면 먼저 짜시륀뽀 주지 로쌍최끼개짼羅桑曲結堅贊을 설명해야 한다. 그리고 로쌍최끼개짼을 설명하려면 다시 종카빠로 거슬러 올라가야 한다.

케줍제 게렉빠상克珠杰·格勒巴桑, 1385~1438은 1385년 남부지방에서 태어났고, 어렸을 때 사캬 사원에서 출가했다. 원래는 사캬 스님이었다. 그러나 1407년부터 12년 동안 종카빠를 스승으로 모셨다. 개찹제 다마린첸杰擦杰·達瑪仁欽이 종카빠의 오른팔이라면, 케줍제 게렉빠상은 종카빠의 왼팔이었다. 이 세 명이 겔룩이라는 종파를 확립했다.

종카빠가 초대 까땐 사원 주지다. 제2대 까땐치바가 개찹제 다마린첸이며, 1432년에 죽었다. 제3대 까땐치바가 케줍제 게렉빠상이다. 그가 《종카빠 전기宗喀巴傳》를 썼으며, 1438년 까땐 사원에서 죽었다.

쇠남촉랑索南確朗, 1439~1504은 1439년 남부지방 시쩨 부근 앤싸르恩薩에서 태어났고, 어렸을 때 까땐 사원에서 출가했다. 이때 까땐 사원은 이미 승려가 3천 명이나 있었다. 이들 가운데 아무도 쇠남촉랑과 변론辯論해서 이기지 못했다. 그래서 이런 소문이 퍼졌다.

"저 사람은 케줍제 게렉빠상의 전세영동이다."[26]

쇠남촉랑은 중년이 되어 고향 앤싸르로 돌아와서 앤싸르 사원恩薩貢巴; 安貢寺이라는 아담한 사원을 짓고 주지가 되었다. 이 사람에게 배운 훌륭한 스님만 16명이다. 이들이 겔룩을 전파하는 데 크게 이바지했다. 쇠남촉랑은 1504년 앤싸르 사원에서 죽었다.

로쌍된줍羅桑丹珠, 1505~1566은 1505년 앤싸르에서, 쇠남촉랑과 같은 집안에서 태어났다. 이 사람은 11살 때 출가했고, 쇠남촉랑만큼 똑똑했다. 16살 때 천연두에 걸렸는데 어느 라마에게 천연두를 치료하는 비법을 전수받아 천연두를 스스로 고쳤다. 그 뒤로 로쌍된줍은 남부지방을 돌아다니며 천연두 환자를 치료해 주고 열심히 설법하며 살았다. 그리고 말년에 앤싸르 사원에서 폐관정수閉關靜修했다. 외부인을 안 만나고 혼자 수행과 저술을 하며 살았다는 뜻이다. 로쌍된줍은 1566년 앤싸르 사원에서 죽었다.

케줍제 게렉빠상, 쇠남촉랑, 로쌍된줍. 이 세 명은 모두 박학다식했고, 민중의 존경을 받는 고상한 인품을 가진 석학이었다. 석학碩學: 大學者의 티베트어가 빤첸班禪이다.

빤첸라마의 탄생

1570년 티베트력 4월 15일, 시쩨 서쪽 한 평민 집안에서 사내아기가 태어났다. 아기는 몸이 허약하고 작았으며 얼굴도 못생겼다. 부모는 이 아기를 최끼빼땐상뽀曲結巴丹桑布라고 불렀다. 오늘날 남아 있는 많은 티베트어 기록이 이 사람 출생연도를 1567년으로 적었다. 그러나 이는 조작일 가능성이 크다. 그는 자서전에서 출생연도를 1570년으로 고백했기 때문이다.

로쌍된줍은 1566년에 죽었고, 이 사람의 수제자인 케줍상계예셰克珠桑結益喜가 앤싸르 사원 주지가 되었다. 1575년, 이 사람이 최끼빼땐상뽀를 한 달 동안 관찰했다. 나이에 어울리지 않게 똑똑했기 때문이다. 케줍상계예셰가 부모와 면담했을 때 아버지는 말했다.

"이 아이는 스님들과 같이 있기를 좋아합니다. 앞으로 출가할 수 있겠지요."[27]

1582년 티베트력 1월 10일, 아버지는 최끼빼땐상뽀를 앤싸르 사원에서 출가시켰다. 케쥽상계예셰가 이 어린이의 머리를 깎아 주고 사미계를 줬다. 법명 로쌍최끼개짼羅桑曲結堅贊.

이 사람은 똑똑했다. 1년도 지나지 않았을 때 벌어진 일이다. 개째 배쾨르 사원의 한 고승이 앤싸르 사원을 방문해서 강의한 뒤 경전토론을 주재했다. 그러자 사미계를 받은 지 1년도 안된 이 13살짜리 소년이 모든 스님을 물리치는 것이 아닌가! 많은 사람이 크게 놀랐고 배쾨르 고승도 깜짝 놀랐다. 토론이 끝난 뒤 배쾨르 고승이 취한 조치는 더욱 충격이었다. 그 소년을 자기가 머무는 방으로 들어오게 해서 직접 겸손하게 차를 대접하며 가르침을 청한 것이다. 앤싸르 사원은 난리가 났고, 스님들은 이렇게 결론 내렸다.

"로쌍최끼개짼은 로쌍된줍의 환생자다."[28]

그러자 로쌍최끼개짼은 답했다.

"저는 덕이 부족하고 공부도 모자란 보통 사미승일 뿐입니다."[29]

앤싸르 사원은 확신했다. 어떻게 이 소년이 13살이란 말인가? 의심할 여지가 없다. 로쌍된줍이 환생한 것이다.

1583년 티베트력 2월 3일, 로쌍최끼개짼은 사자좌에 앉았다. 이렇게 14살 때 앤싸르 사원 주지스님이 되었다. 말할 것도 없이 실제 사원 경영은 케쥽상계예셰가 맡았고, 로쌍최끼개짼은 공부와 수행에 열중했다.

1586년 티베트력 11월 3일, 로쌍최끼개짼은 앤싸르 사원을 떠나 짜시륀뽀에서 공부했다. 짜시륀뽀 주지는 이 17살 청년을 자신과 동등한 고승으로 대우했다. 로쌍최끼개짼은 여전히 겸손했으며, 5년 뒤인 1591년 티베트력 7월 3일 짜시륀뽀에서 비구계를 받았다. 그리고 로쌍최끼개쟨은 짜시륀뽀를 떠나 라싸에서 조캉과 라모체를 참배한 뒤 까땐 사원에서 7년 동안 공부했다.

사람들이 이 사람을 언제부터 빤첸이라 불렀는지 확실하지 않다. 아마 까땐 사원에서 공부할 때부터였을 것이다. 까땐 사원 고승들이 이 젊은이의 학식에 감탄했다. 심지어 그는 게셰 라마의 잘못된 불경 해석과 견해를 지적했다. 이미 아무도 함부로 범접할 수 없는 위대한 학자였다. 이 사람이 쓴 저서 5권도 전해 내려온다. 이제부터 우리는 이 사람을 '빤첸라마'라고 부르자.

순환사제관계

1598년, 빤첸라마는 까땐 사원을 떠나 앤싸르 사원으로 돌아왔다. 사원경영도 본격적으로 맡게 되었다. 그런데 짜시륀뽀 스님들이 가만있지 않았다. 제발 짜시륀뽀 주지가 되어 달라는 것이다. 빤첸라마는 거절했다. 그래도 짜시륀뽀 스님들은 물러서지 않았다.

"받아 주지 않으시면 우리는 돌아가지 않겠습니다."[30]

이때 짜시륀뽀 스님들이 빤첸라마에게 이렇게 결사적으로 애걸한 까닭이 있었다. 호족들이 겔룩을 도와주지 않으려 했기 때문이다. 헌금이 모자랐고, 더더욱 짱빠개뽀가 사는 상춥쩨와 가장 가까운 곳에 있는 겔룩 사원의 짜시륀뽀 스님들이 굶어 죽을 위기에 처했다.

마침내 1601년 티베트력 2월 3일, 빤첸라마는 제16대 짜시륀뽀 주지스님이 되었다.

1603년, 제4대 달라이라마가 라싸에 도착했다. 알탄칸의 증손자 몽골인 달라이라마다. 당연히 사미계를 받아야 한다. 그런데 달라이라마에게 사미계를 줄 수 있는 고승들이 갑자기 죽었고, 다른 스님들은 사미계를 줄 수 있을 만큼 명성이 높지 않았다. 누가 달라이라마에게 사미계를 줄 것인가? 마침 빤첸라마가 몽골에서 출발한 달라이라마를 맞이하고자 라싸에 와 있었다. 적당한 인물이 빤첸라마밖에 없었다. 그래서 빤첸라마가 제4대 달라이라마의 머리를 깎고 사미계를 줬다. 이때부터 4백 년 동안 달라이라마가 어리면 빤첸라마가 스승이 되어 주고, 빤첸라마가 어리면 달라이라마가 스승이 되어 주는 순환사제관계가 이어졌다.

빤첸라마는 설법을 잘했다. 그래서 신도들이 즐겁게 헌금했다. 호족들에게도 감동적인 설법을 하며 도와 달라고 부탁했다. 그래서 빤첸라마는 짜시륀뽀 스님들을 잘 먹여 살렸다.

빤첸라마가 겔룩의 운명을 짊어지다

1613년 겨울, 빤첸라마는 사판승을 그만두고 싶었다.

"13년이나 짜시륀뽀 주지에 있었어. 나는 학식이 부족해서 높은 자리에 오래 앉지 못하겠어. 사직하고 싶어. 다른 고승대덕을 뽑아 주시오. 나는 앤싸르로 돌아가 폐관정수하겠소."[31]

하지만 승려와 신도들이 반대했다. 이제 빤첸라마 없는 짜시륀뽀를 상상할 수 없었기 때문이다. 그래서 빤첸라마는 죽을 때까지 짜시륀뽀 주지를 그만둘 수 없었다.

빤첸라마는 1614년 쩨뽕 사원에서 제4대 달라이라마에게 비구계를 줬다. 그런데 2년 뒤인 1616년 티베트력 12월 15일, 제4대 달라이라마가 급사했다. 게다가 짱빠개뽀는 달라이라마 환생금지명령까지 내렸다. 현 시국에서 겔룩의 운명을 짊어질 수 있는 사람은 빤첸라마밖에 없었다. 하기 싫어도 해야 한다. 정치가의 길을 가야 하는 것이다. 빤첸라마는 라싸로 떠났다.

빤첸라마에게 제4대 달라이라마는 자식과 같았다. 그런데 47살에 자식의 죽음을 확인했다. 그것도 사고나 질병이 아니라 독살이었다. 증거만 없었을 뿐이다. 그럼에도 담담하게 장례식을 주재했다. 그리고 짱빠개뽀에 관한 발언을 한 마디도 하지 않았다. 자신이 말 한마디 잘못하면 겔룩이 모두 도륙당할 수 있다는 걸 알았기 때문이다. 빤첸라마는 정치가의 기본 자질을 갖추고 있었다.

제2대 달라이라마 때부터 쩨뿡 사원과 세라 사원의 주지는 달라이라마가 맡는 것이 관례였다. 달라이라마가 죽었거나 어리면 다른 고승대덕을 주지로 뽑았다. 쩨뿡과 세라의 라마들이 빤첸라마에게 주지가 되어 줄 것을 부탁했다. 하지만 빤첸라마가 굳세게 반대했다. 그래서 다른 고승을 주지로 뽑았다.

이제 모두가 이심전심으로 인정했다. 달라이라마가 없는 지금, 겔룩 최고지도자는 빤첸라마다. 빤첸라마 자신도 쩨뿡 사원에 머무는 시간이 더 많아졌다. 그리고 겔룩 신도들에게 차분하게 진정할 것을 부탁한 뒤 서부지역으로 설법하러 떠났다. 빤첸라마는 반년 뒤인 1617년 10월 짜시륀뽀로 돌아왔다. 그리고 쩨뿡 사원으로 갔다. 까마까귀와 겔룩의 대결은 피할 수 없는 상황으로 변하고 있었다. 발단은 비웃음이었다.

10. 까마까귀겔룩전쟁

한 마디 말이 비수가 되어 심장을 찌르다

짱빠개뽀가 자금을 지원해서 까마까귀가 짜시륀뽀와 가까운 곳에 사원을 지었다. 그런데 이들이 짜시륀뽀 뒷산에서 사원을 지을 때 필요한 돌을 캤다. 그러다 돌무더기가 굴러 떨어지며 짜시륀뽀 승방僧房을 덮쳤다. 소음만으로도 엄청난 실례다. 건물이 훼손된 것은 둘째 문제다. 잘못하면 사람이 죽을 수도 있었다. 진심으로 사과하고 따뜻하게 위로해야 한다. 그러나 까마까귀는 이런 노력을 하지 않았다. 오만해진 것이다. 그래서 충격적인 장난까지 쳤다. 새로 지은 까마까귀 사원 옆 산에 짜시륀뽀에서도 보일 정도로 큰 글자를 새겼다.

짜시륀뽀를 누른다. 32

한 마디 말이 비수가 되어 심장을 찌른다. 순식간에 소문이 퍼졌다. 모든 겔룩 신도가 분노했다. 라싸의 몽골인들도 분노했다. 그래서 몽골인 2천 명이 까마빠 소유 티베트야크를 강탈했다.

제1차전: 라싸전격전

제2대 짱빠개뽀 푠촉남게가 가만히 있을 수 없었다. 각지 호족들에게 파발을 돌려 라싸로 병력을 집결시켰다. 그러나 오히려 겔룩이 선제공격을 가했다.

1617년 겨울 겔룩의 시주인 중부 호족 쇠남랍덴索南饒丹과 지쇼빠최끼도제呑雪巴·措結多呑가 지휘하는 1천 명, 제4대 달라이라마를 호송한 뒤 라싸에 정착한 할하 출신 몽골인 2천 명, 이렇게 겔룩 정예 기병 3천 병력이 번개 같은 속도로 까마까귀 호족군대를 각개격파했다. 까마까귀 호족군대는 정신 차릴 새도 없이 허무하게 무너졌다. 사력을 다해 퇴로를 만들며 라싸 중심에 있는 한 언덕으로 모여들었지만, 막다른 골목에 몰린 고양이 앞에 있는 쥐처럼 벌벌 떨었다.

지금은 이 언덕이 포탈라궁 바로 옆에 있다. 훗날 이곳에 의사승려를 교육하는 학교가 생겼기 때문에 약왕산藥王山이라 부른다. 그때는 포탈라궁도 의과대학도 없었다.

빤첸라마가 중재에 나섰다. 기민한 정치협상이다. 빤첸라마는 자비심으로 양쪽을 화해시키려 했을 것이다. 하지만 당시 상황에서는 자비심이 없어도 재빨리 휴전해야 했다. 짱빠개뽀의 직속 정예군단이 본격적으로 참전하면 승산이 별로 없기 때문이다.

빤첸라마는 까마까귀와 지쿵까귀가 빼앗은 겔룩 장원들을 다시 겔룩에게 돌려주고, 까귀가 강제로 개종시킨 겔룩 종파 사원을 다시 겔룩에게 돌려줄 것을 요청했다. 그리고 제4대 달라이라마의 환생자를 찾는 것을 허락해 줄 것도 요청했다. 그러면서 약왕산에서 떨고 있는 장병들에게 무사히 귀환시켜 줄 것을 약속했다. 짱빠개뽀는 다받아들이지만 제4대 달라이라마의 환생자를 찾는 것은 절대 받아들일 수 없다고 맞섰다. 빤첸라마는 짱빠개뽀의 의지대로 타협했다. 대신 겔룩 고승대덕들에게 밀령을 내렸다. 이것은 기밀 가운데 기밀이었다.

"달라이라마 전세영동을 찾으시오."[33]

제2차전: 라싸 성동격서전

1618년 7월, 핀촉남게의 부장 구랍남게古饒朗杰가 지휘하는 중부 까마까귀군 1천 명이 라싸 교외에 집결했다. 겔룩 군대가 철수를 요청했지만 구랍남게가 듣지 않았다. 드디어 제2차전이 벌어졌다. 이번에는 양쪽 정예기병이 여러 날 동안 서로 공격과 후퇴를 반복하는 격전을 벌였다. 이번에도 몽골 기병이 대활약해서 겔룩이 이겼다.

그러나 이것으로 끝이 아니었다. 구랍남게의 남은 기병들과 새로 나타난 지원군이 갑자기 쩨뿡 사원 뒷산에 나타났다. 몽골 기병이 급하게 달려가서 이들과 혼전을 벌였다. 마침내 까마까귀군을 물리쳤지만 겔룩도 많은 군사를 잃었고 몽골 기병도 지쳤다.

이때 놀라운 첩보가 들어왔다. 짱빠개뽀의 직속 정예군단이 라싸하拉薩河에 진지를 구축하고 장기 포위전을 준비하고 있다는 것이다. 이제 몽골 기병들이 겁먹었다. 까마까귀는 병참이 막강하다. 한번 포위당하면 돌파하기도 힘들다. 자신들은 굶어 죽을 것이다. 지금 당장 싸워도 전멸당할 가능성이 크다. 자신들은 성동격서聲東擊西: 동쪽을 위협하고 실제로는 서쪽을 공격하는 전술에 당했다. 구랍남게의 부대는 이기려고 싸운 것이 아니었다. 전쟁은 지금부터 시작이다. 하지만 승산이 없었다.

몽골 기병들은 북쪽으로 도망쳤다. 다른 겔룩 기병들도 당황해서 같이 도망쳤다. 쩨뽕과 세라 승병들도 열심히 도망쳤다. 드디어 포위망을 뚫고 한숨 돌릴 수 있었다. 그러나 짱빠개뽀 정예군단이 이곳에서 기다리고 있을 줄이야!

몽골 기병과 겔룩 기병들은 도륙당했다. 동시에 다른 짱빠개뽀 부대가 쩨뽕과 세라에 쳐들어갔다. 그곳은 생지옥이었다. 이때 죽은 승려만 최소 5천 명이다. 1290년 지쿵학살에 버금가는 참상이었다. 곳간도 깡그리 약탈당했다. 심하게 제3대 달라이라마 쇠남갸초의 유해를 모신 영탑靈塔도 파괴당했고, 그 안에 들어있던 금은보석도 모조리 사라졌다. 이때 짱빠개뽀의 군대가 팍모주빠도 공격해서 완전히 멸망시켰다. 이때부터 팍모주빠와 린뽕빠는 역사기록에 나오지 않는다. 겔룩은 항복했다.

원한을 사랑으로 되처하여 위기를 벗어나다

참으로 묘한 일이다. 어떻게 이런 우연이 생길 수 있었을까?

핀촉남게는 팍모주빠를 멸망시키고 정식으로 짱빠개뽀정부 수립을 선포했다. 그리고 곧바로 병에 걸려 사경을 헤맸다. 신통한 의사들을 다 불러 진찰해도 효과가 없었다. 그러자 한 측근이 용기 있게 건의했다. 빤첸라마가 의술에 정통하다는 것이다. 빤첸라마는 팍빠만큼 박학다식한 사람이었다. 사람이 물에 빠지면 지푸라기라도 잡고 싶어진다.

푄촉남게는 빤첸라마를 불렀다. 빤첸라마는 최소한 겉으로 원한을 나타내지 않았다. 오히려 사랑으로 치료했다. 그래서 푄촉남게가 차츰 회복했다.

대인은 대인답게 행동해야 한다. 푄촉남게는 빤첸라마에게 보답으로 장원 하나를 짜시륀뽀에 주겠다고 약속했다. 그러나 빤첸라마가 사절했다. 대신 한 가지 부탁을 했다.

"왼땐갸초의 환생을 허락해 주십시오."₃₄

자기 목숨을 살려 줬으니 거절할 수 없었다. 푄촉남게가 할 수 없이 허락했다. 이때부터 겔룩은 자유롭게 제4대 달라이라마의 환생자를 찾았다. 거지가 되어 목숨을 이어가고 있는 겔룩 승려들도 쩨뿅과 세라로 돌아왔고, 빤첸라마는 이들에게 막대한 구호물품을 나눠 주며 위로했다.

거짓말로 탈출하다

겔룩의 시주이자 중부 호족 쇠남랍덴은 포로가 되었다. 푄촉남게는 겔룩에게 벌을 내렸다. 배상금을 내라는 것이었다. 쩨뿅 사원은 황금 2백 세르쇼ᠮᡝᠷ·ᡣ, 세라 사원은 황금 1백 세르쇼. 세르쇼가 어느 정도 단위인지 모르겠지만, 엄청난 금액인 것은 분명하다. 겔룩이 배상금을 못 내겠다며 "배 째라."로 나올 수도 있으니 보증이 필요하다. 그것은 인질이었다. 짱빠개뽀 군대가 쇠남랍덴을 상줍쩨로 끌고 가려 했다. 그러자 쇠남랍덴이 호소했다.

"세라와 쩨뽕은 전란 때문에 남아 있는 것이 없어서 배상금을 낼 수 없습니다. 반드시 최코르게 사원으로 가서 부탁해야 지불할 수 있습니다."[35]

옳은 말이었다. 제2대 달라이라마가 세운 최코르게 사원은 곳간에 쌓아 놓은 보시재물이 1백 년 이상 그대로 남아 있었다. 이 곳간 문을 여는 방법밖에 없었다. 아무에게나 열어 주지 않는다. 쇠남랍덴은 까땐뽀장의 시주였기 때문에 그가 직접 사정을 설명하면 열어 줄 것이다.

짱빠개뽀의 대표와 쇠남랍덴이 같이 최코르게 사원으로 출발했다. 감시병들이 없었을 리가 없다. 그런데 쇠남랍덴이 가는 도중에 탈출했다. 감시병들을 어떻게 안심시켰을까? 단독범행이었을까? 주군을 모시는 가신들이 갑자기 나타나 격투 끝에 감시병을 모두 제거하고 탈출시켰을까? 상상하면 흥미진진한 이야기다.

까마까귀와 짱빠개뽀가 이 소식을 듣고 가만히 있었을 리가 없다. 보복하는 것이 순리다. 그런데 3년 동안 무슨 일이 있었는지 기록이 없다.

내가 빤첸라마라면 어떻게 해결했을까? 뛴촉남게를 찾아가 이렇게 말할 것이다. "저도 그 소식을 듣고 깜짝 놀랐습니다. 겔룩을 대표하여 사과드립니다." 뛴촉남게를 최대한 진정시키고 짱빠개뽀의 가신들을 따뜻하게 대할 것이다. 그리고 최코르게 사원으로 편지와 사자를 보내 배상금을 모두 지불할 것이다. 뛴촉남게는 배상금을 모두 받은 뒤 대인배답게 쇠남랍덴을 잊어 버린다.

제3차권: 라싸총격전

쇠남랍덴은 북부를 거쳐 몽골로 들어갔다. 그리고 할하 여러 부족을 돌아다니며 도와 달라고 부탁했다. 이때 할하는 여덟 부족으로 나뉘어 있었다. 그 가운데 로쌍땐진갸초羅桑丹增嘉措와 구루홍타이지古如洪台吉 형제가 다스리는 부족이 쇠남랍덴의 요청을 받아들였다. 이 둘은 몽골인인데 티베트어 이름을 갖고 있다. 할하 가운데 가장 열심히 티베트불교를 믿었던 것 같다.

1621년, 쇠남랍덴이 길을 안내해서 할하 기병 2천 명이 라싸로 들어왔다. 이때까지 까마까귀는 이 사실을 전혀 몰랐다. 쇠남랍덴이 남에게 들키지 않게 잘 인도했나 보다. 어쩌면 변장하고 들어왔을 지도 모른다.

가장 기습하기 좋은 시간은 새벽 4시다. 하지만 이들은 약간 늦었다. 이때 라싸를 책임지는 짱빠개뽀 군대 1만 병력은 라싸 교외 걍탕깡江塘崗에 있었다. 7월 11일 이들이 아침을 먹고 있었는데 할하 기병이 들이닥쳐 칼을 휘둘렀다. 군영이 순식간에 비명소리 가득한 아수라장으로 변했다. 살아남은 짱빠개뽀 군대가 허겁지겁 사력을 다해 지금의 약왕산으로 도망쳤다. 할하 기병들은 전리품을 챙긴 뒤 약왕산을 포위했다. 그리고 바로 신무기를 꺼내 들었다. 그것은 총이었다.

총탄이 쏟아지자 짱빠개뽀군 1천 명은 공포에 떨었다. 라싸 시민들도 깜짝 놀랐다. 이때 빤첸라마는 쩨뿡 사원에서 폐관정수하고 있었다. 빤첸라마도 총소리를 듣고 깜짝 놀라 주위 스님들에게 지금 무슨 일이 벌어지고 있느냐고 물었다. 쇠남랍덴의 인도를 받은 할하 군이 라싸로 진격했다는 사실을 알고 빤첸라마와 수많은 스님이 쩨뿡 사원을 박차고 나가 총사령관 로쌍땐진갸초를 만났다.

빤첸라마는 로쌍땐진갸초에게 많은 재물을 주며 저들을 살려 달라고 부탁했다. 로쌍땐진갸초가 이를 받아들였다. 라싸를 통제하는 짱빠개뽀 군대는 남부로 철수했고, 중부지방 원래 겔룩 소유였던 장원들이 다시 겔룩으로 돌아왔다. 이 할하 기병 2천 명은 북부티베트로 철수해서 그곳에 정착했다. 쇠남랍덴은 잠시 까땐뽀장에 머물기로 결정했다. 쇠남랍덴은 4년 동안 까땐뽀장 법좌에 앉았다.

연극으로 위기를 타개하다

1617년 티베트력 9월 23일 중부티베트 동남쪽 총계窮結에서 사내아기가 태어났다. 이 아기는 빤첸처럼 특별한 영특함이 있지는 않았다. 그리고 이 집안사람들이 독실한 겔룩도 아니었다. 아버지는 닝마 스님이었다. 닝마는 술과 성욕을 거부감 없이 받아들인다. 어머니는 아기가 울 때마다 술을 먹여서 재웠다. 그럼에도 빤첸의 지령을 받은 스님들이 이 아이를 왼땐갸초의 환생자로 보고했다. 라모라초 선녀가 그렇게 명령했나 보다.

1621년 라싸총격전 뒤 티베트 호족들이 다시 겔룩에게 우호적인 태도를 보였다. 그래서 기회주의자 두 명이 나타났다. 자기 아들이 왼땐갸초의 환생자라는 것이다. 그냥 웃어넘길 문제가 아니다. 이를 무시하면 저 권력자들이 원한을 품는다. 어찌 할 것인가?

_제5대 달라이라마

빤첸라마는 수행원들을 거느리고 라쩽 사원으로 갔다. 그리고 큰법당에서 성대한 의식을 거행하며 문수보살상 앞에 미리 준비한 통을 놓았다. 이 통 안에 짬빠티베트식 미숫가루를 버무려 탁구공 모양으로 3개를 만들어 넣었다. 드디어 신중하게 손을 넣어 하나를 집었다. 만져 보면 느낌으로 안다. 셋 가운데 어느 것이 자기가 집어야 할 제비인지.

문수보살께서 명령하셨다! 총게에서 태어난 어린이가 진짜 환생자다!

그리하여 아무도 문제제기를 할 수 없었다.

1625년, 이 어린이가 쩨뿡 사원 사자좌에 앉았다. 빤첸라마가 머리를 깎아 주고 사미계를 줬다. 법명 아왕로쌍갸초阿旺羅桑嘉措, 1617~1682. 제5대 달라이라마는 이렇게 힘들게 탄생했다.

많은 훌륭한 스승이 제5대 달라이라마를 가르쳤다. 빤첸라마도 열심히 가르쳤다. 제5대 달라이라마의 스승 가운데 쇠남랍덴도 있었다. 쇠남랍덴은 정치를 가르쳤다.

왜 짱빠개뽀가 겔룩을 공격하지 못했는가?

이때 티베트는 매우 복잡했다. 겔룩과 까귀는 적대관계였고, 청나라가 강해지자 명나라가 일부 몽골 부족과 손을 잡았다. 청나라는 막남몽골과 전쟁도 하고 결혼으로 피를 섞는 작업을 함께했다. 이런 혼란 속에서 일부 몽골 소부족들이 티베트 북부와 동부로 흘러들어왔다. 오이라트몽골 가운데 티베트로 들어와 정착하는 사람들도 있었다. 여기에 동부지역 개뽀들도 합종연횡을 반복했다. 이들이 서로 얽혀 무장투쟁이 많이 벌어졌다.

미국 서부영화를 보면 총잡이 둘이 서로 노려보며 결투를 치르는 장면이 있다. 이때는 빨리 총을 뽑는 사람이 이긴다. 그러나 세 명이 삼각형 대열로 결투를 하면 사정이 달라진다. 빨리 총을 뽑는다고 이기는 것이 아니다. 내가 가장 빨리 뽑아 한 명을 쏘면 다른 한 사람이 재빨리 총을 뽑아 나를 쏜다. 따라서 세 명 모두 함부로 총을 뽑지 못한다. 만약 10명이 이 결투를 한다면? 서로가 무서워서 아무도 총을 뽑지 못하는 시간이 더 길어진다.

이것이 퓐촉남게가 겔룩을 공격하지 못한 원인이었다.

싱샥빠 퓐촉남게는 1631년 천연두로 죽었고, 아들 싱샥빠 땐종왕뽀辛霞巴·丹迥旺波, 1605~1645가 제3대 짱빠개뽀로 등극했다. 제5대 달라이라마는 씩씩한 청소년으로 자랐고, 빤첸라마는 노인이 되었다.

제4차전: 서녕기습전

라싸에서 화승총을 쐈던 몽골인들이 북부티베트에 정착한 지 10년이 흘렀다. 그러자 이들의 힘이 약해졌다. 하지만 왜 약해졌는지 기록이 없다. 내분도 있었을 것이고, 스님으로 출가하는 사람도 많아져서 전사가 줄었을 것이다.

1630년 라다크 왕 셍게남게僧格南杰가 군대를 보내 구게왕국을 멸망시켰다. 라다크는 이것만으로 일확천금을 얻었는데, 셍게남게는 욕심이 생겼나 보다. 이때 서부티베트의 중심지는 푸란普蘭이었다. 1632년으로 추정한다. 셍게남게가 또 군대를 보냈다. 목적은 약탈이었다. 제3대 짱빠개뽀 된종왕뽀가 급하게 군대를 출격시켜 라다크 군대를 격파했다. 이렇게 잠시 한숨 돌리니까 북부에서 사건이 벌어졌다.

누르하치의 아들 아이신교로 홍타이지는 몽골과 힘을 합치려 노력하고 있었다. 이때 동몽골의 중심인물이 차하르 릭단칸林丹汗, 1604~1634이다. 그러나 릭단칸은 알탄칸만큼 강력한 지도자가 아니었다. 막남몽골 다른 수장들이 연합해서 1627년 릭단칸에게 승리를 거두었다. 하지만 곧이어 막남몽골이 분열했다. 막북도 혼란스럽기는 마찬가지였다. 할하 또한 여섯 부족으로 나뉘어 있었다. 확실하게 통일할 힘이 없다면 다른 곳으로 떠나 정복하는 것이 상책이다. 오늘날 우리가 고국을 떠나 외국에서 돈을 벌어 성공하는 것과 다를 바 없다.

할하에 촉투却圖라는 타이지台吉가 있었다. 큰 부족의 우두머리가 칸이고, 소부족의 우두머리는 타이지다. 타이지에 해당하는 만주어가 버일러貝勒; beile다. 1632년, 촉투 타이지가 부족민들을 이끌고 서녕을 기습해서 순식간에 대승을 거두고 스스로 '촉투칸却圖汗'이라 일컬었다. 이것이 까마까귀겔룩전쟁 제4차전이다. 그러나 제1·2·3차전과 성격이 달랐다. 촉투칸은 난데없이 끼어든 불청객이다. 짱빠개뽀도 겔룩도 이 세력이 누구 편인지 알 수 없어서 어안이 벙벙했다. 제5대 달라이라마는 훗날 자서전에서 촉투칸을 이렇게 욕했다.

"촉투칸은 자기가 까귀를 존숭한다고 주장했다. 사실 저들은 도교를 믿었다. 불교를 외도外道로 바꾸려 한 미친놈들이다."[36]

사실은 이랬다. 촉투칸은 종교에 별 관심이 없었다. 촉투칸의 관심은 오직 돈과 명예였다. 돈과 명예를 모두 얻는 방법이 정복이다.

조선의 삼궤구고

아이신교로 홍타이지는 1635년 막남몽골 전체를 정복했고, 1년 뒤인 1636년 12월 9일 직접 10만 대군을 거느리고 압록강을 건너 조선을 침략했다. 임경업林慶業 장군이 지키는 의주성義州城은 튼튼했다. 그래서 의주성을 공격할 것을 포기하고, 돌아서 곧바로 개성開城까지 돌격했다. 외교의 기본도 모르는 조선 인조仁祖: 李倧, 1595~1649는 강화도로 피난가려 했으나 청군이 이미 길을 막았다. 할 수 없이 남한산성南漢山城으로 도망갔고, 1637년 1월 1일 아이신교로 홍타이지가 이끄는 본대가 남한산성을 완전히 포위했다.

1637년 1월 30일, 조선왕조 5백 년 역사에서 가장 치욕스런 장면이 벌어졌다. 조선 국왕이 아이신교로 홍타이지에게 앞으로 나아가며 한 번 무릎 꿇고 세 번 머리를 땅에 부딪치며 조아리는 행동을 세 번 반복하는 삼궤구고三跪九叩를 한 것이다. 이것은 무조건항복이며 '나는 당신의 신하입니다.'라는 뜻이다. 이 치욕의 역사를 1639년에 만주어와 몽골어와 한문으로 기록한 삼전도비三田渡碑가 지금도 서울 송파구 잠실동 47번지 석촌호수石村湖水 서호西湖 언덕에 있다. 이 비석은 치욕의 역사를 증명하고 있기 때문에 사적 제101호로 지정해서 보존하고 있다.

촉투칸은 탐색전을 시작했다. 소규모 부대를 보내 사원들을 약탈하고 정보를 얻은 것이다. 지금 남아있는 기록들을 보면 이때 겔룩 사원이 많이 약탈당하고 승려들도 죽었다. 하지만 그때 티베트는 까귀 사원이 겔룩 사원만큼 많았다. 북부에 있는 까귀 사원들이 무사했을 리 없다. 까귀와 겔룩이 갑자기 같은 적을 만난 것이다.

그렇다면 오월동주吳越同舟해야 한다. 까귀와 겔룩이 잠시 힘을 합쳐야 하는 것이다. 이런 까닭으로 짱빠개뽀가 빤첸라마에게 구원을 요청했다.

그런데 이때 촉투칸도 가만있지 않았다. 북부티베트에서 살인과 약탈을 저지르며 동시에 겔룩과 짱빠개뽀에게 사자를 보내 겔룩에게 "나는 겔룩을 좋아합니다."라고 말하고, 짱빠개뽀에게 "나는 까귀를 좋아합니다."라고 말했다.

빤첸라마가 급하게 사절단을 보냈고, 사절단이 촉투칸에게 많은 재물을 주며 우아하게 아부했다. 촉투칸은 살인과 약탈을 일삼는 선발부대를 서녕으로 철수시켰고, 재물을 모두 받은 뒤 우호적인 말과 행동을 보여 주며 사절단을 돌려보냈다. 하지만 끝이 아니었다. 촉투칸은 릭단칸에게 밀사를 보냈다.

릭단칸의 죽음

릭단칸은 1627년 패배한 뒤 힘이 약해졌고, 청나라 군대에게 지속적인 위협을 받고 있었다. 이런 상황에서 촉투칸이 밀사를 보냈다. 우리 둘이 힘을 합쳐 티베트를 정복하자는 것이다. 새로운 땅에서 다시 일어설 수 있는 좋은 기회다. 릭단칸은 이 제안을 받아들였다. 1634년, 릭단칸이 부족민 10만 명을 이끌고 허흐호트에서 출발했다. 그러나 서녕으로 가는 도중에 천연두로 죽었다.

릭단칸이 죽자 아들 에르케 홍고르Erké Qonghor가 부족민들을 이끌고 허흐호트로 돌아갔다. 1년 뒤 에르케 홍고르는 자신을 아이신교로 홍타이지의 신하로 인정했고, 같은 해인 1635년 막남몽골이 모두 청나라에게 복속했다.

구시칸의 등장

1634년, 릭단칸이 병사한 소식과 그 전후사정이 알려지자 티베트 전체가 깜짝 놀랐다. 쇠남랍덴은 겔룩 고승과 시주들을 비밀리에 불러 대책을 논의했다. 어찌 할 것인가? 이들은 이렇게 결정했다.

"라모라초 선녀에게 물어보자."

이들이 비밀리에 라모라초로 갔다. 간절히 기도하자 다행히 선녀가 나타났다. 선녀는 이렇게 충고했다.

"북방의 관리가 적들을 제압할 수 있다."[37]

이들은 비밀을 지킬 것을 엄숙히 맹세했고, 쇠남랍덴이 직접 밀사가 되어 소수 사복정예병과 같이 준가르로 갔다. 준가르의 본거지는 이리伊犁; 伊寧; Almalik; Kulja였다. 이곳은 오늘날 중화인민공화국 신강위구르자치구에 속하며 카자흐스탄 국경과 붙어 있다. 당시 준가르 칸이 바투르 홍타이지巴圖爾皇台吉. ?~1653였고, 이 사람은 1620년에 겔룩을 받아들였다. 그 영향으로 다른 오이라트 부족민들도 겔룩에게 우호적이었다. 겔룩 스님들이 오이라트에서 오랫동안 열심히 환자들을 치료해 주고 각종 학문을 전수해 주며 포교한 모양이다. 어쩌면 라모라초 선녀가 충고하지 않았어도 바투르 홍타이지에게 도와 달라고 애걸했을 것이다.

바투르 홍타이지가 오이라트 지도자들을 급하게 소집했다. 이들이 모두 천막 안에서 쇠남랍덴의 연설을 들었다. 쇠남랍덴은 제3대 달라이라마와 알탄칸의 인연, 제4대 달라이라마가 몽골인이어서 겔룩과 몽골이 같은 배를 탄 역사, 그리고 지금까지 겔룩이 몽골에게 베푼 각종 은혜를 강조한 뒤, 지금 겔룩이 처한 상황을 설명했다. 바투르 홍타이지가 말했다.

"누가 티베트에 가서 겔룩을 도와주지?"[38]

모두 아무 말이 없었다. 이것은 보통 일이 아니다. 실패하면 자기 부족민이 다 죽는다. 이때 한 마디가 터져 나왔다.

"내가 가겠소."[39]

오이라트 칸들이 모두 그를 쳐다봤다. 바로 구시칸固始汗이었다.

구시칸은 호쇼트和碩特의 지도자였고, 이때 호쇼트는 우룸치Urumqi에 있었다. 우룸치의 중국어 음역이 우루무치烏魯木齊다. 우룸치는 몽골어로 아름다운 목장이라는 뜻이다. 지금 우루무치는 중국 신강위구르자치구의 중심도시이지만, 원래는 몽골인들이 개척한 유목마을이었다. 그들이 오이라트 호쇼트 부족이다.

호쇼트 부족은 몽골에서 강한 편이 아니었다. 촉투칸이 동원할 수 있는 기병이 3만 명이었는데, 구시칸이 동원할 수 있는 기병은 고작 1만 명이었다. 짱빠개뽀와 맞붙어도 이긴다고 장담할 수 없는 군

사력이었다. 구시칸도 지금 촉투칸과 벌판에서 혼전을 벌이면 이길
수 없다는 사실을 알고 있었다. 먼저 지형을 충분히 알아야 한다. 그
리고 직접 달라이라마를 만나 언약을 맺어야 한다. 구시칸과 겔룩 밀
사들은 달라이라마를 만나러 가고자 순례객巡禮客; 朝佛香客으로 변장
했다.

제5차전: 연합심리전

촉투칸도 릭단칸이 죽었다는 보고를 받고 놀랐다. 어찌할 것인
가? 촉투칸은 외부 도움 없이 티베트를 정복하기로 결심했다. 1635
년, 촉투칸의 아들 아르스랑阿爾斯蘭이 1만 병력을 이끌고 본거지를
출발했다. 짱빠개뽀가 이 사실을 보고받고 중부와 남부 호족들에게
파발을 돌렸다. 일치단결하여 마지막 한 명까지 맞서 싸우기로 결심
했다.

아르스랑은 자신만만하게 행군했다. 이때 한 순례객들과 우연히
만났다. 모두 위엄과 품위가 뿜어져 나오는 사람들이었다. 아르스랑
은 이들을 며칠 동안 말동무로 삼았다. 무서울 것이 없었기 때문에
자신들이 지금 무엇을 하러 가는지 거침없이 말했다. 그러자 햇빛을
가려 주는 챙이 넓은 밀짚모자를 쓰고 멋있게 콧수염을 휘날리며 온
화한 표정을 짓는 남자가 왜 몽골인이 겔룩을 적으로 삼으면 안 되
는지 자상하게 설명했다. 그래서 아르스랑은 전의戰意가 적잖이 사라
졌고, 통천하通天河 상류에서 이들과 공손히 인사하며 헤어졌다.

어떻게 이런 우연이 생겼을까? 그 콧수염을 휘날리며 온화한 표

정을 짓는 남자가 구시칸이었다.

짱빠개뽀는 부하들에게 티베트 전역에 소문을 퍼트릴 것을 명령했다.

"타르랑라마塔爾朗喇嘛가 풀과 나무를 병사로 바꿔 백만대군을 이끌어 맞서 나가고 있다!"[40]

타르랑라마는 제3대 짱빠개뽀 된종왕뽀가 지어낸 인물이다. 도력 높은 스님이 요술로 풀과 나무를 병사로 둔갑시키는 일도 없었다. 그럼에도 이 소문이 티베트인들에게 자신감을 심어 줬다.

1636년 1월, 아르스랑이 이끄는 군대가 라싸하에 도착했다. 이때 제5대 달라이라마가 정치수완을 발휘했다. 20살 먹은 이 젊은이는 위엄을 부리며 라모체에서 온화한 얼굴로 환영했다. 상대가 화를 내며 공격해야 맞서 싸워 내가 멋있게 이길 수 있는데, 오히려 따뜻하게 웃으며 나를 좋아한다고 말하면 정신이 멍해진다. 웃는 낯에 침 뱉을 수가 없는 것이다. 아르스랑도 아버지를 닮아서 돈과 명예를 좋아하는 사람이었다. 제5대 달라이라마는 아르스랑을 칭찬하며 많은 재물을 줬다. 제5대 달라이라마는 빤첸라마처럼 신동은 아니었다. 대신 온화한 카리스마가 있었다. 아르스랑은 달라이라마에게 푹 빠져들었다. 아르스랑은 달라이라마와 같이 쩨뿡 사원으로 갔고, 이곳에서 관정灌頂을 받았다.

관정은 가톨릭의 세례와 같다. 일종의 입교의식이다. 관정을 받는 사람은 관정을 주는 사람을 부처로 여기며 공손하게 쳐다본다. 부처와 접신한 라마는 상대의 이마에 손가락으로 성수聖水를 뿌려 주며 축복한다. 축복받은 사람은 부처의 은혜를 입었기 때문에 신자의 계율을 지켜야 하며, 자신에게 관정을 준 라마의 말에 절대복종해야 한다. 제5대 달라이라마는 아르스랑에게 관정을 주며 축복한 뒤 라싸와 가까운 남초納木措 호수까지 배웅했다. 이때 짱빠개뽀가 총지휘하는 티베트연합군 1만 명이 남초에 도착했다.

짱빠개뽀는 먼저 까귀와 닝마 고승들을 아르스랑에게 보내, 달라이라마와 같이 중재를 시도했다. 아르스랑은 거절했다. 그러자 짱빠개뽀는 까귀와 닝마 라마들에게 흑마술을 부탁했다. 이들이 주문을 외우자 아르스랑 군대가 있는 곳에 벼락이 떨어졌고, 아르스랑은 깜짝 놀라 기절했다. 마침내 아르스랑은 휴전에 합의했고, 군대를 이끌고 북쪽으로 돌아갔다. 이때 까귀가 아르스랑에게 많은 재물을 줬다는 것이 정설이다.

아르스랑은 이 재미있는 장사로 많은 이윤을 얻었다. 그래서 욕심이 생긴 모양이다. 방향을 틀어 동부티베트로 들어갔다. 동부는 개뽀들의 세상이다. 이때 가장 큰 세력이 동부티베트의 중심지 강쩨甘孜에 있는 페리ㅂ리白利土司라는 개뽀였다. 본명은 된외도제頓月多뽐. 된외도제는 뵌뽀를 숭상했다. 그래서 불교 자체를 싫어했다. 겔룩과 까귀의 공통 적이라 말할 수 있겠다. 아르스랑이 페리 개뽀를 공격해서 엄청난 재물을 얻었다. 하는 짓이 완전히 조폭 수준이다.

아르스랑 부하 가운데 불만을 품는 사람들이 있었을 것이다. 촉투칸에게 비밀보고가 들어갔다. 촉투칸은 격분했다. 아들이 아버지 명령을 어긴 것 자체를 용서할 수 없었다. 이것은 자기 권력을 조롱하는 행위라 할 수 있다. 촉투칸은 자객을 보내 아르스랑과 두 부하를 암살했다.

이제 촉투칸이 직접 티베트를 정복해야 한다. 촉투칸은 군사를 정돈하는 데 1년을 보내야 했다.

겔룩의 호법승

1636년, 정체불명의 순례객들이 라싸에 도착했다. 구시칸과 쇠남 랍덴 일행이었다. 이들은 부지런히 걸어 다니며 북부·중부·남부의 지형을 파악했고, 쩨뿡 사원에서 비밀리에 제5대 달라이라마와 빤첸라마를 만났다. 이들은 오랫동안 허심탄회하게 깊은 이야기를 나누었다. 달라이라마는 구시칸에게 관정을 주고 법명을 지어 줬다.

땐진최개丹增却杰.

땐진은 '세상에서 가장 위대한 칸이 생전에 소유한 성스럽고 아름다우며 휘황찬란한 모든 것'이란 뜻이고, 최개는 '불교를 지키는 임금'이라는 뜻이다. 따라서 땐진최개는 '위대한 법왕持敎法王'으로 의역할 수 있다. 훗날 티베트인들은 구시칸을 땐진최개뽀라고 불렀다.

구시칸은 겔룩의 호법승이 되었다. 몽골 칸의 권위는 달라이라마가 보장해 주는 것이다. 자신은 60년 전 알탄칸과 같은 명예를 받았다. 너무나 고맙고 가슴 뿌듯한 일이다. 재산보다 소중한 것이 목숨이고, 목숨보다 소중한 것이 명예다. 명예를 위해 목숨을 버리는 것이 진짜 사나이다. 구시칸은 마음을 굳혔다. 온몸을 바쳐 겔룩의 적들을 모두 없애 버리리라!

쇠남랍덴은 쩨뿡 사원에 남고, 구시칸과 사복호위병들은 쩨뿡 사원을 빠져나왔다. 그리고 동부티베트로 건너가 험준한 협곡을 모두 살펴본 뒤 우룸치로 돌아갔다.

제6차 전: 칭해호대첩

까귀와 겔룩의 싸움에서 사캬가 보이지 않는다. 사캬는 힘이 없
는 한 종파였고, 중립을 지켰다. 닝마는 중립을 지키는 정도가 아니
라 아예 신경 쓰고 싶어 하지 않았다. 조낭覺朗이라는 종파도 있었지
만, 다른 모든 종파에게 미움을 받았다. 하지만 까귀와 협력했고, 짱
빠개뽀도 조낭을 우호적으로 대했다. 페리개뽀 된외도제는 뵌뽀의
시주였다. 그래서 이 사람은 동부티베트에서 종파를 가리지 않고 불
교사원을 공격했다. 그런데 아르스랑에게 한 대 맞은 충격이 컸나 보
다. 갑자기 짱빠개뽀에게 밀사를 보내 동맹을 맺을 것을 제안했다.
짱빠개뽀는 이 제안을 받아들였다. 그리고 북부에 촉투칸이라는 엄
청난 불청객이 생겼기 때문에 짱빠개뽀와 달라이라마·빤첸라마는 우
호관계를 유지했다.

그런데 제5대 달라이라마의 스승 가운데 하나인 쇠남랍덴이라는
사람이 수수께끼의 인물이다. 언제 태어나 언제 죽었는지도 모른다.
이 사람은 실제 제5대 달라이라마의 섭정이었다. 온갖 권모술수를
부린 주동자다. 제5대 달라이라마는 쇠남랍덴을 싫어했고, 나중에는
화도 냈다. 그럼에도 촉투칸을 물리쳐야 한다는 것은 동의했다.

바투르 홍타이지는 구시칸에게 지원군을 보냈다. 말할 것도 없이
주력은 호쇼트 1만 기병이다. 구시칸이 이들을 이끌고 북부티베트
네부룽게乃布隆格라는 협곡에서 1636년 겨울을 보냈다. 그리고 1637

년 1월 청해호대첩이 벌어졌다.

정체불명의 기마병들이 촉투칸의 거점을 공격했다. 촉투칸의 전사들이 재빨리 진용을 갖춰서 반격했다. 전세는 점점 촉투칸에게 유리해졌다. 기습병들이 달아나자 3만 기병이 맹렬히 추격했다. 저들은 청해호까지 달아났다. 너무 급하게 달아나서 자기들이 어디로 왔는지도 모르는 것 같았다. 서쪽은 청해호라는 바다 같은 호수다. 북쪽과 남쪽은 언덕이었다. 스스로 덫에 갇힌 것이다. 촉투칸의 전사들이 깊이 들어와서 포위했다. 정체불명의 기마병들은 사력을 다해 싸웠다. 이때 놀라운 일이 벌어졌다.

구시칸의 1만 기병이 동쪽에서 나타났다. 서쪽은 호수이고 북쪽과 남쪽은 언덕이다. 동쪽은 구시칸의 전사들이 막았다. 그 정체불명의 기마병들은 미끼였다. 오히려 촉투칸의 3만 기병이 덫에 걸린 것이다. 촉투칸은 당황했고 구시칸이 총공격을 명령했다. 3만 기병이 1만 기병 앞에서 공포에 질려 학살을 당했다.

촉투칸은 언덕에 있는 한 동굴 속으로 숨었다가 호쇼트 기병들에게 붙잡혀 살해당했다. 살아남은 병사들은 무기를 버리고 무릎을 꿇었다. 구시칸은 이들을 위로했다. 그리고 호쇼트 부족민으로 받아들였다. 천막에 남아있던 어린이와 노인과 여자들도 따뜻하게 대하며 끌어안았다.

제7차전: 동북소탕전

우룸치의 호쇼트 부족민들이 소식을 듣고 환호했다. 이들은 두

해에 걸쳐 서녕으로 이사갔다. 그리하여 우룸치가 텅 비어 버렸고, 뒤이어 위구르인들이 이곳을 차지했다.

구시칸은 호위병들을 거느리고 라싸로 개선했다. 제5대 달라이라마가 구시칸의 노고를 치하했다. 이들은 같이 조캉으로 들어가 석가모니본존불 앞에서 승리를 보고했다. 제5대 달라이라마가 구시칸에게 '땐진최개'를 새긴 도장을 수여했으며, 구시칸의 아들과 장군들에게 봉호封號를 내렸다. 1637년, 구시칸은 북부로 돌아가 부족민들을 다스리는 일에 힘썼고, 빤첸라마가 제5대 달라이라마에게 비구계를 줬다.

짱빠개뽀는 당황했다. 뵌뽀를 신봉하는 된외도제도 당황하기는 마찬가지였다. 된외도제는 짱빠개뽀에게 밀사를 보내 남쪽과 동쪽에서 협공하여 중부의 겔룩 세력을 완전히 제거할 것을 협의했다.

하지만 제5대 달라이라마는 촉투칸이 사라진 것만으로 만족했다. 티베트에서 더 이상 전쟁이 벌어지지 않기를 바라고 있었다. 제5대 달라이라마는 당시 자기 심정을 이렇게 썼다.

> 나는 라마가 되어야 할 사람이다. 내 본분은 불교를 공부하고 참선하며 사람들에게 설법하는 것이다.……이런 정치활동 때문에 고통받고, 심지어 죽임당한 사람이 너무 많다. 불가피하더라도 행동을 취한다면 우리는 똑같은 곤경에 빠질 것이다. 41

그러나 쇠남랍덴이 가만있지 않았다. 그는 달라이라마 이름으로 구시칸에게 편지를 보냈다. 동부지역 반겔룩 세력을 모두 쳐부수라는 공격명령서였다.

구시칸은 1639년 5월부터 18개월 동안 동부소탕전을 벌였다. 이
것이 까마까귀겔룩전쟁 제7차전이다. 반겔룩 세력이 일치단결해서 맞
서 싸워야 했는데, 이들은 겁에 질려 머뭇거리다가 2년을 보냈다. 중
부의 많은 호족이 겔룩으로 전향해서 목숨을 이었고, 겔룩으로 전향
한 까귀 스님도 많았다. 동부는 험준한 협곡지대다. 구시칸은 전격전
과 각개격파로 여러 개뽀를 소탕한 뒤, 1640년 여름 페리개뽀 된외
도제를 집중공격했다. 이 싸움은 쉽지 않았다. 된외도제가 사병들을
이끌고 도망 다니며 게릴라전으로 버텼기 때문이다. 하지만 반년을
넘기지 못했다.

1640년 11월 25일, 구시칸은 된외도제를 사로잡았다. 그리고 동
부에서 중부로 들어가는 관문 참도름都까지 끌고 왔다. 이곳에 된외
도제가 운영하는 감옥이 있었다. 이 감옥에 된외도제가 집어넣은 모
든 종파 라마와 시주가 있었다. 구시칸은 이들을 모두 석방했다. 자
신들은 침략군이 아니라 해방군이라는 사실을 행동으로 증명한 것
이다. 구시칸은 이 모든 일을 된외도제에게 보여줬다. 그 다음에야
된외도제를 처형했다.

제8차전: 상둡쩨포위전

짱빠개뽀는 자기 세력을 대부분 잃었다. 북부와 중부와 동부는
겔룩의 세상이 되었다. 이제 어찌할 것인가? 구시칸은 북부로 돌아
갈 것인가, 아니면 남부로 진격할 것인가? 까땐뽀장에서 고승들이 심

각하게 논의했다. 쇠남랍덴은 강경했다.

"짱빠개뽀의 통치에서 벗어나지 못하면, 우리는 다시는 해탈하지 못할 것입니다."[42]

그리고 이미 구시칸에게 남부로 진격할 것을 명령했다고 밝혔다. 제5대 달라이라마가 깜짝 놀랐다.

"정말 너무 하는군요. 몽골인들은 북부로 돌아가면 되는 거요."[43]

쇠남랍덴은 굽히지 않았다. 구시칸도 혼란을 완전히 매듭짓고자 군대를 서쪽으로 진군시켰다. 1641년, 짱빠개뽀가 남부와 서부 연합군을 남초로 보냈다. 이곳에서 구시칸의 군대와 일대 격전을 벌였다. 구시칸의 승리였다. 살아남은 패잔병들이 짱빠개뽀가 사는 상줍쩨 장원까지 도망쳤다. 호쇼트 기병들이 장원을 포위했다. 짱빠개뽀는 죽음을 무릅쓰고 지킬 것을 결심했다.

그 장원은 험준한 요새였다. 구시칸의 부대는 탄약이 다 떨어졌기 때문에 돌격백병전을 벌여야 했는데, 이것은 구시칸에게도 부담

티베트의 이슬람

티베트에도 무슬림이 있다. 이슬람은 8세기 전반 위구르인들의 마음의 고향 카슈가르喀什噶爾: 喀什로 들어왔고, 13세기 초 투루판으로 들어왔으며, 16세기 말 티베트 북부와 오르도스까지 들어왔다. 극단적인 코란원리주의자가 아니면, 일반적인 무슬림은 이교도를 간섭하지 않는다.

라싸 조캉 옆에도 모스크淸眞寺가 있다. 티베트에서 불교도와 무슬림은 서로 존중하며 살고 있다. 라싸에서 도축업을 담당하고 있는 사람들이 무슬림이다. 티베트 승려는 날마다 고기를 먹는다. 그러나 절대 가축을 죽일 수 없다. 그래서 무슬림들이 알라의 이름으로 열심히 도축업에 종사하고 있다.

이었다. 그리하여 이 상태로 1년이 지났다.

상줍쩨는 모든 물자가 바닥났다. 빤첸라마가 안으로 들어가서 구시칸이 짱빠개뽀에게 제시하는 타협책을 설명했다.

"당신에게 작은 장원 하나를 줘서 만년을 편안히 보내도록 해 주겠소." [44]

짱빠개뽀는 군사들이 굶어 죽어 가는 상황을 더 이상 참을 수 없었다. 1642년 3월, 마침내 짱빠개뽀는 항복했다. 구시칸은 짱빠개뽀를 너그럽게 위로했다. 겔룩 신도들은 구시칸을 이렇게 평가했다.

"파드마삼바바의 화신이다." [45]

1642년 티베트력 4월 5일, 제5대 달라이라마 아왕로쌍갸초가 상줍쩨 짱빠개뽀의 왕좌에 앉았다. 그리고 양옆에 쇠남랍덴과 구시칸이 앉았다. 달라이라마의 나라는 이렇게 탄생했다.

주

1 토머스 레어드Thomas Laird(미국), 황정연 옮김, 《달라이라마가 들려주는 티베
트 이야기The Story of TIBET》, 165쪽, 웅진지식하우스, 2008년 5월 제1판.
他的著作非常精彩. 我研究他對一本印度佛教經典的評論, 結果發現他在教義
明確的地方, 就很少發表意見, 而在原文困難之處, 他就會長篇大論. 他努力研
習經文, 這是宗喀巴瞭解佛教的方式.
湯瑪斯·賴爾德Thomas Laird(美國), 莊安祺(臺灣) 譯, 《西藏的故事——與達賴
喇嘛談西藏歷史The Story of TIBET》, 第177頁, 聯經出版社(臺灣), 2008年 7月
第1版.

2 (要)以佛教治民.
王森, 《西藏佛教發展史略》, 第333頁, 中國社會科學出版社, 1997年 4月 修訂第1版.

3 진순신陳舜臣(일본), 권순만·김태용·오정환·윤대균·진영보 옮김, 《중국의 역사中
國の歷史》 제12권(혁명), 27쪽, 한길사, 1995년 11월 제1판.

4 我只希望和平解決.
夏格巴Tsepon W. D. Shakabpa(TIBET), 藏區政治史翻譯組 譯, 《藏區政治史
TIBET: A Political History》(上), 第209頁, 油印本(中國), 1992年.

5 我以後要轉生到漢地.
陳慶英、馬林、星全成、馮智、王維强、熊文彬 編著, 《歷輩達賴喇嘛生平形象歷史》, 第
33頁, 中國藏學出版社, 2006年 第1版.

6 從那時期到現在, 前去朝禮神湖的人, 多的時候能够看到湖中景象的有五百多
人, 他們所見到的景象總起來說有吉祥天女的宮殿、兵器, 吉祥天女所騎的大
小和顏色各不相同的騾子, 黑色的旋風, 如意寶樹等; 不同的只是有時這一些顯
現, 有時那一些顯現, 各種差別, 難以盡述.
陳慶英、馬林、星全成、馮智、王維强、熊文彬 編著, 《歷輩達賴喇嘛生平形象歷史》, 第
43頁~第44頁, 中國藏學出版社, 2006年 第1版.

7 我的上師遍知一切根敦珠巴貝桑布依願轉生的尊者身前, 微末弟子索南孜莫啓
稟.
陳慶英、馬林、星全成、馮智、王維强、熊文彬 編著, 《歷輩達賴喇嘛生平形象歷史》, 第

45頁, 中國藏學出版社, 2006年 第1版.

8 無論如何也要返回扎什倫布寺去擔任法座.
　陳慶英、馬林、星全成、馮智、王維强、熊文彬 編著, 《歷輩達賴喇嘛生平形象歷史》, 第
　45頁, 中國藏學出版社, 2006年 第1版.

9 曲科杰寺的工程還沒有結束.
　陳慶英、馬林、星全成、馮智、王維强、熊文彬 編著, 《歷輩達賴喇嘛生平形象歷史》, 第
　46頁, 中國藏學出版社, 2006年 第1版.

10 將這些供物獻給上師、本尊、護法和空行母.
　陳慶英、馬林、星全成、馮智、王維强、熊文彬 編著, 《歷輩達賴喇嘛生平形象歷史》, 第
　66頁, 中國藏學出版社, 2006年 第1版.

11 如此任性嬉樂, 成何體統. 人們都以爲活佛您是一切衆生的皈依處. 請您爲敎法
　衆生着想, 努力閏思修!
　陳慶英、馬林、星全成、馮智、王維强、熊文彬 編著, 《歷輩達賴喇嘛生平形象歷史》, 第
　66頁, 中國藏學出版社, 2006年 第1版.

12 你是我的近侍, 雖然怒目而視, 我何懼之有? 除了宗喀巴大師以外, 我對誰都無
　所畏懼.
　陳慶英、馬林、星全成、馮智、王維强、熊文彬 編著, 《歷輩達賴喇嘛生平形象歷史》, 第
　66頁, 中國藏學出版社, 2006年 第1版.

13 佐格阿僧喇嘛向蒙古庫倫或察哈爾汗王俺答汗講述了索南嘉措佛的情況後, 心
　生崇敬.
　夏格巴(TIBET), 藏區政治史飜譯組 譯, 《藏區政治史》(上), 第211頁, 油印本(中
　國), 1992年.

14 진순신(일본), 권순만·김태용·오정환·윤대균·진영보 옮김, 《중국의 역사》 제9권
　(자금성), 308쪽, 한길사, 1995년 11월 제1판.

15 從前察哈爾是天降氏族, 勢力强大, 征服漢、藏、霍爾, 與薩迦巴建立了供施關係
　後, 佛法得以弘揚. 後來, 帖木爾國王時期佛法失傳, 把造罪當成正業, 把嗜血
　作爲享樂, 成爲黑暗血海之域. 施主和福田這雙日月的恩惠, 開創了正法之道,
　使血海變爲乳汁, 恩德巨大. 在這裏的所有漢、藏、蒙、霍爾等所有人都要遵守
　十善之法. 從今天起, 尤其是白衣蒙古人要遵守以下法紀: 過去那種以祭祀蒙
　古人死亡爲由的殺生行爲要徹底杜絶. 倘若再象過去那樣殺人者, 將依法處
　以死刑; 宰殺牲畜者將依法沒收全部財産; 如對穿着喇嘛和僧侶服飾的人動手
　毆打、衝撞者, 將依法搗毀動手者的産業; 過去對所有死者要供奉以死者名字
　命名的叫翁桂的塑像, 并于每月十五、三十和初八等三天宰殺牛馬進行血祭, 在

歲時祭奠時, 不分貧富盡情宰殺性畜. 從今以後, 要將祭壇燒毀, 歲時祭奠亡人 的殺生行爲要徹底杜絶. 如有再犯, 依法沒收所宰牲畜的十倍, 並焚燒翁桂偶 像, 拆毀祭室, 而代以聖慧六臂觀音神像, 並只能以三白供祭, 絶不能以血肉供 祭. 另外, 大家都要努力向善, 在每月的十五、三十和初八等三天嚴守齋戒, 不 準無端對漢、藏、霍爾等進行搶劫. 總之, 凡衛藏地區怎麼辦的, 這裏也就怎麼 去辦.

夏格巴(TIBET), 藏區政治史飜譯組 譯,《藏區政治史》(上), 第212頁~第213頁, 油 印本(中國), 1992年.

16 按《黃金史》作載, 三世達賴給予阿勒坦的一個尊號是Nom-un Khaghan Yeke Esr-ün Tenggeri, 字義是法王大梵天. 這又是創立了敎權高於政權的 一個實例. 這與歐洲中古時代君主的登位, 都要得到敎皇的祝福是一樣.

札奇斯欽(臺灣),《蒙古與西藏歷史關係之研究》, 第427頁~第428頁, 正中書局(臺 灣), 1978年 4月 第1版.

17 박원길朴元吉,《몽골의 문화와 자연지리》, 25~26쪽, 두솔, 1996년 4월 제1판.

18 진순신(일본), 권순만·김태용·오정환·윤대균·진영보 옮김,《중국의 역사》제10권 (유민), 181쪽, 한길사, 1995년 11월 제1판.

19 我們爲了傳播上帝的福音而來.

米歇爾·泰勒Michael Taylor(瑞士), 耿昇 譯,《發現西藏Mythos TIBET—— Entdeckungsreisen von Marco Polo bis Alexandra David Néel》, 中國藏學出版社, 第30頁, 1999年 1月 第1版.

20 他們是某一類喇嘛.

米歇爾·泰勒(瑞士), 耿昇 譯,《發現西藏》, 中國藏學出版社, 第30頁, 1999年 1月 第1版.

21 你們屬於哪一個敎派? 你們的法力如何?

米歇爾·泰勒(瑞士), 耿昇 譯,《發現西藏》, 中國藏學出版社, 第30頁, 1999年 1月 第1版.

22 砍斷盜竊犯右手.

米歇爾·泰勒(瑞士), 耿昇 譯,《發現西藏》, 中國藏學出版社, 第33頁, 1999年 1月 第1版.

23 如果盜賊的手在第一次就被砍斷, 那麼所有這一切就都不會發生了.

米歇爾·泰勒(瑞士), 耿昇 譯,《發現西藏》, 中國藏學出版社, 第34頁, 1999年 1月 第1版.

24 爲什麼你們不能或不願意向我解釋"唵嘛呢叭咪吽"六字眞言的含義?

米歇爾·泰勒(瑞士), 耿昇 譯,《發現西藏》, 中國藏學出版社, 第34頁, 1999年 1月 第1版.

25 僧侶們的論據是謊謬.
米歇爾·泰勒(瑞士), 耿昇 譯,《發現西藏》, 中國藏學出版社, 第34頁, 1999年 1月 第1版.

26 他是克珠杰的轉世靈童.
江平,李佐民,宋盈亭,辛文波,寥祖桂,《班禪額爾德尼評傳》, 序言第6頁, 中國藏學出 版社, 1998年 6月 第1版.

27 這個孩子喜歡和僧人接觸, 將來可出家當喇嘛.
牙含章,《班禪額爾德尼傳》, 第19頁, 華文出版社, 2000年 1月 第1版.

28 羅桑曲結是羅桑丹珠"轉世"的"靈童".
牙含章,《班禪額爾德尼傳》, 第19頁, 華文出版社, 2000年 1月 第1版.

29 本人德性不深, 佛法淺薄, 只是一個普通的求法受戒的喇嘛而已.
牙含章,《班禪額爾德尼傳》, 第19頁, 華文出版社, 2000年 1月 第1版.

30 如果不答應, 我們就不回去.
牙含章,《班禪額爾德尼傳》, 第21頁, 華文出版社, 2000年 1月 第1版.

31 扎什倫布寺池巴已滿十三年, 我學識淺薄, 不敢久踞高位, 請求辭去池巴職務, 希望扎寺僧眾另選大德高僧, 前來擔任扎寺池巴, 我則仍回安貢寺"閉關靜修".
牙含章,《班禪額爾德尼傳》, 第23頁, 華文出版社, 2000年 1月 第1版.

32 壓倒扎什.
夏格巴(TIBET), 藏區政治史飜譯組 譯,《藏區政治史》(上), 第226頁, 油印本(中 國), 1992年.

33 找尋五世達賴"靈童".
牙含章,《班禪額爾德尼傳》, 第34頁, 華文出版社, 2000年 1月 第1版.

34 請允許雲丹嘉措的"靈童""轉世".
牙含章,《班禪額爾德尼傳》, 第35頁, 華文出版社, 2000年 1月 第1版.

35 色拉寺和哲蚌寺由于遭受戰火, 已經刀礪兩損, 無法繳納, 必須到曲科杰寺去取 前世尊者的庫藏, 才能繳納罰金.
夏格巴(TIBET), 藏區政治史飜譯組 譯,《藏區政治史》(上), 第227頁, 油印本(中 國), 1992年.

36 却圖汗偽稱信奉噶舉派, 其實信仰漢地的道教, 是一個想把佛教改變爲外道的 狂徒.
陳慶英、馬林、星全成、馮智、王維强、熊文彬 編著,《歷輩達賴喇嘛生平形象歷史》, 第

143頁, 中國藏學出版社, 2006年 第1版.

37 北方官可以壓倒敵人.

夏格巴(TIBET), 藏區政治史翻譯組 譯, 《藏區政治史》(上), 第231頁, 油印本(中
國), 1992年.

38 誰前往藏地支持格魯派?

夏格巴(TIBET), 藏區政治史翻譯組 譯, 《藏區政治史》(上), 第231頁, 油印本(中
國), 1992年.

39 我走.

夏格巴(TIBET), 藏區政治史翻譯組 譯, 《藏區政治史》(上), 第231頁, 油印本(中
國), 1992年.

40 塔爾朗喇嘛帶領滿山遍野的草木藏軍到來.

夏格巴(TIBET), 藏區政治史翻譯組 譯, 《藏區政治史》(上), 第232頁, 油印本(中
國), 1992年.

41 《第五世達賴喇嘛自傳》; 토머스 레어드(미국), 황정연 옮김, 《달라이라마가 들려
주는 티베트 이야기》, 205쪽, 웅진지식하우스, 2008년 5월 제1판.
我該作個喇嘛, 我的任務是研習宗教、打坐修行、弘揚佛法……過去已經有太
多人因爲這樣的政治活動受到折磨或被殺, 我覺得, 若我們太積極, 也會陷入
這樣的困境.
《第五世達賴喇嘛自傳》; 湯瑪斯·賴爾德(美國), 莊安祺(臺灣) 譯, 《西藏的故
事——與達賴喇嘛談西藏歷史》, 第148頁, 聯經出版社(臺灣), 2008年 7月 第1版.

42 如不從藏巴汗的統治下解脫出來, 好象再也不會有解脫之日了.

夏格巴(TIBET), 藏區政治史翻譯組 譯, 《藏區政治史》(上), 第235頁, 油印本(中
國), 1992年.

43 這一方面是太過分了, 另一方面若要讓蒙古人從達木返回去, 是完全辦得到的.

夏格巴(TIBET), 藏區政治史翻譯組 譯, 《藏區政治史》(上), 第235頁~第236頁,
油印本(中國), 1992年.

44 賜給藏巴汗少量的莊園, 以度晚年.

陳慶英、馬林、星全成、馮智、王維強、熊文彬 編著, 《歷輩達賴喇嘛生平形象歷史》, 第
152頁, 中國藏學出版社, 2006年 第1版.

45 汗王爲蓮花生大師之化身.

五世達賴喇嘛(TIBET), 劉立千 譯註, 《西藏王臣記》, 第128頁, 民族出版社, 2000
年 2月 第1版.

제5장 전기 겔룩시대

1642~1888

1. 제5대 달라이라마

전후처리

1642년, 제5대 달라이라마는 티베트국왕이 되었다. 이때 26살이었다. 구시칸은 자신을 티베트칸퇴개뽀; 藏可汗이라 선포했다. 오늘날로 치면 티베트 국방부장관이다. 이것은 호쇼트가 국적을 몽골에서 티베트로 바꾼다는 뜻도 있다. 구시칸은 시쩨에 머물렀고, 아들들을 티베트 다른 곳에 배치했다. 호쇼트는 이렇게 티베트에 정착했다.

짱빠개뽀는 한 작은 장원에서 조용히 살았다. 그러나 까마까귀 승려들과 살고자 겔룩으로 전향한 원래 까마까귀의 시주 호족들이 구시칸에게 반감을 품고 무장봉기를 일으켰다. 하지만 구시칸과 아들들이 이를 재빨리 진압했다.

원래 구시칸은 짱빠개뽀를 죽일 마음이 없었다. 자신이 티베트 전역을 피바다로 만든 장본인이기 때문에 자신의 자비로움을 나타내는 증거로 짱빠개뽀를 편안히 살게 해 주고 싶었다. 하지만 이제 생각이 달라졌다. 짱빠개뽀를 살려 두면 자신이 위험해질 것 같았다. 그래서 짱빠개뽀를 처형했다.

북부에서 머무르고 있던 구시칸의 둘째 아들 달라이바투르達賴巴

圖爾는 이 무장봉기를 지원한 까마까귀 사원들을 하나씩 차례대로 약탈하고 이곳 승려들의 손에 죄인을 상징하는 불도장을 찍어 겔룩 사원에 나누어 살게 했다. 이들은 평생 포로로 살다가 죽었다. 겔룩 승려들은 텅 비어 버린 까마까귀 사원들을 차지했다. 이렇게 3년이 흘렀다.

1645년, 구시칸은 빤첸라마에게 빤첸복또班禪博克多라는 존호를 선물했다. 복또는 몽골어이며 성자聖者라는 뜻이다. 빤첸라마는 케줍 제 게렉빠상·쇠남촉랑·로쌍된줍을 제1·2·3대 빤첸라마로 규정했다. 그래서 자신은 제4대 빤첸라마가 되었다.

짜시륀뽀는 제1대 달라이라마가 세운 절이기 때문에 달라이라마 가 주지를 맡는 것이 원칙이다. 하지만 달라이라마는 까땐뽀장에 있 어야 했다. 그래서 제5대 달라이라마는 제4대 빤첸라마에게 짜시륀 뽀를 영구임대했다. 그리고 바로 이해에 송짼감뽀가 세운 왕궁 유적 지에 달라이라마의 궁궐을 건설하기 시작했다. 이것이 포탈라궁이다.

제5대 달라이라마는 역사책도 썼다. 《티베트왕신기西藏王臣記; 天神 王臣下降雪域陵地事跡要記──圓滿時節, 靑春喜莚之杜鵑歌聲》. 그런데 이 사람은 티베트역사를 판타지문학으로 만들었다. 하늘에서 불경이 내려온다. 눈에서 빛을 발사한다. 귀신들이 자유롭게 돌아다닌다. 더구나 연도 표기도 없다. 오히려 제5대 달라이라마보다 9백 년 전 바 셀낭이 남 긴 《바셰拔協》가 사실 서술에 충실하다. 하지만 《바셰》는 분량이 적 다. 게다가 이 책도 중심사상이 불교다. 그래서 오랫동안 티베트고대 사 자체가 수수께끼였다.

다행히 기적이 벌어졌다. 1908년 돈황 제17호 석굴에서 두루마리

3만 권이 나왔다. 이 가운데 당시 사람들이 직접 티베트어로 기록한 1차 사료가 있었다. 그리고 훗날 중국인 학자들이 뵌뽀의 시각을 담은 1차 사료들도 발굴했다. 이것들을 정리하며 번역했고, 이것을 다시 다른 사료들과 비교 분석하는 작업이 벌어졌다.

《티베트왕신기》는 오랫동안 티베트인들의 역사교과서였다. 그러나 이제 우리는 안다. 《티베트왕신기》는 거짓이 많다는 것을. 티베트인들이 오랫동안 신비주의라는 술독에 빠져 있었다는 것을.

제10대 까마빠 최잉도제는 시주를 잃었다. 그는 이 현실을 순순히 받아들였다. 제5대 달라이라마는 까마빠가 사는 취푸 사원楚朴寺에 연락관을 두었다. 실제로는 감시인이다. 최잉도제는 남아 있는 까마까귀 사원을 돌아다니며 승려와 신도들을 위로했다. 그리고 부탄BHUTAN과 시킴Sikkim을 방문해서 열심히 포교했다. 그래서 부탄과 시킴은 지금도 까마까귀 신도가 많다.

네팔과 부탄 사이에 있는 작은 땅. 이곳은 원래 시킴이라는 독립 왕국이었고, 1975년 국민투표를 거쳐 인도의 22번째 주州가 되었다.

최잉도제는 30년 동안 평범한 린포체로 살았다. 그리고 1674년 취푸 사원에서 죽었다.

1951년 이전, 티베트의 불교사원은 6천 개가 넘었다. 하지만 겔룩 다음 가는 종파인 까귀의 사원은 2백 개에 지나지 않았다.

조 낭

제5대 달라이라마는 조낭覺朗이라는 종파를 매우 싫어했다. 겔룩은 조낭을 외도로 규정한다. 핵심을 말하면 이렇다.

조낭에 타공他空이라는 개념이 있다. 타공을 가장 쉽게 설명하면 반공反空, 공空의 반대말이다. 공이 '없다'라는 뜻이라면, 타공은 '있다'라는 뜻이다.

불교의 핵심교리를 정리한 경전이 《반야심경般若心經》이다. 이 경전은 단 한 줄로 요약할 수 있다.

"세상 만물은 실체가 없다.五蘊皆空"

만물은 그냥 텅 비어 있다. 모든 물질이 1초마다 변하고 있다. 우리가 평소 느끼지 못할 뿐이다. '나'도 허상이다. 공空! 이것이 불교의 핵심이다. 이 진리를 깨달은 사람은 집착이 사라지고 마음이 편안해지며 자연스럽게 세상 만물에 대한 자비심이 생긴다.

하지만 조낭은 이렇게 주장한다.

"모든 진리의 실상인 승의체勝義諦는 영원히 변하지 않는다."[1]

승의체가 존재하는 현상이 타공이다. 타공에 대한 깨달음을 타공견他空見이라 한다. 타공은 세상 만물이 공空이지만, 그 공空 안에 영원히 변하지 않는 실체實體가 있다는 뜻이다. 이 실체가 승의체다. 이는 유일신one God 또는 절대적인 존재the absolute와 통하는 개념이다.

타공은 불교의 핵심인 공사상空思想을 부정하는 개념이고, 불교 자체를 반대하면서 자신들을 불교도로 자처하는 개념이다. 이러니 제5대 달라이라마가 어찌 조낭을 좋아할 수 있단 말인가!

제5대 달라이라마는 겔룩 승려들이 조낭 사원을 점령할 것을 명령했다. 겔룩 승려들은 조낭의 모든 사원을 점령했고, 그곳을 겔룩 사원으로 바꾸고 조낭 승려들을 내쫓았다. 그냥 내쫓았을 리가 없다.

몽둥이로 흠씬 두들겨 팼을 것이다. 칼에 찔려 죽은 조낭 승려도 있었을 것이다.

조낭은 이렇게 사라졌다. 지금은 동부티베트에 오직 한 곳만 조낭 사원으로 명맥을 유지하고 있다.

왜 포탈라궁이 필요했는가

제1·2·3·4대 달라이라마는 엄밀하게 말하면 정치가가 아니라 한 종파의 지도자였다. 그래서 제2·3·4대 달라이라마는 까땐뽀장이라는 쩨뿡 사원 옆 작은 별장에서 살아도 불편하지 않았다.

그러나 제5대 달라이라마가 티베트국왕으로 등극하자 이야기가 달라졌다. 자신은 세속권력과 종교권력을 둘 다 가지는 절대군주가 되었기 때문에 민중이 자신을 신비롭게 느껴야 한다. 신비롭다는 말은 모른다는 뜻이기 때문에 평소 민중에게 쉽게 얼굴을 보여 주면 안 된다. 또한 모든 건축물을 압도하는 으리으리한 곳에서 살아야 하며, 그 건물 내부도 신비로운 분위기가 나야 한다.

뽀장 뽀따라! 뽀장이 궁전이라는 뜻이다. 우리는 포탈라궁이라고 하자. 종카빠가 처음 라싸에 왔을 때 송짼감뽀가 세운 궁전은 이미 쓰러지기 직전이었다. 게다가 250년이 더 지났으니 이때는 흔적만 남아 있었다. 1645년부터 1649년까지 4년 동안 쉬지 않고 공사해서 홍궁紅宮을 완공했다. 이것이 6분의 1이다. 나머지 6분의 5인 백궁白宮은 46년 뒤에 완공한다. 1649년, 제5대 달라이라마는 포탈라궁으로 이사했다. 까땐뽀장은 더 이상 역사에 나오지 않는다.

포탈라궁은 지금 바로 앞에서 봐도 위압감을 느낀다. 옛날 티베트인들은 이곳에 사는 사람을 신으로 생각할 수밖에 없었다. 민중이 이렇게 착각해야 한다. 그래야 자기 권력에 반항하지 않고 혼란이 사라진다. 마키아벨리는 종교국가의 특징을 이렇게 정리했다.

> 교회형 군주국은 종교적 제도로 유지하는데, 그 제도들은 군주가 어떻게 살고 처신하든 그의 지위를 유지할 만큼 강력합니다. 군주는 국가를 소유하고 있으나 방어할 필요가 없으며, 신민들을 다스리기 위해 애쓸 필요도 없습니다. 신민들은 군주를 몰아낼 수도 없으며, 그럴 생각조차 하지 않습니다.[2]

제5대 달라이라마는 카리스마가 있었고, 점점 신비로운 신이 되었다. 이것은 서양인도 인정한 사실이다.

유럽인의 충격적인 증언

오스트리아에서 온 예수회 수사 요하네스 그루버Johannes Gruber라는 사람이 있었다. 그는 중국에서 3년 동안 살았고, 청나라 왕실의 수학과 천문학 고문으로도 일했다. 그러다가 그는 같은 예수회 수사인 벨기에인 알베르 도빌Albert Dorville과 같이 북경을 떠나 귀국길에 올랐다. 이 두 명이 택한 길은 바다가 아니라 1년에 걸쳐 인도까지 걸어가는 것이었다. 그래서 티베트를 지나갔고, 1660년 라싸에서 두 달을 머물렀다. 도빌은 인도에서 죽었고, 그루버는 1680년 헝가리에서 죽었다.

그루버는 최초로 달라이라마를 직접 만난 서양인이다. 그는 제5대 달라이라마를 이렇게 설명했다.

"그는 하는 일 없이 속세를 떠나 궁전 안에서 고요하게 살았다. 현지인들은 그를 신으로 모셨고, 몽골 왕족들도 기쁜 마음으로 찾아와서 숭배했다. 그는 그야말로 살아 있는 신이었다."[3]

티베트인과 몽골인이 제5대 달라이라마를 살아 있는 신으로 모신다는 것은 과장이 아니라 사실이었다. 그루버는 충격적인 장면을 목격했다.

"그들은 은혜를 듬뿍 받기 위해 달라이라마의 대소변을 행복하게 목구멍에 넣었다. 아! 이 얼마나 역겨운 행위인가! 심지어 그들은 달라이라마의 대소변을 고기와 비벼 놓고 만병예방약이라 믿었다."[4]

티베트만주 정상회담

만주인은 원래 불교도였기 때문에 불교에 우호적이었다. 몽골과 티베트가 한 배를 타고 있으며, 몽골인들이 달라이라마를 신으로 여기는 것도 알고 있었다. 티베트는 법주法主이고 몽골은 시주施主다. 법주와 우호관계를 맺고 법주를 도와주어야 시주가 나를 좋아한다. 따라서 청나라 칸이 직접 달라이라마를 만나야 했다. 이것이 청나라 제3대 칸 순치제가 제5대 달라이라마를 적극적으로 초청한 이유다.

티베트도 만주인들이 중원의 새 주인이 된 것을 알고 있었으며, 만주가 몽골보다 강하다는 것도 알고 있었다. 따라서 만주를 자신들의 시주로 만들어야 한다. 그래서 달라이라마가 청나라 칸의 초청을 받아들였다.

제4대 빤첸라마 로쌍최끼걔쩬도 순치제의 초청을 받았지만 나이가 많다는 이유로 거절했다. 파란만장한 세월을 굳센 의지와 슬기로 살아온 이 사람은 까마까귀겔룩전쟁이 끝난 뒤 더 이상 정치에 신경 쓰지 않고 짜시륀뽀에서 폐관정수했으며, 1662년 짜시륀뽀에서 죽었다. 향년 93세.

청나라는 1648년과 1650년에 외교사절단을 라싸로 보내 달라이라마와 빤첸라마를 초청했다. 하지만 이때는 달라이라마의 권력이 아직 불안했기 때문에 정중히 거절했고, 1651년에 다시 청나라 외교사절단이 왔을 때 달라이라마가 수락했다. 그리하여 1년 동안 청나라 사절단의 호송을 받으며 북경 방문에 나섰고, 1652년 12월 청나라 칸 순치제와 티베트국왕 달라이라마가 드디어 만났다. 이때 순치제는 15살이었다.

둘이 만나기 전, 청나라 궁궐 안에서 신하들끼리 격론이 벌어졌다. 만주인들은 한족의 천하관념이 없었다. 알탄칸과 제3대 달라이라마가 중간지점에서 만나 같이 인사 나눈 것처럼, 청나라 칸이 미리 몽골에 가서 달라이라마와 만나는 것을 당연하게 생각했다. 그러나 한족 신하들이 반대했다. 이들은 청나라 칸을 황제로 인식했다. 칸은 유일한 개념이 아니지만 황제와 천자는 유일한 개념이다. 외국 국가원수와 평등할 수 없다. 자금성에서 남쪽을 바라보며 오른손을 뻗어 환영해야 한다.

순치제는 한족 신하들과 타협했다. 멀리 나가지 않고 북경 교외에 있는 남원南苑이라는 사냥터에 사냥하러 왔다가 우연히 만나는 형식을 취했다. 둘은 평등하게 악수했다. 알탄칸이 제3대 달라이라마에게 이렇게 했기 때문에 순치제도 달라이라마와 악수하는 것을 당연하게 생각했다. 순치제는 막대한 금·은·비단을 보시했고, 같이 자금성으로 왔다. 그리고 둘은 나란히 놓여 있는 방석에 앉았다. 순치제는 목을 오른쪽으로 돌려서 말했고, 달라이라마는 목을 왼쪽으로 돌려서 말했다. 만남 자체가 뜻있는 사건이었다.

달라이라마 일행은 북경에서 두 달 동안 머물렀고, 1653년 2월 북경을 떠났다. 이들이 티베트로 돌아가고 있던 5월, 순치제가 다시 사절단을 보내 제5대 달라이라마에게 만주어·몽골어·티베트어·중국어로 새긴 금책金冊과 금도장金印을 선물했다. 금책에 이렇게 쓰여 있었다.

> 서방에서 스스로 대자대비하신 부처이시며 천하 불교를 다스리시는 와치르다라 달라이라마.
>
> 西天大善自在佛所領天下釋教普通瓦齊爾達喇達賴喇嘛.

달라이라마 일행이 라싸로 돌아오는 시간도 1년 넘게 걸렸고, 1654년 6월 구시칸이 달라이라마를 모시고 중부와 남부를 순시했다. 이때 구시칸은 기력이 다해 쓰러졌고, 반년 동안 투병생활을 하다가 1654년 12월 8일 숨을 거두었다.

태평성대

구시칸은 여덟 아들이 있었다. 장자가 다옌바투르達延巴圖爾, 차남은 달라이바투르達賴巴圖爾. 까마까귀 스님들 손에 불도장을 찍은 사람이 차남 달라이바투르다. 몽골 칸의 권위는 달라이라마가 세워 주는 것이다. 북부에 흩어져 있는 호쇼트는 3년 동안 구시칸의 일곱 번째 아들과 여덟 번째 아들의 목초지 경계선 분쟁 때문에 내부가 소란스러웠다. 원래 제5대 달라이라마는 간섭할 생각이 없었는데, 더 이상 호쇼트 스스로 해결할 수 없자 당사자들을 쩨뿡 사원으로 불러 따뜻하고 신성한 카리스마로 경계선을 정해 주었다. 그리고 1658년 1월 5일, 구시칸의 첫째 아들 다옌바투르를 성대한 의식과 함께 호쇼트 칸으로 임명했다. 이때 제5대 달라이라마가 증정한 칭호가 땐진도제개뽀丹增多吉杰布. 이 사람은 살아 있는 신 달라이라마에게 10년 동안 충성했고, 1668년 3월 12일 죽었다.

구시칸의 차남 달라이바투르가 호쇼트 칸이 되고 싶어 했다. 그러나 제5대 달라이라마는 다옌바투르의 장자 렌다나仁達那를 호쇼트 칸으로 임명했다. 1671년 3월 3일, 제5대 달라이라마가 렌다나에게 증정한 칭호는 땐진달라이개뽀丹增達賴杰布.

신이 인간에게 명령하면 인간은 반항할 수 없다. 모든 몽골인은 제5대 달라이라마를 신으로 모셨고, 죽기 전에 직접 얼굴을 한 번 보는 것이 영광이었다. 그래서 제5대 달라이라마의 대소변도 맛있게 먹었던 것이다.

제5대 달라이라마는 평소 포탈라궁 밖으로 나가지 않았다. 실제로 정치와 경제와 행정을 지휘하고 자신에게 보고하는 믿을 만한 사람이 필요했다. 티베트어로 데바第巴라고 부르는데, 오늘날 총리에 해당한다.

구시칸이 죽은 직후인 1655년, 제5대 달라이라마는 쇠남초펠索南群培을 데바로 임명했다. 그러나 이 사람은 1년 뒤에 죽었다. 1660년, 땐진도제개뽀가 된 다옌바투르는 제5대 달라이라마의 허가를 받아 친례갸초陳列嘉措를 데바로 임명했다. 1668년 다옌바투르와 친례갸초 둘 다 죽었다.

1669년 8월, 제5대 달라이라마는 자신의 시종스님치뵌: 却本 로쌍톱돕羅桑圖道을 데바로 임명했다. 1675년, 로쌍톱돕은 모든 공직에서 물러났고, 제5대 달라이라마는 상계갸초桑結嘉措, 1653〜1705를 데바로 임명했다. 이때 티베트 민중들이 깜짝 놀랐다. 20대 초반의 젊은이를 국무총리로 임명하다니! 상계갸초가 자신은 아직 어리다는 이유로 사절했고, 제5대 달라이라마는 로쌍친빠羅桑金巴를 데바로 임명했다. 로쌍친빠는 4년 동안 일한 뒤 1679년에 사직했다.

1679년, 제5대 달라이라마는 27살이 된 상계갸초를 데바로 임명했다.

이때 포탈라궁은 홍궁만 있었다. 1680년, 제5대 달라이라마는 상계갸초에게 홍궁의 양옆과 밑에 백궁을 지을 것을 명령했다. 상계갸초가 이를 충실히 이행했다. 그리하여 1695년 지금 티베트의 중심이며 티베트를 상징하는 세계문화유산 포탈라궁을 완공했다.

1645년부터 1705년까지 60년 동안 티베트인들은 태평성대를 누렸다. 라싸는 수도이면서 신성한 도시였고, 제5대 달라이라마는 몽골인들의 정신을 지배하며 티베트를 불교의 힘으로 통일했다.

그런데 제5대 달라이라마는 자서전에서 환생제도의 허구성을 고백했다.

"나는 평범한 보통 어린이였고, 특별히 똑똑하지도 않았다. 환생제도가 나를 달라이라마 법좌에 앉혔을 뿐이다." 5

여기에서 잠시 눈길을 러시아로 돌리자.

2. 러시아

시베리아

원래 러시아RUSSIA는 8세기 볼가강Bóлгa; Wolga 유역에 정착한 슬라브족이었다. 하지만 러시아는 240년 동안 몽골의 지배를 받았다. 모스크바공국Великое Княжество Московское 이반 3세Иван Ⅲ Василь евич, 1440~1505가 1480년 몽골군을 완전히 몰아냈을 때, 이들은 더 이상 슬라브가 아니었다. 피가 너무 많이 섞였고, 언어도 몽골어 영향을 많이 받았으며, 각종 생활문화와 군사제도까지 몽골의 세례를 받았다. 이들은 슬라브와 몽골을 공통조상으로 삼는 아시아적인 유럽국가 러시아로 탄생한 것이다.

러시아는 16세기부터 서유럽의 선진문명을 배우고 있었으며, 1612년 로마노프 왕조Романов가 탄생했다. 이 왕조가 1917년 소련이 탄생할 때까지 3백 년을 내려온다.

돈강Дон; Don 유역에서 약탈로 생계를 이어가는 코사크인Kazak; Cossak; 哈扎克 8백 명이 있었다. 두목ataman이 예르막Ермáк Тимофéеви ч, 1542~1585. 이들은 모피무역에 종사하는 스트로가노프 가문Стро гановы의 용병으로 들어갔다. 1582년, 이 코사크민병대가 우랄산맥

Ural Mts 부근을 흐르는 시비르Sibir강을 건너 쿠춤칸Kuchum Khan이 지휘하는 시비르칸국 군대를 소총으로 격파했다. 시비르칸국은 부리야트Buryat; 布里亞特에 속한다. 할하 북쪽에 있는 몽골인들이며 지금은 국적이 러시아다.

1582년은 러시아가 시베리아로 진출한 해이다. 우랄산맥 동쪽 광활한 초원과 타이가와 동토를 어떻게 부를 것인가? 시비르강의 시비르라는 발음이 시베리Siberi로 변했고, 지명에 반드시 어미 아a가 붙는 라틴어 문법을 따라 러시아인들이 시베리아Siberia라고 부르기 시작했다.

17세기 말, 시베리아 총인구가 20만 명을 넘지 않았다. 75제곱킬로미터에 1명이 살았다는 얘기다. 실제로는 무인지대였다. 러시아인들은 1649년 유라시아대륙의 동쪽 끝인 오호츠크Охо́тск; Okhotsk에 도착했다. 67년 동안 해마다 한반도에 해당하는 면적을 정복했다고 생각하면 된다.

약탈탐험대

이른바 시베리아 개척에 참여한 사람은 대부분 가난한 농민이나 범죄자 또는 일확천금을 노리는 탐험가였다. 시베리아는 자연환경이 혹독하고 농사짓기가 힘들어 식량이 부족하며 치안도 없기 때문에 살인과 약탈은 죄가 아니었다. 이들은 생존을 위해 열심히 탐험했다.

기록이 남은 대표적인 사례로 1643년 포야르코프Василий Данилович Поярков 탐험대를 들 수 있다. 포야르코프가 대원 132명을 이끌

고 2년 동안 탐험한 뒤 1645년 야쿠츠크Якутск로 귀환했는데, 살인

나선정벌

1653년 청나라가 조선정부에 지원군을 요청했다. 조선은 소총수 150명을 파병했고, 청군과 같이 러시아 스테파노프 탐험대를 쫓아낸 뒤 귀환했다.

그러나 스테파노프 탐험대가 다시 나타났다. 총 인원은 365명. 청나라가 다시 조선정부에게 지원군을 요청했다. 조선은 신유申瀏, 1619~1680 장군이 총지휘하는 소총수 265명을 파병했다.

1658년 음력 6월 10일 아침, 조청연합군이 소형 전선戰船들을 타고 아무르강 상류로 거슬러 올라가 스테파노프 탐험대 선단 11척과 만났다. 조선 소총부대가 선두로 달려들었다. 그러자 스테파노프 탐험대 전선들이 10리를 후퇴했다. 그리고 전선들을 모아 포진하며 전투준비를 했다. 조선 소총부대는 긴장하며 서서히 접근했고, 1백 미터 안에 들어오자 사르후다沙爾虎達가 총지휘하는 청군이 뒤에서 대포를 쏘며 선제공격을 가했다. 그러자 스테파노프 탐험대도 대포를 쏘며 맞받아쳤다. 이때 조선 소총수들이 적 포병들에게 집중사격을 가했다. 적들이 맞총질을 하며 버텼지만 기본화력을 도저히 당해낼 수 없었다. 스테파노프 탐험대는 대부분 배 속으로 들어가 숨어버렸으며, 11척 가운데 10척이 침몰했고, 오직 한 척에 95명만 살아남아 도망쳤다. 스테파노프도 이때 전사했다. 조청연합군의 압승이었다.

신유 장군은 자신의 저서 《북정일기北征日記》에서 이 전투를 나선정벌羅禪征伐로 기록했다. 하지만 김호동은 이렇게 평가한다.

"나선정벌은 러시아정벌이라는 뜻이다. 그러나 파병규모도 그렇거니와 러시아 본토가 아니라 분쟁지역인 아무르강 유역에 일종의 원군으로 파견한 것인데, 이를 두고 러시아정벌이라 부르는 것은 과장이 아닐까 싶다. 이 사건은 아무르파병으로 부르면 적당하지 않을까 생각한다."*

신유 장군의 사당인 숭무사崇武祠는 경상북도 칠곡군 약목면 남계동 봉명산鳳鳴山 기슭에 있다.

* 김호동金浩東, 〈김호동 교수의 중앙유라시아 역사기행(20): 타타르의 멍에를 벗어던진 러시아의 동방진출〉, 《주간조선週刊朝鮮》제1976호, 2007년 10월 22일.

을 자행하고 인육을 먹었다는 혐의를 받았다. 포야르코프는 부인하지 않았다.

1648년 하바로프Ерофей Павлович Хабаров 탐험대도 아무르강흑룡강 상류에서 약탈·방화·살인을 저질러서 악명을 떨쳤다. 1858년에 건설하기 시작한 오늘날 극동러시아의 중심도시 하바로프스크Хабаровск는 그의 이름을 딴 것이다.

1653년 송화강松花江과 우수리강烏蘇里江에 나타난 스테파노프Онуфрий Степанов 탐험대는 현지인들로부터 모피세야사크; yasak와 식량을 거두어 갔다. 말할 것도 없이 실제로는 약탈이었다. 현지인들처럼 검은 머리와 검은 눈동자를 가진 것이 아니라, 기골이 괴이하면서 갈색 머리와 푸른 눈을 가진 털이 많은 짐승처럼 생긴 사람들이 나타나 총을 쏘아대며 식량과 재산을 약탈하니 현지인들이 기겁할 수밖에 없었다.

"나선羅禪이 나타났다!"

러시아인은 자기 나라를 로스Ros; Rus라 불렀고, 자신들을 로스키Roski; Ruski라 불렀다. 로스의 한자음역이 나선이었다. 이 소식이 조선까지 전해져서 조선인들도 러시아를 나선이라 부르기 시작했다. 조선정부는 청나라의 요청을 받아들여 두 번이나 소총부대를 파견해서 러시아 탐험대를 소탕했다.

네르친스크조약

제5대 달라이라마를 극진하게 대접한 순치제는 1661년 24살로 요절했다. 뒤를 이은 사람이 청나라 황금시대 130년을 이끈 세 명 가운데 첫 번째인 강희제康熙帝; 아이신교로 쉬엔예; 愛新覺羅·玄燁, 1654~1722.

1670년, 러시아가 밀로바노프милованов를 단장으로 하는 외교사절단을 보냈다. 목적은 교역이었다. 밀로바노프는 강희제에게 자신들을 로스Ros에서 왔다고 소개했다. 그런데 통역을 맡은 부리야트 몽골인이 R발음을 잘하지 못해서 '오로스Oros'로 발음했고, 한족 사관들이 오로스를 아라사俄羅斯로 음역했다. 그래서 지금도 러시아의 중국어 명칭이 아라사다. 강희제는 이른바 하사下賜를 하며 돌려보냈다.

그런데 15년이 흐르자 이야기가 달라졌다. 명나라 잔존세력을 다 소탕하고 나서 러시아인들이 아무르강 유역에 알바진Албазин이라는 목책성木柵城을 만들었다는 사실을 알았다. 이미 농경지를 1천 헥타르나 개간했고 성인남자만 8백 명이 있었다. 그대로 내버려 두면 자신들의 고향 만주벌판도 빼앗길 수 있었다.

1685년, 펑춘朋春과 랑탄朗坦이 지휘하는 청군 4천 병력이 대포 30문·소형포 15문·소총 1백 정으로 일제히 알바진을 공격했다. 알바진에 있던 러시아인들이 견디지 못하고 모두 도망쳤다. 이때 청군이 어이없는 실수를 했다. 승리에 도취해서 경작지를 파괴하지 않고 그냥 귀환한 것이다. 러시아인들이 알바진으로 돌아오니 곡식이 익어 있었다. 이들은 성채를 보수하고 다시 정착했다. 강희제는 할 수 없이 1686년 2차 공격을 명령했다. 이때는 러시아인들이 청군과 맞먹는 화력으로 사력을 다해 버텼다.

어찌 할 것인가? 1689년 8월 27일, 강희제가 파견한 청나라 대표와 표트르Алексе́евич Рома́нов Пётр I, 1672~1725가 파견한 러시아 대표가 네르친스크에서 조약을 체결했다. 러시아는 알바진을 포기하고 1년에 한 번 관영 대상隊商을 북경에 파견하는 교역권을 얻었다. 청나라는 러시아와 국경선을 확정했다.

네르친스크조약Нерчинский договор; 尼布楚條約의 정본은 라틴어다. 러시아 대표는 라틴어를 알았고, 청나라 대표는 예수회 신부들의 도움을 받았다. 번역본은 러시아어·만주어·몽골어가 있다. 청나라는 중국어 번역본을 만들 생각이 전혀 없었다. 청나라 황실은 중국인이 아니었고, 중국인이 이 조약을 읽을 필요가 전혀 없었기 때문이다.

그렇다면 강희제는 왜 급하게 러시아와 라틴어 평등조약을 맺어야 했는가? 이것을 이해하려면 눈길을 다시 티베트로 돌려야 한다.

3. 준가르

달라이라마가 조롱하여 갈단칸을 탄생시키다

1652년으로 추정한다. 바투르 홍타이지가 몽골 칸과 타이지들을 모두 준가르로 소집해서 회의를 했다. 회의 안건은 어떻게 몽골에서 불교를 흥성시킬 것인가. 이들은 아래와 같이 결론 내렸다.

"모든 칸과 타이지는 아들 가운데 하나 이상을 달라이라마의 제자로 출가시키자."

그리하여 모든 몽골 지도자의 아들이 세라나 쩨뿡 사원에서 출가했다. 이것은 오늘날 후진국의 영재들이 선진국으로 유학 가는 것과 같다.

바투르 홍타이지는 네 아들이 있었다. 첫째는 셍게Sénggé, 둘째는 세첸Séchén, 셋째는 초드바Tsotba, 막내가 갈단Galdan이었다. 첫째 아들 셍게와 막내 갈단이 어머니가 같은 형제였고, 둘째 세첸과 셋째 초드바가 다른 어머니에게 태어난 형제였다. 따라서 갈단의 처지에서 보면, 첫째 형이 친형이고, 둘째 형과 셋째 형은 배다른 형이었다. 바투르 홍타이지는 막내 갈단을 라싸로 보내서 출가시켰다. 그리고 1653년에 죽었다. 1년 뒤 구시칸도 죽었다. 갈단은 제5대 달라이라마의 총애를 받으며 열심히 공부했다.

바투르 홍타이지가 죽자 장자인 셍게가 준가르의 지도자로 18년 동안 부족민들을 잘 이끌었다. 그러나 1671년 세첸과 초드바가 담합해서 셍게를 죽이고 세첸이 칸이 되었다.

《조선왕조실록朝鮮王朝實錄》에 이런 기록이 나온다. 1688년 진향사進香使 홍만종洪萬鍾이 조선 조정으로 돌아와 숙종肅宗; 李焞, 1661~1720에게 이런 보고를 했다.

> 서달西㺚 태길台吉이라는 자가 북경으로부터 3천 리 밖에 있어 국호를 대흥大興이라 하고 연호를 문치文治라 고쳤는데, 저들청나라이 두려워합니다. 6

여기에서 서달 태길은 준가르 갈단칸噶爾丹汗, 1645~1697이다. 막내 갈단이 칸이 되기까지 이런 일이 있었다.

1676년, 학업에 열중하고 있던 갈단은 친어머니가 보낸 편지를 받았다. 이미 5년 전에 둘째 형과 셋째 형이 담합해서 너의 친형을 죽였다는 것이다. 친어머니는 보복을 호소했다.

갈단은 어릴 때부터 티베트불교의 세례를 받은 사람이어서 몽골어보다 티베트어가 유창한 사람이었다. 그럼에도 끓어오르는 분노를 참지 못했다.

갈단은 포탈라궁을 방문해서 제5대 달라이라마와 비밀면담을 했다. 자세한 대화록이 없지만 앞뒤 정황을 살펴보면 핵심을 알 수 있다. 갈단은 자기 은사님에게 이렇게 말했을 것이다.

"환속還俗을 허락해 주십시오."

승복을 벗겠다는 이야기다. 달라이라마가 이것이 무슨 뜻인지 모를 리 없다. 달라이라마는 허락했다. 축복까지 해 주며 북부티베트 호쇼트의 한 소부족을 이끌고 있던 오치르투 세첸Oqirtu Séchén에게 보내는 추천서까지 써서 갈단에게 줬다.

갈단은 제5대 달라이라마의 추천서를 들고 오치르투 세첸을 찾아갔다. 신이 써 준 추천서. 거역할 수 없다. 오치르투 세첸은 자신이 거느리는 전사들을 갈단에게 빌려 줬다. 갈단은 이 소수 정예를 이끌고 배다른 형들이 머무는 막사에 도착했다. 세첸칸이 환영하러 나오자 단칼에 베었다. 초드바는 도망갔다. 1676년, 갈단은 이렇게 쿠데타로 칸이 되었다.

마지막 유목국가

몽골을 이끄는 칸 가운데 학문을 한 사람이 없었다. 그래서 갈단이 특이했다. 갈단칸은 지금으로 빗대면 유학을 마치고 돌아온 박사였다. 제5대 달라이라마는 포탈라궁의 자기 방에서 혼자 미소지었을 것이다. 1677년 제5대 달라이라마는 갈단칸에게 보숙투칸博碩克圖汗이라는 칭호를 내렸다. '하늘의 축복을 받은 칸'이라는 뜻이다.

오치르투 세첸도 기뻐했다. 1677년 부족민들을 이끌고 갈단칸을 만나러 갔다. 하지만 갈단칸은 오치르투 세첸을 죽이고 부족민들을 병합했다. 형제를 죽였는데 남을 죽이지 못할까!

오이라트의 부족 토르구트土爾扈特는 1616년 본거지를 떠나 1643년까지 볼가강 유역에 정착해서 러시아와 우호관계를 맺었고, 호쇼트는 티베트인이 되었다. 갈단칸은 재빨리 두르베트杜爾伯特를 병합했다.

1678년 갈단칸은 카슈가르도 쉽게 병합했다. 1682년으로 추정한다. 갈단칸은 투루판吐魯番과 하미哈密도 병합했다. 오늘날 중화인민공화국 지도에 나오는 신강위구르자치구가 갈단칸이 확립한 준가르칸국 영토였다. 이제 서몽골이나 오이라트는 없다. 준가르만 있을 뿐이다. 준가르가 마지막 유목국가다.

1682년부터 5년 동안 갈단칸은 내부 단합에 힘을 쏟았다. 그리고 1688년 초, 몽골통일전쟁을 시작했다. 이때 그의 명연설이 기록으로 남아 있다.

"우리가 과거에 우리의 명령을 받던 그들만주인들의 노예가 되어야 하겠는가? 제국은 우리 조상들의 유산이다."₇

그는 준가르 3만 기병을 이끌고 할하를 침공했다. 할하 5천 기병이 맞섰지만 1백 명만 살아남고 나머지는 전멸당했다. 할하 네 부족이 힘을 합쳐 처절하게 저항했지만, 갈단의 불시 기습과 후퇴 및 번개 같은 집중공격을 피할 수 없었다. 할하 타이지들이 준가르에게 겁을 먹어 전의를 상실한 채 부족민 수십만 명을 이끌고 허흐호트로 도망쳤다. 고비사막 이북 광대한 초원은 준가르의 영역이 되었고, 할하가 청나라 칸 강희제에게 도와 달라고 호소했다.

그런데 이때 청나라의 가장 큰 걱정거리는 알바진에서 버티고 있는 러시아였다. 강희제 처지에서는 설상가상이다. 러시아보다 더 강한 적이 나타났다. 강희제는 준가르와 싸우고 싶지 않았다. 그래서 1689년 제5대 달라이라마에게 편지를 보냈다. 당신이 갈단의 은사이니까, 갈단을 잘 설득해서 더 이상 동몽골을 괴롭히지 말아 달라는 내용이었다. 그리하여 제5대 달라이라마가 보낸 대표와 강희제가 보낸 대표, 동몽골 지도자들과 준가르 대표단이 쿠리엔 벨치르Kuriyen Belchir라는 곳에 모여 회담을 가졌다. 갈단칸은 이 자리에서 청나라 대표에게 화끈하게 말했다.

"만주가 보호하고 있는 할하 타이지들을 모두 내게 인도하시오."

이것은 타협의 여지가 없는 강경발언이다. 이제 선택의 여지가 없었다. 청나라와 준가르의 한판승부는 피할 수 없었다.

이런 상황에서 놀라운 소식이 들어왔다. 갈단칸이 러시아 표트르 임금에게 외교사절단을 보내 친선을 도모하고 있다는 것이다. 다행히 표트르는 중국이라는 거대 시장에서 무역으로 많은 이윤을 얻기를 원하고 있었다. 적 둘을 동시에 상대할 수 없다. 준가르와 운명의 대결을 벌여야 한다. 그래서 강희제는 1689년 급하게 러시아와 국경선을 확정하고 무역이익을 양보하는 평등조약을 체결한 것이다.

원래 중국인이 가지고 있는 전통 중화사상에서 평등조약이란 있을 수 없다. 지구 전체가 중국 땅이고, 다만 황제의 은혜가 미치는 땅과 그렇지 않은 불쌍한 야만인의 땅이 있을 뿐이기 때문이다. 그러나 강희제는 중국인이 아니기 때문에 주저 없이 외국과 평등조약을 맺을 수 있었다.

몽골만주전쟁

1690년, 갈단칸이 지휘하는 준가르 2만 기병이 흥안령산맥興安嶺

山脈을 넘어 왔다. 흥안령산맥은 고도계로 측정해야 산맥이라는 것을 알 수 있다. 현장에서 눈으로 보면 그냥 평지다. 흥안령산맥 남쪽은 만주벌판이다. 강희제가 군대를 급파했다. 그리하여 오늘날 중화인민 공화국 요녕성遼寧省 적봉赤峰시 근처 울란부퉁烏蘭布通에서 총격전으로 대회전이 벌어졌다. 결과는 갈단칸의 승리였다. 강희제가 급하게 지원군을 보내자 갈단칸은 재빨리 도망쳤다. 울란부퉁에서 청군 총지휘를 맡은 강희제의 외삼촌도 전사했다. 청나라 처지에서는 국가멸망의 위기다. 강희제는 자신이 직접 갈단칸을 상대하기로 결심했다.

만주인이 몽골인을 공격하려면 사막이나 초원으로 나가서 대회전을 벌여야 한다. 만주는 몽골의 기동력을 도저히 따라잡지 못하기 때문에 압도적인 화력으로 공격해야 한다. 이것이 대포다. 그래서 청나라 조정에서 일하는 예수회 선교사들이 50년 전 홍이대포보다 더 성능 좋은 대포를 만들어 줬다.

1696년에서 1697년까지 강희제가 세 번 친정했다. 그는 팔기군 10만 명 이상을 모아서 동로군東路軍·중로군中路軍·서로군西路軍으로 편성한 뒤, 직접 중로군을 맡았다.

제1차전은 서로군이 우회하여 고비사막 북쪽 자우모두昭莫多에서 갈단칸의 준가르군 후방을 기습했다. 잠시 접전이 벌어진 뒤 갈단칸이 도망쳤다.

제2차전도 몽골초원에서 벌어졌다. 이번에는 두 대군이 정면으로 맞붙었다. 청군은 대포와 소총을 동시에 쉬지 않고 퍼부었다. 준가르군 진영은 아수라장이 되었고, 갈단칸이 겨우 수습해서 도망쳤다.

제3차전은 전투도 없었다. 제2차전 직후 갈단칸이 본거지로 돌아가다가 충격적인 소식을 들었다. 친형인 셍게의 아들 체왕랍탄次旺繞登; 策妄阿拉布坦; 澤旺阿瀨蒲坦이 자기가 없는 사이 쿠데타를 일으켜 준가르 칸이 되었다는 것이다. 이제 조카를 죽여야 한다. 그러나 패잔병들은 만주 팔기군의 막강한 화력을 경험한 뒤 갈단칸을 신뢰하지 않았고, 하나 둘씩 군영을 이탈했다. 마지막에는 갈단칸 주위에 기병 수백 명만 남았다. 1697년 5월 3일, 갈단칸은 실의에 빠졌고 쓰러져서 눈을 감았다. 제5대 달라이라마가 총애한 몽골의 영웅은 이렇게 죽었다.

강희제는 대군을 이끌고 오늘날 감숙성 북부를 행군하고 있었다. 그런데 우연히 생포한 준가르군 포로에게 갈단칸이 이미 죽었다는 소식을 들었다. 그래서 강희제는 북경의 한 관리에게 만주어로 편지를 보냈다.

> 나의 큰일이 끝났다. 나는 2년 동안 세 차례나 친정하면서 바람에 쓸리고 비에 젖은 사막을 건넜고, 황량하고 사람도 없는 벌판에서 하루걸러 식사를 했다. 사람들은 그것을 고생이라고 말하겠지만 나는 그러지 않았다. 또 사람들은 그런 것을 피하려 하겠지만 나는 그러지 않았다. 끊임없는 이동과 고난이 이 같은 위업을 이끌어 낸 것이며, 갈단이 아니었다면 나는 그런 일을 결코 하지 않았을 것이다. 이제 천지신명이 나를 보호하여 내게 이런 위업을 가져다주었으니 내 인생은 행복한 것이라고, 또 성공한 것이라고 말할 수 있으리라. [8]

그리고 북경으로 회군하기 시작했다. 이때 군영을 이탈한 다른 준가르 기병들을 만났다. 청군 군관들이 심문하다가 티베트 사정을 잘 아는 전사가 있음을 알았다.

"달라이라마는 여든이 넘은 고령이신데, 아직 건강하게 잘 계신 가?"

그러자 그 포로는 멍하니 쳐다보다 한마디 내뱉었다.

"달라이라마는 옛날에 돌아가셨잖아요."

4. 상계갸초

외계인

　지금 대한민국에서 대통령이 대학을 갓 졸업한 젊은이를 국무총리로 임명한다면 무슨 일이 벌어질까? 국민들은 대통령이 미쳤다고 생각할 것이다. 제5대 달라이라마가 바로 이런 일을 했다. 23살 먹은 젊은이를 데바로 임명했다. 젊은이의 이름은 상계갸초. 하지만 상계갸초가 사절했다. 이것은 반대여론이 엄청났다는 뜻이다. 그럼에도 제5대 달라이라마는 5년 뒤 상계갸초를 다시 데바로 임명했다. 이번에는 받아들였다. 그리하여 1679년부터 1703년까지 25년 동안 상계갸초가 티베트를 다스렸다.

　그런데 이보다 더욱 이해할 수 없는 수수께끼가 있었다. 상계갸초는 한마디로 외계인이었다. 출생지와 부모를 아는 사람이 없었고, 어디에서 공부했으며 어떻게 자랐는지 아는 이도 없었다. 혜성처럼 갑자기 나타났다. 게다가 아주 박학다식했고, 평소 말과 행동이 귀족과 같았다. 그러다 포탈라궁을 드나드는 고위 관리들은 이상한 점을 발견했다. 제5대 달라이라마가 상계갸초를 옛날부터 잘 아는 사람처럼 대했고, 상계갸초 앞에서 표현하는 말투와 몸짓이 부모의 자애로움과 같았다. 마침내 티베트 전역에 이런 소문이 떠돌았다.

"상게갸초는 달라이라마의 아들이다!"

더욱 구체적인 소문까지 떠돌았다.

"1652년, 제5대 달라이라마가 북경을 방문하러 라싸를 떠났을 때 북부를 지나갔고, 이곳에서 한 몽골 귀족이 달라이라마에게 자기 부인을 보시하여 상게갸초가 태어났다."₉

이 소문이 사실일 가능성이 크다. 그렇다면 제5대 달라이라마는 파계승이라는 이야기다. 자기가 계율을 어겼으면서 다른 스님들에게 계율을 준수하라고 주장한다? 웃음밖에 안 나온다. 이때 DNA검사 기술이 있었으면 그 소문이 참인지 거짓인지 알 수 있었을 텐데…….

하지만 티베트인들은 확인하고 싶지 않았을 것이다. 사실로 밝혀지면 달라이라마의 권위가 땅에 떨어지고, 겔룩 전체가 신용 없는 집단이 되며, 티베트불교 자체가 몰락하고 또다시 엄청난 환란이 벌어질 수 있었다.

다행히 상게갸초는 유능한 정치인이었다.

상게갸초의 개혁정치

상게갸초는 행복한 사람이다. 제5대 달라이라마가 절대적으로 신임했기 때문에 자기 뜻대로 개혁정치를 할 수 있었다. 상게갸초의 개혁정치는 크게 세 가지로 볼 수 있다.

첫째, 호족을 귀족으로 만들었다. 티베트는 우리나라 같은 과거제도가 없었다. 어찌하더라도 티베트의 지식인은 호족 아니면 스님이기 때문에 글을 모르는 농민이나 유목민을 관리로 임명할 수도 없었다. 호족을 내버려 두면 티베트는 다시 분열해 버린다. 그래서 중부와 남부 호족들의 장원을 모두 몰수했다. 그리고 이들을 강제로 라싸에서 살도록 했다. 자연스럽게 귀족끼리 서로 견제했다.

말할 것도 없이 채찍과 당근은 같이 써야 한다. 그래서 당근 두 개를 줬다. 먼저 이들을 중앙정부 관리로 임명했다. 원래 다른 종파의 시주였던 호족들은 겔룩으로 전향해야 했다. 이것만으로도 겔룩의 독점지위가 확실해졌다. 문제는 이들에게 어떻게 봉급을 지급할 것인가?

상게갸초는 몰수한 장원들을 귀족이 된 호족들에게 적절히 나누어 줬다. 그런 다음 장원에서 거주민들이 생산하고 장사로 벌어들이는 각종 이윤 가운데 적절한 비율을 자체적으로 징세하도록 했다. 귀족들에게 지방세를 거두도록 한 것이다. 이것이 봉급을 대신했다.

이것은 혁명적인 발상전환이었다. 이제까지 호족들의 고정관념은 땅이 많을수록 부자가 되는 것이다. 그래서 끊임없는 전쟁이 벌어졌다. 그러나 세상이 달라졌다. 명예를 얻는 대신 자기 장원을 떠나 수도에서 살아야 했고, 달라이라마가 지방관으로 발령하면 따라야 했다. 더 이상 무력으로 남의 장원을 빼앗을 여유가 없었다.

중부와 남부는 사병이 사라졌다. 구시칸이 티베트 전역을 피바다로 만든 것이 결정타였다. 따라서 귀족이 부자가 되려면 장원거주민들에게 황무지 개간을 독려하거나 장사를 권장해야 했다. 장원거주민 가운데 상인들이 있고, 어느 장원에도 소속되지 않는 평민 가운데 장사꾼들이 있다. 이들은 각종 생활필수품을 말에 싣거나 자기가 직접 짊어지고 티베트 전역을 돌아다니며 사고팔았다. 우리나라로 빗대면 보부상이다. 이들은 티베트 안에서만 돌아다니지 않는다. 더욱이 소금·차·비단은 중국·네팔·시킴·부탄·인도를 오가면서 사고팔았다. 이들이 물류유통자이면서 정보전달자였다.

둘째, 승속병임제僧俗幷任制를 실시했다. 귀족을 지방관속관으로 파견했을 때, 그 귀족이 부임한 곳에서 주민들에게 선정을 베푼 뒤 단결시켜 중앙정부에 대항할 수 있다. 따라서 고승 한 명을 승관僧官으로 같이 보낸다. 속관俗官은 승관에게 명령할 수 없으며, 승관은 속관이 어떻게 지방행정을 처리하고 있는지 달라이라마에게 보고한다. 한마디로 감시자다.

셋째, 겔룩의 절대지위를 확립했다. 겔룩의 계율을 법률로 끌어올렸다. 이제 모든 겔룩 승려는 계율이 아니라 법률의 통제를 받았다. 대신 다른 종파의 사원과 토지를 강제로 빼앗아 겔룩 사원의 것으로 바꿨다. 그만큼 겔룩 스님들이 진급할 기회가 늘어났다. 이때 본사本寺와 분사分寺 체제를 확립했다. 티베트 전역을 겔룩이라는 그물로 엮은 것이다. 이것이 북부와 동부에서 큰 힘을 발휘했다.

북부와 동부는 중앙정부가 지방관을 파견할 수 없었다. 하지만 모든 티베트인이 달라이라마를 신으로 받들었기 때문에, 북부의 타이지들과 동부의 개뽀들은 주요 사찰에 있는 고승들의 가르침에 순종해야 했다. 심하게는 협곡에서 개뽀끼리 사병들을 동원해서 싸우고 있을 때 스님이 한가운데를 지나가면 일제히 전투를 멈추고 그 자리에 엎드렸다.

집단사기극

상게갸초는 이 모든 일을 달라이라마의 이름으로 진행했다. 그런데 제5대 달라이라마는 상게갸초를 데바로 임명한 지 3년 뒤인 1682년 2월 25일 정오, 포탈라궁에서 세상을 떠났다. 상게갸초는 이 사실을 시종스님과 의사 한 명, 그리고 다른 고승 한 명과 확인한 뒤 외부에 알리지 않고 비밀을 지킬 것을 맹세하게 했다. 따라서 상게갸초의 개혁정치는 죽은 사람의 이름으로 이루어진 것이다.

죽음을 숨겨야 했기 때문에 가짜 달라이라마가 필요했다. 상게갸초는 제5대 달라이라마를 닮은 한 승려를 설득해서 달라이라마 침실에 넣고 문을 잠갔다. 상게갸초는 달라이라마가 무기한 폐관정수에 들어갔다고 선언했다. 세 끼 식사를 침실 안으로 넣었고, 다 먹은 그릇이 밖으로 나왔다. 문제는 몽골인들이다. 먼 곳에서 얼굴 한 번 보려고 왔으므로 거절할 수가 없었다. 그래서 가짜 달라이라마에게 말과 행동을 교육시키고 똑같이 분장시킨 뒤 만나게 했다.

이렇게 15년 동안 개혁을 실시하고 포탈라궁을 완공했으니, 달라이라마 침실에서 감옥생활을 하는 그 스님은 비참했다. 여러 번 탈출을 시도했고, 그때마다 상게갸초는 붙잡아 매질을 하거나 애원하며 설득했다. 바로 이 장면을 다른 스님들이 봤다. 다른 귀족들도 의심하기 시작했고, 마침내 모든 티베트인이 제5대 달라이라마의 죽음을 확신하는 상황이 벌어졌다. 그럼에도 상게갸초가 다스리는 티베트는 태평성대였기 때문에 아무도 공개적으로 문제 삼지 않았다. 티베트인은 이렇게 모두 집단사기극에 참여했다.

외교농간

상계갸초가 집권할 때 호쇼트 사람들은 애매모호했다. 굳이 표현하면 몽골계 티베트인이다. 상계갸초는 이들이 무서웠다. 티베트 스스로 호쇼트를 진압할 힘이 없었기 때문이다. 그들을 견제하려면 외부 도움이 필요했다. 이것이 준가르 갈단칸이다. 상계갸초는 갈단칸이 청나라를 무찌르고 예케 몽골 울루스를 세우기를 원했다.

1689년 강희제가 달라이라마에게 갈단을 설득해서 동몽골을 괴롭히지 말아 달라는 편지를 보냈다. 달라이라마는 7년 전에 죽었기 때문에 당연히 상계갸초가 이 편지를 읽었다. 상계갸초는 밀사 두 명을 갈단칸에게 보내 동몽골을 침략하라고 부추겼다. 참으로 대담한 외교술이다.

1690년 울란부통전투에서 청군이 패한 뒤 강희제는 절치부심했고, 포석의 하나로 1694년 서녕 북쪽에 청군 부대를 주둔시켰다. 상계갸초 처지에서는 등골이 오싹한 일이다. 그래서 제5대 달라이라마와 자기 이름으로 강희제에게 철군요청서를 보냈다. 강희제는 아연실색했다. 그는 제5대 달라이라마가 준가르를 잘 통제해서 전쟁을 막으려고 노력하고 있으며, 티베트는 계속 중립을 지키는 것으로 알고 있었다. 그런데 이 편지를 읽어 보니 달라이라마가 갈단칸을 편드는 것 같았다. 강희제는 달라이라마에게 함부로 말하지 못하고 상계갸초에게 화를 냈다.

"데바와 너희 외국인들이 어떻게 함부로 우리에게 철군을 요청하는가! 이것은 갈단을 상대하는 계획일 뿐이다."[10]

만주인은 인구가 적어서 중국을 통치하는 것도 쉽지 않았기 때문에, 신강新疆과 티베트에 군대를 보낼 생각이 없었다. 요즘 말로 바꾸면 "외국에 파병할 욕심이 없었다."고 할 수 있다. 원래 강희제는 준가르와 싸우고 싶어서 싸운 것이 아니었다. 자기 목숨이 위험했기 때문에 할 수 없이 싸웠고, 갈단칸의 죽음을 확인한 뒤 미련 없이 회군했다.

그런데 회군하다가 제5대 달라이라마가 이미 15년 전에 죽었다는 사실을 알았다. 상계갸초가 15년 동안 자신에게 농간을 부린 것이다. 강희제는 경악했다. 한족들이 이 소식을 듣고 모두 자신을 조롱할 것 아닌가! 강희제가 받은 충격은 말로 표현할 수 없었다.

1697년 8월, 강희제는 상계갸초에게 전령을 보냈다. 전령이 전달한 편지는 살기殺氣가 가득했다.

"짐은 반드시 네가 달라이라마와 빤첸라마를 속이고 갈단을 도와준 죄를 물어, 운남·사천·섬서의 군대를 일으켜 갈단을 격파한 것처럼, 너를 작살내고야 말겠다."[11]

이런 상황에서는 별수 없다. 상계갸초는 밀사를 북경으로 보내서 변명했다.

"달라이라마께서 돌아가셨을 때는 힘든 시국이었기 때문에 함부로 발표할 수 없었습니다."[12]

너무나 엄청난 일이었기 때문에 변명만으로 강희제의 화를 풀어줄 수 없었다. 대신 화풀이를 당할 수 있는 희생양이 필요했다. 그래서 상계갸초는 갈단칸과 실제 담합을 진행한 두 밀사를 북경으로 보냈다. 강희제는 한 명을 가택연금시키고, 다른 한 명을 공개처형했다.

북경에서 연금당한 사람은 병으로 죽었는데, 어쩌면 독살당했을 것이다.

이것으로 강희제는 참고 넘어갔다. 국가의 사활이 걸린 전쟁을 끝냈기 때문에 팔기군은 지쳐 있었다. 그리고 티베트와 몽골은 공동운명체이었기에 티베트를 침략하면 자신들 바로 위에 있는 몽골이 북경을 공격할 것이었다. 강희제는 분노하기보다 현명하게 처신했다.

5. 라짱칸

자살소동과 라짱칸의 등장

상계갸초는 자신이 마지막으로 해야 하는 일을 알고 있었다. 그래서 1697년 10월 25일 포탈라궁에서 제6대 달라이라마 등극식坐床典禮을 거행했다. 법명 창앙갸초倉央嘉措. 1683~1706. 이때 창앙갸초는 이미 15살이었다. 상계갸초가 12년 전 비밀리에 제5대 달라이라마의 환생자임을 확인했다고 주장하지만 믿을 수 없다. 창앙갸초에게 사미계를 준 사람은 당연히 제5대 빤첸라마 로쌍예셰羅桑益西. 1663~1737 였다.

상계갸초는 직접 제6대 달라이라마를 가르쳤고, 1702년 그를 데리고 짜시륀뽀로 갔다. 6월 20일에 도착했는데, 제5대 빤첸라마가 큰 법당大經堂에서 설법할 것을 청하자 제6대 달라이라마가 거절했다. 제5대 빤첸라마가 놀랐고, 제6대 달라이라마는 비구계도 받지 않겠다고 선언했다. 그리고 이런 말도 했다.

"나는 사미계도 반납할 거야! 반납할 수 없으면 짜시륀뽀에서 자살할 거야!"[13]

짜시륀뽀가 난리 났다. 빤첸라마를 포함하여 모든 스님과 신도가 제발 비구계를 받으라며 엎드려 애원했다. 그러나 아무 소용이 없었고, 열흘 뒤 제6대 달라이라마 일행이 라싸로 돌아갔다.

호쇼트 칸 렌다나는 1701년에 죽었고, 1703년 렌다나의 셋째 아들 라짱拉藏이 호쇼트 칸이 되었다. 이 사람이 구시칸의 증손자이며 마지막 호쇼트 칸인 라짱칸拉藏汗이다. 그리고 얼마 지나지 않아 상계갸초는 아들 아왕린첸阿旺仁欽에게 데바를 물려주고 은퇴했다. 이것은 꼼수다. 아들을 허수아비로 세워 놓고 조종하며 티베트 정치를 이끌었다. 이 사실을 모르는 사람이 없었다.

달라이라마가 섹스에 탐닉하다

포탈라궁에 직접 들어가 보면 안다. 좋게 말하면 신비롭고, 나쁘게 말하면 음침하다. 쾌활한 사람도 그곳에 들어가면 우울해질 정도이다.

제6대 달라이라마는 관능의 남자였다. 음침한 포탈라궁이 싫었고, 날마다 밖으로 나가 술을 마셨다. 그리고 마음에 드는 여자를 포탈라궁으로 데려와서 섹스를 즐겼다. 그런데 이 사람이 티베트 최고 서정 시인이다. 그의 대표작 한 구절만 음미하자.

나는 사랑하는 이와 몸을 섞는데, 그녀 마음을 알 수 없어라. [14]

저것이 무슨 달라이라마란 말인가! 그러나 당시 티베트인 가운데 날마다 술과 섹스와 노래로 세월을 보낸 이 사람을 가짜로 생각하는 사람이 많지 않았다. 오히려 이렇게 생각했다.

"제6대 달라이라마가 환속한 것은 티베트국왕이 되어 자식도 낳아서 티베트를 안정적으로 통치하려 했기 때문이다."[15]

이것은 궤변이다. 제6대 달라이라마가 정말 세속군주가 되어 티베트를 강력한 중앙집권국가로 만들고 싶었다면, 술과 색을 즐기면서도 다양한 학문을 공부하고 여러 귀족과 정치·경제·외교를 의논해야 했다. 하지만 제6대 달라이라마는 열심히 공부하지 않았고, 정치에 관심도 없었다.

그런데 제6대 달라이라마는 한 가지 수수께끼가 있다. 날마다 섹스했는데 자식이 하나도 없었다. 지금 살아 있는 제14대 달라이라마는 그 까닭을 이렇게 설명했다.

"그분은 날마다 여자와 잤지만 한 방울도 사정하지 않았습니다. 그분 앞에 계셨던 달라이라마들이 쌓은 도력이 컸기 때문입니다."[16]

티베트 고승은 가끔 불쌍한 여인에게 하루 내내 자신을 보시하는데, 단 한 방울도 사정하지 않는다. 도력이 매우 높기 때문에 가능한 일이다. 하지만 의심스럽다. 제6대 달라이라마는 도력으로 몸을 조절한 것이 아니라 사정불능이 아니었을까?

호쇼트정견

호쇼트 칸은 티베트 국방부장관이다. 라싸에 머무는 기간이 길었다. 강희제는 상계갸초를 증오했고, 호쇼트 칸 라짱칸을 좋아했다. 라짱칸은 술과 섹스와 노래로 세월을 보내는 제6대 달라이라마를 싫어했다. 상계갸초가 이 사실을 모를 수 없었다. 겉으로 웃으며 만나지만 눈빛만 보면 안다. 서로 미워한다는 것을. 2년이 지나자 서로 이심전심으로 알고 있었다. 둘 가운데 하나가 죽어야 한다는 것을.

1705년 7월, 드디어 사건이 터졌다. 상계갸초가 라짱칸의 시종內侍을 매수했다. 이 사람의 임무는 라짱칸의 식사에 독약을 넣는 것. 그런데 독살시도가 발각되었다. 이 소식이 순식간에 라싸에 퍼졌다. 재빨리 겔룩 고승들이 라짱칸과 상계갸초를 불러 타협시켰다.

"라짱칸은 북부로 돌아가고 상계갸초는 산남山南: 티베트 중부의 동남쪽으로 가시오. 다시는 서로 만나지 마시오."

일단 동의했다. 그러나 둘 다 지금 결판내야 한다는 것을 알고 있었다. 라짱칸은 중부에서 북부로 들어가는 길목인 나취那曲에서 전령을 보냈다.

"우리 전사들을 최대한 끌고 와라."

상계갸초는 산남으로 가다가 가신들에게 명령했다.

"파발을 돌려라."

티베트 민병들이 라싸 북쪽 산기슭 고라郭拉에 모였다. 이제 북쪽으로 진군해서 호쇼트를 무찔러야 한다. 하지만 호쇼트는 몽골의 후예답게 이미 고라에 도착해 있었다. 호쇼트 군대가 동·북·서 세 부대로 고라에 나타나 사격을 가했다. 남쪽은 산이다. 민병들도 소총사격으로 맞섰다. 총격전이 끝나자마자 호쇼트 기병들이 칼을 들고 돌격했다. 끝내 민병대가 뿔뿔이 흩어지며 무너졌다.

라짱칸은 상계갸초를 처형했다. 그리고 라싸에서 선언했다.

"창앙갸초는 가짜 달라이라마다."[17]

라짱칸은 전사들에게 창앙갸초를 북쪽으로 끌고 갈 것을 명령했다. 그 뒤로 제6대 달라이라마 창앙갸초는 역사에 나오지 않는다. 다만 1706년 서녕 부근에서 라짱칸의 부하들에게 살해당했다는 것이 정설이다. 그런데 1746년 몽골에서 노환으로 세상을 떠났다는 주장도 있다.

가짜 달라이라마

1705년부터 1717년까지 12년 동안 라짱칸이 티베트를 다스렸다. 하지만 달라이라마 환생제도 자체를 부정할 수는 없었다. 그래서 자신에게 협력하는 스님들에게 진짜 달라이라마를 찾을 것을 명령했다. 이들이 한 청년을 데려 왔고, 1707년 제5대 빤첸라마가 사미계를 줬다. 법명 예셰갸초益西嘉措. 그러나 티베트인들이 예셰갸초를 가짜로 여겼으며, 이런 소문까지 떠돌았다.

"예셰갸초는 라짱칸의 아들이다."

준가르 체왕랍탄재위 1697~1727은 쿠데타로 권력을 탈취한 뒤 10년이 넘게 청나라와 우호관계를 유지했다. 하지만 체왕랍탄도 내부를 안정시키고 힘을 기른 뒤 예케 몽골 울루스를 꿈꾸며 청나라를 괴롭히는 노선으로 바꿨다. 이것을 알 수 있는 기록이 《조선왕조실록》에 있다.

1717년 4월 1일, 사은사겸동지사謝恩使兼冬至使 이방李枋이 조선으로 돌아와 숙종에게 이런 보고를 했다.

"준가르의 칸은 체왕랍탄입니다. 병력이 매우 강성합니다. 청나라 칸이 여러 번 공격했지만, 중간에 있는 7백 리 땅에 물과 풀이 없어서 오래 머물지 못합니다. 할 수 없이 군대를 철수하면 곧 다시 와서 침범하니, 중국이 자연히 피폐해집니다."

숙종은 이렇게 답했다.

"준가르가 진짜 저 나라의 큰 근심이구나!"[18]

6. 전세영동 쟁탈전쟁

귀족협객

라짱칸이 티베트를 다스린 12년 동안 지방관을 감시하는 스님이 없었다. 그래서 부임지에서 힘을 기르는 귀족과 자기 장원에서 힘을 기르는 귀족, 그리고 라짱칸에게 신임받아 출세하는 귀족들이 나타났다. 포라네 쇠남돕게頗羅鼐·索朗多杰, 1689~1747는 라짱칸에게 신임받아 출세한 인물이다.

포라네頗羅鼐는 1689년 티베트력 8월 8일 티베트 남부 포라 가문에서 태어났다. 본명은 쇠남돕게索朗多杰. 포라네의 네鼐는 집안·가문의 뜻이며 어르신老位이라는 뜻도 있다. 포라네의 전생이 갈단칸이라고 한다. 그러나 거짓말이다. 갈단칸은 1697년에 죽었다.

포라네는 미남이었고, 씩씩했으며, 스님과 몽골인을 좋아했고, 장난감무기를 좋아했다. 어린 시절을 책읽기와 전쟁놀이로 보냈는데, 직접 대나무통을 다듬어 장난감대포를 설치하고 동네어린이들을 지휘했다. 그리고 사춘기 시절에 할머니가 돌아가셨다. 하인들이 모두 슬퍼하며 우는데 포라네는 전혀 울지 않고 하인들에게 한마디 했다.

"세상에 영원한 것이 없다. 모든 것은 생겼다가 사라지는 것이다.

슬퍼할 필요 없다."[19]

포라네는 젊은 시절을 협객으로 보냈다. 그래서 젊은 혈기에 사람을 죽인 적도 있다. 그래도 포라 가문이 워낙 권세가 있어서 벌을 받지 않았고, 동네 사람들이 그를 무서워했다.

포라네가 20대 청년이었을 때 라짱칸이 티베트를 다스리고 있었다. 한 호쇼트 타이지가 짜시륀뽀를 방문해서 제5대 빤첸라마를 알현한 뒤 포라 가문을 방문했다. 이때 포라네의 삼촌이 포라네를 소개했다. 이 청년이 갈단칸의 환생자라는 것이다. 그리하여 포라네는 라짱칸의 가신이 되었다.

하루는 라짱칸이 가신과 중부 귀족들을 모두 불러 라싸 사격장에서 잔치를 베풀었는데, 라짱칸이 재미있는 볼거리로 한 제안을 했다. 호쇼트 전사 8명과 티베트 귀족 8명이 겨루는 사격시합. 티베트 귀족팀 1번 타자로 포라네가 나왔다. 비단옷을 입은 꽃미남이 1백 미터 떨어진 과녁에 화살을 명중시켰고, 칼 차고 말 위에 올라 가볍게 질주하며 활과 총을 쐈는데 그것도 백발백중이었다. 호쇼트 전사들이 기겁해서 겨룰 엄두를 못 냈고, 라짱칸이 활짝 웃으며 칭찬했다.

"이 포라 가문 청년은 갈단칸의 환생자가 분명하다!"[20]

그리하여 포라네는 라짱칸의 총애를 받으며 정치와 행정을 익혔고, 라짱칸의 대리인金字使이 되어 지방을 돌아다니며 각종 분쟁을 해결했다. 사람들은 그를 포라네 타이지頗羅鼐台吉라고 불렀다.

라짱칸은 포라네에게 서부로 부임할 것을 명령했다. 이때 서부지역 지방관아리까뵌; 阿里噶本은 캉첸네 쇠남개뽀康濟鼐·索朗杰波라는 호족이었고, 포라네는 캉첸네의 오른팔이 되었다.

캉첸네는 라짱칸의 사위다. 라짱칸이 신임하는 서부 호족이면서 뛰어난 장군이었다. 캉첸네가 신임한 두 장군이 포라네와 푸탕빠甫唐巴. 캉첸네는 라짱칸 명령에 따라 부탄과 전쟁을 벌였다. 무슨 일이든 많이 할수록 잘하며, 실전보다 좋은 훈련이 없다. 어느새 서부티베트군은 티베트 최고 정예병이 되었다.

디비디 에 임페라

상게갸초가 다스린 티베트가 워낙 태평성대였기 때문에 티베트인은 모두 상게갸초를 존경했다. 그러나 라짱칸은 상게갸초를 죽이고 정권을 잡았다. 티베트인들은 이것을 용서할 수 없었다. 게다가 라짱칸이 내세운 달라이라마는 가짜였다. 민심은 불만으로 쌓여 있었다. 북부에 있는 호쇼트 타이지들도 라짱칸을 좋아하지 않았다. 겉으로 말만 안 했을 뿐이다. 그런데 제5대 빤첸라마는 예셰갸초를 진짜 달라이라마로 인정했다. 왜 민심에 어긋나는 행동을 했을까? 석석은 이렇게 추측했다.

"제5대 빤첸라마는 라짱칸의 압력을 받았을 것이다."[21]

강희제는 이 상황을 걱정하고 있었다. 티베트가 불안하면 몽골이 불안해진다. 이는 청나라에 위협이 된다. 그렇게 되기 전에 빤첸라마의 권위를 높여서 티베트를 안정시킬 필요가 있었다. 그래서 1713년 강희제가 제5대 빤첸라마에게 존호를 선물했다.

빤첸에르데니班禪額爾德尼.

에르데니는 만주어이며, 몽골어 호톡투呼圖克圖, 티베트어 린포체

仁波且와 같은 말이다. 환생라마를 뜻한다.

강희제는 제5대 빤첸라마에게 티베트 남부와 서부를 직접 통치할 것을 권했다. 이것은 라틴어로 말하면 "디비데 에 임페라Divide et impera: 분할통치". 티베트인 스스로 티베트를 분할시켜 힘을 약화시키고 자신이 앞으로 티베트에 더욱 강한 영향력을 행사하겠다는 뜻이다. 제5대 빤첸라마가 이 속셈을 간파하고 거절했다.

술과 여자를 좋아한 제6대 달라이라마 창앙갸초가 1706년 서녕 부근에서 죽었다는 소문이 티베트 전역에 퍼졌고, 티베트인들이 모두 이 소문을 믿었다. 라싸 3대 사원 라마들이 창앙갸초의 환생자가 어디에서 나타날지 궁금하게 생각했다.

환생자는 1708년 동부티베트 리탕理塘에서 태어났다. 1712년, 이 소문이 라짱칸의 귀까지 들어갔다. 라짱칸이 진짜 전세영동인지 확인하고자 라마 두 명을 리탕으로 보내자 그 가족들은 간담이 서늘했다. 그래서 아버지 쇠남다르게索南達杰가 아들을 업고 한밤중에 도망쳤다. 이 전세영동은 이렇게 4년 동안 도망다니며 살았다. 다행히 호쇼트 타이지들이 몰래 도와줬고, 우여곡절 끝에 1716년 북부티베트 서녕에 있는 쿰붐 사원塔爾寺에 안착했다. 이 사람이 제7대 달라이라마다.

이런 상황에서 청나라와 전쟁을 벌이고 있는 준가르 체왕랍탄이 티베트를 병합하기로 결심했다. 왜 이런 생각을 했을까? 진순신은 이렇게 추측했다.

"몽골을 통일하려면 몽골인이 믿는 티베트불교를 장악해야 한다는 발상이었던 모양이다."[22]

그런데 호쇼트도 만만한 상대가 아니다. 그래서 먼저 기만전술을 썼다.

기만전술

1717년 6월, 체왕랍탄이 자기 딸과 라짱칸의 큰아들 까땐땐진噶丹登增의 혼인을 제안했다. 하지만 라짱칸은 체왕랍탄을 싫어했다.

"절대 안 된다!"[23]

그렇지만 까땐땐진은 결혼하고 싶어서 안달이 났고, 라짱칸이 맏아들을 달래느라 시간이 흘렀다. 이때 캉첸네가 라짱칸에게 전령을 보내 이런 보고를 했다.

"준가르군이 나창那倉에서 서부로 들어오고 있습니다. 적인지 아닌지 모르겠습니다. 우리는 전투준비를 갖췄습니다. 명령을 내려 주십시오."[24]

나창은 서부티베트의 동북부이며, 고지대 사막평원이다. 이곳으로 들어왔다는 것은 곤륜산맥崑崙山脈을 넘어왔다는 뜻이다. 걸어서 넘기도 힘든 험한 산맥을 말을 이끌고 넘었다니! 체왕랍탄의 동생 체링된줍次仁頓珠; 策凌敦多布이 총지휘하는 준가르 6천 기병이 편한 길을 피하고 모험을 감행하며 티베트로 들어왔다. 당연히 맞서 싸워야 한다. 그럼에도 라짱칸은 공격명령을 내리지 않았다. 왜 그랬는지 수수께끼다.

1717년 7월, 라짱칸은 라싸 북쪽 당슝當雄에 있는 한 초원에서 잔치를 베풀고 있었다. 그런데 정체를 알 수 없는 군대가 라싸 방향으로 유유히 행군하고 있다는 보고가 들어왔다. 라짱칸은 정찰대를 파견했다. 이 정찰대가 남초에 이르렀을 때 우연히 준가르 수색대와 마주쳤다. 두 부대 모두 깜짝 놀랐다. 그리고 1시간 같은 10초가 흘렀다. 그 상황에서는 말이 필요 없었다. 저들은 준가르 침략군이다. 우리에게 발각당했다. 공격명령도 없이 두 무리가 동시에 달려들어 칼과 칼이 맞부딪쳤다. 목숨을 건 칼싸움이 끝나자 시체들이 들판에 뒹굴었고 기진맥진한 소수만이 살아남았다. 이들이 각각 자기들 본영으로 달아났다.

제1차전: 쿠뛰사수전

라짱칸은 보고를 받고 티베트 전역에 전령을 보내 동원령을 내렸다. 중부와 남부에서 민병들이 달려오고, 북부에서 호쇼트 타이지들이 전사들을 차출해서 급파했으며, 서부도 캉첸네가 지원군을 보내왔다. 이때 포라네가 남부 민병 지휘관을 맡았는데, 능선에 백병전 병력을 배치하고 평지에 참호를 파서 화승총을 들고 있는 사수를 배치했다. 제1차 세계대전 때 유럽 서부전선을 장기 교착상태로 몰아간 그 유명한 참호전이다. 포라네는 시대를 뛰어넘는 병법가였다. 하지만 호쇼트 타이지들은 참호 자체를 이해할 수 없었다. 몽골인의 병법은 평지에서 말 타고 바람같이 나타나 포위집중공격으로 각개격파하는 것이다.

"포라네 타이지! 너는 전쟁에 능한 몽골인이 아니다. 네가 뭐 아는 게 있는가? 입이나 닥쳐라."[25]

드디어 체링된줍이 총지휘하는 준가르 기병이 나타났다. 이들은
쿠뛰산庫杜山에 진영을 설치했고, 라짱칸이 총지휘하는 티베트군은
남쪽 평지에 진영을 설치했다. 한국인이 도저히 이해할 수 없는 전선
배치다. 한국인은 평원에서 벌이는 혼전을 무식한 전술로 생각한다.
전쟁은 당연히 산과 바다에서 하는 것이다.

몽골인의 고정관념은 평지에서 적을 막는 것이다. 준가르군도 평
지로 내려와서 총을 쏘며 돌격했다. 두 기병군단이 서로 포위 섬멸
을 노리며 두 용이 격렬하게 꿈틀거리듯이 여러 차례 혼전을 벌였다.
이때 호쇼트 지휘관 여러 명이 전사했고, 푸탕빠도 죽었다. 포라네는
다리에 총알이 박혀 피를 흘리면서도 병사들을 독려하며 앞장서서
백병전을 지휘했다.

계속 승패를 판가름할 수 없자 티베트군 정예부대가 한밤중에 쿠
뛰산 양쪽으로 우회등반을 해서 야습을 시도했다. 이들이 준가르 보
초들에게 발각당했다. 그래서 준가르군에게 역포위당했고, 포로가 되
었다. 그러자 체링된줍이 포로들에게 심리전을 썼다.

"우리는 라짱칸과 싸우러 온 것이 아니라 의지할 데 없는 티베트
백성들을 위해 왔다. 카쇼치苟雪齊가 군대를 이끌고 설역 관세음보살
의 화신 달라이라마를 모시고 올 것이다. 그분이 이미 동의했다. 즐
겁게 고향으로 돌아가고 싶지 않은가?"[26]

감성에 불을 지르는 명연설이다. 포로들이 무사히 본영으로 돌아
왔고, 이 연설이 순식간에 소문으로 퍼졌다. 그래서 티베트 민병들이
전의를 잃었다. 이렇게 대치상황을 이어가던 10월 어느 날 아침, 준
가르군이 대부분 사라졌다. 한밤중에 티베트군 몰래 산을 빠져나와

라싸로 진격한 것이다. 라짱칸이 호쇼트 기병군단을 급하게 소집시켜 라싸로 달려갔다.

제2차전: 라싸사수전

다행히 라싸하拉薩河에서 진을 치고 있던 민병들이 시간을 끌었고, 쿠뛰산 벌판에서 달려온 라짱칸 본대가 라싸 성문 안으로 들어갔다. 라싸 시민들은 공포에 떨었고, 여러 지휘자의 명령에 따라 성벽을 보수했다. 이때 포라네가 라짱칸에게 건의했다.

"도망간 병력도 많고, 이곳 병사들은 지쳐있습니다. 칸께서 수행원들을 데리고 북부로 가서 지원군을 데려오십시오. 이곳에 있는 재물보다 목숨이 더 중요하지 않습니까."27

그러자 라짱칸이 감동적인 대답을 했다.

"타이지! 우리 조상은 불교에 이바지하여 이름을 떨쳤다. 나는 고귀한 직계후손인데, 이곳 승려들을 추악한 적들에게 넘겨주고 혼자 도망가면 무슨 소용이란 말인가. 내가 죽을지언정 불교를 버릴 수 없다. 운명은 정해진 것이며, 나는 도망가려 해도 도망갈 수 없다. 내가 파멸하더라도 우리 구시칸의 후예들은 다시 강해질 것이고, 절대 티베트를 저 마귀들에게 넘겨주지 않을 것이다. 이것이 내 진심이니 다시는 다른 소리 하지 마라."28

그런데 시간이 흐르자 라싸 시내 분위기가 이상해졌다. 체링된줍의 말이 퍼진 것이다. 준가르는 진짜 달라이라마의 군대이고, 호쇼트는 가짜 달라이라마의 군대다. 그렇다면 당연히 준가르를 환영해야 한다. 포탈라궁에 모여 있는 티베트 고위관리들도 이심전심으로 준가르를 환영하기로 동의했다.

1717년 11월 13일 새벽, 갑자기 라싸 성곽 북문이 열렸다. 이것으로 게임은 끝났다. 준가르 기병들이 라싸 시내로 물밀듯이 들어와 라짱칸의 군대를 도륙했다. 포라네는 재빨리 민간인 복장으로 갈아입고 라싸 시민처럼 행세해서 목숨을 건졌다. 이때 포라네가 친구에게 한 말이 재미있다.

"이제 의심할 여지가 없다. 라짱칸은 명줄이 다했다. 목숨 걸고 싸워봤자 무슨 이익이 있겠는가!"[29]

라짱칸과 친위대는 포탈라궁으로 들어가 문을 닫았다. 준가르군은 전통 몽골전술을 사용했다. 포위한 채 굶어 죽을 때까지 구경만 한 것이다. 20일이 지나자 포탈라궁은 비상식량까지 떨어졌다. 12월 3일 새벽, 라짱칸은 친지들에게 유언을 남겼다.

"겔룩을 존숭하며 원만하게 섬겼다. 즐겁게 죽으니 고통도 없다."[30]

그리고 말에 올랐다. 몽골인 시종 로쌍초펠洛桑曲沛도 말에 올라 주인 뒤에서 같이 죽기로 결심했다. 포탈라궁 동문이 열리더니 이 두 명이 힘차게 내달려 닥치는 대로 준가르군 목을 베었다. 어느새 준가르 기병들이 포위했고, 그들은 온몸이 난자당했다.

라짱칸은 이렇게 멋있게 죽었다.

준가르가 라싸를 약탈하다

준가르군 총사령관 체링된줍은 라싸 시민들에게 다른 준가르 부대가 쿰붐 사원에 있는 진짜 달라이라마를 모시고 올 테니 안심하라고 타일렀다. 라싸 시민들이 기뻐했다. 그러나 이때 호쇼트는 티베트 문화 세례를 많이 받았기 때문에 출가한 사람이 많았다. 그래서 쿰붐 사원 승병은 만만한 상대가 아니었다. 승복 입은 전사들이었던 것이다. 준가르 칸 체왕랍탄은 이것을 예상하지 못했다. 준가르 한 부대가 쿰붐 사원에 도착했는데, 승병들이 화승총으로 버텼다. 이렇게 자꾸 시간만 흘러갔다.

아무리 기다려도 쿰붐 사원에서 소식이 없자 라싸 시민들이 준가르를 불신하기 시작했다. 엎친 데 덮친 격으로 준가르가 라싸 시민들에게 식량을 요구했다. 자신들도 부족하기 때문에 줄 리가 없었다. 그래서 준가르가 라싸 시내를 약탈했다. 식량뿐만 아니라 각종 재물과 불상도 약탈했다. 라싸가 생지옥이 되었다.

포라네는 쩨뽕 사원에 숨어 있다가 정체가 발각당했다. 죄수복을 입고 며칠 동안 고문과 심문을 당했고, 끝내 사형을 판결받았다. 그런데 포라네의 친구이면서 준가르군에 협력한 임시 데바 라게랍덴拉杰繞登과 쩨뽕 사원에서 수도생활을 하던 준가르인 아왕뾘촉阿旺彭措이 체링된줍에게 달려가서 제발 포라네를 살려 달라고 부탁했다. 그래서 포라네는 고향집으로 돌아갈 수 있었다.

게릴라전으로 끈질기게 저항하다

1718년 6월, 임시 데바 라계랍덴과 준가르 총사령관 체링된줍이 남부를 시찰하다가 포라 가문을 방문했다. 포라네는 미리 초원에 나와 기다리다가 열렬히 환영했다.

"준가르에게 봉사하고 싶습니다. 중풍을 맞았지만 잠시 녜람聶拉木 종뵌으로 임명해 주십시오."[31]

30살밖에 안 된 사람이 뇌졸중에 걸렸다? 말도 안 된다. 그러나 포라네는 연기력이 뛰어났다. 그래서 체링된줍이 허락했다.

"가족들을 장원에 놔두고 혼자 가시오."[32]

그리하여 포라네는 하인 몇 명을 데리고 남부 녜람으로 갔다.

라싸를 점령한 준가르 부대는 소수 정예기병이었기 때문에 티베트 관리들의 협력이 필요했다. 포탈라궁에서 사무를 보는 관리들은 체링된줍에게 협력하면서도 준가르를 몰아낼 궁리를 했다. 이것을 주도한 인물이 제뾘 룽빠네 짜시개뾘孜本·隆布鼐·扎什杰布. 제뾘은 나라 재정을 맡아보는 사람이다. 한 나라 돈의 흐름을 파악하는 사람은 인맥도 넓을 수밖에 없다. 룽빠네가 전국 주요 사원 린포체와 어중간하게 현지를 지키며 군사를 가지고 있는 귀족들과 연락을 취했다. 이들이 비밀리에 청나라의 도움을 받아 쿰붐 사원의 진짜 달라이라마를 모셔 오기로 결의했다.

체링된줍은 라짱칸의 가족과 하인들을 준가르로 보냈다. 감시병들이 서부를 지나갈 때 캉첸네가 매복해 있다가 기습으로 준가르 부대를 섬멸하고 이들을 구해 냈다. 그리하여 라짱칸 둘째 아들의 아내가 북부로 가서 현지정찰을 하는 청나라 관리에게 보고했다.

강희제는 준가르가 티베트로 군대를 보낸 진짜 의도를 알 수 없었고, 준가르와 사막에서 공격과 후퇴를 반복하고 있었기 때문에 일단 지켜보려 했다. 하지만 라짱칸의 사망까지 알자 심각한 사태임을 알았고, 북부 티베트 변두리에서 준가르의 침략에 대비하고 있던 청군 7천 병력을 라싸로 보냈다. 그런데 이들이 방심했다. 1718년 8월, 북부 초원을 거쳐 중부로 들어가는 관문 나취那曲에 이르렀을 때 준가르가 기습했다. 필사적으로 총을 쐈지만 탄약도 식량도 바닥났다. 그리하여 청군이 전멸당했다.

이 소식이 북경으로 전해지자 자금성 전체가 경악했다. 강희제에게는 자존심 문제다. 1719년 자신의 열네 번째 아들 윈티胤禵를 총사령관으로 임명하고, 북부와 동부로 진군할 것을 명령했다. 할하와 내몽골 타이지들도 달라이라마를 수호하고자 파병에 동참했다. 포라네는 캉첸네와 연락한 뒤 녜람에서 준가르에 반기를 들었고, 중부티베트의 동쪽 지방' 공뽀工布에서는 아뾔빠 도제개뽀阿沛巴·多吉杰布가 동부티베트로 들어가는 다른 준가르 부대를 게릴라전으로 저지시켰다.

제3차전: 당승띠첩

총사령관 윈티는 3천 병력을 이끌고 쿰붐 사원에 도착했다. 말에서 내려 전세영동 앞으로 걸어가자 그 전세영동이 카닥哈達: 기다란 흰색 비단을 목에 걸어 주었다. 티베트인의 전통 환영예절이다. 앉을 것을 권하자 윈티가 이렇게 말했다.

"폐하의 명령에 따라 라마께서 먼저 앉으시고 제가 고개 숙여 인사해야 합니다."[33]

전세영동은 청나라 칸이 너무나 고마웠다.

청군은 북부와 동부에서 자신들이 침략군이 아닌 해방군임을 열심히 선전하며 천천히 접근했다. 이렇게 1년이 흘렀고, 체링된줍은 1720년 8월 당슝에서 청군 주력부대와 만났다. 옌신延信 장군이 지휘하는 부대가 사정없이 포탄을 퍼부었다. 체링된줍은 병사들을 이끌고 이리까지 도망쳤다. 끝까지 살아남아 준가르에 도착한 패잔병은 겨우 5백 명이었다.

1720년 9월 15일 라싸 시민들이 청군을 환영하며 만세를 외쳤고, 전세영동이 탄 가마가 들어서자 그 자리에 엎드려 기쁨의 눈물을 흘렸다. 11월 5일 드디어 제5대 빤첸라마가 전세영동에게 사미계를 줬다. 법명 게상갸초格桑嘉措. 1708~1757. 제7대 달라이라마는 이렇게 탄생했다.

만주가 티베트의 시주가 되다

옌신 장군은 준가르에게 적극적으로 협력한 티베트 귀족들을 처형했다. 이때 임시 데바 라게랍덴도 목이 베여 매달렸다. 라게랍덴은 포라네를 살려 줬는데, 포라네는 라게랍덴을 변호하지 않았다. 가짜 달라이라마 예셰갸초는 북경으로 끌려갔다. 그리고 더 이상 역사에 나오지 않는다. 다만 열하熱河; 承德까지 끌려가서 한 사원에 연금당해서 살다가 죽었다는 설과, 그냥 북경에서 처형당했다는 설이 있다.

처형당한 귀족들의 가족도 북경으로 끌려간 뒤 생사를 알 수 없다. 주요 사원에 있는 준가르 출신 라마 5명도 처형당했다.

청군 3천 병력은 라싸에 주둔했고 옌신 장군은 총사령관 원티의 지시에 따라 룽빠네, 아푀빠와 협력해서 임시정부를 세웠다. 이들은 데바라는 직책을 없애고 까룐噶倫을 만들었다. 캉첸네·룽빠네·아푀빠 세 명이 까룐이 되었다. 그리고 제7대 달라이라마는 아직 14살이었기 때문에 성인이 될 때까지 정치업무를 대신 맡을 스님이 필요했다. 티베트어로 창조빠强佐巴라고 부르며, 섭정攝政으로 번역할 수 있다. 제7대 달라이라마의 섭정은 자르네扎爾鼐가 되었다.

1722년 12월 20일 강희제가 죽었다. 제7대 달라이라마는 매우 슬퍼했다. 티베트인에게 청나라 칸은 문수보살文殊菩薩의 화신이었다. 이것을 요즘 말로 풀이하면 바지 위에 팬티 입고 빨간 망토를 휘날리며 지구의 평화를 지키려고 하늘을 날아다니며 악의 세력을 무찌르는 슈퍼맨이다. 이제 티베트의 시주는 몽골이 아니라 만주였다.

7. 포라네전쟁

음흉한 사나이

1723년 옹정제雍正帝; 아이신교로 인쩐; 愛新覺羅·胤禛, 1678~1735가 청나라 칸이 되었다. 1735년 죽을 때까지 13년 동안 통치했는데, 티베트불교를 매우 좋아했다. 아호가 원명거사圓明居士다. 그래서 칸이 되자 자신이 살았던 궁궐을 티베트불교 사원으로 새롭게 단장했다. 이것이 옹화궁雍和宮이다. 진순신은 옹정제를 이렇게 평가했다.

"독재정치의 괴물이다."[34]

이해가 간다. 옹정제는 군기대신軍機大臣이라는 관직을 새로 만들었다. 자금성에 있는 칸이 직접 임명해서 지방으로 보내고, 지방에서 다른 전달 절차 없이 곧바로 칸에게 보고하는 직책이다. 이것은 기밀이 밖으로 새지 않는 장점이 있다. 대신 지방관들에게 무서운 존재였다. 옹정제는 첩자정치도 실시했다. 지금으로 빗대면 민간인사찰이다. 변장한 청나라 칸의 시종들이 온갖 것을 염탐했다. 그래서 문자옥文字獄도 많았다. 글자 하나만 잘못 써도 죽는 것이다.

대표적인 사례 하나만 보자. 사사정査嗣庭이라는 사람이 강서성江西省 향시鄕試: 지방에서 실시하는 예비 과거시험에서 〈유민소지維民所止〉라는 글짓기 제목을 내걸었다. '새로운 백성이 머무는 곳'으로 해석할 수 있겠다. 한족이 만주인에게 아부하는 제목이다. 그런데 사사정은 옥에 갇혀서 죽은 뒤 시체가 밖에 내걸렸고 자식은 살해되고 일족은 감옥에 갇혔다. 그 황당한 이유는 다음과 같다.

> 황제의 연호가 옹정雍正이다. 유민소지維民所止에서 유維는 옹雍의 목을 치고, 지止는 정正의 목을 친 것이다. 따라서 유민소지의 속뜻은 옹정의 목을 베어야 한다는 뜻이다.

옹정제가 다스린 13년 동안 한족은 아무 말도 못하고 우울하게 살았다.

어쨌거나 티베트는 외국이다. 시주는 법주를 도와준 뒤 군대를 철수해야 한다. 티베트가 안정을 찾았고, 1723년 옹정제는 철수를 명령했다. 그렇지만 청군은 1천 명이 참도에 주둔했고, 6천 명이 서녕에 주둔했다. 이것은 오늘날 미군기지가 전 세계에 있는 것과 같다. 독일에 미군기지가 있지만 독일은 자주독립국가다. 티베트도 마찬가지였다.

티베트는 새로운 정부를 조직했다. 그것은 정치와 종교를 분리하는 이중정부였다. 달라이라마는 티베트 최고 통수권자이지만 실권이 없다. 실권은 씨룐司倫에게 있다. 씨룐은 국무총리로 번역할 수 있다. 바로 캉첸네 쇠남개뽀康濟鼐·索朗杰波. 부총리에 해당하는 까룐噶倫은 네 명인데, 세 명이 귀족이고 한 명은 스님이다. 귀족 까룐 세 명은 룽빠네 짜시개뽀隆布鼐·扎什杰布, 아꾀빠 도제개뽀阿沛巴·多吉杰布, 포라네 쇠남돕게頗羅鼐·索朗多杰. 스님 까뢴은 제7대 달라이라마의 섭정 자르네扎爾鼐였다. 그리고 제7대 달라이라마의 아버지 쇠남다르게索南達杰가 섭정 자르네에게 영향력을 행사했다.

그런데 이제 귀족들끼리 다툼이 벌어진다.

캉첸네가 암살당하다

캉첸네는 서부귀족이고, 포라네는 남부귀족이다. 아푀빠와 룽빠네는 중부귀족이다. 중부는 티베트의 중심지역이기 때문에 중부지방 사람이 다른 지역 사람들을 촌놈으로 깔보는 경향이 있었다. 그런데 중부귀족이 서부귀족의 지시를 받는 위치에 있었다. 더구나 캉첸네는 씨뢴이면서 아리까뢴이었기 때문에 라싸를 비우는 시간이 길었다. 아푀빠와 룽빠네는 캉첸네를 질투했다. 포라네는 캉첸네의 심복이었기 때문에 더더욱 룽빠네가 포라네를 깔봤다.

포라네는 연기를 잘하고 사람을 사귀는 재주가 있었다. 언제나 겉으로 웃음 지으며 속으로는 불안하게 살았다.

1727년 초, 티베트 시국을 살펴본 청나라 고위관리 오치鄂齊는 옹정제에게 이런 보고서를 제출했다.

> 수령끼리 사이가 좋지 않습니다. 캉첸네는 사람이 괜찮은데 자기 공적을 믿고 다른 까뢴을 깔봅니다. 그래서 미움받고 있습니다. 아푀빠는 음흉하고 위험한 사람입니다. [35]

캉첸네는 아쾨빠와 룽빠네가 자기를 싫어하는 것을 알면서도 크게 신경 쓰지 않았다. 하지만 포라네는 그 두 사람에게 받는 스트레스를 견딜 수 없었다. 마침 부인의 건강이 갑자기 나빠졌기 때문에 1727년 봄 라싸를 떠나 고향으로 돌아갔다. 그러나 포라네는 자신에게 지속적으로 보고하는 라싸 인맥을 통해 내부 분위기가 심상치 않음을 알고 있었다.

1727년 8월 5일, 캉첸네·아쾨빠·룽빠네·자르네가 조캉 안에 있는 회의실에 모여 업무회의를 했다. 그날 회의는 이상할 정도로 분위기가 좋았고, 캉첸네도 기분이 좋아서 계속 호쾌한 웃음을 터트렸다.

포탈라궁 밑에 라쇼拉雪라는 기관이 있다. 라싸 교외의 각종 행정업무를 담당하는 곳이다. 라쇼 총관總管 아쾨로쌍阿沛洛桑이 캉첸네에게 긴 공문을 전달했다. 캉첸네가 열심히 읽고 있는데 갑자기 뒤에서 한 사람이 캉첸네의 긴 머리를 잡아당겼다. 그러자 다른 사람들이 캉첸네의 팔다리를 붙잡았다. 곧바로 아쾨빠·룽빠네·자르네가 칼을 빼들어 사정없이 난도질했다.

"너는 우리를 무시했지! 너의 위풍당당함은 이와 같다. 참으로 재수 없게 되었구나!"[36]

회의실 안에 유혈이 낭자했다. 캉첸네 쇠남개뽀는 이렇게 죽었다.

밖에서는 심복들이 칼을 뽑아 캉첸네의 수행원들을 모두 죽였다. 뒤이어 라싸 시내를 돌아다니며 캉첸네의 혈육과 부하들까지 다 죽였다.

다음날 중부티베트 기동대 3백 명이 출동했다. 작전명령은 "포라네 쇠남돕게를 제거하라!"

복수를 호소하여 연합군을 편성하다

라싸에서 피바람이 불고 있는 상황에서 포라네를 아는 사람들이 재빨리 전령을 보내 현 사태를 포라네에게 알려 줬다. 의심할 여지가 없다. 저들의 마지막 타도대상은 포라네다. 이제 전쟁을 피할 수 없다. 포라네는 한 사원 법회에서 편지와 보고를 받았다. 자기 목에 칼이 들어왔는데 포라네는 태연하게 끝까지 법회를 지켰다.

법회는 해질 무렵에 끝났다. 포라네는 자기 식솔과 가신들을 불러 모아 위급한 상황을 설명했고, 주요 포대와 해자를 점검할 것을 명령했다. 그리고 부관들을 포라 관저에 집합시켜 잔치를 베풀었다. 포라네는 부관들과 같이 마음껏 술 마시고 노래 부르며 춤췄다. 그리고 이렇게 큰소리쳤다.

"생각해 봐라! 내가 죽겠냐! 즐겁게 놀자! 룽빠네 그 새끼, 내가 그 자식 목을 베지 못하면 나는 개만도 못하다!"[37]

날이 밝자 포라네와 호위병 60명이 말에 올랐다. 포라네가 웃음 지으며 사랑노래 한 곡을 부르자 모두 아무 말 없이 눈물만 흘렸다. 포라네는 부관들에게 작전명령을 내렸다.

"한 달만 사수하라. 우리 군대가 올 것이다."[38]

포라네는 서쪽으로 달려갔다. 중간 여러 곳을 거치며 아뙤빠·룽빠네와 친한 상단商團을 만나면 말과 식량을 빼앗고 목숨만 살려 줬다. 그리고 캉첸네의 전우였던 호족들을 설득했다.

"캉첸네를 위해 복수해야 합니다."[39]

아뙤빠와 룽빠네는 포라네가 라싸에서 얼마나 친분관계를 맺었는지 몰랐던 것 같다. 그래서 기동대만 남부로 보낸 것이다. 포라 가문 정예부대가 먼저 개쩨江孜에 도착해서 매복저격전으로 기동대를 격파했다. 아뢰빠와 룽빠네는 그제서야 전쟁을 피할 수 없음을 깨달았다.

포라네는 서부에 들어서자 까시빠 체땐짜시噶錫巴·策丹扎西에게 편지를 보냈다. 까시빠는 캉첸네의 형이다. 캉첸네가 라싸에 있는 동안 까시빠가 실제로는 아리까뷘이었다. 전령이 쉬지 않고 말을 달려 서부 중심지 깜톡崗托; 噶姿에 도착했다.

"저는 큰 은인 캉첸네의 복수를 해야 하고, 마귀 룽빠네를 격파해야 합니다. 우리가 단결하여 캉첸네를 위해 복수합시다."[40]

까시빠는 이 편지를 읽고서야 동생이 암살당한 것을 알았다.

"캉첸네가 살해당했구나! 나는 적진에서 죽으리라."[41]

깜톡 주민들도 분개하여 복수를 다짐했다. 까시빠는 준가르의 침입에 대비하는 병력만 남기고 2천 기병을 집합시켜 출정했다. 남부서부연합군이 개쩨에 도착했고, 중부티베트군 선발대도 도착했다. 캉첸네가 죽고 나서 여기까지 한 달이 흘렀다.

제1차전: 개쩨공방전

직접 가보면 안다. 개쩨는 라싸와 시쩨의 중간에 있는 교통요지이다. 그곳에 있는 산성山城은 지금도 대포가 없으면 함락시킬 수 없다. 옛날 심지에 불을 붙여 쏘는 구식 대포도 견딜 수 있을 정도로 튼튼하다. 남부티베트군이 탄환을 다 쏘았지만 그래도 버텼다. 포라네는 후퇴를 명령했고, 룽빠네와 자르네가 이끄는 중부티베트군 본대가 도착했다. 이들이 산과 벌판에서 총격전을 벌였는데 승패를 가리지 못했다. 다른 남부 호족들이 보낸 지원군과 탄약·탄환이 도착했고, 서로 대포를 쏘며 맞받아쳤다.

준가르는 외침이었지만 이것은 내전이다. 제5대 빤첸라마가 가만히 있을 수 없었다. 시종스님 사쿠네薩苦彌를 먼저 중부티베트군 진영으로 보냈다.

"이것은 의롭지 못한 전쟁이오."[42]

"포라네가 반란을 일으켰소."[43]

사쿠네는 포라네에게 갔다.

"캉첸네는 이미 죽었소. 돌이킬 수 없는 일이오. 지금 서로 죽이고 있으니 너무나 불행한 일이오. 당신들이 화를 입지 않도록 해 주겠으니 전쟁을 멈추시오."[44]

포라네는 당연히 거절했다.

"이렇게 나쁜 일을 누가 먼저 시작했소? 룽빠네가 먼저 군대를 이끌고 우리를 공격했으니 저들이 먼저 물러나야 우리가 기쁘게 중재를 받아들일 것이오. 그렇지 않으면 우리 고향이 점령당하고 우리는 도륙당할 것이오."[45]

장기 대치상황을 어떻게 타개할 것인가? 포라네가 새로운 전술을 생각해 냈다. 대포는 무거우므로 말이 평지에서 끌고 다녀야 한다. 이것이 고정관념이다. 포라네는 이 고정관념을 깼다. 새벽에 기병이 아닌 보병들에게 분리한 대포와 탄환들을 줄로 묶어 천천히 산으로 올라가도록 명령했다. 평지에서 포위한 뒤 총과 대포를 쏘면 같은 편끼리 맞총질을 할 수 있다. 그래서 총격전은 정면으로 맞붙는 것이었다. 그러나 산으로 올라갔기 때문에 포위포격이 가능하다. 마침내 해가 떠오르는 시각에 포위포격을 퍼부었다. 중부티베트군 진영은 생지옥이 되었고, 포라네는 이렇게 승기를 잡았다.

제2차전: 라싸함락전

어느덧 해가 바뀌어 1728년이 되었다. 중부티베트군은 남부서부 연합군과 집요하게 공격과 후퇴를 반복했다. 그러나 계속 밀리기만 했다.

구시칸이 티베트를 종횡무진 누비고 다닌 지 90년이 지난 시점이다. 구시칸의 주력무기는 칼이었고, 화승총은 보조무기였으며, 대포가 없었다. 그러나 이제 상황이 다르다. 모든 티베트 군대의 주력무기가 총과 대포였다. 더욱이 어떻게 대포를 운용하느냐에 따라 승패가 갈라졌다.

대포는 새로운 시대의 상징이다. 몽골인들은 대포를 좋아하지 않았다. 몽골의 가장 큰 장점은 번개 같은 기동력이다. 그러나 대포를 말로 끌고 다니면 기동력이 사라진다. 대포가 기동력을 갖기 시작한 것은 증기기관 순양함에 탑재하는 함포가 나온 뒤부터다. 몽골 기병들이 아무리 말 타고 달려와도 집중포격을 하면 힘을 못 쓴다. 포라네전쟁 때 호쇼트는 양쪽으로 갈라져 참전했는데, 이들의 활약이 보잘것없었다. 호쇼트는 더 이상 힘을 쓸 수 없는 것이다.

이제 룽빠네·아푀빠·자르네는 라싸에서 가슴 졸이며 살았고, 포라네가 총지휘하는 남부서부연합군이 라싸에 가까이 다가왔다. 룽빠네는 라싸하를 경계로 주위 능선에 사수와 포수를 배치했다. 하지만 중부티베트군은 사기를 잃었고, 남부서부연합군이 포병의 엄호를 받으며 맹렬히 돌격하자 모두 도망치기에 바빴다. 1728년 7월 3일, 포라네가 라싸를 장악했다. 캉첸네 암살에 가담한 귀족들은 포탈라궁 안으로 들어가 문을 걸어 잠근 채 공포에 떨었다.

이기는 팀이 우승하기를 바라다

포라네와 룽빠네는 전쟁을 치르는 소용돌이 속에 저마다 북경으로 여러 번 전령을 보내 옹정제의 지지를 얻으려 했다. 그러나 이들은 몰랐다. 옹정제는 음흉한 사나이다. 양쪽에게 지지한다는 답변을 하면서 외국에서 벌어지는 내전에 간섭하지 않고 구경만 했다.

포라네는 포탈라궁을 공격하지 않았다. 식량공급을 끊지도 않았다. 제7대 달라이라마가 안에 계셨기 때문이다. 아푀빠·룽빠네·자르네는 하루빨리 청군이 라싸로 들어와서 자신들을 구해 주기를 기원했다.

1728년 9월, 드디어 차랑아查郎阿와 마이루邁祿가 이끄는 청군이 라싸로 들어왔다. 포탈라궁에 있었던 귀족들이 기쁨에 넘쳐 카닥을 들고 포탈라궁 밖으로 나왔다.

"무릎을 꿇어라."[46]

귀족들이 즐겁게 무릎을 꿇었다. 그러자 차랑아 장군이 옹정제의 성지聖늡를 이렇게 읽는 것이 아닌가!

"너희는 나쁜 짓을 많이 하여 큰 죄를 저질렀다!"[47]

참으로 코미디다. 청나라에서는 누가 이기든 중요하지 않았다. 티베트가 몽골을 불안하게 만들지만 않으면 된다. 포라네가 이겼으니 당연히 포라네를 지지했다. 청군은 아뙤빠·룽빠네·자르네 등 17명을 처형했다.

포라네전쟁은 이렇게 끝났다.

피도 흘리지 않고 열매를 따먹다

옹정제가 티베트에 취한 조치는 다음과 같다.

첫째, 포라네를 뻬이쯔貝子로 임명했다. 뻬이쯔는 칸에 맞먹는 버일러타이지로 이해할 수 있다. 포라네가 티베트 임금이 된 것이다.

둘째, 청군 1천 명을 중부에, 1천 명을 남부에, 1천 명을 참도에 주둔시켰다.

셋째, 참도 동쪽 동부티베트를 사천성四川省에 편입시키고, 중띠엔中甸을 운남성雲南省에 편입시켰다. 그런데 실제로는 이 지역으로 이민 간 한족들이 티베트인들에게 동화同化당했다. 동부티베트는 형식적으로 청나라이고 실질적으로는 티베트에 속하는 애매모호한 지역이 되었다.

넷째, 암반安班을 라싸에 주재駐在시켰다. 대신大臣의 만주어가 암반이다. 암반은 주장대신駐藏大臣과 주장방판대신駐藏幇辦大臣이 있으며 임기가 3년이다. 이들의 임무는 티베트 정세를 청나라 칸에게 보고하고, 청나라 칸의 의견을 뻬이쯔에게 전달하는 것이었다. 지금으로 빗대면 티베트 주재 청나라 대사와 영사다.

다섯째, 제7대 달라이라마를 리탕理塘 혜원사惠遠寺로 끌고 갔다. 이것은 포라네의 티베트 통치를 도와주는 조치다. 동시에 제7대 달라이라마의 아버지 쇠남다르게를 자금성으로 불러서 호통쳤다. 사실 자르네가 아푀빠·룽빠네와 뜻을 같이한 것도 쇠남다르게가 조종했기 때문이었다. 옹정제가 이 사실을 알고 있었다. 그래도 달라이라마의 아버지이기 때문에 죽이지 못하고 삼예 사원에서 살게 했다. 그 뒤로 쇠남다르게는 역사에 나오지 않는다. 제7대 달라이라마는 6년 동안 리탕에서 살았고, 1735년 포탈라궁으로 돌아갔다.

여섯째, 남부 3개 종宗을 빤첸라마에게 줬다. 이것은 달라이라마와 빤첸라마를 분산시키는 이간계다. 그런데 빤첸라마는 언제나 청나라 문수보살의 은혜를 입었다. 이것이 180년 뒤 말썽을 일으킨다.

2011년 5월 1일, 미군이 파키스탄에서 군사작전을 벌여 알카에다 Al-Qaeda를 이끄는 오사마 빈 라덴Osama bin Laden을 사살했다. 그러나 어느 미국인도 파키스탄이 미국의 속국이라 생각하지 않는다. 1728년, 티베트의 자주성이 많이 훼손된 것은 사실이다. 그러나 티베트는 청나라와 다른 나라였다. 조선은 청군이 없었고 티베트는 청군이 있었기 때문에 "조선은 외번外藩, 티베트는 내번內藩"이라 말할 수는 있다. 그러나 번藩이라는 낱말에 "중국이 아니다."라는 뜻이 들어 있다. 전통 중화사상을 따르면 지구 전체가 중국 땅이기 때문이다.

8. 제7대 달라이라마

우아한 신경질

포라네가 20년 동안 티베트를 다스렸다. 호쇼트는 상무尚武정신을 잃어버리고 완전히 티베트인이 되었다. 중부와 남부도 군사력을 가진 호족이 더 이상 나오지 않았다. 포라네가 다스린 시간은 평화로웠다.

옹정제는 1735년에 죽었고, 뒤이어 등극한 사람이 건륭제乾隆帝; 아이신교로 홍리; 愛新覺羅·弘歷, 1711~1799. 이 사람이 청나라 황금시대를 이끈 마지막 칸이다.

제5대 빤첸라마는 1737년에 죽었고, 1741년 제6대 빤첸라마가 짜시륀뽀 사자좌에 앉았다. 법명 로쌍빼땐예세羅桑貝丹盆西, 1738~1780.

포라네가 죽기 1년 전에 있었던 일이다. 1746년 포라네에게 한 정보가 들어왔다. 제7대 달라이라마가 비서 라마에게 포라네를 죽이는 흑마술을 시켰다는 것이다. 이것이 참인지 거짓인지 알 수 없었고, 포라네가 조사관을 보냈다. 그러자 제7대 달라이라마가 우아하게 신경질을 냈다.

"괜찮다면 쩨뿡이나 산속으로 들어가 도나 닦고 싶어."48

그럴 만도 했다. 자신은 40살이 다 되었는데, 실권은 포라네에게 있고 자신은 허수아비였으니까.

다행히 이 사건은 별일 없이 넘어갔다.

포라네는 1747년 3월에 급사했다.

귀메남계

포라네의 장남 귀메체땐頗羅鼐·久麥次㽵; 珠爾墨車布㽵은 서부지역 책임자 아리까뵌이 되었고, 차남 귀메남계頗羅鼐·久麥朗杰; 珠爾墨特那勒扎勒가 뻬이쯔에 올랐다.

귀메남계는 다혈질이었다. 그리고 제7대 달라이라마를 의심했다. 우리 아버지를 흑마술로 죽인 것이 아닐까? 그래서 제7대 달라이라마가 포라네를 위해 장례염불祭弔誦經을 하려 하자 귀메남계가 거절했다. 그러면 달라이라마가 모를 수 없다. 귀메남계가 자신을 의심하고 있는 것을. 귀메남계는 정치를 몰랐다.

귀메남계는 1750년 1월 자객을 보내 서부에 있는 형을 독살했다. 왕권강화책이지만 여론이 나빠졌다.

라싸에 청군 5백 명이 있었는데 귀메남계가 철수를 요청했다. 건륭제는 이 요청을 받아들여 4백 명을 철수시키고 1백 명만 암반 호위병으로 남겼다. 그러자 1750년 10월, 귀메남계가 중부 민병 1천 5백 명과 탄약을 라싸로 이동시켰다. 암반 푸칭傅淸과 랍둔拉布敦은 등골이 오싹했다. 이 사실을 자금성에 알리려 하니 귀메남계가 공문서를 전달하는 역참驛站을 막아 버렸다. 그리고 더욱 충격적인 정보가 들어왔다. 귀메남계가 이렇게 결정했다는 것이다.

"10월 25일, 암반 먼저 죽인 뒤 라싸에 있는 청나라 사람들을 모조리 죽여 버린다."[49]

푸칭과 랍둔은 눈앞이 캄캄했다.

"우리 둘은 살해당할 것이오."[50]

이리 죽으나 저리 죽으나 마찬가지다. 알려 줄 다른 성지聖地가 있다고 거짓말했다. 1750년 10월 13일, 귀메남게가 호위병들을 데리고 암반 관사官舍에 도착했다. 청나라 칸이 쓴 공문서이기 때문에 청나라 신하가 두루마리를 펼쳐서 읽을 때 그 앞에 무릎을 꿇어야 한다. 2층에서 랍둔이 두루마리를 펼치자 귀메남게가 무릎을 꿇었다. 이때 푸칭이 뒤에서 단칼에 목을 내리쳤다.

밑에 있었던 호위병들이 목 떨어지는 소리를 듣고 깜짝 놀랐다. 청군 1백 명도 놀랐다. 이들은 암살계획을 몰랐다. 순식간에 칼싸움이 벌어지고 유혈이 낭자했다. 이 과정에서 푸칭과 랍둔도 칼에 맞아 죽었다. 살아남은 청군과 한족 교민 1백 명이 포탈라궁으로 달려갔다. 제7대 달라이라마가 이들을 보호해 줬다.

포라네정권은 이렇게 22년 만에 끝났다.

노르부링카

1751년 1월 새로운 암반과 청군이 라싸에 입성했다. 드디어 제7대 달라이라마가 실권을 잡았고, 이창譯蒼을 신설했다. 이창은 달라이라마 비서실이다. 그리고 정식으로 달라이라마의 지시를 받는 까샥噶廈을 확립했다. 그런데 암반이 달라이라마와 동등한 권력을 가

_노르부링카

졌다. 그래서 제7대 달라이라마는 제5대 달라이라마처럼 절대권력을 휘두를 수 없었다.

　제7대 달라이라마도 제6대처럼 포탈라궁을 싫어했다. 그래서 여름궁전을 건설했다. 이것이 노르부링카羅布林佧. 이때부터 달라이라마는 따뜻한 여섯 달을 노르부링카에서 살았다.

　제7대 달라이라마는 1757년에 죽었다. 다음 달라이라마가 성인이 될 때까지 섭정이 티베트를 다스렸다. 청나라 암반들은 섭정이 통치하는 티베트정부를 상상商上이라 불렀다.

　1757년에 준가르도 청나라에게 멸망당했다.

　중부·남부·서부의 귀족들은 장원이라는 회사를 운영하는 사장이 되었고, 티베트정부의 관리로 봉사했다.

　북부는 청나라 군대가 있었고, 회족回族 무슬림도 많아졌다.

　동부는 개뽀들의 세상이었다. 개뽀들은 모두 사병이 있었다.

9. 제6대 빤첸라마

영국이 티베트와 접촉하다

영국은 1773년 인도 캘커타Calcutta; Kolkata; 加爾各答에 총독부와 최고법원을 설치했다. 그리고 나서 워렌 헤이스팅스Warren Hastings; 沃倫·黑斯廷斯, 1732~1818, 총독재임 1773~1785가 초대 벵갈Bengal; 孟加拉총독으로 부임했다.

헤이스팅스는 캘커타에 부임하여 업무파악을 마친 뒤 새로운 시장으로 부탄을 눈여겨보았다. 부탄은 예나 지금이나 폐쇄적인 나라였다. 그리하여 1774년, 헤이스팅스는 부탄에서 국경분쟁을 일으켰다. 부탄 국왕이 제6대 빤첸라마에게 조정해 줄 것을 부탁했고, 제6대 빤첸라마는 헤이스팅스에게 부탄을 건드리지 말 것을 정중히 요청하는 편지를 보냈다.

헤이스팅스는 이 편지를 읽고 생각이 달라졌다. 새로운 시장으로 부탄보다 티베트가 더 크다. 게다가 미래에 영국의 중요한 시장이 될 청나라와 붙어 있는 나라이기도 하다. 지금은 청나라에 가려면 배 타고 가야 하지만, 언젠가는 캘커타에서 북경까지 육로로 갈 수 있어야 한다. 다만 히말라야가 너무 큰 장벽이고, 티베트에 대해 아는 것도 별로 없다. 먼저 티베트를 조사해야 한다.

헤이스팅스는 부탄에 대한 군사도발을 중지할 것을 명령했다. 그리고 티베트에 파견할 적당한 인재를 찾았다. 다행히 동인도회사East India Company에 한 명 있었다. 스코틀랜드인 조지 보글George Bogle; 喬治·波格爾, 1745~1779. 벵갈 현지에서 4년 동안 일하며 유창한 힌두스탄어Hindustani language; 興都斯坦語를 익혔고, 천성이 착하고 사심이 없었으며 헤이스팅스를 아버지처럼 따르는 사람이었다.

1774년 5월 13일 헤이스팅스가 조지 보글에게 위임장을 줬다. 그리고 보글의 임무도 공문서로 전달했다.

> 티베트에서 어느 정도 머물면서, ① 티베트에서 수출할 수 있는 상품을 조사할 것. 더욱이 부가가치가 높고 쉽게 운반할 수 있는 상품(예를 들어 황금, 은, 보석, 사향 등등). ② 티베트로 통하는 도로 상황, 라싸와 주위 관계를 반드시 조사할 것. ③ 식물과 동물 표본을 가져올 것. [51]

또한 기후와 인문환경을 조사하는 것도 임무였다.

보글은 영국인 의사 알렉산더 해밀턴Alexander Hamilton과 같이 출발하여 반 년 동안 티베트 남부를 탐험했다. 천신만고 끝에 11월 짜시뢴뽀에 도착했으며, 그 다음날 제6대 빤첸라마를 알현했다.

이들은 통역이 필요 없었다. 보글은 스코틀랜드 억양이 있는 힌두스탄어로 말했고, 빤첸라마는 티베트 억양이 있는 힌두스탄어로 말했다. 보글은 빤첸라마와 만나 여러 번 이야기를 나누면서 너무나 즐거웠다. 보글의 증언에 따르면, 제6대 빤첸라마는 권위의식이 없었고 소탈했으며 유머감각이 매우 풍부한 사람이었다.

보글은 라싸에 가고 싶었다. 제6대 빤첸라마가 보글의 요청서를 라싸로 전달했지만, 티베트정부는 허락하지 않았다. 귀메남게가 암살당한 뒤부터 티베트 정국의 주도권을 잡은 사원세력은 '안정적인 사회'를 최우선 가치로 삼았고, 모험을 싫어하는 사회기풍이 강해졌다. 티베트정부는 언제나 "문수황제가 허락해야 한다."고 핑계를 대며 외부세력과 접촉 없이 편안함만 추구했다. 그래서 티베트에 역동성이 사라졌다.

넉 달이 지난 1775년 3월, 보글은 할 수 없이 캘커타로 돌아갔다. 하지만 그의 조사결과는 130년 뒤 영국의 인도정부에게 큰 자산이 되었다.

만리장성 바로 바깥인 열하熱河; 承德에 피서산장避暑山莊이 있다. 청나라 칸이 여름휴가를 보내는 곳이다. 1777년 건륭제가 피서산장 부근에 짜시륀뽀를 모방한 수미복수사須彌福壽寺를 건립하고 제6대 빤첸라마에게 기증했다. 그리하여 제6대 빤첸라마가 1779년 6월 수행원 1백 명을 데리고 출발해서 1780년 7월 열하에 도착했다. 청나라 조정이 세심하게 준비해서 열렬히 환영했고, 음력 8월 7일 제6대 빤첸라마가 건륭제의 70살 생일을 축하하고 장수를 기원하는 의식을 주재했다.

이때 조선 최고 문필가 박지원이 북경으로 가고 있었다.

박지원, 열하에 가다

연암 박지원燕巖 朴趾源, 1737~1805이 열하에 갈 수 있었던 이유는
무엇이었을까.

1780년 음력 8월 7일은 건륭제의 70살 생일이었다. 조선 정조正祖;
李祘, 1752~1800는 건륭제의 칠순을 축하하는 조선사신단을 편성할 것
을 명령했다. 정식명칭은 사은겸진하별사謝恩兼進賀別使. 정조는 사신
단 단장正使으로 박명원朴明源, 1725~1790을 임명했다. 그런데 박명원은
박지원의 삼종형三宗兄이었다. 삼종형은 팔촌형八寸兄이라는 뜻이다. 팔
촌은 고조할아버지가 같은 것이다. 지금이라면 거의 남남이다. 하지
만 조선시대 팔촌은 혈육이었다.

박명원이 팔촌동생 박지원에게 개인수행원으로 참가할 것을 권했
고, 박지원은 평생 한 번 오는 행운을 놓치지 않았다. 사신단 인원은
모두 240명. 박지원의 정식 직함은 반당伴當. 반당은 사신을 수행하
는 병졸이라는 뜻이다. 하지만 박지원은 양반이기 때문에 실제로는
자기 하인들의 보좌를 받았고, 마음껏 술 마시고 밥 먹고 담배 피우
면서 여행을 즐겼다. 박지원은 많은 사람과 교류하며 자기 여행경험
담을 기록할 수 있었다. 이것이 《열하일기熱河日記》. 1784년에 출간한
이 책은 230년 전 우리나라 베스트셀러였다.

사은겸진하별사는 1780년 음력 5월 25일 한양을 출발했고, 음력
6월 24일 압록강鴨綠江을 건넜다. 이들은 여기부터 지정된 조공로朝貢
路를 따라 행군했고, 음력 8월 1일 북경에 도착했다. 그런데 막상 도
착하니 건륭제는 열하에 있었다. 사신단을 따라 온 상인들은 북경에

서 장사하느라 정신없었고, 박명원 정사正使를 비롯한 외교사절단은 황당하고 허탈했다. 공식 생일잔치인 만수절萬壽節은 열하에서 거행하고, 자금성은 망하례望賀禮라는 조촐한 잔치를 한다. 조선사신단은 망하례에 참석해서 축하해 주고, 조선 국왕의 친서를 전달하면 임무 완수다.

그런데 예상 못한 사태가 발생했다. 건륭제가 조선사신단의 북경 도착을 보고받자 "지금 당장 열하로 오라."는 명령을 내린 것이다. 이것이 박지원에게 또 다른 행운이었다. 조선시대 5백 년 동안 모든 사신단은 북경에 다녀온 뒤 자세한 보고서를 작성했다. 이것이《연행록燕行錄》이고, 지금 깔끔한 활자로 찍은 영인본도 서가 하나를 가득 채우는 방대한 분량이다. 그러나 열하까지 가서 자세히 기록한 책은 실제로《열하일기》가 유일하다.

박명원 정사가 내린 결단은 이렇다. 240명 전원이 열하로 갈 수는 없다. 속도가 느려지기 때문이다. 어쨌거나 170명은 장사하러 온 사람들이었다. 책봉을 받아 진공이라는 교역을 하는 것이 조공의 본질이다. 따라서 박명원 정사는 열하로 가는 인원을 74명으로 정했다.

핵심인원은 10명이다. 정사 한 명, 부사副使 한 명, 서장관書狀官 한 명, 역관譯官 세 명, 비장裨將 네 명. 정사는 사신단 단장이다. 나라를 대표하고 모든 결정을 하며 모든 책임을 진다. 부사는 부단장이다. 정사의 직속부관이고, 정사가 갑자기 죽으면 부사가 정사 노릇을 대신한다. 서장관은 공문서 담당자다. 모든 외교문서를 작성하고 보관한다. 역관은 통역이다. 중국어통역관·만주어통역관·몽골어통역관 이렇게 세 명이 있었다. 비장은 무관이고, 지금으로 치면 경호원이다.

사신단에서 이들만 칼을 차고 다닐 수 있다. 이들이 사신단의 최소
인원이다. 나머지는 보조하는 인원이다. 핵심인원은 말을 타지만 보
조인원은 대부분 걸어간다.

음력 8월 5일부터 74명과 말 55필은 5일 동안 강행군을 했고, 음
력 8월 9일 오전 10시 열하성熱河城에 도착했다. 이들은 음력 8월 9일
오전부터 음력 8월 15일 오전까지 태학太學에서 묵었다. 열하에 있는
태학은 어떤 곳이었는가?

> 지난해 태학을 신설했는데, 제도는 북경에 있는 것과 다름없었다. 대성
> 전大成殿과 대성문大成門은 겹처마에 누런 유리기와를 이었고, 명륜당
> 明倫堂은 대성전의 오른쪽 담장 밖에 있고, 명륜당 앞 행랑 전각에 '일
> 수재日修齋'와 '시습재時習齋'라는 편액을 붙였고, 오른쪽에 진덕재進德
> 齋와 수업재修業齋가 있었다. 명륜당 뒤에 벽돌을 깔아 놓은 대청이 있
> 고 좌우에 작은 서재가 있었는데, 정사는 오른쪽 서재에서 묵었고 부사
> 는 왼쪽 서재에서 묵었다. 서장관과 역관들과 비장들은 다른 방에서 같
> 이 묵었으며, 두 주방이 진덕재 안으로 갈라 들어갔다. 진덕재와 대성전
> 뒤 그리고 좌우 양쪽으로 별당과 다른 방들이 수없이 있었는데, 이루
> 다 쓸 수 없다. 집들은 모두 말로 표현할 수 없을 만큼 사치스럽고 화려
> 했는데, 우리 주방이 들어서 요리하며 연기를 피워 집을 그슬려 더럽혔
> 기 때문에 애석했다. [52]

깡패황제

조선사신단은 모두 지쳐있었다. 그럼에도 박지원은 중국인들과 필담을 나누며 교류했다. 하루도 소홀히 보낼 수 없었기 때문이다. 음력 8월 10일도 박지원은 부지런히 필담하며 중국지식인들과 우정을 쌓았고, 잠시 숙소로 돌아왔다. 이때 한 청나라 군기대신이 건륭제의 제의를 전했다.

"티베트 성승聖僧을 만나지 않겠소?"[53]

박명원 정사는 외교수사를 동원하여 우아하게 거절했다.

"황제는 한없는 사랑으로 우리를 같은 백성으로 생각하시므로 상대가 중국인이라면 거리낌 없이 만나겠지만, 다른 나라 사람은 마음대로 만날 수 없는 것이 우리나라 법입니다."[54]

군기대신이 돌아가자 조선사신단은 난리가 났고, 한 비장이 이렇게 욕했다.

"황제가 하는 짓이 괘씸하구나!"[55]

조선시대1392~1910는 고려시대918~1392와 다르다. 고려 말기 불교가 너무 타락했기 때문에 고려인들이 승려 자체를 싫어했고, 고려를 멸망시키고 들어선 나라 조선은 유교를 숭상하며 불교를 배척했다. 조선시대 승려는 천민과 비슷한 취급을 받았다. 이런 상황에서 청나라 칸이 조선사신단에게 "중을 만나라."고 말했으니, 이는 신경질 나는 일이었다. 그런데 그 군기대신이 어느샌가 조선사신단 숙소로 돌아와 청나라 칸의 명령을 전하는 것이 아닌가!

"너희는 중국과 하나이니 마땅히 가서 보라."[56]

이것은 깡패황제다. 조선사신단은 미치고 환장할 노릇이었다. 만날 수도 없고 안 만날 수도 없다.

황제가 머리를 조아린다!

음력 8월 11일 아침, 박지원은 아침부터 술집에 들어가 술을 목구멍에 맛있게 퍼부었다. 그래서 몽골인과 회족들이 박지원을 보고 깜짝 놀라 겁먹었다.

이때 조선사신단은 청나라 예부 사무실禮部朝房로 갔다. 군기대신은 조선사신단에게 빤첸라마를 알현할 때 어떻게 행동해야 하는지 기본예절을 가르쳐 줬다. 이때 조선사신단이 도저히 받아들일 수 없는 말을 했다.

"황제도 머리를 조아리니, 그대들도 머리를 조아려야 합니다."₅₇

조선사신단은 모두 울화통이 터져서 강력하게 항의했다.

"머리를 조아리는 것은 천자에게 하는 예절인데, 어찌 티베트 중에게 머리를 조아린단 말이오!"₅₈

그러자 청나라 예부의 한 관리가 반박했다.

"황제께서 스승의 예로 대우합니다. 따라서 당신들도 같은 예로 하는 것이 마땅합니다."₅₉

그래도 조선사신단은 강력하게 항의하며 물러서지 않았다. 그 자리에 있었던 만주인 예부상서禮部尚書 덕보德保가 아연실색했고, 모자를 땅에 던지며 그대로 쓰러지더니 손을 내저으며 고함을 질렀다.

"꺼져! 꺼져!"₆₀

이날 오전, 조선사신단 핵심인원 10명이 피서산장 안으로 들어가 건륭제에게 인사했다. 박지원은 안에 들어가지 못했고, 박명원 정사가 나중에 해 준 이야기를 기록했다. 박지원이 남긴 글을 그대로 읽어 보자.

> 사신과 세 통사가 황제 앞으로 나가는데, 무릎을 꿇고 무릎으로 걸어 나갔다. 무릎을 꿇는 것은 무릎을 땅바닥에 댄 채 서는 것이지, 엉덩이를 붙여 앉는 것이 아니다. 황제가 물었다.
>
> "국왕은 평안한가?"
>
> "평안합니다."
>
> "만주어를 할 줄 아는 자가 있는가?"
>
> 상통사上通事 윤갑종尹甲宗이 만주어로 대답했다.
>
> "조금 압니다."
>
> 그러자 황제는 좌우를 돌아보며 기뻐하고 웃었다. [61]

임기응변

조선사신단이 피서산장에서 건륭제에게 인사했을 때 박지원은 54살 먹은 강소성江蘇省 사람 왕민호王民皥와 필담하고 시집도 읽고 있었다. 건륭제는 조선사신단에게 제6대 빤첸라마를 알현할 것을 다시 요구했고, 조선사신단은 피서산장에서 물러나와 수미복수사로 이동했다. 이때 박지원이 조선사신단의 수미복수사 행차 소식을 듣고 허겁지겁 쫓아가서 같이 들어갔다. 열하 사람들은 수미복수사를 짜시륀뽀라고 불렀다.

　박지원은 수미복수사 안쪽 모습과 제6대 빤첸라마 생김새를 매우 자세히 묘사했다. 놀랍게도, 박지원은 제6대 빤첸라마 얼굴이 병색이었다고 증언한다.

　　황달병 걸린 사람 같았다. [62]

　그리고 이렇게 비웃었다.

　　대체로 누런 금빛으로 뚱뚱 부어터질 듯 꿈틀거리고, 살은 많고 뼈는 작아서 맑고 영특한 기운이 없었다. [63]

　조선사신단과 제6대 빤첸라마 사이에 특별한 대화는 없었다. 박명원 정사는 빤첸라마에게 카닥을 증정한 뒤 절도 안 하고 그냥 자기 자리에 앉아 버렸다. 끝내 자신들 의지대로 빤첸라마에게 머리를 조아리지 않은 것이다. 박지원은 이렇게 증언했다.

　　군기대신의 얼굴빛이 황급해 보였으나 사신이 벌써 앉아 버렸으니 어쩔 도리가 없어서 못 본 체했다. [64]

충격적인 장면

　음력 8월 11일 오후, 건륭제가 열하에 온 모든 나라 사신단을 피서산장 안 어원御苑으로 초대해서 잔치를 베풀었다. 박지원은 이 자리에서 만주인 고관들이 바보 같은 행동을 하는 것을 봤다.

황제가 어원에서 매화포梅花砲를 놓고 사신을 불러들였다. 전각은 겹처마로 되었는데, 마당에 누런 군막을 치고, 전각 위에 일월日月과 용봉龍鳳을 그린 병풍과 설비들이 매우 삼엄했다. 1천 명쯤 되는 관원들이 반차班次대로 섰을 때, 빤첸라마는 혼자 먼저 와서 탁자 위에 앉았다. 1품 보국공輔國公들과 내로라하는 고관들이 굽실굽실 탁자 아래로 와서 모자를 벗고 머리를 조아렸다. 빤첸은 손수 한 번씩 정수리를 어루만져 주었고, 이들은 일어나 나가면서 다른 사람을 대하여 자랑 삼는 얼굴빛으로 대했다. [65]

조금 시간이 지나자 건륭제가 가마를 타고 연회장에 도착했다. 이때 박지원이 충격적인 장면을 봤다. 건륭제와 제6대 빤첸라마가 평등하게 악수를 하는 것이 아닌가! 그뿐만 아니라 건륭제는 빤첸라마와 통역 없이 티베트어로 대화했다!

가마가 빤첸 앞에 이르니 빤첸은 천천히 일어나 탁자 위에 몇 걸음 발을 떼어 놓아 동편으로 향하여 거침없이 웃는 얼굴을 지었다. 황제가 네다섯 간 떨어져서 가마에서 내려 재빨리 쫓아가 두 손으로 빤첸의 손을 잡고 서로 흔들면서 마주보고 웃으며 이야기했다. 황제는 갓 꼭지가 없이 붉은 실로 짠 모자에 검정 옷을 입고 금실로 짠 두터운 방석 위에 평좌로 앉고, 빤첸은 금갓에 누런 옷을 입고 금실로 짠 두터운 방석 위에 부처가 도사리는 식으로 조금 동쪽으로 나가 앉았다. 한 탁자에 둘이 앉은 방석은 서로 맞붙어 무릎이 닿을 듯했다. 자주 몸을 기우뚱하여 서로 이야기하는데, 말을 할 적에 반드시 둘 다 웃음을 띠고 좋아하는 기색을 보였다.

여러 번 차를 마시는데 호부상서戶部尙書 화신和珅이 천자에게 바치고, 호부시랑戶部侍郎 복장안福長安이 빤첸에게 바쳤다. 복장안은 병부상서 복융안福隆安의 동생이다. 화신과 함께 시중을 들어 귀한 품이 조정에서도 쩡쩡 울렸다. 날이 저물자 황제가 일어섰고, 빤첸도 같이 일어나 황제와 더불어 마주 서서 둘이 악수를 하고 한참 있다가 등을 지고 갈라져 탁자에서 내렸다. 황제는 안으로 들어갔고, 빤첸은 황금가마를 타고 짜시륀뽀로 돌아갔다. 66

환생의 이성적인 해석

박지원은 열하에서 5일 동안 머물면서 "도대체 티베트불교黃敎가 무엇이고, 빤첸라마가 무엇이며, 환생을 어떻게 해석해야 하는가?"라는 궁금증이 강해졌다. 그래서 최대한 많은 지식인을 만나 열심히 필담했고, 얻은 정보를 《열하일기》에서 적었다.

박지원이 47살 먹은 몽골인 파로회회도破老回回圖에게 "티베트불교의 환생을 어떻게 생각하느냐?"고 물었다. 그러자 파로회회도는 이렇게 대답했다.

제가 운남雲南에 있을 때 아계阿桂 공에게 그것을 물었습니다. 아계는 이렇게 대답했습니다.

"그런 일이 있는지 없는지 꼭 물어볼 필요도 없을 것 같소. 우리 집안에 매우 똑똑한 아이가 한 명 태어났다 칩시다. 이 아이가 네댓 살 때부터 터럭만치도 세상일을 모르게 하고, 날마다 고명한 선생과 탁월한 선비들이 언제나 곁에 붙어 있도록 하여 성현의 말씀으로 그의 심성을 교양하고, 커서도 먹고 입는 데 걱정이 없고, 금·옥·비단을 봐도 마음에 들지 않도록 하여 귀신이나 다름없이 모셔 섬긴다면, 그 아이는 외곬로 도를 지향할 것이니, 이러고서야 성현이 안 될 수가 없지요. 또 그를 어릴 적부터 늙은 중이 기르게 하여 날마다 설법해서 공덕을 알게 하고, 부처를 극진히 섬기도록 하여 어릴 때부터 어른이 되기까지 세상살이 잡념에 마음이 쭈그러들도록 하지 않는다면, 부처가 못 될 까닭이 없을 것이오."[67]

이것이 환생의 이성적인 해석이다. 환생은 사기다. 사람은 자신이 하고 싶은 일을 해야 행복하다. 모든 인생의 주체는 자기 자신이며, 남이 자기 인생을 결정하면 그 자체가 불행한 인생이다. 남이 자기 인생에 간섭하는 순간, 자기 인생은 더 이상 자기 것이 아니기 때문이다. 티베트불교의 환생제도는 이제 낡았다. 그것은 비인간적인 제도이며, 하루빨리 없애야 하는 악습이다.

역사를 조작하는 사람들

《열하일기》〈행재잡록行在雜錄〉에 중요한 기록이 있다. 조선사신단은 제6대 빤첸라마에게 머리를 조아리지 않았다. 그런데 음력 8월 12일 청나라 예부가 건륭제에게 올린 만주어 보고서를 보면, 조선사신단이 빤첸라마에게 머리를 조아렸고 절을 했다는 것이다. 박명원 정사가 이 상주문上奏文을 읽고 분개했다. 그래서 중국어통역관을 예부 사무실로 보내 항의했다.

"왜 상주문을 우리 몰래 고쳐서 올렸습니까?"[68]

그러자 예부랑중禮部郎中이 오히려 화를 내는 것이 아닌가!

"당신들이 올린 글에 사실이 빠져 있어서 예부상서께서 너희 나라를 위해 고쳐 주셨다. 너희는 우리 은덕도 모르고 오히려 항의를 해!"[69]

세상에, 이럴 수가! 사과를 하기는커녕 화를 내다니! 이런 적반하장이 어디 있는가!

그러나 지금 우리는 넓은 마음으로 이해하자. 저들은 글자 하나만 잘못 써도 목이 날아갔다. 박지원은 자신의 필담경험을 이렇게 정리했다.

> 평범한 몇 줄 안 되는 편지도 반드시 역대 황제의 공덕을 늘어놓고 오늘 세상에 감격한다는 것은 다 한족들의 글이다. 다른 사람들과 필담하면, 평범한 이야기라도 말을 마친 뒤 곧바로 종이 한 장 남기지 않고 불에 태워 버린다. 이런 짓은 한족만 그런 것이 아니라 만주족이 더 심하다. 한족의 마음만 괴로운 것이 아니라 법으로 금지하고 있는 당사자들 마음도 괴로운 것이다.[70]

그리고 박지원은 자신이 직접 살펴본 만주인들의 모습을 이렇게 평가했다.

> 만주족이 중국에 들어온 지 벌써 1백여 년. 수토水土에 젖고 풍습이 익었기 때문에 한족들과 다름없이 깎이고 닦여서 벌써 문약文弱해졌다. 71

사은겸진하별사는 음력 8월 15일 오전 열하를 떠나 8월 20일 북경으로 돌아왔으며, 음력 10월 27일 서울로 귀환했다. 음력 11월 1일, 제6대 빤첸라마는 북경 서황사西黃寺에서 천연두로 급사했다. 음력 11월 2일 오전, 건륭제가 직접 빤첸라마 시신을 보고 충격받아서 "선생님!我的老師!"이라 외치며 울다가 기절했다.

10. 보이지 않는 새물결

구르카전쟁

　네팔은 2천 9백만 명이 사는 히말라야 산악국가이며, 공용어는 네팔어이고, 30여 민족으로 구성한 다민족국가다. 외국인들의 히말라야 등정을 도와주는 셸파Sherpa도 민족이름 가운데 하나이다. 지금 네팔은 힌두교가 주요 종교이지만 불교에 관대한 태도를 보인다. 석가모니의 탄생지인 룸비니Lumbini도 네팔에 있다. 18세기 후반까지 약 2천 년 동안 네팔의 최대 민족은 네와르Newar족이었다. 지금은 다른 민족이다.

　인도 중부에 라지푸트Rājpūt라는 부족이 있다. 페르시아와 그리스의 혼혈인들이 인도로 들어와 현지인들과 피를 섞어서 생겨난 민족이다. 이 부족은 이상한 힌두교를 믿었던 것 같다. 일반적인 힌두교도가 불결하다고 생각하는 신도 같이 섬겼다는 것이다. 이 사람들 가운데 일부가 14세기 때 이슬람교도들의 공격을 받고 고향을 떠나 북쪽으로 갔다. 이들이 천신만고 끝에 다다른 곳이 네팔이었다. 이들은 네팔 중서부 산악지대에 정착해서 토착민족인 네와르족과 피를 섞었다. 그런데 이들이 정착한 곳의 지명이 구르카Gurkha; Gorkha; 廓爾

嘮였다. 그래서 이들을 구르카라 부르기 시작했다.

이들은 계단식농경과 목축업을 병행하며 살았다. 우리가 생각하는 일반적인 한국 산악지형이 아니다. 이곳은 히말라야다. 태어날 때부터 폐활량이 좋은 사람들이다. 물과 땔감을 구하려고 어린이가 맨발로 눈 덮인 히말라야를 오르내린다. 일상생활이 공수부대 훈련인 것이다.

1768년, 구르카 국왕 프리트비 나라얀普里特維·納拉楊이 27년 동안 전쟁을 치른 끝에 네와르족의 왕국을 정복했고, 수도를 카트만두 Kathmandu로 옮겼다. 오늘날 네와르족은 네팔 인구의 5퍼센트밖에 안 된다. 지금 네팔에서 최대 민족은 구르카다.

1787년 구르카가 티베트를 침략한 원인은 네 가지로 요약할 수 있다.

첫째, 이때 티베트는 동전을 제작하지 않았다. 금·은·비단으로 교환하거나 남부와 서부는 네팔에서 주조한 금화를 그대로 사용했다. 이것을 장까章嘎라고 불렀다. 그런데 일부 교활한 네팔 상인들이 순수한 금으로 만들어야 하는 이 금화에 동이나 주석을 넣어서 같은 무게로 만들어 티베트에서 유통시켰다. 지금으로 빗대면 위조지폐범죄다. 그래서 티베트 상인들이 격분했다.

그런데 냉정하게 생각하니 쉽게 해결할 수 있는 방법이 있었다. 어쨌거나 돈은 허구의 산물이다. 모두가 그 위조지폐를 진짜지폐라고 착각하면 그 가짜돈은 진짜돈이 된다. 그래서 티베트 상인들이 그 돈을 계속 유통시켰다. 그러자 가짜 금화가 네팔로 들어갔다. 하지만 네팔 상인들이 저지른 일이므로 티베트 상인들에게 항의할 수도 없었다.

그리고 일부 티베트 상인들이 네팔 상인들에게 보복을 했다. 티베트가 네팔에 주로 수출한 품목은 소금과 차였다. 소금은 티베트 산과 호수에서 많이 나오지만 차는 자라지 않는다. 무역으로 얻은 것이었다. 동부지방 다르쩨도에서 티베트 상인은 중국 상인에게 동충하초나 야생버섯을 팔고, 중국 상인은 티베트 상인에게 벽돌 모양으로 굳힌 차를 판다. 티베트 상인은 이 벽돌차를 말이나 당나귀에 싣고 티베트 전역에 판다. 일부는 남부지방으로 가서 네팔 상인에게 파는 것이었다. 티베트 상인들은 이 벽돌차 안에 불순물을 교묘하게 넣어서 더 많은 양을 만들었다. 이 사실을 안 네팔 상인들도 격분했다. 이 싸움이 오랫동안 이어졌다.

둘째, 1775년 부탄이 구르카를 꼬드겨 시킴을 침략했다. 그러자 티베트정부가 시킴에게 손을 들어 주었다. 침략한 너희가 나쁘다는 것이다. 끝내 티베트정부와 구르카정부가 회담을 해서 원만하게 해결했지만, 구르카정부는 티베트정부를 미워하기 시작했다.

셋째, 1786년 까뤤 도카와 쇠남왕게多噶瓦·索朗旺杰가 서부지역을 시찰할 때 네팔 상인들이 티베트정부 규정을 지키지 않고 무게를 교묘하게 속여서 이윤을 취하는 것을 발견했다. 화가 난 쇠남왕게는 네팔 상인들을 눈에 보이는 대로 다 붙잡아 두들겨 팼다. 그리고 관세를 올려 버렸다. 이것도 네팔이 잘못했는데 구르카정부는 참기 힘들었다.

넷째, 까마빠는 검정 모자를 쓴 흑모파黑帽派와 붉은 모자를 쓴 홍모파紅帽派가 있다. 까마까귀겔룩전쟁의 주인공은 흑모파 까마빠다. 제6대 빤첸라마의 씨 다른 형 최줍갸초却珠嘉措, ?~1792는 제10대 홍모파 까마빠였다.

1781년 음력 8월 21일 제6대 빤첸라마의 시신이 짜시륀뽀에 도착했다. 제6대 빤첸라마의 조카 로쌍친빠洛桑金巴가 이 수행단 단장을 맡았는데, 건륭제는 당연히 로쌍친빠에게 엄청난 금·은·비단을 보시하며 북경에서 작별했다. 로쌍친빠는 이것을 대부분 짜시륀뽀 곳간으로 넘겼고, 일부를 자기가 가졌다. 최줍갸초는 화가 났다. 왜 자신과 나눠 갖지 않느냐는 것이다. 로쌍친빠는 최줍갸초와 재물을 나눌 필요성을 느끼지 못했다. 최줍갸초는 겔룩이 아니라 까귀이기 때문이다.

최줍갸초는 수행이 부족했다. 스님이 재물에 대한 욕심을 다스리지 못하다니! 마침내 1786년 네팔로 가서 어린 국왕 라다바투르샤拉達巴圖夏의 숙부 바투르샤사헵巴圖夏薩黑에게 부탁했다. 짜시륀뽀를 약탈해 달라는 것이다. '못 먹는 감 찔러나 본다.'는 심보였다.

1787년 6월 구르카가 티베트를 침략해서 남부 세 개 종을 점령했다. 민병들이 격렬하게 저항했지만 패배했다. 티베트정부는 총동원령을 내려 남부 접경지역 치롱峇隆에서 접전을 벌였다.

티베트는 법주이고 청나라는 시주다. 시주는 법주를 도와야 한다. 건륭제가 사천군을 티베트로 파견했다. 그런데 이들은 동부지역에서 지나가는 곳마다 군량을 요구했다. 이것은 군량이라는 이름의 약탈이었다. 티베트 민중들은 청군에게 치를 떨었다. 게다가 이들은 남부 전장에서 티베트군과 합류하자 싸울 생각을 전혀 하지 않고 협상으로 해결할 것만 주장했다. 그러면서 계속 군량을 요구했다. 티베트 처지에서는 침략군보다 지원군이 더 미웠다.

구르카와 티베트의 대치상황은 오래 이어졌다. 1791년 6월 구르카군은 티베트군이 해이해진 틈을 타서 다시 침략했다. 이번에는 구르카군이 시쩨까지 와서 짜시륀뽀를 깡그리 약탈했다. 마침내 건륭제는 복강안福康安을 총사령관으로 삼아 2만 병력을 보냈다. 1792년 4월부터 6월까지 청나라·티베트연합군이 막강한 화력으로 몰아붙여 오히려 네팔 안으로 들어가 카트만두와 20리 떨어진 곳까지 진격했다. 최줍갸초는 자신이 처형당할 것을 확신해서 독약을 먹어 자살했다. 구르카정부는 5년마다 한 번씩 북경으로 조공할 것을 약속했고, 티베트와 옛날처럼 우호관계를 유지할 것을 맹세했다. 구르카전쟁은 이렇게 끝났다.

티베트정부는 홍모파 까마빠의 환생을 금지했다. 그래서 홍모파 까마빠는 제10대 뛰쿠를 끝으로 맥이 끊겼다.

복강안의 청군은 1793년 3월 티베트에서 철수했다. 그러나 티베트 민중이 청나라를 증오하기 시작했다. 청렴한 관리들과 스님들 그리고 민중들이 비밀집회를 가졌고, 이들이 라싸에 전단을 뿌렸다.

"중국군대의 약탈이 구르카의 약탈보다 더 많았다!"[72]

근대로 향하는 격변

1814년 네팔은 영국과 국경분쟁을 벌였고, 영국 벵갈군이 네팔을 침략했다. 구르카는 최신 무기로 무장한 영국군을 소총, 활, 돌팔매 그리고 쿠크리kukly: 장기에서 마馬의 행마와 같은 형태로 구부러진 단도로 맞섰다.

이 전쟁은 1816년에 영국이 이겼지만, 영국군은 구르카의 산악 육박전에 고생했고, 구르카 전사의 용맹성에 감탄했다. 어쨌거나 이 히말라야 산악국가를 직접 통치하는 것은 경제성이 떨어지는 짓이었다. 그래서 네팔을 식민지로 삼지 않았고, 오히려 구르카 전사들을 용병으로 고용하기 시작했다. 영국군은 지금도 4천 명으로 구성한 구르카여단을 운영하고 있다. 세상에 이 사람들만큼 선천적인 특수부대 군인이 없기 때문이다.

1846년, 네팔은 라나 장 바하두르Rana Jung Bahadur라는 장군이 콧학살Kot Massacre이라는 쿠데타로 정권을 장악해서 종신수상이 되었다. 구르카 국왕은 허수아비가 되었다. 이때부터 1951년까지 라나 일족의 세습 수상이 네팔을 통치했다. 바하두르는 영국과 친하게 지내며 독립을 유지했다.

청나라는 건륭제 때부터 부정부패가 심했다. 건륭제와 몸을 섞어 권력자가 된 화신和珅. 1750~1799의 재산은 청나라정부의 14년 치 세금 총수입과 맞먹었다. 더 큰 문제는 화신조차 하나의 사례에 지나지 않았다는 것이다. 그때 일반적으로 관료는 뇌물로 먹고 살았다. 중앙 관료는 수입이 많지 않았지만 지방으로 내려가면 큰돈이 굴러 왔다. 지현知縣에서 3년만 근무하면 3대에 걸쳐 편하게 먹고 살 수 있을 정도였다. 전국 각지에서 지방관의 학정을 견디지 못하는 농민들이 봉기를 일으켰다.

1840년 영국은 '아편밀매를 금지하는 불의를 처단해야 한다.'는 말도 안 되는 논리로 청나라를 침략했고아편전쟁, 증기기관 순양함 함포의 정확한 사격 앞에 청군은 속수무책으로 당했다. 1858년 영국은 다시 청나라를 침략했고, 이제 중국인들도 영국의 군사력이 중국보다 강하다는 사실을 인정했다.

그리고 자신이 '예수의 동생'이라 주장하는 홍수전洪秀全, 1814~1864이 일으킨 태평천국운동은 1851년부터 1864년까지 청나라를 멸망의 위기로 몰아넣었다. 만주 팔기군은 더 이상 힘이 없었다. 태평천국을 진압한 세력도 한족이었다. 1870년 이홍장李鴻章, 1823~1901이 직예총독겸북양대신直隸總督兼北洋大臣이 되었다. 한족이 군사권과 외교권을 손에 넣은 것이다. 청나라는 더 이상 만주인의 나라가 아니라 한족의 나라였다.

인도는 1857년 5월 10일부터 1858년 7월 20일까지 영국에 대항하는 독립전쟁, 곧 세포이sepoy항쟁을 벌였다. 그러나 영국정부는 이 항쟁을 진압했다. 1862년, 영국정부가 무굴제국 마지막 임금을 미얀마로 추방해서 무굴제국을 멸망시켰고, 1877년 동인도회사를 해체해서 영국령 인도제국英印帝國을 선포했으며, 빅토리아 여왕Victoria, 1819~1901이 인도제국 황제가 되었다.

1911년, 영국령 인도제국은 수도를 캘커타에서 델리Delhi로 옮겼다.

남은 것은 침묵이다

구르카의 침략으로 짜시륀뽀가 약탈당하는 수모를 겪은 제7대 빤첸라마 땐빼니마丹必尼瑪, 1781~1853는 1853년에 죽었고, 제8대 빤첸라마 땐빼왕축丹必旺曲, 1854~1882은 29살에 죽었다.

말릭Malik은 제8대 달라이라마 참빼갸초强白嘉措, 1758~1804를 이렇게 평가한다.

"연약하고 무능했던 제8대 달라이라마."[73]

제9대 달라이라마 룽독갸초隆多嘉措. 1805~1815는 11살에 급사했다.

제10대 달라이라마 취침갸초楚臣嘉措. 1816~1837는 22살에 급사했다.

제11대 달라이라마 케줍갸초凱珠嘉措. 1837~1855는 18살에 급사했다.

제12대 달라이라마 친레갸초成烈嘉措. 1856~1875는 20살에 급사했다.

이것은 우연으로 보기 힘들다. 달라이라마가 성인이 되어 친정을 하기 전까지 섭정이 티베트정부를 이끈다. 이 사실만 유념하면 누가 저 달라이라마 4명을 죽였는지 짐작할 수 있다. 섭정이 독살했을 것이다. 자기 권력을 유지하기 위해서.

그런데 지금 살아 있는 제14대 달라이라마는 제9·10·11·12대 달라이라마의 전기를 면밀히 검토한 뒤 다른 의견을 제시했다.

"독살설은 인정하지 않습니다. 단지 부주의 때문이었습니다. 저는 결핵이었다고 생각합니다. 달라이라마를 돌봤던 어른들은 '관세음보살의 화신이니 기침은 이겨내겠지.' 했던 것입니다. 그들이 무지했다고 할 수 있지요. 심하게는 지금도 누가 아프면 '그냥 기도만 열심히 해. 병원에 갈 필요도 없고 약도 먹을 필요 없어.'라고 말하는 사람들이 있습니다. 어리석은 짓입니다."[74]

진실은 무엇일까? 이것은 영원한 수수께끼로 남아 있다.

새빨간 거짓말

티베트근대사로 넘어가기 전에, 1642년부터 1950년까지, 전통 티베트가 어떤 사회였는지 살펴보자.

현 중국정부의 티베트역사에 대한 공식입장을 대변하는 《티베트 역사지위를 변호한다西藏歷史地位辯》를 보면 이런 말이 나온다.

> 전통 티베트는 대다수 농노가 극도로 고통스럽게 살았던 농노주主의 낙
> 원이었다. 75

전통 티베트를 잔인하고 야만적인 사회로 묘사하는 책이 중국에 많다. 심하게는 지금 살아 있는 제14대 달라이라마를 "승복 입은 늑대僧狼"라고 말한다. 이들의 주장은 이렇게 요약할 수 있다.

"1951년 중국인민군이 티베트를 해방하기 전에 전통 티베트는 참혹한 농노제사회였다."

《티베트 역사지위를 변호한다》를 보면 논리가 너무나 치밀하고 정교해서 이 책에 나오는 주장이 다 맞는 것으로 느껴진다. 더욱이 네덜란드 국제법 학자 반프라그Michael C. van Walt van Praag가 쓴 《티베트의 지위The Status of TIBET: History, Rights, and Prospects in International Law》를 꼼꼼히 분석하고 비판했다. 그래서 반프라그를 사기꾼으로 느낄 정도다.

중국은 지금도 금서가 많은 나라다. 중국에게 티베트는 민감한 급소이고, 중국정부 시각에서 벗어나는 티베트 관련 서적은 절대 공개출판을 할 수 없다. 오직 내부비판용으로만 출간한다. 나는 중국에서 공부하며 책을 찾느라 고생했고, 다행히 대만을 통해서 중요한 책을 많이 구할 수 있었다.

드디어 반프라그가 쓴 《티베트의 지위》를 입수해서 열심히 읽었다. 나는 감탄했다. 왜 중국정부가 이 책을 그렇게 심하게 비판했는지 이해가 간다. 국제법으로 따지면 티베트는 독립국이 맞다. 이 책을 읽으면 도저히 인정 안 할 수 없다.

전통 티베트는 지상낙원이 아니었다. 그러나 지옥도 아니었다.

전통 티베트에서 가장 높은 사람은 달라이라마이며, 둘째가 빤첸라마다. 중부와 남부는 귀족이 있고, 동부는 개뽀들이 다스리며, 존경받는 스님들이 귀족·개뽀와 같은 지위를 누린다. 북부와 서부는 목축경제이고, 중부와 남부는 장원경제이며, 동부는 개뽀경제다. 개뽀는 칸이기 때문에 모두 가신과 사병을 거느린다. 그러나 개뽀도 사원과 스님을 함부로 건드리지 못한다.

평민은 크게 농민, 유목민, 수공업자, 상인으로 나눌 수 있다. 이들은 모두 자체 조직이 있었으며, 수공업자조직과 상인조직은 정치에 영향을 끼치는 이익집단이었다. 평민은 자유민이다. 더욱이 유목민은 절대적인 자유인이었다.

사원은 그 자체가 작은 도시다. 사원은 그 안에서 사원경제를 운영했다.

티베트정부에서 최고 우두머리는 달라이라마 또는 섭정. 바로 밑에 씨룐司倫이 있으며 총리로 번역할 수 있다. 씨룐 밑에 실제 최고 정치기구인 까샥噶厦이 있다. 까샥은 귀족 세 명과 승려 한 명으로 구성한다. 이 네 명을 까룐噶倫이라 부른다. 까룐 밑에 여러 행정 조직이 나눠져 있다. 이 가운데 가장 중요한 조직은 경제를 다루는 곳이다. 지금으로 빗대면 재경부장관. 이 사람을 제뿬孜本이라 불렀다.

중앙정부는 각 지방 행정을 담당하는 관리를 파견한다. 이를 까뷘^噶本이라 부른다. 다만 라싸 시장만 미뾐米本이라 불렀다.

티베트 전통의회인 충두창뽀의 구성원은 다음과 같다. 달라이라마 또는 섭정, 씨뢴, 까뢴 4명, 라싸 3대 사찰인 쩨뿡·세라·까땐의 주지스님, 닝마·사캬·까귀·뵌뽀 대표 각 한 명, 동부지방 3대 개뽀인 명정明正개뽀·데게德格개뽀·페리白利개뽀, 농민 대표, 유목민 대표, 수공업자 대표, 상인 대표. 다만 정확한 인원수 규정이 없고, 보통 10명에서 30명이다. 충두창뽀는 씨뢴과 까뢴이 결정하지 못하는 중요한 안건을 다룬다. 주로 전쟁·징세·달라이라마 전세영동 같은 문제다. 충두창뽀는 평민들도 귀족과 같이 참여하기 때문에, 평민이 씨뢴과 까뢴을 견제하는 기능이 있었다. 그러나 비정기적으로 열렸고, 일반적인 티베트 평민은 정치에 관심도 없었다.

장원은 귀족이 다스린다. 귀족은 장원거주민에게 명령권이 있다. 오늘날 회사 사장이 사원들에게 명령권이 있는 것과 같다. 장원거주민은 두 종류가 있다. 낭쎄와 체바. 낭쎄는 보모保母로 번역할 수 있다. 귀족마다 다 보모가 있다. 남자도 낭쎄가 될 수 있지만 대부분 여자였다. 모든 귀족은 어릴 때 낭쎄 품에서 자란다. 어머니와 같은 존재다. 게다가 귀족도 사람이기 때문에 자기 자식을 끌어안고 있는 낭쎄에게 정이 간다. 그래서 귀족의 아내가 되는 낭쎄가 많았다. 아내가 되지 않아도 실제로 귀족과 같은 대접을 받았다.

체바는 세 가지로 나눌 수 있다. 첫째는 집사. 한 장원의 모든 수입과 지출을 관리하며, 노동감독관이기도 했다. 그래서 집사를 미워하는 민요가 지금도 많이 남아 있다. 둘째는 소작농. 장원 안에 있는 땅을 빌려서 농사짓는 사람이다. 셋째는 일용잡부. 가진 것이 없어서 장원 안에 들어가 자기 노동력을 팔며 먹고 사는 사람들이다.

여기에서 중요한 사실이 있다. 장원거주민은 모두 계약관계였다. 이것이 우리나라 조선시대 종노비과 다르다. 우리나라 종은 양반의 소유물이었지만, 티베트 장원거주민은 그게 아니었다. 귀족 앞에서 계약서를 찢어 버리고 "나는 나간다!" 외친 뒤 밖에서 유목생활을 하거나 장사하면서 살면 그만이었다. 그래서 귀족이 장원거주민을 착취할 수 없었다. 다만 집사가 일용잡부에게 "빨리 일해!"라고 말하면 기분 나쁘기 때문에, 귀족은 밉지 않지만 집사를 미워했다. 장원거주민은 하층민이 아니라 평민이었다.

전통 티베트는 하층민이 없었다. 그러나 사람 취급을 받지 못하는 사람이 있었다. 티베트어로 체요라고 부르며, 체요의 중국어 번역이 농노農奴다. 하지만 이 번역이 틀렸다. 체요는 농노가 아니라 죄수다. 그것도 일반잡범이 아니라 흉악범이다. 부모살해와 승려살해. 이것은 중죄 가운데 중죄였다. 그런데 티베트는 사형이 없었다. 그래서 이 사람들은 평생 장원을 벗어나지 못했다. 무기징역이었던 것이다. 일하는 시간이 아니면 수갑과 족쇄를 찬다. 체요는 그야말로 극소수였다.

말 타고 돌아다니는 떠돌이스님들은 가끔 장원에 들어와 이들과 대화를 나눴다. 지금으로 빗대면 정신상담 치료다. 스님들은 이들에게 옴마니반메옴을 권했고, 체요는 옴마니반메옴을 날마다 하루 내내 외우며 마음을 다스렸다. 그래서 체요도 종교의 힘으로 행복하게 살았다.

티베트는 물자가 부족한 나라였다. 그러나 불교의 힘으로 행복하게 살았다. 가난해도 밤에 식구들이 화롯불에 모여 앉아 감자를 구워 먹으며 이야기 나누면 너무나 행복했다. 전통 티베트는 이런 사회였다. 참혹한 농노제 사회? 이것은 새빨간 거짓말이다.

1 一切諸法實相勝義諦是常恒堅固不變的.
   土觀·羅桑却季尼瑪(TIBET), 劉立千 譯註,《土觀宗派源流》, 第113頁, 西藏人民出
   版社, 1985年 11月 第1版.

2 니콜로 마키아벨리Niccolò Machiavelli(이탈리아), 강정인·김경희 옮김,《군주론Il
   Principe》, 78쪽, 까치, 2008년 5월 제3판.

3 他則無所事事地生活于宮中, 如同生活在脫離塵世的寂靜之中, 擺脫了任何事
   務, 不必對任何事操心. 他不僅被當地居民做爲神一樣崇拜, 而且韓靼地區的
   其他那些服從他的諸旗王公們也很樂意前往朝拜, 向他表示他們的崇拜心
   情……就如同崇拜活的和眞實的神靈一樣.
   米歇爾·泰勒Michael Taylor(瑞士), 耿昇 譯,《發現西藏Mythos TIBET——
   Entdeckungsreisen von Marco Polo bis Alexandra David Néel》, 中國藏學出版社,
   第39頁, 1999年 1月 第1版.

4 這些人爲能通過豊厚的恩賜獲得大喇嘛的糞便或其他排泄物而自認爲幸福無
   比, 幷將這一切懸掛在脖子上. 啊! 這是一種什麼樣的令人討厭的齷齪行爲啊!
   他們甚至把這種糞尿混合于肉中, 愚蠢地認爲這是豫防各種疾病的良藥.
   米歇爾·泰勒(瑞士), 耿昇 譯,《發現西藏》, 中國藏學出版社, 第39頁, 1999年 1月
   第1版.

5 我是普普通通的一個孩子, 智商也並不高, 只是轉世制度將我推上了達賴的寶
   座.
   《第五世達賴喇嘛自傳》; 多識·洛桑圖丹瓊排,《藏傳佛敎疑問解答120題》, 第155頁
   ~第156頁, 四川民族出版社, 2000年 5月 第1版.

6 西㺚中號台吉者, 在北京三千餘里, 國號大典, 改元文治, 爲彼中所畏憚.
   《조선숙종실록朝鮮肅宗實錄》권19, 숙종 14년(1688) 6월 12일 계축조; 송미령
   宋美玲,〈17~18세기 조선정부의 몽골 이해〉, 160쪽,《중국사연구中國史硏究》
   제62집, 2009년 10월호.

7 《東華錄》; 르네 그루쎄René Grousset(프랑스), 김호동·유원수·정재훈 옮김,《유
   라시아 유목제국사L'Empire des Steppes》, 731쪽, 사계절, 1998년 9월 제1판.

我們曾經統率過那些人, 現在, 你們反而要做他們的奴隸嗎? 這個帝國是我們
祖先留下來的遺產! 它是我們的!

勒內·格魯塞René Grousset(法國), 黎荔·馮京瑤·李丹丹 譯,《草原帝國The Empire of The Steppes》, 第316頁, 國際文化出版公司, 2010年 6月 第2版.

8 김호동,《황하에서 천산까지》, 143~144쪽, 사계절, 1999년 2월 제1판.

9 1652年, 五世達賴進京路過達木時, 由蒙古貴婦侍寢, 次年生桑結嘉措.

王堯,〈第巴·桑結嘉措雜考〉,《淸史硏究文集》第1輯, 1980年; 石碩,《西藏文明東向發展史》, 第322頁, 四川人民出版社, 1994年 3月 第1版.

10 第巴乃外藩人, 何敢奏請撤我朝兵戎! 此特爲噶爾丹計耳.

《淸實錄》聖祖券166, 康熙34年4月庚子條; 石碩,《西藏文明東向發展史》, 第327頁, 四川人民出版社, 1994年 3月 第1版.

11 朕必問儞詭詐欺達賴喇嘛、班禪胡土克圖, 助噶爾丹之罪, 發雲南、四川、陝西等處大兵, 如破噶爾丹之例, 或朕親行討儞, 或遣諸王大臣討儞.

《淸實錄》聖祖券175, 康熙35年8月甲午條; 石碩,《西藏文明東向發展史》, 第331頁, 四川人民出版社, 1994年 3月 第1版.

12 因當時時運艱難, 爲防止發生變故, 未敢發喪.

《淸實錄》聖祖券181, 康熙36年3月壬申條; 石碩,《西藏文明東向發展史》, 第333頁, 四川人民出版社, 1994年 3月 第1版.

13 若是不能交回以前所授出家戒及沙彌戒, 我將面向扎什倫布寺而自殺.

《五世班禪羅桑益西自傳》; 陳慶英、馬林、星全成、馮智、王維強、熊文彬 編著,《歷輩達賴喇嘛生平形象歷史》, 第255頁, 中國藏學出版社, 2006年 第1版.

14 我同情人身挨身, 却不知道她的心.

黃顥·吳碧雲 編,《倉央嘉措及其情歌硏究》, 西藏人民出版社, 1982年 第1版; 英德 L. 馬利克Inder L. Malik(印度), 尹建新·盛艷·段荃 譯,《西藏的歷代達賴喇嘛 Dalai Lamas of TIBET》, 第23頁, 中國藏學出版社, 1991年 9月 第1版.

15 六世達賴喇嘛之所以還俗是爲了出任藏王, 統治西藏.

英德 L. 馬利克(印度), 尹建新·盛艷·段荃 譯,《西藏的歷代達賴喇嘛》, 第26頁, 中國藏學出版社, 1991年 9月 第1版.

16 雖然他每天都與女人同床共寢, 但他從未讓自己的精液流出一點一滴. 這是他在歷代前世達賴喇嘛生涯中所獲得的控制力.

英德 L. 馬利克(印度), 尹建新·盛艷·段荃 譯,《西藏的歷代達賴喇嘛》, 第27頁, 中國藏學出版社, 1991年 9月 第1版.

17 倉央嘉措不是第五世達賴喇嘛眞正的轉世靈童.

344_ 제5장 전기 겔룩시대

陳慶英、馬林、星全成、馮智、王維强、熊文彬 編著,《歷輩達賴喇嘛生平形象歷史》, 第
257頁, 中國藏學出版社, 2006年 第1版.

18 1717년 4월 1일 이방李枋과 숙종의 대화는 필자가 쉽게 요약한 것이다. 원문은
다음과 같다.

李枋曰 "臣等行到邊東, 宿所主人姓名談輨瑜, 而自稱吳三桂幕下, 年今八十
餘. 語及西㺐事, 渠自櫃中, 出示西㺐標文曰 '西㺐之名, 卽澤旺阿瀨蒲坦, 而
兵勢甚盛, 胡皇屢次征討, 中間七百餘地無水草, 故不能久留, 退兵卽旋復來
侵, 中國自然疲弊云.' 此則非購得而出示者, 似是眞的矣." 上曰 "西㺐實爲
彼國大憂矣."

《조선숙종실록》권59, 숙종 43년(1717) 4월 1일 을유조; 송미령,〈17~18세기
조선정부의 몽골 이해〉, 162쪽,《중국사연구》제62집, 2009년 10월호.

19 諸法無常, 有生有滅, 用不着悲傷.

多仔夏仲·策仁旺杰(TIBET), 湯池安 譯,《頗羅鼐傳》, 第35頁, 西藏人民出版社,
2002年 12月 第2版.

20 頗拉家的這位青年, 無疑是噶丹策旺(噶爾丹汗)的轉世.

多仔夏仲·策仁旺杰(TIBET), 湯池安 譯,《頗羅鼐傳》, 第97頁, 西藏人民出版社,
2002年 12月 第2版.

21 五世班禪很可能是迫于拉藏汗的壓力.

石碩,《西藏文明東向發展史》, 第338頁, 四川人民出版社, 1994年 3月 第1版.

22 진순신陳舜臣(일본), 권순만·김태용·오정환·윤대균·진영보 옮김,《중국의 역사中
國の歷史》제11권(태평천국), 45쪽, 한길사, 1995년 11월 제1판.

23 此事萬萬不可.

多仔夏仲·策仁旺杰(TIBET), 湯池安 譯,《頗羅鼐傳》, 第124頁, 西藏人民出版社,
2002年 12月 第2版.

24 準噶爾軍隊從那倉往阿里開來, 是敵是友, 尙難分辨. 我阿里軍隊已整裝待命,
請下命令.

多仔夏仲·策仁旺杰(TIBET), 湯池安 譯,《頗羅鼐傳》, 第126頁, 西藏人民出版社,
2002年 12月 第2版.

25 頗羅鼐台吉, 你是生長在西藏的孩兒, 不是能征善戰的蒙古人. 你什麼也不懂,
閉上嘴呆着吧.

多仔夏仲·策仁旺杰(TIBET), 湯池安 譯,《頗羅鼐傳》, 第127頁, 西藏人民出版社,
2002年 12月 第2版.

26 我們不是因爲嫉恨和破壞拉藏汗的幸福才來打仗, 而是爲了無依無靠的西藏百

姓. 青海的岱青苛雪齊率領軍隊, 從多康迎來雪域的觀世音化身達賴喇嘛. 經
活佛同意, 並且爲了你們藏人, 我們才誠心誠意前來朝佛. 你們內心應該愉快幸
福, 難道還不返鄉歸家嗎?

多仟夏仲·策仁旺杰(TIBET), 湯池安 譯, 《頗羅鼐傳》, 第130頁, 西藏人民出版社,
2002年 12月 第2版.

27 兵力漸漸分散, 兵丁厭戰. 汗王若能待着我等少數隨從, 經多康往青海, 搬兵求
救, 這豈不是攻敵妙計? 切莫貪圖這裏的財富, 生命比財産更加寶貴, 絶不可以
輕棄.

多仟夏仲·策仁旺杰(TIBET), 湯池安 譯, 《頗羅鼐傳》, 第137頁, 西藏人民出版社,
2002年 12月 第2版.

28 台吉啊, 我的祖先對佛教有貢獻, 深明教義, 號稱佛門法王, 聞名三界. 我是高
貴的嫡係後代, 將佛教僧侶交給萬惡的敵人, 自己逃命, 那麼我還算人嗎? 我寧
死也不背棄佛教. 凡是命中注定的, 逃也逃不掉. 如果我敗亡之後, 佛門法王的
後裔意强大起來, 那一定不會把西藏讓給這些凶魔. 這是我的由衷之言, 再別
無他話.

多仟夏仲·策仁旺杰(TIBET), 湯池安 譯, 《頗羅鼐傳》, 第137頁, 西藏人民出版社,
2002年 12月 第2版.

29 現在, 毫無疑義, 拉藏汗的氣數已盡, 拼命又有何益!

多仟夏仲·策仁旺杰(TIBET), 湯池安 譯, 《頗羅鼐傳》, 第139頁, 西藏人民出版社,
2002年 12月 第2版.

30 我敬仰黃教, 事事圓滿, 樂於一死, 絶無痛苦.

多仟夏仲·策仁旺杰(TIBET), 湯池安 譯, 《頗羅鼐傳》, 第140頁, 西藏人民出版社,
2002年 12月 第2版.

31 很願意爲準噶爾效勞, 但由于身患中風, 尚未痊愈, 故要求暫時委任轟拉木宗本.

夏格巴Tsepon W. D. Shakabpa(TIBET), 藏區政治史飜譯組 譯, 《藏區政治史
TIBET: A Political History》(上), 第286頁, 油印本(中國), 1992年.

32 如妻室和孩子們仍留住在自己的溪作, 那你可以去轟拉木任宗本.

夏格巴(TIBET), 藏區政治史飜譯組 譯, 《藏區政治史》(上), 第286頁, 油印本(中
國), 1992年.

33 皇上有旨, 喇嘛先請坐, 我須叩拜.

陳慶英、馬林、星全成、馮智、王維强、熊文彬 編著, 《歷輩達賴喇嘛生平形象歷史》, 第
273頁, 中國藏學出版社, 2006年 第1版.

34 진순신(일본), 권순만·김태용·오정환·윤대균·진영보 옮김, 《중국의 역사》 제11권

(태평천국), 50쪽, 한길사, 1995년 11월 제1판.

35 首領辦事之人, 互相不睦. 康濟鼐爲人甚好, 但恃伊勳績, 輕視衆噶隆(噶倫), 爲
    衆所恨. 阿爾布巴(阿沛巴)賦性陰險, 行事異於康濟鼐.
    《淸實錄》世祖券52, 雍正5年正月丁巳條; 石碩, 《西藏文明東向發展史》, 第370頁,
    四川人民出版社, 1994年 3月 第1版.

36 過去, 你從不把我們放在眼裏. 你的威風, 原來如此, 該是倒霉的時候了.
    多仟夏仲·策仁旺杰(TIBET), 湯池安 譯, 《頗羅鼐傳》, 第244頁, 西藏人民出版社,
    2002年 12月 第2版.

37 要想到, 我不會被殺害. 高興起來吧! 隆布鼐一伙人, 如果不死在我的刀下, 那
    我就不如一條狗!
    多仟夏仲·策仁旺杰(TIBET), 湯池安 譯, 《頗羅鼐傳》, 第253頁, 西藏人民出版社,
    2002年 12月 第2版.

38 一月之內, 敵人攻不下這座城池, 要很好防守, 我們的軍隊, 不久就會來到.
    多仟夏仲·策仁旺杰(TIBET), 湯池安 譯, 《頗羅鼐傳》, 第254頁, 西藏人民出版社,
    2002年 12月 第2版.

39 要爲康濟鼐報仇.
    多仟夏仲·策仁旺杰(TIBET), 湯池安 譯, 《頗羅鼐傳》, 第256頁, 西藏人民出版社,
    2002年 12月 第2版.

40 一則我要給我們的大恩人康濟鼐報仇; 二則要打破惡徒隆布鼐. 讓我們同心合
    力, 共報康濟鼐被害之仇.
    多仟夏仲·策仁旺杰(TIBET), 湯池安 譯, 《頗羅鼐傳》, 第259頁~第260頁, 西藏人
    民出版社, 2002年 12月 第2版.

41 康濟鼐已經被我殺了! 我應該死在敵群之中.
    多仟夏仲·策仁旺杰(TIBET), 湯池安 譯, 《頗羅鼐傳》, 第260頁, 西藏人民出版社,
    2002年 12月 第2版.

42 這是不義之戰.
    多仟夏仲·策仁旺杰(TIBET), 湯池安 譯, 《頗羅鼐傳》, 第271頁, 西藏人民出版社,
    2002年 12月 第2版.

43 頗羅鼐發動了這麼多百姓造反.
    多仟夏仲·策仁旺杰(TIBET), 湯池安 譯, 《頗羅鼐傳》, 第271頁, 西藏人民出版社,
    2002年 12月 第2版.

44 康濟鼐在衛區被害, 事情已經過去, 無法挽回. 而今, 互相殘殺, 大家全部不幸,
    無疑也很痛苦. 爲了你和你的親屬不致于招至災難, 請停止這場戰事.

多仟夏仲·策仁旺杰(TIBET), 湯池安 譯, 《頗羅鼐傳》, 第271頁, 西藏人民出版社, 2002年 12月 第2版.

45 像這樣的壞事, 是誰干出來的呢? 因爲是隆布鼐首先率軍來攻打我們的, 所以他得先退軍, 我們才能心悅誠服地從命. 若不如此, 那麼家鄉被人占領, 我們要遭戕殺.
多仟夏仲·策仁旺杰(TIBET), 湯池安 譯, 《頗羅鼐傳》, 第271頁, 西藏人民出版社, 2002年 12月 第2版.

46 跪下.
多仟夏仲·策仁旺杰(TIBET), 湯池安 譯, 《頗羅鼐傳》, 第305頁, 西藏人民出版社, 2002年 12月 第2版.

47 你們干了很多壞事, 犯下大罪.
多仟夏仲·策仁旺杰(TIBET), 湯池安 譯, 《頗羅鼐傳》, 第305頁, 西藏人民出版社, 2002年 12月 第2版.

48 別無所爲的話, 我就到哲蚌寺或於深山修佛.
藏族簡史編寫組, 《藏族簡史》, 第191頁, 西藏人民出版社, 1985年 12月 第1版.

49 10月25日, 動手殺欽差大人, 不論官兵客民一齊殺.
藏族簡史編寫組, 《藏族簡史》, 第193頁, 西藏人民出版社, 1985年 12月 第1版.

50 吾二人爲其屠害.
吳豐培·曾國慶, 《清朝駐藏大臣制度的建立與沿革》, 第104頁, 中國藏學出版社, 1989年 5月 第1版.

51 要你在西藏停留一段時間. ① 調查統計可以在西藏出售的歐洲或孟加拉產品, 尤其是 "價值高而又容易運輸的商品"(如人們在那裏可以得到的黃金、白銀、寶石和麝香). ② 必須調查西藏道路的狀況以及拉薩與其近隣的關係. ③ 携回一些植物和動物標本.
米歇爾·泰勒(瑞士), 耿昇 譯, 《發現西藏》, 中國藏學出版社, 第61頁, 1999年 1月 第1版.

52 去歲新刱太學, 制如皇京. 大成殿及大成門皆重簷黃琉璃瓦, 明倫堂在大成殿右墻外, 堂前行閣扁以日修齋、時習齋, 右有進德齋、修業齋. 堂後有覽大廳, 左右有小齋, 右齋正使處焉, 左齋副使處焉. 書狀處行閣別齋, 禪譯同處一齋, 兩廚房分入進德齋. 大成殿後及左右, 別堂別齋不可殫記, 皆窮極奢麗, 而我人廚房多煤污之, 可惜也.
박지원朴趾源, 《열하일기熱河日記》, 〈막북행정록漠北行程錄〉 8월 9일.

53 西番聖僧欲往見乎?

박지원, 《열하일기》, 〈태학유관록太學留館錄〉 8월 10일.

54 皇上字小, 視同内服, 中國人士不嫌往復, 而至於他國人, 不敢相通, 自是小邦
之法也.
박지원, 《열하일기》, 〈태학유관록〉 8월 10일.

55 皇帝事怪惡矣.
박지원, 《열하일기》, 〈태학유관록〉 8월 10일.

56 是與中朝人一體, 即可往見.
박지원, 《열하일기》, 〈태학유관록〉 8월 10일.

57 軍機大臣初言 "皇上也叩頭, 今使臣當行拜叩."
박지원, 《열하일기》, 〈짜시륜뽀札什倫布〉.

58 拜叩之禮行之天子之庭, 今奈何以敬天子之禮施之番僧乎!
박지원, 《열하일기》, 〈짜시륜뽀〉.

59 皇上遇之以師禮, 使臣奉皇詔, 禮宜如之.
박지원, 《열하일기》, 〈짜시륜뽀〉.

60 尚書德保怒, 脫帽擲地, 投身仰臥炕上, 高聲曰 "亟去! 亟去!" 手揮使臣出.
박지원, 《열하일기》, 〈짜시륜뽀〉.

61 使臣及三通事進前, 皆進前長跪. 長跪者, 膝地也. 非貼尻坐也. 皇帝問 "國王
平安?" 使臣謹對曰 "平安." 皇帝又問 "有能滿洲話者乎?" 上通事尹甲宗
以滿話對曰 "略解." 皇帝顧視左右而喜笑.
박지원, 《열하일기》, 〈태학유관록〉 8월 11일.

62 類病癉者.
박지원, 《열하일기》, 〈짜시륜뽀〉.

63 大抵有金色而臃腫蠢蠕, 肉多骨小, 無清明英偉之氣.
박지원, 《열하일기》, 〈짜시륜뽀〉.

64 軍機色皇遽, 而使臣業已坐, 則亦無如之何, 若不見也.
박지원, 《열하일기》, 〈짜시륜뽀〉.

65 皇帝放梅花砲於苑中, 召使臣入見. 殿重簷, 中庭黃幔, 殿上日月龍鳳屏, 陳設寶
辰甚嚴. 千官班立時, 班禪獨先至, 坐榻上, 一品輔國公筆及廷紳貴顯者, 多趨
至榻下, 脫帽叩頭, 班禪皆親手爲一摩頂, 則起出向人擧有榮色.
박지원, 《열하일기》, 〈짜시륜뽀〉.

66 乘攀至, 班禪徐起, 移步立榻上東偏, 笑容欣欣. 皇帝離四五間降攀, 疾趨至,
兩手執班禪手, 兩相搞搦, 相視笑語. 皇帝冠無頂紅絲帽子, 衣黑衣, 坐織金厚
褥, 盤股坐, 班禪戴金笠, 衣黃衣, 坐織金厚褥, 跏趺, 稍東前坐. 一榻兩褥, 膝

相聯也. 數數傾身相語, 語時必兩相帶笑含懽. 數數進茶, 戶部尚書和珅進天子, 戶部侍郎福長安進班禪. 長安, 兵部尚書隆安弟也. 與和珅侍中, 貴震朝廷. 日旣暮, 皇帝起, 班禪亦起, 與皇帝偶立, 兩相握手久之, 分背降榻, 皇帝還內, 如出儀, 班禪乘黃金屋轎, 還札什倫布.

박지원, 《열하일기》, 〈짜시륀뽀〉.

67 昔在滇南, 公暇時, 嘗以此事問於今太學士阿桂公, 曰 "所見入藏地者, 智不足以知此, 將軍明哲人也, 其事究竟如何?" 公曰 "不必問此事實有實無. 設如我輩家生一極聰明之子, 自四五歲時不令知一毫世事, 日使老師宿儒不離於座, 惟以聖賢之言灌漑其心, 卽長而又衣食無憂, 金玉錦繡人間可欲之物, 過目不使留, 敬之如神明, 日起惟知向道, 安得不爲聖爲賢? 此輩甚幼, 維令老僧育之, 日說法, 知作功矣. 卽使督作功尊敬之極自幼至長, 不以世法嬰其心, 亦安得不爲佛乎?"

박지원, 《열하일기》, 〈황교문답黃敎問答〉.

68 何故潛改呈文而不令相知?

박지원, 《열하일기》, 〈행재잡록行在雜錄〉.

69 你們呈文全沒事實, 故禮部大人爲你國周旋, 已稟下. 你們不知爲德而乃反盛氣來詰, 何耶!

박지원, 《열하일기》, 〈행재잡록〉.

70 觀人文字, 雖尋常數行之札必鋪張列朝之功德, 感激當世之恩澤者, 皆漢人之文也. 與人語, 雖尋常酬答之事, 語後卽焚, 不留片紙. 此非但漢人如是, 滿人爲尤甚. 然則非但漢人之心苦矣, 天下法禁之心苦矣.

박지원, 《열하일기》, 〈황교문답〉.

71 滿洲其入中原已百餘年, 所以胞養水土, 培習風氣, 無異漢人, 淸汰粹雅, 已自文弱.

박지원, 《열하일기》, 〈황교문답〉.

72 漢人官兵在衛、藏、康三區的搶劫已超過了前後兩次廓藏動亂時廓爾喀所進行的搶劫和破壞.

夏格巴(TIBET), 藏區政治史飜譯組 譯, 《藏區政治史》(上), 第365頁, 油印本(中國), 1992年.

73 軟弱無能的八世達賴.

英德 L. 馬利克(印度), 尹建新·盛艶·段荃 譯, 《西藏的歷代達賴喇嘛》, 第32頁, 中國藏學出版社, 1991年 9月 第1版.

74 토머스 레어드(미국), 황정연 옮김, 《달라이라마가 들려주는 티베트 이야기》, 249

쪽, 웅진지식하우스, 2008년 5월 제1판.

我不相信他們是被毒死的, 他們純是出於不小心. 我覺得說不定是肺結核, 但照顧他的老總管對他雖虔誠, 卻不知照顧的方法, 他們覺得這年輕人是觀音化身, 咳嗽算小事, 實在很粗心而愚蠢. 不過卽使到今天, 如果人們生病, 還是會有人說 "多祈禱就好了, 不需要看醫生." 這很蠢.

湯瑪斯·賴爾德(美國), 莊安祺(臺灣) 譯, 《西藏的故事——與達賴喇嘛談西藏歷史》, 第184頁, 聯經出版社(臺灣), 2008年 7月 第1版.

75 舊西藏是建立在廣大農奴極度痛苦基礎上的農奴主的樂園.

王貴、喜饒尼瑪、唐家衛, 《西藏歷史地位辨》, 第454頁, 民族出版社, 2003年 2月 第3版.

제6장 후기 겔룩시대

1888~1951

1. 영국티베트전쟁

룽투르사건

제13대 달라이라마 툽땐갸초土登嘉措, 1876~1933는 1876년 5월 5일 라싸 동남쪽 닥보達布 지방 한 농가에서 태어났는데, 네 살 때 1878년 6월 13일 포탈라궁 사자좌에 앉았다. 그가 어렸을 때 룽투르사건이 벌어졌다.

1870년대 영국령英國領 인도제국정부는 이미 인도 캘커타에서 출발하여 티베트를 가로질러 중국 사천성 성도成都까지 연결하는 철도 건설계획이 있었다. 이 계획의 탐사 일환으로 1885년 인도정부는 맥컬리Colman Macaulay 탐험대를 보냈다. 그러나 남부티베트 민병들이 무력으로 막아섰다. 침략자로 여긴 것이다. 그래서 맥컬리는 별다른 소득 없이 인도로 돌아와야 했다.

문제는 그 다음에 벌어졌다. 네팔과 부탄 사이에 있는 시킴은 영국령 인도제국의 보호국이었다. 시킴과 티베트의 접경에 룽투르隆吐라는 산이 있다. 1886년 7월, 티베트군 3백 명이 이 산 능선에 포대를 설치했다. 오늘날 우리는 국경을 선의 개념으로 받아들이지만, 유목문화에서는 국경을 누구의 소유도 아닌 비어 있는 땅空地 또는 점이지대라는 공간의 개념으로 받아들인다. 티베트인이 보기에 그곳에 포대를 설치하는 것은 문제가 없었다. 그러나 영국인이 받아들일 수 없었다. 국경을 침범해서 포대를 설치했기 때문이다. 프레데릭 해밀턴 Frederick Hamilton, 1826~1902 인도총독이 격분했다.

"우리 영국령 인도를 깔보는 행위 아닌가!",

룽투르 포대 지휘관에게 편지를 보냈더니 뜯지도 않고 돌려보냈다. 할 수 없이 달라이라마에게 편지를 보냈더니 이것도 티베트정부는 뜯지도 않고 돌려보냈다. 그래서 티베트정부는 그 편지 안에 있는 내용도 읽지 못했다.

> 1888년 3월 10일까지 철수하지 않으면 우리가 무력으로 몰아낼 것이다.,

그래서 여덟 달 동안 영국군과 티베트 민병의 산악전투가 벌어졌다. 룽투르 국경분쟁에 참여한 티베트군 총병력이 1만 4천 명이었지만, 영국군의 화력이 워낙 막강했기 때문에 끝내 영국의 승리로 끝났다.

티베트가 러시아와 접촉하다

제13대 달라이라마는 1895년부터 친정親政했다. 그의 시종으로 아왕 도르지에프Лобсан Агван Доржиев; 阿旺·多爾日耶夫, 1853~1938라는 사람이 있었다. 1873년부터 라싸에서 공부했고, 부리야트 몽골인이기 때문에 러시아어도 잘했다. 티베트정부는 영국을 두려워하고 있었다. 도르지에프가 제13대 달라이라마를 설득했다. 러시아황제는 불교를 좋아하며, 러시아가 세계 최대 강대국이라는 것이다. 그는 달라이라마에게 이렇게도 말했다.

"니콜라이 2세Николай II, 1868~1918는 종카빠의 환생자입니다."[3]

말도 안 되는 소리지만 달라이라마에게 효과가 있었다. 제13대 달라이라마의 밀사 도르지에프는 1898년 표트르그라드를 처음 방문했고, 1900년 10월 13일 크리미야Crimea 얄타Yalta에서 니콜라이 2세를 만나 달라이라마의 친서를 전달했다. 티베트와 러시아가 정식 외교관계를 수립하는 것이 목표였다. 티베트는 러시아의 군사원조를 받고, 러시아는 티베트에 대사관을 세운다.

1901년 7월 6일, 도르지에프는 표트르그라드를 세 번째로 방문했다. 이것은 티베트외교사절 8명의 공식방문이었고, 니콜라이 2세가 융숭하게 대접했다. 그러자 영국이 난리 났다. 영국은 러시아의 남하를 적극적으로 막고 있었다. 러시아 세력이 티베트에 들어오면 자신들의 보물창고 인도와 국경이 닿는다.

1902년 11월, 러시아는 몽골을 통해 티베트에 낙타 5백 마리 분량 소총과 탄약을 원조했다. 인도총독 커즌George Nathaniel Curzon, 1859~1925은 영국정부와 지속적으로 연락하며 하루빨리 티베트와 조약을 맺어 러시아가 티베트에 들어오지 못하게 막아야 한다고 주장했다. 그리하여 영국령 인도제국의 티베트침략이 벌어졌다.

설역해적부역

커즌 총독도 달라이라마에게 조약체결을 청하는 편지를 두 번 보냈다. 그러나 두 번 다 뜯지도 않고 돌아왔다. 영국정부는 빨리 조약을 체결할 것을 명했다. 1903년 9월 6일 커즌은 영허스밴드Francis Edward Younghusband, 1863~1942를 '평화사절단' 단장으로 임명하여 호위병 8백 명을 데리고 티베트로 들어갈 것을 명령했다. 이 평화사절단은 지휘관과 기자만 영국인이었고, 대부분 구르카용병이었다.

이들은 1903년 하반기 시킴에서 출동준비를 했고, 1903년 12월 티베트 국경을 넘어 현지 기후에 적응하면서 정찰도 했다. 이렇게 넉 달이 흘렀다. 1904년 3월 31일, 이들은 구록古魯에서 티베트 민병 3천 병력을 만났다. 평화사절단 기관총수와 저격수들은 뒤로 돌아가 능선에서 조준했고, 영허스밴드가 티베트군 사령관과 대화를 나누었다. 영허스밴드는 티베트군에게 무장해제를 요구했다. 받아들일 수 없는 요구다. 다른 영국인들은 티베트군의 복장과 무기를 보며 박장대소했다. 티베트 민병은 갑옷을 입고 칼과 활을 들고 있거나 구식 화승총을 들고 있었다. 영허스밴드와 티베트군 사령관이 실랑이를 벌이고 있는데 갑자기 "탕!" 소리가 났다. 모두 그 자리에 꼼짝 않고 서 있었다.

평화사절단의 기관총과 라이플총이 불을 뿜었다. 티베트군은 화승총 심지에 불을 붙일 여유도 없었다. 무차별난사가 벌어지고 있었는데 갑자기 기관총수가 사격을 멈추었다. 충격적인 장면을 봤기 때문이다. 티베트인은 기관총이 얼마나 무서운 무기인지 몰라서 기관총 정면 조준각도에서 유유히 걸어가고 있었다.

사격이 끝나자 티베트군 시체 6백 구가 땅 위에 쓰러져 있었으며, 나머지는 도망갔다. 이것을 구룩학살古魯屠殺이라 부른다.

티베트정부는 총동원령을 내렸고, 4월부터 7월까지 석 달 동안 개쩨에서 전투가 벌어졌다. 이것은 쉽지 않았다. 개쩨가 워낙 튼튼한 진지였고, 이 사절단은 대포가 없었기 때문이다. 그러나 일부 병력이 인도로 돌아가 대포를 가져오자 승부가 결정 났다. 대포가 성벽을 사정없이 허물었고, 수많은 시체가 처참하게 뒹굴었다. 영국티베트전쟁은 이렇게 끝났다. 공식기록에 따르면 티베트군 사망자는 1천 5백 명이며, 인도평화사절단 사망자는 37명이다.

7월 27일 제13대 달라이라마는 몽골로 망명길을 떠났고, 평화사절단은 8월 3일 라싸에 입성했다. 9월 7일, 영허스밴드는 임시섭정과 〈라싸조약〉을 맺었다. 티베트가 인도정부에 배상금을 지불하고, 티베트는 인도정부의 허락없이 외국과 경제 및 군사협정을 체결할 수 없는 것이 주요 내용이다.

그런데 막상 라싸에 들어온 이 이상한 군대는 시민들에게 별다른 피해를 끼치지 않았다. 주로 자기들끼리 공놀이로 시간을 보냈고, 기자들은 스님들에게 이것저것 물어보며 취재하느라 바빴다. 그리고 라싸로 들어온 영국인들은 어느새 티베트불교의 주요 교리와 평화사상에 푹 빠져버렸다. 학살을 저지른 평화사절단은 1904년 9월 23일 오전 라싸를 떠났다.

나중에 한국《동아일보》는 1920년 9월 20일자 신문에서 영국의 티베트침략을 강하게 비판했다.

《춘추春秋》에 의전義戰이 무無하다 하나, 세상에 어찌 이와 같이 명백한 무도無道의 싸움과 무리無理한 조약의 강제가 있으리오. 영국은 무슨 정당한 이유로 티베트인西藏人의 귀중한 1천 5백의 생령生靈을 도살屠殺하였는가! 자기 말을 듣지 아니하는 이유로! 오인吾人은 실實로 논論하야 차此에 지止함에 아연啞然히 언言할 바를 부지不知하겠노라. 금수상살禽獸相殺은 비록 애련哀憐하나 이성理性의 판단判斷이 무無한 본능의 동물이라 논論할 필요가 무無하거니와, 영성靈性을 구비具備하야 정유情有하고 또 이리理를 각覺하는 자者가 하등何等 이유 없이 자기 욕심慾心을 충족充足하기 위爲하야 도살屠殺을 행행行하니, 이를 금수禽獸라 하면 금수가 오히려 노怒하리로다. ₄

2. 청나라가 티베트를 침략하다

좀비왕조

청나라는 1861년부터 30년 동안 양무운동洋務運動을 펼쳤다. 이 운동의 본질은 서양무기 도입이다. '물질만 서양이 우수할 뿐, 제도와 정신은 중국이 세계 최고'라는 생각이 깔려 있다. 그야말로 오해다. 문화의 3요소는 물질·제도·정신이다. 아무리 돈이 많아도 그 나라 사회제도와 국민정신이 깨어있지 않으면 절대 선진국이 될 수 없다. 청나라는 1894년 일어난 청일전쟁에서 일본에게 참패했고, 1898년 제도를 바꾸는 운동이 벌어졌다. 이것이 무술변법운동戊戌變法運動인데, 이를 1백 일 만인 9월 21일 무력으로 진압한 사람이 서태후西太后, 1835~1908다.

이때 산동성山東省에서 의화권義和拳이라는 권법을 수련하는 단체가 세력을 넓히고 있었다. 의화단義和團은 무술을 수련하는 종교단체였다. 이들이 서양인들에게 무차별 폭력을 휘둘렀고, 마침내 1900년 6월 의화단운동이 벌어졌다. 중국에서 서양세력을 몰아내는 것이 목표였다. 이들이 북경에서 열강들의 대사관이 모여 있는 지역을 55일 동안 포위공격했다. 이를 '북경의 55일'이라 부른다. 북경의 서양인들

은 55일 동안 기적적으로 버텼고, 1900년 8월 8개국 연합군이 북경
에 진주하여 의화단을 무찔렀다. 서태후를 비롯한 만주인들은 서안
西安으로 도망갔다.

청나라는 실제로 1900년에 멸망한 것이다. 하지만 썩어도 준치였
다. 그래서 좀비가 강한 힘을 발휘하는 사태가 벌어진다.

제13대 달라이라마의 북경 방문

달라이라마는 도르지에프를 데리고 1904년 11월 몽골 우르가庫
倫에 도착했다. 우르가 시민 1만 명이 열렬히 환영했다. 달라이라마
가 이곳에 온 까닭은 러시아와 연락해서 영국을 물리치려는 것이었
다. 그러나 러시아는 1905년 일본에게 패하고 2년 뒤인 1907년 영국
에게 "다시는 티베트에 간섭하지 않겠다."고 약속한다. 도르지에프가
열심히 뛰었지만 니콜라이 2세는 달라이라마에게 친서를 보내 위로
해 주는 것이 고작이었다.

그리고 문제가 생겼다. 몽골의 티베트불교 지도자 제쮠담바哲布尊
丹巴가 문제였다. 이때 제쮠담바는 제8대 제쮠담바1870~1924이며, 원
래 라싸에서 태어난 티베트인이다. 그러나 5살 때 몽골로 와서 제쮠
담바가 되었으니 몽골인으로 봐야 한다. 이 사람은 거의 날마다 술을
많이 마셨고, 담배도 많이 피웠다. 심하게는 달라이라마 앞에서 담배
를 피웠고, 색욕도 즐겼다. 달라이라마가 혀를 찼고, 속으로 싫어했다.
제쮠담바도 달라이라마를 싫어했다. 몽골인들이 경쟁적으로 달라이
라마에게 보시해서 자신에게 들어오는 재물이 줄었기 때문이다.

그래서 두 해 만에 우르가를 떠나 쿰붐 사원으로 갔다. 이때 서태후가 관료들을 보내 달라이라마에게 북경을 방문할 것을 요청했다. 우여곡절 끝에 1908년 9월 28일 제13대 달라이라마 일행은 북경에 도착했다.

이때 달라이라마는 하루하루가 괴로웠다. 사천총독 조이풍趙爾豊, 1845~1911이 주도하여 1906년부터 개토귀류改土歸流가 벌어졌다. 영국이 티베트를 병합하기 전에 중국이 티베트를 병합하겠다는 뜻이다. 그래서 동부티베트에서 사원에 불을 지르고 스님과 주민들을 학살하고 있었다. 1906년 새로 라싸에 부임한 암반 연예聯豫는 티베트를 종교국가에서 세속국가로 바꾸는 작업을 하고 있었다. 망해 가고 있는 청나라가 여전히 힘을 발휘하고 있는 셈이었다.

달라이라마는 북경에서 황당한 일을 당했다. 중국황제에게 세 번 무릎 꿇고 아홉 번 조아리는 예의, 곧 삼궤구고三軌九叩를 갖추라는 것이다. 세상에 이럴 수가! 당연히 악수해야 하는데, 삼궤구고라니! 끝내 목례로 타협했다. 한 달 뒤 인수전仁壽殿에서 실권자 서태후는 달라이라마를 싸늘하게 쳐다보며 "너의 티베트 관할권을 간섭하지 않는다."[5]고 말했다. 말할 것도 없이 거짓말이다. 서태후는 11월 15일에 죽었고, 제13대 달라이라마는 12월에 북경을 떠났다.

라싸의 잠 못 이루는 밤

제13대 달라이라마는 1909년 12월 25일 라싸에 도착했다. 연예가 마중 나와 환영했는데, 달라이라마가 본 척도 하지 않고 지나가 버렸다. 화가 난 연예는 "달라이가 러시아 무기를 밀수했다!"[6]며 포탈라궁에 사람을 보내서 짐과 상자를 마구 수색했다. 무기는 전혀 없었다. 달라이라마는 격분했고, 암반에게 제공했던 모든 식량과 땔감을 끊었다. 그런데 동부에서 조이풍이 보낸 종영鍾穎, 1887~1915의 라싸점령군 2천 명이 다가오고 있었다.

1910년 2월 12일 밤. 뮌람첸모 기간이어서 라싸에 사람이 많았다. 이때 장홍승張鴻升이 지휘하는 선발기병대 30명이 라싸 시내로 들어왔다. 두 귀족이 이들에게 다가갔다. 기병대는 그 두 사람을 곧바로 쏴 죽였다. 동시에 포탈라궁에 총을 난사했다. 라싸 전체가 공포에 빠졌다. 달라이라마도 경악했지만 일단 살아남아야 한다. 재빨리 까샥 긴급회의를 했고, 관료들과 같이 필수품만 챙겨서 남쪽으로 달아났다. 종영의 본대가 도착했을 때 달라이라마가 도망간 것을 알고 2월 13일 새벽 3백 명이 라싸하拉薩河까지 쫓아갔다. 달라이라마는 노르부링카 체바 다쌍자뛰達桑占堆에게 경호원 20명을 주며 시간을 끌 것을 명령했다. 이 급조한 부대원들은 라싸하 북쪽 능선에서 신식 소총으로 이틀 동안 저격전을 벌였다. 이들은 70명을 쏴 죽였다.

제13대 달라이라마는 이렇게 가까스로 살아남았다. 이제 의지할 수 있는 곳은 시킴밖에 없었다. 그리고 티베트는 2년 동안 청나라의 식민지가 되었다. 변종제국주의secondary imperialism. 제국주의 침략에 신음하는 나라가 다른 약소국에게 더욱 무자비한 침략을 벌인 것이다. 티베트인에게 중국은 영국보다 더 나쁜 나라가 되었다. 훗날 중국인에게 일본이 영국보다 더 나쁜 나라가 된 것처럼.

영국이 중립을 지키다

제13대 달라이라마 일행은 소수 청군이 주둔하고 있는 개쩨를 동쪽으로 우회하고 팍리帕里와 조모卓木; 亞東를 거쳐 2월 말 시킴 다르질링Darjeeling; 大吉嶺 칼림퐁Kallimpong; 噶倫堡에 도착했다. 이곳이 시킴 국경마을이며, 시킴의 중심지는 강톡甘托克이다. 시킴 행정관 찰스 벨Charles Bell, 1870∼1945이 따뜻하게 환영했다.

찰스 벨은 영국인이며, 실제로 최초의 영국인 티베트학 학자다. 시킴에서 오랫동안 티베트어와 티베트문화를 연구했다. 찰스 벨과 달라이라마 이 둘은 언제나 통역 없이 단 둘이 라싸어로 대화를 나누

_제13대 달라이라마(오른쪽)와 찰스 벨(왼쪽)

었다. 벨은 일단 달라이라마 일행을 여관에서 머물게 했고, 재빨리 칼림퐁 숲에 있는 한 별장을 구해서 달라이라마 임시거주지로 제공했다. 관료들은 칼림퐁 시내 다른 집을 제공해 줬다.

찰스 벨이 처음으로 달라이라마와 이야기를 나눈 뒤, 주요 내용을 인도 외무부에 보고했다. 달라이라마는 영국이 티베트에서 중국을 몰아내기를 바랬으나 영국정부는 거절했다.

"우리는 그에게 중립을 지킨다. 그는 우리 우방도 아니고 적도 아니니까."[7]

1910년 5월 말, 벨은 망명별장으로 찾아가 영국정부의 공식답변을 전달했다. 그러자 망명객들은 울상이 되었다. 영국정부가 중립을 지킨 까닭은 세 가지로 추측할 수 있다.

첫째, 티베트가 러시아와 동맹을 맺으려 한 것이 괘씸했다.

둘째, 영국은 중국에 많은 경제이익이 있었다.

셋째, 중국이 티베트를 점령한 것은 인도에 위협이 되지 않는다고 판단했다.

벨은 2년 3개월 동안 망명별장을 50번 정도 찾아가서 달라이라마와 깊은 대화를 나누었다. 둘은 서로에게 배웠고, 벗이 되었다.

제13대 달라이라마는 쉽게 화를 내고 이내 화를 풀었다. 평소 온화한 얼굴이었으며, 유머감각도 풍부했다. 1911년 6월 초, 달라이라마는 한 인터뷰에서 울분을 터트렸다.

"지금 티베트인은 중국의 탄압을 받고 있다! 암반은 살인마다!"[8]

3. 티베트해방전쟁

군대가 조폭으로 변하다

1900년 이후 청나라는 좀비왕조였다. 손문孫文, 1866~1925은 "만주족을 몰아내고 한족의 나라를 세우자.驅逐韃虜, 振興中華."고 외쳤으며, 일본에서 공부한 공화주의자들이 신식군대에 들어갔다. 이들이 1911년 10월 10일 호북성湖北省 무한武漢에서 쿠데타를 일으켰다. 신해혁명辛亥革命! 마침내 청나라는 1912년 2월 12일 멸망했다. 중화민국中華民國의 총통은 원세개袁世凱, 1859~1916가 되었다.

만주족에 대항하는 한족의 궐기소식은 10월 중순 전보와 신문으로 중국 전역에 퍼졌다. 라싸도 예외가 아니었다. 종영과 같이 들어온 청나라 군대도 동요했다. 연예와 종영은 만주족이다. '우리 한족은 더 이상 저들의 명령을 받을 필요가 없다.' 사병은 대부분 사천四川 사람이면서 가로회哥老會 회원이었다. 가로회는 삼합회三合會의 일파다. 조직폭력배들이었던 것이다.

10월 말, 연예는 시쩨에 있었다. 일단의 중국군이 연예의 부하들을 습격해서 죽였다. 연예는 사색이 되어 탁자 밑에 숨어 있다가 발각당해 붙잡혔다. 그들은 연예를 죽이지 않고 돈을 요구했고, 많은 공금을 빼앗아 술판과 노름판을 벌였다. 연예는 쩨뿅 사원으로 숨었다가, 1912년 음력 8월 4일 라싸를 떠나 인도를 거쳐 중국으로 돌아갔다.

라싸의 사병들은 모두 사천으로 돌아가고 싶었다. 하지만 이들은 먹고 살고자 군대에 들어온 사람들이다. 이대로 돌아갈 수는 없다. 한탕 크게 성공해야 한다. 라싸에 남아 있던 티베트 관리들에게 돈을 요구했다. 은 8만 냥兩. 제 발로 돌아간다니 고마워서 정말 돈을 줬다. 그랬더니 자기들끼리 싸움이 벌어졌다. 물론 술판과 노름판도 벌였고, 끝내 그들은 아무도 돌아가지 않았다. 라싸 시민들은 울화통이 터졌다.

달라이라마는 다쌍자뛰를 티베트군 총사령관으로 임명했다. 다쌍자뛰가 티베트 남부에서 열심히 뛰어다니며 싸울 수 있는 사내들을 모았다.

라싸 시가전

1912년 3월, 다쌍자뛰가 지휘하는 티베트군이 개쩨를 기습했다. 라싸와 시쩨의 중간을 끊은 것이다. 4월, 살아남은 중국군이 무기를 버리고 인도를 거쳐 중국으로 돌아가자, 다쌍자뛰는 뒤이어 시쩨를 기습했다. 시쩨에서 중국군이 포위공격을 막아 버티고 있을 때 제9대 빤첸라마第九世班禪喇嘛·曲吉尼瑪, 1883~1937가 중국군에게 식량을 제공했다. 이것이 나중에 문제가 된다. 끝내 시쩨 주둔군도 탄약이 떨어져 항복했으며, 인도를 거쳐 중국으로 돌아갔다.

3월의 라싸는 무정부상태였다. 곳곳에서 전투가 벌어졌다. 라싸의 중국군이 세라 사원을 공격했다. 이곳에 황금과 재물이 많았기 때문이다. 이제 세라 승병이 들고 일어났다. 라싸 시민들은 외부로 탈출했다. 4월, 다쌍자뛰가 지휘하는 티베트군이 라싸에 도착하여, 1912년 4월부터 11월까지 티베트군 1만 5천 명 대 중국군 2천 명의 라싸시가전이 벌어졌다.

5월 10일, 원세개는 종영을 티베트장관西藏辦事長官으로 임명했다. 종영이 다쌍자뛰에게 전령을 보내 자신이 티베트장관이 되었음을 설명했다. 티베트인들은 황당했다. 다쌍자뛰가 대답했다.

"흠차대신欽差大臣이라는 말은 들어 봤어도 장관長官이라는 말은 처음 듣는다!"[9]

다쌍자뛰는 지뢰를 묻으라고 명령했다. 이 지뢰 때문에 중국군이 여러 명 죽었다. 그리고 지뢰를 설치하지 않은 곳에 병력을 집중 배치했다. 화력은 중국군이 훨씬 우수했으나 티베트군이 라싸를 겹겹이 포위했다. 날마다 지루한 전투가 벌어졌지만, 티베트군은 반드시 이길 필요가 없었기에 버티기만 하면 그만이었다.

제13대 달라이라마는 1912년 6월 24일 칼림퐁을 떠나 티베트로 돌아가기 시작했다. 이때 포고문을 발표했다.

"중국인이면 한 놈도 남기지 말고 모두 쓸어 버려라!"[10]

중국군은 식량이 떨어졌다. 그래서 말과 당나귀와 개도 다 잡아 먹었다. 나중에는 인육도 먹었다. 티베트군은 화력이 빈약했지만 집요하게 포위를 풀지 않았다.

1912년 음력 10월 6일, 라싸의 중국군 1천 명은 무기를 버리고 항복했다. 다쌍자뛰는 상인들을 데려와 중국군에게 식량을 팔았다. 그러자 아비규환이 벌어졌다. 서로 돈을 내밀며 제발 자신에게 팔라고 부탁했고, 티베트 상인들은 사려는 사람들을 몽둥이로 두들겨 패며 순식간에 다 팔았다.

1913년 1월 6일, 중국군과 중국교민들은 모두 라싸를 떠났다. 그들은 인도를 거쳐 배 타고 고향으로 돌아갔다. 그들의 속마음은 무엇이었을까? 아마 맥베스Macbeth가 한 이 말이 아닐까?

"이렇게 나쁘고도 좋은 날은 처음 봤소."11

제13대 달라이라마는 1913년 1월 17일 라싸에 돌아왔다. 이때 군중에게 맞아 죽은 사람 가운데 차롱 왕축개뽀擦絨·旺秋杰布라는 까뢴이 있었다. 달라이라마는 차롱의 딸과 과부가 된 며느리를 다쌍자뛰에게 줬다. 다쌍자뛰는 이 두 명을 아내로 맞이해서 차롱 다쌍자뛰擦絨·達桑占堆, 1885~1959가 되었다.

차롱 다쌍자뛰의 아버지는 활을 만드는 수공업자였고, 다쌍자뛰도 기계를 잘 만지는 사람이었다. 원래 기계에 소질 있는 사람이 총도 잘 쏜다. 이 사람은 달라이라마와 몽골로 망명을 같이했으며, 1910년 2월 13일 새벽 달라이라마를 위기에서 구해 냈었다. 그리고 1912년 28살로 티베트군 총사령관이 되어 전쟁을 승리로

_차롱 다쌍자뛰

이끌었다. 그래서 평민이었던 젊은이가 순식간에 귀족이 되었고, 티베트군 근대화의 아버지가 되었다. 티베트역사에서 스님을 빼고 이런 입지전적인 인물이 드물다. 그의 두 아내는 언제나 남편의 사랑을 듬뿍 받았고, 서로 사이가 좋았다.

4. 제1·2차 티베트중국전쟁

제1차 티베트중국전쟁

1911년 10월 10일 무한에서 신식군대의 무장봉기가 벌어지자 전국 각지에서 하급 군관으로 있었던 공화주의자들이 상관들을 죽이고 정권을 탈취해서 독립을 선포하는 일이 벌어졌다. 이것이 들불처럼 퍼져 자금성의 만주인들이 더 이상 통제하지 못하고 왕조가 멸망한 것이다.

사천성도 예외가 아니었다. 성도에서 무장항명이 벌어졌고, 11월 22일 사천성이 독립을 선포했다. 12월 8일 성도에서 신식군대끼리 무장분쟁成都兵變이 벌어졌고, 11일에 윤창형尹昌衡. 1884~1953이 진압했다. 12월 22일 새벽, 윤창형은 조이풍을 참수해서 민심을 얻었고, 1912년 3월 12일 사천군정부四川軍政府를 선포하며 스스로 사천도독四川都督이 되었다.

1912년 4월 22일, 원세개는 윤창형에게 "티베트로 진격하여 진압하라.派兵入藏鎭壓"는 전보를 보냈다. 라싸에 있는 중국군 2천 명이 티베트인들에게 포위당했으니 라싸까지 가서 구출하라는 뜻이다. 이때 상황에서 이것은 무리한 명령이었다. 윤창형은 실제로 사천의 왕이 되어 있었고, 사천 내부를 안정시키며 자기 권력을 강화하는 것이 급선무였다. 그런데 윤창형은 자만심이 강한 사람이었다. 자신이 장악한 신식 사천군대가 속전속결로 티베트를 정복할 수 있다고 판단한 것이다.

1912년 6월 16일, 윤창형이 직접 지휘하는 사천군대가 성도에서 출정식을 갖자, 성도 시민들은 만세를 외쳤다. 이 군대는 다르쩨도까지 행진한 뒤 북로와 남로 두 노선으로 나누어 진격했다. 이것이 동부티베트 주요 교통노선이다. 북로는 다르쩨도→뛰道孚→족코爐霍→강쩨甘孜→데게德格→좀다江達→참도昌都로 들어가는 것이고, 남로는 다르쩨도→야장雅江→리탕理塘→빠탕巴塘→착얍察雅→참도로 들어가는 것이다.

그리하여 두 달 만에 파죽지세로 참도까지 점령했다. 동부 개뾰들의 화력이 빈약했기 때문에 쉬운 일이었다. 게다가 사천군대는 라이플총을 썼지만, 개뾰들은 화승총이었다. 라싸시가전은 아직 끝나지 않은 상태였다. 식량과 탄약이 떨어진 윤창형의 군대가 병참지원을 받아 라싸로 진격하면 라싸시가전은 중국의 승리로 끝난다.

그러나 이때 영국이 나섰다.

심라 회의

8월 16일, 북경 주재 영국공사公使 존 조던John Newell Jordan, 1852~1925이 중화민국정부에게 항의했다.

"중국정부는 티베트내정을 간섭할 수 없으며, 군대를 파견할 수도 없다. 이를 받아들이지 않으면 영국정부는 원세개 공화정부를 인정하지 않겠다."[12]

한 달 동안 설전이 오갔지만 원세개는 굴복해야 했다. 영국은 세계 최강국이었고, 영국의 차관지원이 없으면 원세개정부는 유지할 수 없었기 때문이다. 1912년 9월 8일, 원세개는 윤창형에게 참도에서 더 이상 진격하지 말 것을 명령했고 두 달 뒤 라싸시가전은 티베트의 승리로 끝났다.

달라이라마가 라싸로 돌아왔지만 윤창형의 사천군이 참도에 있었기에 티베트 관리들은 불안했다. 찰스 벨은 당시 상황을 이렇게 증언했다.

"그 정부는 영국이 부탄과 맺은 조약처럼, 티베트가 영국의 보호국이 되기를 원했다. 하지만 우리가 티베트의 방어를 책임지는 것은 어리석은 행위였다. 우리는 티베트를 보호국으로 삼을 생각이 없으며, 티베트영토에 관심도 없다는 것을 분명히 전했다."[13]

영국이 티베트의 외교권을 갖는 대신 국방을 책임지는 것은 경제성이 없었다. 티베트는 인도와 달라서 큰 이윤이 나오는 나라가 아니었기 때문이다. 티베트는 영국의 재물창고 인도를 지키는 방호벽이며, 중국과 인도 사이에 있는 완충국緩衝國이다. 영국령 인도정부는 티베트를 확실한 완충국으로 만들고자 이혼법정을 열었다. 이것이 심라회의西姆拉會議다.

인도 북부에 심라Simla라는 서늘한 휴양지가 있다. 1913년 10월 13일부터 1914년 7월 3일까지, 티베트정부와 중국정부 대표가 이곳에서 피 말리는 협상을 벌였다. 중재자는 영국령 인도 외무부장관

맥마흔Arthur Henry McMahon, 1862~1949. 맥마흔의 티베트어 통역이 찰스 벨이었다.

이 복잡한 외교전에서 양쪽 주장을 요약하면 다음과 같다.

중국 "티베트는 우리 중국의 일부다."

티베트 "티베트는 독립국이다. 지금 중국이 우리 동부지역을 점령하고 있다."

그러자 맥마흔이 강제적인 타협안을 제시했다.

서양제국주의와 중국제국주의의 차이

《영국부탄조약》은 1865년 11월 11일 체결했다. 여기에서 찰스 벨이 말하는 '영국이 부탄과 맺은 조약'은 1910년 1월 8일 인도총독의 전권대사 찰스 벨과 부탄왕국 전권대사 우겐왕축Ugyen-Wangchuk; 旺堅往曲이 맺은 《영국부탄수정조약英國不丹修訂條約》이다. "영국령 인도제국이 매년 부탄에 제공하는 지원금 5만 루피盧比를 10만 루피로 올리고, 부탄의 국방을 책임지며, 대신 외교권을 행사하되, 부탄의 내정에 간섭하지 않는다."는 것이 주요내용이다. 이때 인도가 급하게 이런 조약을 체결한 까닭은 암반 연예가 "네팔과 부탄도 우리 천조天朝에게 조공했으므로 중국영토에 속한다."고 주장했기 때문이다. 찰스 벨은 중국인의 이런 독특한 논리를 '상징주의symbolism; 象徵主義'라며 질타했다. 또한 서양제국주의가 식민지를 건설하는 목적은 이윤추구이지만, 중국제국주의가 식민지를 건설하는 목적은 영토 확장과 인구문제 해결임을 간파했다.*

* 貝爾(英國), 宮廷璋 譯, 《西藏之過去與現在TIBET, Past and Present》, 商務印書館, 1930年 9月 第1版.

맥마흔 "티베트를 외外티베트(중부·남부·서부)와 내內티베트(북부·동부)로 나눈다. 외티베트는 달라이라마가 직접 통치하고, 내티베트는 중국의 영향력을 인정하되 달라이라마가 종교권력을 행사한다."

1914년 7월 3일, 중국대표와 티베트대표와 맥마흔이 이러한 내용을 중심으로 한 〈심라조약〉에 서명했다. 그러나 중국정부가 비준을 거부했다. 그러자 영국령 인도정부는 이 조약에 나오는 중국의 권리가 모두 무효라고 선언했고, 달라이라마도 자세한 보고를 받고 화를 냈다.

1920년 찰스 벨이 라싸를 방문했을 때 달라이라마가 노르부링카 온실에서 물었다.

"벨! 왜 심라회의에서 티베트를 내외 두 부분으로 나누었지?"[14]

찰스 벨은 침착하게 대답했다.

"폐하, 제가 보기에 사실은 이렇습니다. 중국은 자신들이 점령한 티베트지역을 중국식 이름으로 바꿔서 중국의 일부로 확정하고 싶어 했습니다. 우리는 상의한 끝에 그 지역에 티베트라는 이름을 남겼습니다. 나중에 티베트군대가 강해졌을 때 내티베트를 되찾으면 됩니다. 티베트라는 이름조차 없으면 이렇게 하기도 곤란합니다."[15]

제13대 달라이라마는 그때서야 이해했다.

하지만 우리는 잊지 말자. 유럽문명의 뿌리는 그리스와 로마다. 로마인은 "디비데 에 임페라"를 좋아했다.

제2차 티베트중국전쟁

1912년 티베트해방전쟁은 정확한 통계가 없다. 다만 중국군 1천명이 죽고 티베트군 1만 명이 죽은 것으로 추정한다. 티베트는 이겼지만 중국에 견주어 10배 넘게 죽었다.

1914년 영국인들이 티베트 보병과 포병장교들을 훈련시켰다. 그리고 라이플총 5천 정과 탄약 50만 발을 팔았다. 티베트정부는 더 많은 군사지원을 요청했지만 영국령 인도정부가 거절했다. 그래도 티베트군이 강해졌다.

티베트군 편제는 다음과 같다. 대뾘代本은 사단장이다. 그러나 5백 명 병력이므로 한국육군 대대大隊 규모. 루뾘如本은 연대장이다. 한국육군 중대中隊 규모. 가뾘甲本은 대대장이다. 한국육군 소대小隊 규모. 루뾘과 가뾘을 같이 부르는 이름이 딩뾘定本이다. 티베트군은 예비군까지 합하여 최대 병력 1만까지 있었다.

_제9대 빤첸라마(오른쪽)와 중국인 대계도(왼쪽)

1913년 11월 윤창형은 북경으로 갔고, 1914년 1월 13일 원세개와 면담했다. 원세개는 쌀쌀하게 대했고, 2월 2일 윤창형을 체포해서 감옥에 집어넣었다. 이때부터 사천은 여러 군벌이 세력다툼을 하는 혼돈에 빠졌고, 동부티베트에 있는 중국군대는 아편을 만들려고 양귀비를 재배하고 라이플총과 탄약을 개뽀들에게 팔았다.

1917년 9월, 리오체類烏齊에 있었던 티베트군 두 명이 경계를 넘어 풀을 베었다. 그러자 참도 주둔 사천군이 붙잡아, 참도사령관 팽일승彭日升이 이들의 목을 베었다. 이에 티베트군은 1918년 1월에 진격하여 2월 참도를 포위공격하여, 끝내 4월 참도를 점령했다. 티베트군은 파죽지세로 공격을 거듭하여, 7월에 금사강金沙江을 건넜다. 그러자 영국정부 사천 성도 주재 부영사副領事 에릭 테크만Eric Teichman이 양쪽 교섭에 나섰다. 그리하여 1918년 12월 휴전협정을 체결했다. 이로써 티베트군은 금사강 동쪽 데게德格에 주둔하고, 사천군은 강쩨甘孜에 주둔하기 시작했다.

5. 근대국가로 가는 몸살

빤첸라마가 중국으로 망명하다

제9대 빤첸라마는 친중국 성향이 강했다. 그래서 1912년 시째 중국군에게 식량을 제공했다. 이것은 반민족 범죄다. 하지만 달라이라마도 빤첸라마를 처형할 수는 없었다. 달라이라마는 군대를 키워야 한다고 결심했다. 그래서 귀족과 사원들로부터 세금을 많이 거뒀다. 더욱이 짜시륀뽀에 엄청난 세금을 매겼다. 빤첸라마는 10년 동안 화가 쌓였다.

1923년 12월 26일, 제9대 빤첸라마와 그 일행은 한밤중에 짜시륀뽀를 탈출하여 중국으로 망명길에 올랐다. 달라이라마는 너무 황당해서 편지를 보내 우아한 욕을 퍼부었다.

제9대 빤첸라마는 1925년부터 10년 동안 중국과 몽골에서 포교와 보시활동에 종사했고, 1937년 11월 께구또玉樹에서 죽을 때까지 짜시륀뽀로 돌아오지 못했다.

제13대 달라이라마의 개혁정치

제13대 달라이라마는 1910년 3월 찰스 벨의 안내를 받아 인도 캘커타를 방문했다. 그리고 3월 14일 오전 캘커타 헤이스팅스 빌딩 Hastings House에서 인도총독 민토Gilbert John Elliot-Murray-Kynynmound, 4th Earl of Minto, 1845~1914와 면담했다. 달라이라마는 여기에서 처음으로 마차와 기차를 탔고, 전화기로 남과 통화하는 놀이에 재미를 붙였으며, 영국인이 인도에 심은 각종 신문명과 제도를 봤다.

라싸로 돌아온 달라이라마는 티베트를 개혁하기로 결심했다. 그런데 티베트는 그때까지 실제 세금이 없었다. 세금이 없어도 각종 재물보시만으로 정부를 충분히 운영할 수 있었기 때문이다. 그러나 개혁을 하려면 많은 돈이 있어야 했다. 그래서 가혹하게 세금을 거두었다. 이 일을 맡은 사람이 룽샤 도제체께龍夏·多吉次杰, 1881~1940라는 제뿐이었다. 귀족들이 불안에 떨었고, 사원들도 불만이 생겼다. 그럼에도 달라이라마에게 반항할 수 없었다. 제13대 달라이라마의 전생은 제5대 달라이라마이고, 제5대 달라이라마는 신이기 때문이다. 달라이라마에게 항의하고 중국으로 망명한 제9대 빤첸라마는 예외에 속한다.

역대 달라이라마 가운데 제13대 달라이라마만큼 강력한 절대권력을 휘두른 사람이 없다. 그래서 찰스 벨도 이렇게 증언할 정도였다.

"제13대 달라이라마는 명실상부한 독재자였다. 히틀러와 무솔리니도 제13대 달라이라마만큼 독재를 하지 못했다."[16]

제13대 달라이라마의 개혁을 정리하면 다음과 같다.

① 예전에는 관료의 근무시간이라는 개념이 없었기 때문에 게으른 관료가 많았다. 그래서 관료들의 근무시간을 9시에서 5시까지(점심시간은 12시부터 1시까지)로 정했다.

② 지방관으로 발령받은 귀족이 자기 체바를 대신 보내는 폐습을 엄금했다. 그뿐만 아니라 그때그때 모든 지방관의 보고를 받아 꼼꼼히 읽고 명령을 내렸다.

③ 티베트군대를 민병이 아닌 상비군으로 만들었다. 티베트군대를 근대화할 때 실제 일을 맡은 사람이 차롱 다쌍자뛰였다.

④ 경찰제도를 도입했다.

⑤ 일부 장원에서 흉악범의 팔과 다리를 자르는 일이 있었다. 이를 철저하게 엄금했다.

⑥ 귀족 자녀 4명을 영국으로 유학 보냈다.

⑦ 영어학교를 운영했다.

⑧ 발전기로 전기를 생산해서 각종 공장을 세웠다. 그래서 지폐와 동전을 만들고, 소총과 탄약도 만들고, 면방직기계를 수입해서 섬유산업도 일으켰다.

⑨ 우표를 만들고, 역참제도를 개선해서 근대적인 우편제도를 만들었다. 우편배달부는 각 역참을 이어달리기로 편지를 배달했다.

⑩ 상인을 우대하고, 무역을 적극적으로 장려했다. 그래서 인도의 각종 신문물이 쉽게 라싸까지 들어왔다. 1920년대 후반에는 달라이라마가 직접 인도에서 미국 자동차 두 대를 수입해서 짐을 운반하는 실험을 했다. 티베트인들은 이때 처음으로 '바퀴 달린 말'을 봤다.

부국강병을 거부하는 사람들

그러나 제13대 달라이라마의 개혁은 근본적인 문제가 있었다. 그가 죽으면 개혁을 계승할 사람이 없는 것이다. 최소 20년 뒤에야 나타날 수 있을 뿐이었다.

찰스 벨은 티베트인 친구가 많았다. 하루는 한 친구가 벨에게 중요한 발언을 했다.

"국가가 부강하면 범죄를 피할 수 없습니다. 국가가 부강하면 오만해지고, 전쟁을 일으켜서 다른 나라 백성들을 죽이며 영토를 빼앗기 때문입니다. 그래서 승려는 자식이 없습니다. 승려도 자식을 낳을 수 있으면 티베트는 인구가 불어나 강성해질 것이며, 끝내 다른 나라를 침략하여 통치할 것입니다."[17]

지금 살아 있는 제14대 달라이라마는 티베트 전통불교문화를 이렇게 비판했다.

"티베트인의 불교는 부정적인 면이 있었습니다. 불교에 대한 애착이 지나친 것이지요. 종교지도자들은 자신이 속한 사원과 종파를 우선으로 생각했고, 티베트라는 국가는 그 다음이었습니다. 하지만 그것도 진실한 불법佛法이 아니었습니다. 웅장한 사원과 거대한 불상에 대해서만 생각했습니다. 마치 그것이 진정한 불법인 양 말이지요. 어리석은 믿음이었어요. 티베트역사를 오늘날 비극에 이르게 한 씨앗 가운데 하나는 불법에 지나치게 치우쳤던 잘못이었습니다."[18]

제13대 달라이라마는 새로운 문물에 대해 전혀 거부감이 없었는데, 일반적인 티베트인은 그렇지 않았다. 자동차를 수입했다면 도로

를 만들어야 하고, 도로를 만드는 방법을 배워야 했다. 그러나 1951
년 이전의 티베트는 자동차도로가 없었다. 이런 것 없이도 잘 살았기
때문이다. 그래서 제13대 달라이라마가 죽자 그 바퀴 달린 말들을
노르부링카 창고에 넣고 더 이상 사용하지 않았다.

지금 살아 있는 제14대 달라이라마는 원래 기계에 소질이 있는
사람이었다. 이 사람은 자신이 어린 시절에 겪은 전통 티베트사회를
이렇게 비판했다.

"뭔가 새로운 창조적인 일을 하면 사람들은 부정적으로 봤습니
다. 늘 옆에 있는 것만 유지하고 과거를 보존하려고 했지요. 크나큰
실수였습니다. 세계에서 어떤 일들이 벌어지는지 신경도 쓰지 않았
습니다. 그래서 티베트가 약해진 것입니다."[19]

6. 제3차 티베트중국전쟁

정권은 총구에서 나온다

원세개는 1916년에 죽었고, 중국은 군벌 시대로 들어섰다. 북경의 중앙정부는 북경만 다스리면서 외교권을 행사했다. 중국을 민주공화 국으로 만들려는 선각자들의 노력은 실패로 돌아갔고, 손문은 망명 을 직업으로 삼아야 했다. 1919년 5월 4일에 폭발한 오사운동은 중 국에 공산주의사상이 들어오는 계기가 되었고, 1921년 7월 23일 공 산주의자 13명과 코민테른Communist International 대표 2명이 상해上海 프 랑스 조계에 있는 2층짜리 빨간 벽돌집에 모여 중국공산당을 창당 했다.

중국공산당을 처음 창당했을 때 당원은 50명이었고, 1925년에도 950명에 지나지 않았다. 손문의 국민당 당원은 이미 1922년에 23만 명이었다. 중공은 코민테른의 지시에 따라 1923년 6월 손문에게 양 당 합작을 제안했고, 1924년 1월 손문은 소련의 군사원조를 받고자 합작에 응했다. 이것을 제1차 국공합작國共合作이라 부른다. 국민당은 공산당의 숙주였다.

손문은 소련의 지원으로 군비를 확충하는 동시에 1924년 6월 광동성 광주廣州에 황포군관학교黃埔軍官學校를 세워 우수한 장교들을 단기교육으로 배출했다. 이 학교 교장이 장개석蔣介石. 1887~1975이었다. 손문은 1925년 3월 12일에 죽었다.

장개석은 손문의 유지를 받들어 1926년 6월부터 1928년 12월까지 군벌들을 소탕하거나 포섭해서 중국을 통일하는 북벌전쟁北伐戰爭을 벌였다. 남경南京을 수도로 삼는 장개석의 남경정부는 1927년 4월에 성립했는데, 중국공산당 당원은 5만 8천 명으로 늘어났고, 상해에서 미국과 영국의 지지를 얻은 장개석은 공산주의운동을 탄압하기 시작했다.

중국공산당은 1927년 8월 1일 남창南昌에서 무장봉기를 일으켰다. 8월 7일 무한武漢에서 긴급회의를 가졌을 때 호남성湖南省 대표 모택동毛澤東. 1893~1976이 중요한 말을 했다.

"정권은 총구에서 나온다."[20]

1927년 9월 모택동은 호남성에서 추수봉기를 일으켰지만 달걀로 바위치기였고, 다른 중공 지도자들이 남창과 광주에서 벌인 무장봉기도 다 실패했다. 모택동은 패잔병들을 이끌고 강서성江西省 정강산井崗山으로 왔으며, 1928년 산적 2천 명을 규합하여 중국공산당 군대 홍군紅軍을 만들었다. 중국역사에서 1928년부터 1949년까지가 국민당정부시기다.

조폭, 거짓말, 그리고 밀랍인형

민국시대1912~1949 다르쩨도 동쪽 사천지방은 혼란했다. 신해혁명

직후 조이풍을 처단하고 사천도
독이 된 윤창형부터 시작해서, 당
계요唐繼堯·류존후劉存厚·웅극무熊
克武·양삼楊森 등 여러 거물이 자
웅을 겨뤘고, 이들은 자신들 구
역을 다시 부하들에게 나누어 주
는 봉건방식으로 권력을 유지했
다. 그래서 1912년부터 1932년까
지 크고 작은 전투가 무려 478회
나 벌어졌다.

_류문휘

전투가 478회나 벌어졌다는
것은 공식기록이다. 나는 성도에
있는 사천대학四川大學에서 5년 동안 공부할 때, 성도에서 대대로 살
고 있는 나이 많은 노인들과 다른 교사들 의견도 많이 들을 수 있었
다. 이들이 이구동성으로 이런 사실을 이야기했다.

"그때 실제로 사천은 혼란스러웠습니다. 사람도 많이 죽었어요.
하지만 공식기록은 과장으로 봐야 합니다. 아무리 다른 군벌 밑에
있어도 같은 사천 사람입니다. 어쨌거나 먹고 살기 위해 군벌 밑에
들어갔는데, 서로 죽고 싶지 않은 것은 마찬가지입니다. 그래서 이
런 일이 많았어요. 한 소규모 부대와 다른 군벌 소규모 부대가 만났
습니다. 대장이 말합니다. '우리가 먼저 쏠게.' 그러면 상대편이 '알았
어!' 먼저 저들이 총구를 하늘로 향한 채 빵빵빵 쏩니다. '다 쐈냐?'
'그래!' '이번엔 우리가 쏜다.' 빵빵빵 열심히 쏜 뒤 서로 웃으며 헤어

집니다. 그리고 상부에 한 번 전투를 치뤘다고 보고합니다."

국민정부가 북벌을 끝냈을 때, 중경重慶은 류상劉湘, 1890~1938, 성도는 류문휘劉文輝, 1895~1976로 질서정리가 대충 끝난 상태였다. 그러나 다른 여러 사천 군벌도 여전히 남아 있었다. 류상은 류문휘보다 5살 많은 조카였다. 장개석은 류상 군대를 국민당 제21군, 류문휘 군대를 국민당 제24군으로 지정했다.

류상과 류문휘를 배출한 류씨 가문 고택劉氏莊園이 사천성 대읍현大邑縣에 있다. 지금도 잘 보존했는데, 이 안에 류문휘의 형이며 사천 대지주인 류문채劉文彩, 1887~1949가 소작인들을 학대하는 모습을 재현한 밀랍인형이 있다. 2006년, 내가 류씨 고택을 참관한 뒤 밀랍인형 이야기를 개인적으로 한국어를 가르쳐 주던 여대생에게 한 적이 있다. 그 여대생은 대읍현에서 태어나 자란 사람이다. 이 이야기를 하자 간절하게 호소하는 눈빛으로 이렇게 대답했다.

"그것은 거짓말이에요. 공산당이 선전용으로 지어낸 이야기에요. 류문채는 소작인을 학대하지 않았어요. 오히려 대읍현 사람들을 위해 학교를 많이 세웠어요. 우리 대읍현 사람들은 모두 류문채를 존경해요."

중국공산당이 선전하는 티베트역사는 이 류씨 고택 밀랍인형과 같다.

약탈 아르바이트

티베트에서 라싸중앙정부의 법령이 가장 미치지 못하고 문화도 다양한 곳이 동부지역이었다. 티베트어로 캄, 민국시대 중국인들은 서강西康이라 불렀다. 이곳은 수많은 개뽀가 사원과 관계를 맺으며 각축전을 벌였고, 산적도 많아서 악명을 떨쳤다. 그것도 전문 산적이 아니라 평소 생업에 종사하는 농민과 유목민이 마을회의를 거쳐 한 지역이나 상인들을 집단으로 습격해서 약탈한 뒤 다시 생업으로 돌아가는 경우가 많았다. 그래서 동부티베트 남자를 일컫는 '캄빠康巴'에 노상강도라는 뜻도 있었다.

여기에 새로운 개간지와 장사를 위해 청나라 시절부터 이주한 사천한족四川漢族도 많았다. 티베트인들은 사천인들을 '게미'라고 불렀다. 티베트어 '게미'는 중국인이라는 뜻이다. 1929년 8월 17일 남경을 찾은 동부티베트 한족인사들이 국민정부에게 이런 증언을 했다.

"우리 정부가 통일했다고 하지만, 티베트인 거주구역을 보면 정부 명령이 미치는 곳은 캄 동부 13개 현縣밖에 없고, 이 현들에 정부기관이 없습니다. 게다가 이곳을 지킬 군대도 없습니다. 남북 두 노선을 따라 늙고 허약한 군대가 있습니다만, 이것도 군부대는 몇 곳밖에 없고, 이 사람들이 평시 현지에서 도적질로 먹고 삽니다. 정예 티베트군을 만나면 추풍낙엽처럼 떨어질 것이고, 다르쩨도 서쪽은 다시는 우리 땅이 되지 않을 겁니다."[21]

다르게 사원

동부티베트 강쩨현甘孜縣 중심지에서 서북쪽 60리 떨어진 곳에 다르게라는 사원이 있었다. 한족은 대금사大金寺라고 불렀다. 원래 승려가 수백 명 정도 있었던 작은 사원이었다.

조이풍의 개토귀류와 제1차 티베트중국전쟁 시기 동부티베트 전체가 전란에 휩싸여 큰 타격을 받았는데, 이 절은 상황에 따라 잘 대처해서 무사했다. 피난민이 오면 잘 받아 주었고, 이들이 절에 시주도 했다. 재산이 불어나자 승려도 늘어났고, 이곳 승려들이 장사를 시작했다. 여기에서 장사는 중계무역과 금융업까지 포함한다. 그리하여 다르게 사원은 동부티베트에서 첫째가는 부자 사원이 되었다.

자본이 계속 불어나자 이 사원의 재산을 노리는 사람들도 생겼다. 1916년 향성鄕城 주민들이 기병 1천 명을 조직해 사흘 동안 밤낮으로 포위공격했다. 다행히 승려들이 소총으로 물리쳤으나, 1916년 사건 뒤 다르게 사원은 평일 외부인 출입을 금하고, 소총과 탄약을 더욱 빈틈없이 갖췄다.

제13대 달라이라마도 티베트군과 사천군 사이에 있는 이 절 위치를 중시했고, 재정과 군사지원을 아끼지 않았다. 1930년, 이 절의 승려는 모두 1천 8백 명이었다.

탐욕의 씨앗이 눈더미처럼 불어나다

다르게 사원 동남쪽은 페리 개뽀 구역이었다. 이곳에 사원이 세 개 있었다. 페리 사원白利寺, 야라 사원亞拉寺, 춤제 사원春則寺. 1830년대, 페리 사원이 산적들에게 약탈당했는데, 야라 사원 승려들이 산적들을 물리쳐 줬다. 페리 개뽀가 감격했고, 야라 사원 주지스님이 페리 사원 주지스님과 같이 페리 사원을 다스릴 것을 허락했다.

문제는 1백 년 뒤 벌어졌다. 야라 사원 주지스님이 돌아가신 뒤 다르게 사원 안에 있는 한 농가에서 환생했다. 그래서 '야라 튀쿠'라고 불렀다. 야라 튀쿠는 라싸에서 공부를 마친 뒤 페리 개뽀 요청에 따라 야라 사원으로 돌아왔다. 야라 사원 주지니까 페리 사원도 맡아본다. 이때 페리 사원은 폐허였고, 야라 튀쿠가 자기 돈으로 페리 사원을 중수했다.

이때 페리 개뽀가 딸 하나만 남기고 아들 없이 죽었다. 딸은 야롱 개뽀軋隆結布의 아들과 결혼했다. 그런데 무슨 까닭인지 야롱 개뽀가 된 남편에게 쫓겨났고, 고향집으로 돌아와 아들을 낳았다. 이 아들이 다음 페리 개뽀가 되었다. 하지만 페리 개뽀는 아직 어렸고, 가문의 힘도 많이 약해져 있었다.

이 틈을 타서 춤제 사원 주지스님이 야라 사원 재산을 노리고 후대 페리 개뽀를 낳은 이 딸에게 접근해서 꼬드겼다. 춤제 사원과 페리 개뽀가 힘을 합쳐 야라 튀쿠를 몰아내자는 것이다. 이 일은 성공했다. 야라 사원이 적들에게 점령당하고, 야라 튀쿠가 야라 사원에서 쫓겨나 고향집으로 돌아갔다. 고향집은 다르게 사원 안에 있었다. 그는 다르게 스님들에게 억울함을 호소했다. 보복해 달라는 이야기다. 그리하여 1930년 8월, 다르게 승병들이 우세한 화력으로 야라 사원을 공격했고, 이 사원이 완전히 불타 버렸다.

이제 문제의 근원이 더 이상 중요하지 않았다. 페리 개뽀 구역에 사는 백성과 승려들이 자존심을 되찾으려고 다르게 사원을 일제히 공격했다. 하지만 오히려 다르게 승병들에게 반격당했고, 다르게 승병들은 아예 페리 개뽀 구역 민가를 약탈하고 점령했다.

페리 개뾰는 일단 다르게 사원에 굴복하는 자세를 보이며 다른 한편 강쩨현 정부에 중재를 요청했다. 그러나 다르게 사원이 강쩨현 정부의 중재를 거부했다. 그래도 페리 개뾰는 집착을 버리지 못하고 강쩨현에 주둔하고 있던 국민당 제24군, 곧 류문휘 휘하 부대에게 도움을 청했다. 이들에게는 반가운 소식이었다. 이들도 다르게 사원이 보유하고 있는 막대한 재산을 노리고 있었기 때문이다.

다르쩨도에서 마숙린馬叔驎이 이끄는 지원군과 포병이 도착했고, 이들이 현지 부대와 페리 개뾰 사병들과 같이 다르게 사원을 맹렬히 공격했다. 하지만 다르게 승병은 만만치 않았고, 함락시키지 못했다. 이제 다르게 사원도 위급함을 느꼈다. 마침내 티베트정부에 직접 지원을 요청했고, 1931년 1월 티베트군이 본격적으로 참전했다.

사원과 개뾰의 재산분쟁이 티베트군과 국민당군의 전쟁으로 발전한 것이다.

재산분쟁이 영토분쟁으로 발전하다

티베트군 보병과 포병 3천 병력이 다르게 승병과 합세해서 류문휘군에게 맹공을 퍼부었다. 마숙린이 당황했다. 이제 다르게 사원을 점령하는 것은 문제가 아니다. 그들은 하염없이 후퇴했고, 동부티베트에 사는 한족들은 공포에 떨었다. 그래서 남경 국민정부에 살려 달라는 전보를 보냈다.

쌓아 놓은 달걀처럼 위급함. 후방이 공포에 떨고 있음. 강쩨를 지키지

못하면 족코爐霍와 냐롱瞻化도 위험해짐. 정부가 신속히 대군을 보내
주기 바람. [22]

마슝린 부대는 사력을 다해 저항했다. 이렇게 두 달이 지났다. 민
국시대 중국의 뉴욕타임스《신보申報》를 보자.

이번 달 10일1931. 6 티베트군이 이미 리탕理塘을 점령했다. 다르쩨도까
지 2백 리 떨어진 곳이다. 중국군은 1천 명도 안 되고, 티베트군은 3천
명이다. 사천군류문휘군은 아편재배에 정신이 팔려 지원하지 못하고 있
다. 오늘에 이르러, 제13대 달라이라마는 캄으로 들어온 부대를 치하嘉
獎했다. 강장분규康藏糾紛: 중국인이 티베트중국전쟁을 이르는 용어는 분명
제13대 달라이라마가 티베트군을 보낸 것이고, 의도는 캄 전체를 점령
하는 데 있다. [23]

국민정부는 당가삼唐柯三을 특사特派員로 파견했다.

티베트군이 기세를 타다

당가삼은 8월 9일 족코爐霍에 도착했다. 그리고 티베트군이 먼저
데게德格로 철수한 뒤 강쩨현에서 담판할 것을 제의했다. 그러나 티
베트군이 철수를 거부하며 참도에서 담판할 것을 제의했다. 상대가
제시하는 것의 반대를 제시하라. 이것이 외교협상의 기본원칙이다.
제13대 달라이라마도 철수를 거부하며 오픈카드를 내밀었다.

제1항 반드시 조약에 서명한 뒤 쌍방이 같이 철수해야 한다.

제2항 티베트·중국 국경선 문제康藏界務問題는 국제연맹國際聯盟 공판
公判에 넘긴다.

제3항 티베트·중국 담판장소中藏會議地點는 참도로 하며, 바꿀 수 없
다. [24]

여기에서 제2항이 가장 중요하다. "티베트와 중국이 대등한 국가
대 국가의 관계임을 공식적으로 인정하라."는 뜻이기 때문이다. 《신
보》는 이렇게 분석했다.

제13대 달라이라마가 요구한 제2항은 티베트·중국 국경선 문제를 국제
연맹 공판에 넘긴다는 것이다. 이것은 폐단流弊이 매우 크다. 만일 국제
연맹이 "민주주의 팽창에 따라, 통치권은 당연히 피통치자 동의가 있어
야 한다."는 공약公約원칙으로 해결한다면, 이는 우리에게 이로울 것이
없다. [25]

이런 상황에서 중국에게 더 큰 재난이 덮쳤다. 1931년 9월 18일
일본이 만주 전체를 점령하는 만주사변滿洲事變이 터진 것이다. 그리
하여 이곳에 관동군이 지키는 일본의 괴뢰국이 탄생한다. 바로 만주
국이다.

제13대 달라이라마도 이 기회를 놓치지 않았다. 티베트군에게 진
격을 명령했고, 마숙린 부대는 계속 밀렸다. 11월이 되자 야룽강雅龍
江 서쪽은 실제로 티베트정부 직속 영토가 되었다. 이제 티베트군이

족코와 뛰道孚를 공격한 뒤 다르쩨도로 들어올 것이다. 류문휘가 성도에서 긴급 군사회의를 가졌고, 일단 두 개 여旅 병력 5백 명을 급파했다. 1931년 12월, 티베트군의 기세는 최고조에 달했다. 그럼에도 류문휘군은 처절하게 버텼다. 국민정부가 보낸 특사 당가삼은 별다른 소득 없이 돌아갔다.

1931년이 지나 1932년이 되었다. 이제 류문휘는 다르쩨도까지 다 포기해야 하는가!

그런데 엉뚱한 곳에서 반전이 벌어졌다.

제1차 반전: 이슬람군벌의 등장

북부티베트는 오늘날 청해성青海省이다. 청해성 중심지인 서녕西寧이 있는 청해성 동북부는 티베트인, 몽골인, 회족回族, 한족漢族, 토족土族이 섞여 살았다.

1914년부터 1949년까지 청해성은 회족 마馬씨 가문 천하였다. 1931년 8월 마기馬麒가 죽자 둘째 아들이 대를 이었다.

마보방馬步芳. 1901~1975. 아랍어 이름은 호세이니呼賽尼. 이슬람군벌이다.

1932년 1월, 장개석 직속 부하인 호종남胡宗南. 1896~1962이 국민당 중앙군 제1사師를 이끌고 감숙성甘肅省 천수天水로 들어왔다. 이때 호종남은 청해에서 마보방 세력이 날로 커지고 있다는 정보를 얻었고, 마보방 세력을 제압해야 한다고 판단했다. 그래서 부사장副師長 팽진지彭進之를 청해로 보내 마보방 군사력의 허실을 알아보게 했다.

마보방이 이 사실을 알고 깜짝 놀랐다. 지금 자기 군사력으로 국민당 중앙군 제1사를 이길 수 없다는 사실은 알고 있었기 때문이다. 마보방이 내린 해결책은 장개석의 눈을 다른 곳으로 돌려서 중앙군 제1사를 간접적으로 돌려보내도록 하자는 것이었다.

청해성 남부는 티베트인 말고 다른 민족이 별로 없었다. 청해성 남부 중심지가 옥수玉樹였다. 옥수는 중국어이고, 티베트어는 께구또. 청해성에 속하지만 참도·데게·강쩨와 가깝고, 지금도 께구또 사람은 자신을 "캄 사람으로 불러 달라."고 부탁한다.

께구또에 티베트정부가 파견한 승관僧官이 한 명 있었다. 이 승관이 한 외지 상인과 물건을 흥정하다가 시비가 붙었다. 마보방이 재빨리 마표馬彪를 보내 그 상인이 싸움을 크게 만들도록 조종했다. 이제 단순한 상업마찰이 아니라 께구또에 있는 티베트불교 승려들의 자존심까지 건드리는 상황에 이르렀다. 마침내 무력을 써야 했고, 이곳 승관이 참도에 있는 티베트군사령부에 지원을 요청했다. 다 마보방이 계산한대로 움직였다.

1932년 2월 티베트군이 께구또로 들어왔고, 마보방군은 일부러 져 주면서 후퇴했다. 그리고 심각한 상황을 남경정부에 계속 전보로 알렸다. 마침내 장개석은 마보방에게 청해로 들어온 티베트군을 격퇴하도록 명령했고, 호종남의 청해성 군벌 소탕계획은 흐지부지되었다. 마보방은 이렇게 위기를 넘겼다.

뒤통수를 쳐서 역전시키다

1932년 2월 제13대 달라이라마는 동부에서 싸우던 티베트 정예 병력 일부를 께구또로 돌렸다. 그리하여 께구또로 진격한 티베트군은 5천 명으로 불어났다. 이것이 제13대 달라이라마의 실수였다. 마숙린 부대와 싸우던 티베트군 화력이 약해진 것이다. 류문휘가 이 기회를 놓치지 않았다. 자신이 거느리는 최정예부대를 야롱강 전선으로 보냈다.

드디어 류문휘군이 전세를 역전시켰다. 이렇게 다시 강쩨로 밀고 나오자, 티베트군 다섯 대뻰代本 2천 5백 병력이 맞받아쳐서 반격했다. 께구또와 강쩨 두 전장에서 격전에 격전이 쉬지 않고 벌어졌다. 이제 제13대 달라이라마가 직접 참도까지 와서 총지휘했다. 달라이라마는 라싸에 설립한 병기공장에서 탄약을 빨리 더 만들고 인도에서 소총과 대포를 더 사올 것을 명령했다.

께구또로 진격한 티베트군은 7천 명까지 불어났다. 마보방군은 팽고彭沽를 사수했다. 그러는 사이 마보방의 정예부대가 께구또전선으로 왔으며, 1932년 6월 18일 바바쿠쿠싸이다리巴巴苦苦賽橋 일대에서 격전이 벌어졌다. 티베트군은 7월 16일 총공세를 펼쳤다. 이때 마보방군 단장團長 마해교馬海蛟와 다른 영장營長 두 명이 전사했다. 마량신馬良臣이 이끄는 여旅는 팽고를 사수했다. 마보방은 18일 전방을 시찰하며 서녕에 있는 부대를 더 투입할 것을 결정하고, 남경정부에 탄약지원을 요청했다.

류문휘가 총지휘하는 부대三旅는 티베트군 후퇴를 따라가며 진격했고, 마보방군과 참도에서 만나기로 약속했다. 동부에서 분투하고 있는 티베트군은 다시 다섯 부대로 나눠 각자 다른 길로 우회해서 강쩨를 맹렬히 공격했다. 그러나 끝내 실패했고, 데게로 철수했다. 제13대 달라이라마는 "데게 사수!"를 명령했다. 7월 말, 그는 이런 성명을 발표했다.

> 티베트중국전쟁은 티베트가 먼저 도발하지 않았다. 더구나 티베트·중국 우호和好를 어길 생각도 없다. 만약 중국정부가 이 사건을 계속 류문휘에게 맡긴다면, 티베트는 앞으로 사태가 계속 커지는 것을 책임질 수 없다. [26]

제13대 달라이라마가 유언장을 쓰다

8월이 되자 제13대 달라이라마는 자신이 실수했음을 깨닫고, 마보방에게 티베트군이 청해에서 물러날 조건을 제시했다. 청해 남부를 티베트 직할로 편입할 것을 요구했으나, 마보방은 이를 거절했다. 게다가 이제 류문휘가 직접 강쩨로 와서 총지휘했다.

그의 1차 공격목표는 데게. 류문휘군이 데게를 점령하자, 티베트군은 다시 후퇴를 거듭, 금사강金沙江에 방어선을 구축했다. 금사강마저 뚫리면 참도까지 후퇴해야 한다. 참도마저 함락당하면 그대로 라싸까지 밀릴 수밖에 없다. 일단 금사강에서 티베트군과 류문휘군의 대치상황이 벌어졌고, 이제 류문휘가 금사강까지 와서 직접 지휘했다. 목표는 참도 공격. 마보방군과 싸우는 티베트군은 여전히 꺼구또에 묶여 있었다.

1932년 8월, 제13대 달라이라마는 부대지휘를 일선 지휘관들에게 맡기고 노르부링카로 돌아왔다. 그리고 유언장遺囑을 썼다.

> 티베트의 심장인 불교와 정부는 안팎으로 협공당할 것이다. 우리가 우리나라를 지키지 못하면 달라이라마와 빤첸라마를 포함하는 모든 튀쿠는 흔적도 없이 사라질 것이며, 중들이 핍박받고 사원은 파괴당할 것이다. 정부 관리들의 토지와 재산은 적들에게 몰수당할 것이고, 적에게 복종하며 살거나 거지가 되어 뿔뿔이 흩어질 것이다. 그리고 중생만물이 처참한 참화를 당하여 하루하루 고통스러운 나날을 보내야 할 것이다. 이를 생각하면 나는 가슴 아프다. [27]

제2차 반전: 조카가 숙부에게 총부리를 겨누다

제13대 달라이라마는 어떻게 해서든 서둘러 마보방과 타협해서 물러난 뒤, 모든 병력을 동부로 집중 투입해서 전세戰勢를 다시 역전시키려고 했다. 하지만 이런 달라이라마의 생각과 달리 남경정부는 마보방군에게 신형 소총 5백 자루와 탄약 5만 발을 제공했다. 그리고 마보방과 류문휘가 참도 협공挾攻을 준비했다. 이것이 8월부터 9월 말까지 형세변화였다. 티베트는 위기에 빠졌다.

10월 1일, 제13대 달라이라마는 교전과 담판에서 실패한 책임을 물어, 대뻰 총랑瓊然, 데몬德門, 케뙨凱墨을 일반 속관俗官으로 강등시키고 다른 사람으로 대체했다. 그런데 바로 이날, 또다시 반전이 벌어졌다.

　류상劉湘이 자기보다 다섯 살 어린 숙부 류문휘에게 총부리를 겨눈 것이다.

　사실 진짜 배후는 장개석이었다. 민국시대 중국은 강력한 중앙집권국가가 아니었다. 마치 전국시대처럼 수많은 군벌이 자기 기반을 유지하고 있었으며, 장개석은 이들 군벌의 가장 큰 우두머리였다. 장개석의 국민정부는 여러 군벌세력을 천천히 약화시키고자 노력했고, 일본과 타협하면서 공산당 토벌에 힘을 쏟았다.

　사천은 여러 군벌이 세력균형을 유지하고 있었으며, 류상과 류문휘는 점점 사이가 벌어지고 있었다. 예로부터 권력싸움이 일어나면 혈연관계가 사라진다.

　마침내 류상은 류문휘를 타도하기로 결심했고, 장개석이 이를 이심전심以心傳心으로 지지했다. 1932년 10월 1일부터 1933년 10월 24일까지 벌어진 류씨전쟁二劉之戰; 渝蓉戰爭은 다르쩨도 동쪽 사천지방을 무대로, 모든 사천군벌이 참가해서, 모두 20만 병력이 싸운 혼전混戰이었다. 심하게는 성도에서도 치열한 시가전이 벌어져 많은 인명피해와 재산피해가 났다. 이 전쟁은 민국시대 사천에서 벌어진 마지막이자 가장 큰 내전이었다.

　마침내 류상이 이겼다. 류문휘는 성도에서 쫓겨나 아안雅安으로 물러난 뒤, 다시 다르쩨도에 자리 잡고 자기 세력을 유지했다. 류상이 완전히 이겼을 때, 장개석은 류상에게 아안으로 도망간 류문휘군을 뒤쫓지 말라고 명령했고, 류상은 이 명령을 따랐다. 장개석의 처지에서는 두 세력이 서로 견제하는 것이 자신에게 위협을 주지 않는 바람직한 상태였고, 류상의 처지에서는 자신들 대신 티베트군을 막아 주는 방파제가 필요했기 때문이다.

제3차 반전: 제13대 달라이라마 급사

류상의 중경군대가 성도를 공격하자 금사강에서 참도공격을 준비하고 있던 류문휘가 경악했다. 휘하 장병들도 당황하기는 마찬가지였다. 이제 티베트는 문제가 아니다. 성도를 지켜야 한다. 그래서 류문휘는 최소 병력만 남기고 성도로 돌아갔다. 그리하여 성도시가전이 벌어졌고, 류문휘는 류상에게 졌다. 1933년 10월부터 류문휘는 패잔병들을 이끌고 다르쩨도를 자기 왕국으로 건설하기 시작한다.

바로 이 기간이 티베트군에게 다시 다르쩨도까지 수복할 수 있는 절호의 기회였다. 하지만 그럴 수 없었다. 마보방이 있었기 때문이다. 류씨전쟁이 벌어지자 장개석은 마보방에게 티베트로 진군하지 말 것을 명령했고, 마보방은 명령을 따랐다. 장개석은 이렇게 마보방의 이슬람군과 달라이라마의 티베트군을 묶어 놓았다. 그리고 1년 동안 류씨전쟁 진행상황을 보고받았다.

그런데 사천 군인들은 대학교수와 대학생을 존경한 모양이다. 사천대학 교수들이 "여기는 학생들이 공부하는 곳이니 이곳에서 싸우지 마라."고 부탁하면 군인들이 순순히 따랐다고 한다. 그래서 성도시가전의 전란을 피해 사천대학 캠퍼스 안으로 피난 온 사람도 많았다.

제3차 티베트중국전쟁은 소강상태로 들어갔다. 1933년 6월 15일,

티베트정부와 청해성정부는 평화협정靑藏和議을 체결했다. 께구또에 있는 티베트불교 사원 관리는 티베트정부가 맡되, 군대는 서로 원래대로 철수하고, 포로도 교환했다. 티베트와 청해성 마보방 군대는 이렇게 무력대결을 마무리했다.

《신보》를 보면, 1933년 말까지 금사강에서 계속 무력충돌이 있었다. 그런데 또 반전이 벌어졌다. 1933년 12월 17일, 제13대 달라이라마가 갑자기 죽은 것이다. 그래서 이때 라싸에서 "달라이라마가 독살당했다."는 소문이 파다했다. 심지어 1934년 1월 24일자 《동아일보》는 영국인이 사주해서 제13대 달라이라마를 독살했다는 추측성 기사도 실었다.

제13대 달라이라마는 유언장에서 티베트의 기본 외교노선도 언급했다.

> 인도는 우리와 이웃이며 강력한 군대를 갖고 있다. 중국도 강력한 군대를 갖고 있다. 따라서 우리는 이 두 나라와 견실한 우의를 유지해야 한다. 왜냐하면 둘 다 강대국이니까. [28]

금사강을 국경선으로 확정하다

1934년 2월, 티베트군 5백 명과 다르게 승병 1천 명은 다시 수세에서 공세로 전환했다. 이들은 금사강을 건너 데게를 포위 공격했다. 류문휘는 장개석에게 급전을 날렸다.

병력도 부족하고 탄약도 부족합니다. 오래 버틸 수 없습니다. 제발 무기

와 병력을 지원해 주십시오. [29]

하지만 장개석은 류문휘를 도와주지 않았다. 어쨌거나 류문휘는
죽기 아니면 살기다. 끝내 류문휘의 패잔병들이 똘똘 뭉쳐서 한 달
만에 다르게 승병을 물리쳤다.

2월 23일 티베트 임시섭정이 된 제5대 라쩽 튀쿠 톱땐참빼예세땐
빼개쨘熱振呼圖克圖·土登降貝益西丹白堅贊; 약칭 라쩽 튀쿠, 1912~1947은 3월에
다르게 승병과 티베트군에게 금사강 서쪽 방어선으로 돌아올 것을
명령했다.

다르게 승병들은 다르게 사원으로 돌아갈 수 없는 것이 가슴 아
팠다. 그리고 가봤자 다르게 사원은 이미 폐허였다.

제3차 티베트중국전쟁은 실제로 1934년 3월에 끝났고, 애매모호
한 상태로 5년이 흘렀다.

1939년 1월 2일, 일본군에게 쫓겨 중경까지 도망 온 국민정부는
티베트정부와 종전협정을 체결했다. 금사강을 국경선으로 확정하고,
다르게 승병들이 다르게 사원으로 돌아오는 것을 허용하며, 중국정
부가 다르게 사원 재건을 모두 책임지는 것이 주요 내용이다.

7. 국민당과 공산당 그리고 일본

제1차 국공내전

1930년, 모택동과 주덕朱德, 1886~1976이 강서성江西省 정강산井崗山 일대 서금瑞金에서 자체 군대인 홍군紅軍을 키우고 있었다. 장개석은 이들을 가장 위험한 세력으로 판단했다. "먼저 안을 평정해야 외적과 맞서 싸울 수 있다.攘外必先安內."고 판단했기 때문에 공산당 토벌에 힘을 쏟았다. 이것을 제1차 국공내전第一次國共內戰이라 부른다. 이때 토벌에 참가한 국민당군 병력은 다음과 같다.

제1차전(1930년 12월~1931년 1월) 10만 명.

제2차전(1931년 5월~6월) 20만 명.

제3차전(1931년 7월~10월) 30만 명.

제4차전(1933년 4월~10월) 25만 명.

제5차전(1933년 10월~1934년 10월) 90만 명.

홍군 주력은 3만 명이었다. 그럼에도 제1·2·3·4차전은 홍군이 이겼다. 홍군은 언제나 불리한 상황에 있었기 때문에 지형과 기동성을 바탕으로 재빨리 흩어지고 재빨리 집결해서 공격하고 물러나는 전술을 구사했다. 장개석의 국민당군은 네 번에 걸쳐 쓴맛을 봤고, 제5차전은 압도적인 병력과 화력으로 천천히 요새를 구축하며 압박하는 전술을 구사했다. 그런데 이때 홍군은 게릴라전이 아닌 진지전으로 맞서는 실수를 범했다. 제5차전은 홍군이 패했고, 삼엄한 포위망을 극적으로 빠져나와 서쪽으로 도망갔다.

1935년 1월 홍군 주력이 귀주성貴州省 준의遵義라는 마을에 도착했을 때, 공산당 지도자들이 자신들의 잘못을 반성하고 앞으로 나아갈 방향을 결정하는 회의를 가졌다. 이를 준의회의遵義會議라고 부른다. 이 회의에서 모택동이 중국공산당 최고영도자로 실권을 잡았다. 그리고 앞으로 도망갈 기본 노선과 목적지도 정했다. 운남, 사천, 동부티베트와 북부티베트를 거쳐 섬서성陝西省 연안延安이라는 변방마을까지 도망가자. 강서성 서금부터 계산하면 1만 2천 킬로미터를 도망가는 것이다.

이들은 류상의 국민당 제21군을 피해 가는 데 성공했고, 선발부대가 어느덧 대도하大渡河에 이르렀다. 이곳은 조카 류상에게 뒤통수를 맞아 다르쩨도에 정착한 류문휘의 세력권이었다. 장개석은 류문휘에게 국민당 중앙군이 도착할 때까지 대도하에서 홍군을 저지할 것을 명령했다. 그러나 류문휘는 자기 모든 병력을 대도하에 집결시켜 홍군을 저지할 의지가 없었다. 티베트군을 막아야 했기 때문이다.

1935년 5월 29일, 홍군은 전멸의 위기에서 대도하 노정교瀘定橋를 극적으로 건너갔고, 동부티베트를 거쳐 북부티베트로 들어갔다. 늪지대에서 빠져 죽은 사람도 많았으며, 만년설로 뒤덮인 산을 다섯 개나 넘었다. 그리고 마보방군에게 엄청난 피해를 입으며 간신히 살아남았다. 1935년 10월, 이들은 섬서성 연안에 도착했다. 10만 명이었던 홍군 가운데 연안까지 살아서 도착한 인원은 1만 명도 되지 않았다.

1936년, 모택동은 연안에서 미국인 기자 에드가 스노우Edgar Snow, 1905~1972와 인터뷰했을 때 홍군이 노정교를 건넌 뒤 어느 밭에서 주인 허락도 없이 채소를 거두어 군인들 배를 채웠음을 고백하며 "이것이 우리가 외국에 진 유일한 빚입니다."[30]라고 말했다. 모택동도 이렇게 티베트가 외국이라는 것을 인정했다.

그리고 1년 뒤 일본이 중국을 침략했다.

중일전쟁

1937년 7월 7일부터 1945년 8월 15일까지 일본이 중국을 침략했다. 우리는 중일전쟁이라 부르고, 중국사람은 항일전쟁이라 부른다. 이것은 중국이 거의 일방적으로 일본에게 밀린 전쟁이라 말할 수 있다. 1938년 10월, 국민당은 중경으로 도망갔고, 일본은 2년 동안 중경을 융단폭격했다.

장개석은 고립을 타개하고자 미얀마·운남성雲南省·사천성四川省을 연결하는 비포장도로를 뚫었다. 험준한 산악과 계곡에서 중국인들이 삽과 망치로 이 일을 해 냈다. 수많은 인명피해를 감수해야 했지만 1938년 12월 이 길을 따라 영국의 식민지 미얀마 수도 양곤에서 트럭에 가득 실은 보급품이 처음으로 도착하자 드디어 중경도 숨통이 트였다.

1940년이 되자 중국전선은 소강상태로 들어갔다. 국민당은 일본과 맞서 싸우느라 너무 많은 희생을 치르며 힘이 빠졌지만, 공산당은 적극적으로 일본과 맞서지 않았다. 모택동의 관심은 공산당 세력을 불리는 것이었지, 자신들 힘을 소모하는 것이 아니었다. 산악지역 게릴라작전은 무기와 보급품을 손에 넣어 자신들의 힘을 기르는 수단이었으며, "열심히 항일하고 있는 공산당 품에 오라."며 효과적인 대중 선전으로 중국인들을 부추겼다.

1940년 중국 국민당 공군 전력은 전투기 37대와 소련이 제공한 야간 비행장비도 없는 낡은 폭격기 31대뿐이었다. 중국 본토에 있는 일본 공군 신식 제로센零戰 전투기가 968대였고, 대만에 배치한 전투기도 1백 대가 넘었다. 국민당군에게는 일본 전차도 공포였지만, 일본이 제공권을 완전히 장악하고 있었기 때문에 국민당군은 일본을 이길 희망이 없었다.

중국은 미국에 원조를 요청했다. 이때 미국은 정식으로 독일에 선전포고하지는 않았지만 독일과 영국이 도버해협에서 벌인 공중전을 도와주느라 전투기 재고가 바닥나 있었다. 그럼에도 미국은 중국의 간곡한 애원을 받아들였고, P-40전투기 1백 대를 공급하는 데 동의했으며, 일본과 중립협정을 어기지 않으려고 육군과 공군 조종사를 자원병으로 모집했다.

이들은 용병이었다. 중국으로 건너가 중국인 비행사들을 훈련시켰고, 직접 일본과 공중전을 벌였다. 이들은 일본군 전투기 1대를 격추시킬 때마다 미국정부가 주는 포상금 5백 달러를 받았다. 중국인들은 이들의 월등한 전투력을 비호飛虎라고 불렀다. 이들이 1941년 일본 공군에게 막대한 피해를 입혔다.

그래서 일본은 중경을 함락시킬 수 없었다. 그렇다면 일본은 자신들의 한계를 인정하고, 이미 점령한 중국 영토를 일본제국 영역으로 선언하며 전쟁을 끝내는 것이 순리였다. 그럼에도 일본군부는 폭주기관차 같았다. 자신들을 화나게 만든 미국을 기습해서 더 이상 중국을 도와주지 못하게 만들겠다는 것이었다.

1941년 12월 8일 아침, 일본 해군이 하와이 진주만Pearl Harbor을 폭격했다. 미군은 군함 18척과 전투기 188대, 병력 3천 5백 명을 잃었다. 이렇게 태평양전쟁이 벌어졌다. 일본은 전선을 동남아시아로 확대했다.

1942년 4월 말, 일본군이 영국군과 장개석 직속 정예부대 3분의 1에 해당하는 중국군을 미얀마에서 격파했고, 미얀마와 중국을 연결하는 도로도 끊어 버렸다. 중경은 외부와 완전히 고립되었다. 뚫린 것은 하늘뿐이었다. 인도에서 날아오른 수송기가 히말라야를 넘어 성도 쌍류비행장雙流機場에 착륙했다.

중국 국민당정부는 1942년 4월부터 1945년 3월까지 3년 동안 티베트를 가로질러 날아오는 미군과 영국군 수송기에 의지해서 살았다. 이때 티베트인들이 처음으로 '쇠로 된 새가 하늘을 날아다니는 것'을 봤다. 티베트정부는 중국편도 일본편도 들지 않았다. 티베트는 중국과 인도의 완충국이었으며, 중일전쟁과 제2차 세계대전에서 시종일관 중립을 지켰다.

1942년 6월 4일, 미국은 미드웨이Midway에서 대승을 거두었다. 미군 손실은 항공모함 1척과 구축함 1척, 일본군 손실은 항공모함 4척과 순양함 1척과 해군전투기 264대였다. 뒤이어 1942년 8월 7일부터 1943년 2월 9일까지 미국과 일본 사이 육해공합동작전으로 벌어진 과달카날전투The Battle of Guadalcanal마저 미국·영국·호주·뉴질랜드연합군이 승리하자 태평양전쟁의 승패는 미국으로 굳어졌다.

그러나 국민당군 내부상황은 나빠졌다. 이제 미국이 일본을 이길 것이라는 생각이 국민당군 장교들을 지배했다. 적극적인 항일의지가 사라지고 사기도 떨어졌다. 장교들이 정보수집을 게을리하고, 훈련도 게을리하며, 일본군과 싸우기를 두려워했다. 장개석은 이미 자기 직속 정예부대를 너무 많이 잃었기 때문에, 일본군과 적극적으로 전투를 벌이지 않으면서 미국이 일본을 이길 때까지 현 상태를 유지할 생각만 했다. 군벌들도 서로 돕지 않으면서 장개석 명령을 잘 안 들었다.

징병에서 많은 부패가 벌어졌고, 가난한 농민들을 마구 체포해서 신병 숫자를 채웠다. 신병 훈련은 형편없었다. 곧바로 전선에 투입시키는 경우도 많았고, 징병소에서 도망가는 신병도 많았다. 그래서 도망가지 못하게 제대로 먹지도 못한 신병들의 옷을 다 벗기고 알몸으로 자게 했다. 그럼에도 도망가는 사람이 있었다. 식량과 의복과 의료지원은 충분했다. 그러나 장교들이 착복했다. 신병을 전선으로 데려갈 때 도망가지 못하도록 마치 죄수 다루듯이 끌고 갔다. 병에 걸려 죽으면 그냥 길가에 버렸고, 얻어맞은 병사는 팔다리가 부러진 채 끌려갔다. 전선에 도착하면 10명 가운데 1명만 살아남은 경우도 있었다.

1944년이 되자 국민당군은 대부분 제대로 먹지도 못해 언제나 반기아 상태였고, 몸이 약해져서 행군도 할 수 없었다. 의복도 제대로 주지 않아 병사들이 옷을 갈아입는 법이 없었으며, 비누도 주지 않았고, 변소 옆에 취사장이 있었고, 물을 끓여 먹지도 않았다. 온갖 전염병이 국민당군 병사들을 돌고 돌았다. 눈병 때문에 총을 조준할 수 없는 병사가 많았고, 피부병·폐병·성병·각종 위장 질환도 부지기수였다. 군의관도 절대적으로 부족했다. 의약품은 장교들이 빼돌려 시장에 팔아 먹었다. 부상이 심하면 그냥 죽게 놔두는 수밖에 없었다. 1942년부터 국민당군은 장개석 직속 정예병력 30개 사단을 제외

티베트와 제2차 세계대전

티베트인들도 중일전쟁 전황을 대충 알고 있었으며, 티베트 여러 사원에서 많은 법회法會가 열렸다. 오늘날 중국인 학자들은 티베트 라마들이 "중국의 승리를 기도했다."고 주장한다. 그러나 티베트인들은 평화를 기원하는 법회를 많이 한 것이지 중국의 승리를 기도한 것이 아니었다. 티베트정부는 철저하게 중립을 지켰다. 다만 제2차 세계대전에 참전한 티베트인이 2명 있었다.

"티베트인 2명이 길을 잃고 소련 국경에 들어갔다. 그러자 무슨 오해가 벌어졌는지 소련군으로 편입당했다. 이들은 동부전선(독일소련전선)으로 끌려갔고, 안타깝게도 독일군의 포로가 되었다. 그러자 이번에는 독일군으로 편입당해 서부전선으로 끌려갔다. 끝내 이들은 캐나다군의 포로가 되었다. 한 언어학자가 통역해 보니 이 둘은 티베트인이었고, 자신들이 5년 동안 무슨 전쟁에 참전했는지도 모르고 있었다. 그래서 그 언어학자가 이것이 무슨 전쟁인지 설명해 줬다.兩個西藏人, 因迷途踏入蘇聯的國境, 不知道是發生了什麽誤會, 遂爲紅軍拉去當兵, 後來派赴東線作戰, 不幸爲德軍所俘, 又抓去當兵, 派赴西線作戰, 終爲加拿大的軍隊解放. 在一位語言專家飜譯下, 這兩位西藏的小百姓, 五年來才第一次明白他們究竟打的是什麽仗."*

* 惟成, 〈西藏兵在歐洲前線〉, 《康導月刊》, 第39頁, 第六券第七·八期, 1945年7月.

하면, 종이호랑이였다.

세계 최초로 1945년 8월 원자폭탄 두 개가 일본에 떨어졌으며, 8월 8일 소련 1백만 대군이 만주로 진군했다. 마침내 1945년 8월 15일 일본 천황이 포츠담선언을 받아들인다는 라디오 연설을 하면서 태평양전쟁과 중일전쟁이 끝났다. 국민당 장군들이 남경과 상해로 날아가 일본군 장군들이 고개 숙여 제출하는 항복문서를 받고 이 전쟁이 중국의 승리로 끝났음을 선언했다.

중일전쟁 동안 중국인 2천만 명이 죽었고, 재산피해는 헤아릴 수도 없었다. 일본군 총병력의 5분의 2는 중국에 묶여 있었다. 이것이 제2차 세계대전에서 중국이 맡은 일이다. 그러나 일본은 미국에게 진 것이지 중국에게 진 것이 아니었다.

1972년 9월 27일 모택동은 일본 수상 다나카 가쿠에이田中角榮, 1918~1993를 자기 숙소에서 만났을 때 이렇게 말했다.

"중국공산당은 일본에게 감사해야 합니다. 일본이 중국을 침략하지 않았다면, 우리는 정권을 획득할 수 없었습니다." [31]

일본이 국민당군을 종이호랑이로 만들었기 때문에 소련의 지원을 받은 중공이 제2차 국공내전에서 부패하고 무능한 국민당군을 압도할 수 있었고, 중화인민공화국이 탄생할 수 있었다. 장개석은 티베트를 중국의 일부로 만들어야 한다는 생각이 없었다. 장개석도 티베트가 실제로는 독립국임을 알고 있었던 것이다. 그러나 모택동은 힘만 있다면 티베트도 병합해야 한다고 생각했다. 제2차 국공내전에서 국민당이 졌기 때문에 티베트의 비극이 일어나는 것이다.

제2차 국공내전

제2차 국공내전은 사실 1945년 12월부터 벌어졌다. 당시 대부분의 중국인들은 국민당군이 공산당 홍군을 소탕할 것을 의심하지 않았다. 실제로 1946년 전황은 그렇게 돌아갔고, 1947년 3월 19일 국민당군은 홍군의 본거지 섬서성 연안을 점령했다. 그러나 이상했다. 그곳은 텅 비어 있었다. 홍군 주력이 만주로 이동한 것이다.

만주는 관동군을 무찌른 소련군의 영향력 안에 있었다. 홍군은

한국인의 제2차 국공내전 종합평가

1946년부터 1949년까지 한국 《조선일보》는 진보 성향 중립지였다. 이 신문 사설은 국민당의 패퇴와 공산당의 중국 장악을 이렇게 봤다.

"중국의 국공전國共戰은 그것이 중국의 국내전인 동시에 미소美蘇간에 일어난 한 개의 국제전이라고 볼 수도 있다.……30년 전 상해上海 《신청년新靑年》 편집실의 일우一隅에서 중국공산당이 조직될 때 누가 금일今日과 같은 거대한 성장을 하리라고 예기豫期하였으랴.……이 쟁패전爭覇戰에 만일 끝까지 국민당이 노력을 만회挽回하지 못한다면 그 원인은 공산당의 나은 점에서보다 국민당의 부패에서 더 많이 찾을 수 있을 것이다. 만일 국민당이 적어도 손문孫文 선생 영도領導 당시의 혁명적 기상에 불타고, 토지문제에 대한 정당한 해결을 하고, 재벌을 누르고, 이도吏道를 바로 잡았으면 오늘과 같이는 되지 않았을 것이다. 관리가 부패하여 인민에게 주구誅求를 일삼고 인민의 생활의 길을 열어 주지 못한다면 패배하는 것이 국민당뿐이랴. 어떠한 왕조, 어떠한 정당, 어떠한 집단이나 그 실패는 외부의 압력보다 자신의 부패등한腐敗等閑 내지 태만怠慢에 있는 것이다. 민중은 자기들에게 이롭게 하여 주는 데로 물과 같이 흘러가고 있는 것이다."*

* 〈중공화북제패中共華北制覇와 중국의 장래〉, 《조선일보》 1949년 1월 18일자.

드디어 소련의 엄청난 각종 무기와 군수물자 지원을 받아 국민당군과 게릴라전이 아닌 전면전을 벌일 수 있었다.

　그래도 겉보기에는 국민당군이 우세했다. 병력도, 화력도, 병참도 모두 국민당군이 우월해 보였다. 그럼에도 1948년 하반기부터 국민당군의 몰락이 분명해졌다. 홍군은 과거 만주인들이 중국을 정복했던 노선을 따라 남쪽으로 내려오며 주요 도시를 점령했고, 국민당군에게 연전연승을 기록했다.

　국민당군은 육박전을 두려워했고, 야간전투를 하려 하지 않았으며, 사격훈련도 미숙했고, 기동력도 없었다. 일선 지휘자들이 전략전술 공부를 게을리 했고, 산악지대전투를 싫어했다. 더욱이 국민당은 부패가 심각해서, 중국공산당의 간첩들이 국민당 고위층 안에서 활발히 움직였다. 사령부가 일선 지휘관에게 명령을 내리면 홍군사령부가 먼저 알 정도였다. 1949년 4월 23일, 장강을 건넌 홍군이 남경을 점령하자 모든 것이 분명해졌다. 공산당이 이겼고 국민당이 졌다. 1949년 10월 1일, 모택동은 북경 천안문광장에서 중화인민공화국 수립을 선포했다.

몽골이 독립을 지키다

1911년 10월 신해혁명이 터지자 몽골 귀족들이 우르가에 모여 임시정부를 수립하고 독립을 선언했다.

그러나 1912년 3월 11일 중화민국이 반포한 〈중화민국임시약법中華民國臨時約法〉 제1장 제3조는 다음과 같다.

"중화민국 영토는 22행성과 내외몽골, 티베트, 청해이다.第一章 總綱 第三條 中華民國領土, 爲二十二行省, 內外蒙古.西藏.靑海."*

이것은 이미 일본의 식민지가 된 조선을 제외하고, 청국 군대가 주둔했었던 모든 땅을 중화민국 영토로 여긴다는 일방적인 선언이다.

1912년 3월 25일 원세개는 〈권유몽장령勸諭蒙藏令〉을 발표했다. "몽골과 티베트는 중화민국의 일부로 들어오라."는 것이 주요 내용이다. 그러나 몽골과 티베트 둘 다 거절했다. 특히 몽골임시정부의 답신이 재미있다.

"중국과 몽골은 같이 만주인의 지배를 받으며 통합되어 있었다. 이제 만주인의 나라가 사라졌으니 우리는 서로 제 갈 길을 가야 할 것이다."**

이것은 "우리 몽골이 만주족국가의 지배를 받았지. 한족국가의 지배를 받지 않았다. 따라서 우리는 너희의 지배를 받아야 할 까닭이 전혀 없다."는 뜻이다.

몽골인은 한족을 싫어했다. 대신 러시아인들을 거부감 없이 받아들였다. 그래서 러시아인들이 몽골에 학교를 세우고 근대교육을 실시했다. 이곳에서 뛰어난 인물이 많이 나왔다.

1920년이 되자 몽골은 위기에 빠졌다. 서수쟁徐樹錚, 1880~1925이 이끄는 중국군이 몽골에 침입해서 몽골을 중화민국의 일부로 만드는 조약을 강요했고, 러시아 볼셰비키혁명에 대항하는 백군파白軍派 장군 운게른 스테른베르그Роман Фёдорович фон Унгерн-Штернберг; Ungern Sternberg, 1885~1921가 몽골에 침입해서 잔혹한 살상과 약탈을 자행했다. 그래서 이 사람 별명이 미친 남작Mad Baron이다.

어찌 할 것인가? 몽골이 독립을 지키려면 소련의 도움을 받는 수밖에 없었다. '몽골혁명의 아버지' 담딘 수흐바타르Damdin Sükhbaatar, 1893~1923와 '몽골의 스탈린' 호를루진 초이발산Khorloogiin Choibalsan, 1895~1952이 주도하여

1920년 코민테른의 도움을 받아 몽골인민당을 창당했다. 그리고 1921년 소련 군사원조로 게릴라전을 감행하여 미친 남작과 서수쟁의 군대를 격파했다. 1921년 7월 11일, 이들은 모든 몽골 인민의 추앙을 받는 제쮄담바를 새 정권 수반으로 추대했다. 제쮄담바는 1924년에 죽었다. 그리하여 1924년 11월 26일, 몽골인민당은 몽골인민공화국 수립을 선포했다. 우르가는 '붉은 영웅'이라는 몽골어 울란바타르Ulaanbaatar로 개명했다. 몽골인민당은 이렇게 몽골을 위기에서 구해 냈다.

하지만 일본이 만주를 점령하자 소련과 몽골은 같이 위협을 느꼈다. 그래서 1936년 〈소련·몽골 상호원조의정서〉를 체결했고, 1937년 소련군이 몽골에 진주했다. 1939년, 소련군은 일본관동군을 격파했다. 중일전쟁이 끝나자 장개석은 몽골의 독립국 지위를 인정 안 할 수가 없었다. 1946년 1월 5일, 국민정부는 정식으로 몽골인민공화국의 독립국 지위를 인정했다. 1947년 3월 21일, 장개석은 국민당 전체회의에서 이렇게 말했다.

"이 정책은 내가 결정했다. 당시 상황에서 우리는 외몽골을 독립시켜 줘야 했다.這個政策是我決定的, 根據外蒙古當時的情形, 應該給他們獨立."***

중국이 대한민국과 대등한 나라 관계로 정식수교를 하는 것은 반대하는 중국인이 없었다. 1949년 1월 1일, 중국 국민정부는 대한민국을 정식으로 인정했고, 첫 번째 주한중국대사 소육린邵毓麟, 1909~1984이 1949년 7월 28일 오전 11시 중앙청 대통령실에서 이승만李承晚, 1875~1965 대통령에게 신임장信任狀을 고개 숙여 제출했다.

제2차 국공내전에서 공산당의 승리가 확실시되고 있을 때, 중국공산당 중앙정치국은 잠시 하북성 서백파西柏坡에 있었다. 1949년 1월 30일부터 2월 8일까지 스탈린이 보낸 특사 미코얀Анастáс Иваáнович Микоя́н, 1895~1978이 비밀리에 서백파를 방문해서 모택동과 회담했다. 모택동은 시종일관 긴장하며 조심스럽게 말했다.

"저는 스탈린의 학생입니다. 마르크스레닌주의 학설을 실천할 뿐, 어떤 풍부한 이론을 갖고 있지는 않습니다.我是斯大林的學生. 我只是實踐馬克思列寧主義的學說. 沒有作什麼理論上的豐富."****

모택동은 중국 홍군이 신강新疆을 병합하는 문제를 제기했고, 미코얀은 이렇게 답했다.

"소련은 신강의 독립을 찬성하지 않습니다. 신강은 당연히 중국의 일부입니다.蘇聯不贊成新疆獨立, 新疆無疑應是中國版圖的一部分."*****

모택동은 중국 홍군이 외몽골을 병합하는 문제도 제기했다. 그러자 미코얀이 단호하게 대답했다.

"그건 안 됩니다. 외몽골은 독립한지 오래되었어요.這不可能. 因爲外蒙古已經獨立很久了."******

소련은 이렇게 몽골을 지켰다. 김호동은 이렇게 평가한다.

"외몽골이 소련의 위성국으로 전락했지만, 독립국 형식을 유지할 수 있었던 것은 다행이었다."*******

몽골인민공화국은 1992년 1월 1일 몽골MONGOL이라는 민주공화국으로 탈바꿈했다.

* 徐正光(臺灣) 主編, 劉學銚(臺灣) 編輯, 《民國以來蒙藏重要政策匯編》, 第1頁, 蒙藏委員會(臺灣), 2001年 12月 第1版.
** 김호동金浩東, 〈김호동 교수의 중앙유라시아 역사기행(26): 몽골 사회주의혁명과 '붉은 영웅'〉, 《주간조선週刊朝鮮》 제1984호, 2007년 12월 17일.
*** 汪朝光, 李新 主編, 《中華民國史》第三編 第五卷, 第300頁, 中華書局, 2000年 9月 第1版.
**** 朱宗震,陶文釗, 李新 主編, 《中華民國史》第三編 第六卷, 第661頁, 中華書局, 2000年 9月 第1版.
***** 朱宗震,陶文釗, 李新 主編, 《中華民國史》第三編 第六卷, 第662頁, 中華書局, 2000年 9月 第1版.
****** 朱宗震,陶文釗, 李新 主編, 《中華民國史》第三編 第六卷, 第662頁, 中華書局, 2000年 9月 第1版.
******* 김호동, 〈김호동 교수의 중앙유라시아 역사기행(26): 몽골 사회주의혁명과 '붉은 영웅'〉, 《주간조선》 제1984호, 2007년 12월 17일.

8. 스타의 몰락

스 타

1911년으로 돌아가자. 영국인 시킴 행정관 찰스 벨과 제13대 달라이라마는 서로에게 배웠다. 제13대 달라이라마는 인도에서 신문물을 접하며 티베트가 시대에 뒤떨어진 나라라는 사실을 절감했고, 찰스벨은 달라이라마에게 티베트 귀족의 자제들을 영국으로 유학 보낼 것을 권했다.

1913년, 제13대 달라이라마가 귀족 자제 4명을 영국으로 유학 보낼 것을 명령했다.

① 뮌쩬 켄랍뀐상門仲·欽繞袞桑. 17살. 전공: 광물측정과 탐사鑛物勘探.

② 창외빠 릭진도제强俄巴·仁增多吉. 11살. 전공: 전기電機.

③ 끼푸 왕뛰노르부곰普·旺堆諾布. 16살.

전공: 전신과 지리측량電報報務.地形測繪.

④ 곡카와 쇠남뀐뽀果卡娃·索郎貢布. 16살. 전공: 군사軍事.

학비와 생활비를 영국정부가 책임졌다. 이들을 인솔한 책임자가 룽샤 도제체께. 룽샤는 아내 땐진조까丹增卓嘎와 같이 런던에서 1년 동안 머물며 영어를 공부했고, 영국의 각종 문물과 제도를 살펴봤으며, 프랑스·이탈리아·독일도 여행했다. 더욱이 영국 의회제도를 열심히 공부했다. 원래 더 머물 예정이었는데, 아내가 임신했다. 그러자 아내가 불안해했다.

"제가 노란 머리와 파란 눈을 가진 아기를 낳으면 어떡해요?"[32]

룽샤는 황당했다.

"그것은 종족과 관계있지 지역과 관계없어요."[33]

그래도 아내는 막무가내였고, 할 수 없이 같이 배를 타고 인도로 돌아왔다. 그리고 티베트로 들어가기 바로 전 시킴 다르질링에서 체왕도제次旺多吉를 낳았다. 이 사람은 11살 때까지 룽샤 집안에서 자랐는데, 라루拉魯 가문에 아들이 없었다. 그래서 라루 가문 양자로 들어갔고, 라루 체왕도제拉魯·次旺多吉, 1914~2011가 되었다.

룽샤는 수학에 소질이 있었다. 제13대 달라이라마가 룽샤를 제뾩으로 임명하고 바시레쿵跋希列空 창설을 명령했다. 바시레쿵은 정량검사국征糧檢查局으로 번역하는데, 지금 한국으로 빗대면 국세청이다. 재경부장관 겸 국세청장! 룽샤의 총지휘 아래, 바시레쿵 직원들은 모든 장원과 사원이 숨긴 재산을 낱낱이 조사해서 무자비하게 세금을 거두었다.

1919년 달라이라마의 니쥽尼珠으로 툽땐뀐폐土丹貢培, 1905~1963라는 소년이 들어왔다. 니쥽은 달라이라마의 하급시종이라는 뜻인데, 물 뜨고 불을 지피고 빨래도 하는 각종 허드렛일을 하는 사람이다. 툽땐뀐폐는 똑똑했고, 일도 열심히 하고 공부도 열심히 했다. 달라이라마가 이 소년을 귀여워했고, 1921년부터 달라이라마의 중요한 조수가 되었다. 마침내 인도에서 미국 차 두 대를 수입한 뒤, 한 대는 자기가 타고 다른 한 대를 툽땐뀐폐가 타도록 허락했다. 실제로 제13대 달라이라마의 비서실장이었다.

차롱 다썅자뛰는 자사크扎薩克 겸 국방부장관이었다. 자사크는 귀족을 뜻하는 만주어인데, 티베트에서 자사크는 정치원로라는 뜻이었다. 차롱은 티베트군을 강하게 만들고자 노력했고, 제2차 티베트중국전쟁을 승리로 이끌었다.

룽샤 도제체께, 툽땐뀐폐, 차롱 다썅자뛰. 여러 기록을 살펴보면 이 삼인방은 이름 앞에 짼세堅色라는 칭호가 붙는다. 짼세의 본래 뜻은 '유명한 사람紅人'이고, 요즘 말로 바꾸면 '스타'다. 이들이 스타인 까닭은 제13대 달라이라마가 총애하는 신하였기 때문이다. 그러나 이 셋은 서로 질투했고, 수많은 귀족과 라마가 싫어했다. 그래서 문제가 일어난다.

달라이라마가 군복을 숙청하다

1914년 차롱 다썅자뛰가 처음으로 조직한 신식 티베트군은 모두 5개 대뿬이었다. 약 2천 5백 명 규모. 룽샤가 세금을 철저히 거두어 티베트군을 먹여 살렸다. 차롱은 티베트군의 수를 계속 늘렸으며, 1만 5천 명까지 증강해야 한다고 생각했다. 총병력 10만 명을 유지하는 나라에서 국방부장관이 60만 명까지 늘릴 계획을 하고 있다고 상상해 보라. 엄청난 무역흑자가 없다면 해결방법은 세금을 더 많이 거두는 수밖에 없다. 그래서 룽샤와 차롱은 귀족과 라마들에게 미움을 받았다.

그런데 이 신식군대는 영국식 군대였다. 대뽄들이 모두 영국인 장교에게 교육받았고, 군복과 무기도 영국제였으며, 심하게는 군악대가 무슨 뜻인지도 모르고 영국 군가를 연주했다. 그 군가는 영국 국가였다. 새로 탄생한 이 장교들은 귀족과 라마들에게 불만을 품었다. 날마다 불경만 읽으며 자기 이익밖에 모르는 한심한 것들!

이 신식군대는 엄밀하게 말하면 차롱 다쌍자뤼의 사조직이었다. 1924년, 라싸에 있었던 한 군인과 경찰이 말다툼을 벌였다. 그 군인이 경찰을 쏴 죽였다. 차롱은 아직 혈기왕성한 사람이었고, 군기확립을 위해 그 군인의 다리를 잘랐다. 다리 잘린 군인은 과다출혈로 죽었다. 그러자 차롱의 명령으로 그 사병을 각 떠서, 그 사지와 머리를 조캉 앞에서 전시했다. 라마들이 이것을 보고 겁먹었다. 달라이라마도 이 소식을 보고받고 군대의 힘이 너무 세졌다는 것을 느꼈다.

장교들은 계속 불만이 쌓였다. 당시 티베트에서 군부는 개혁세력이었다. 그런데 자신들이 티베트정치에 전혀 참여하지 못하는 것을 이해할 수 없었다. 장교들이 비밀리에 모여 자신들 요구사항을 결정했다. 우리도 정치에 참여하게 해 달라. 그런데 이 비밀모임이 누설되었다. 달라이라마가 경악했고, 장교들을 해임했다. 차롱 다쌍자뤼도 해임시켰다. 그래도 차롱은 자기 생명의 은인이기 때문에 자사크 지위는 유지시켰다. 이때부터 차롱은 장사에 매진했다. 차롱은 다재다능한 사람이어서 뛰어난 무역감각이 있었고, 티베트 재벌이 되었다. 룽샤 도제체계는 재경부장관 겸 국세청장 겸 국방부장관이 되었다.

이 사건 이후에도 제13대 달라이라마는 수시로 해임과 복권을 반복하며 장교들을 다스렸다. 그래서 제2의 포라네가 나올 수 없었다.

툽땐뀐뻬가 유배당하다

1933년 12월 9일, 제13대 달라이라마가 감기에 걸렸다. 툽땐뀐뻬와 주치의가 상의해서 약을 처방했다. 그런데 이상하게도 병세가 심해지기만 했고, 8일 뒤인 12월 17일 달라이라마가 죽었다. 중앙정부 관료들이 비상긴급회의를 가졌고, 곧바로 툽땐뀐뻬와 주치의를 체포했다. 툽땐뀐뻬는 이렇게 변호했다.

"병세가 갑자기 악화되었을 때 제가 여러 번 까샥에 보고하려 했습니다. 하지만 달라이라마께서 보고하지 말라고 하셨습니다."[34]

아무도 이 말을 믿지 않았다. 툽땐뀐뻬와 주치의는 유배당했고, 재산은 몰수당했다. 그리하여 툽땐뀐뻬 집안이 망했다.

민주주의의 눈을 뽑아 버리다

1934년 2월 23일 20대 초반의 라마 제5대 라쩽 튀쿠가 섭정이 되었다.

룽샤 도제체께는 사조직을 가지고 있었다. 행복을 찾는 사람들끼 촉뀐튄춈求貢春: 求幸福者同盟. 이것이 티베트에 있는 마지막 개혁세력이었다. 1934년 5월 10일, 이들이 오랫동안 의논했던 정치개혁청원서를 까샥에 제출했다.

"충두창뽀에 참여하는 모든 인원이 직접 투표해서 4년마다 한 번씩 까뢴을 선출해야 합니다."[35]

영국식 내각책임제를 제안한 것이다. 룽샤는 티베트 최초의 민주주의자였다. 그런데 룽샤의 친구 까쇠 최께니마噶須·却吉尼瑪가 까뢴 치뮌 노르부왕뛰赤門·羅布旺堆에게 룽샤의 조직을 모함했다.

"이 조직이 까뢴 암살을 준비하고 있습니다."[36]

치뮌이 룽샤에게 포탈라궁으로 출근할 것을 명령했고, 룽샤가 출근하자 재빨리 체포했다. 이들은 라쩽 뛰쿠의 묵인 아래 룽샤의 두 눈을 뽑았다. 다른 8명은 유배시켰다.

라쩽이 바시레쿵 직원들에게 더 이상 세금을 거두지 말 것을 명령하자 귀족과 라마들이 환호했다. 이때부터 티베트군이 급속하게 약해졌다.

9. 국민당의 티베트 외교

황모송의 조문단

라쩽 튀쿠는 부국강병에 관심이 없었고, 뇌물을 좋아했으며, 오직 불교승단의 이익만 생각했다. 그리고 애인이 3명이나 있었다. 한 명은 족차覺札라는 관리의 아내 남게제쮠朗杰澤珍, 한 명은 씨 다른 동생의 아내 체양次央, 한 명은 펀캉彭康의 딸이었다. 라쩽 튀쿠의 색욕이 왕성했던 것이다.

제13대 달라이라마가 죽자 중화민국정부는 티베트에 중국관리를 보낼 수 있는 절호의 기회로 판단했다. 그래서 티베트정부에 조문사절단入藏致祭團을 파견하겠다고 통보했다. 라쩽은 이렇게 판단했다.

"저들을 막으면 승단이 반발하겠지."[37]

1934년 7월, 황모송黃慕松, 1883~1937 단장이 이끄는 조문단이 라싸에서 조문외교를 펼쳤다. 티베트 재경부를 제캉孜康이라 부르며, 제캉의 우두머리를 제뷘孜本이라 부른다. 제뷘은 4명이 있으며, 재경부 장관으로 번역할 수 있다. 제뷘은 까뢴噶倫의 다음가는 중요한 직책이다. 제뷘의 명령을 수행하는 제캉 관리들을 제빠孜巴라고 부른다. 제캉은 티베트정부의 재정을 관리하고, 관료들 교육을 책임지며, 각종 공문서와 역사기록까지 관리하는 부서다. 불후의 명저 《티베트정치사》를 쓴 샤캅빠孜本·夏格巴·旺曲德典, 1907~1989은 오랫동안 제빠로 일했고, 1941년부터 1950년까지 제뛴이었다. 샤캅빠는 황모송의 라싸조문외교를 실제로 목격한 사람이다. 그는 이렇게 기록했다.

황모송과 수행인원들이 무선전보기를 갖고 동부티베트를 거쳐 1934년 7월 라싸에 도착했다. 이들은 끼되빠堆巴의 집에 머물렀다. 이들은 포탈라궁에서 한족 방식으로 제13대 달라이라마 화상 앞에서 제사를 지낸 뒤, 섭정·씨뢴·까뢴 등 고위인사들에게 그 품계에 어울리는 예물을 증정했으며, 동시에 그 품계에 맞추어 금 또는 은 또는 구리로 만든 손문 초상화를 선물로 줬다. 그리고 까샥과 회담했다.

황모송 "이번에 우리는 조문을 하면서 중국과 티베트의 끊어진 우호관계를 회복하는 담판도 하고자 왔습니다."

까샥 "티베트와 중국의 시주·법주관계를 담판하는 것을 환영합니다. 그러나 1914년 〈심라조약〉과 관계있는 담판을 하고 싶다면 반드시 인도정부가 중재인으로 참여해야 하며, 티베트와 중국이 직접 정치를 논하는 것은 안 됩니다. 더욱이 티베트가 빼앗긴 영토와 백성을 반드시 돌려줘야 합니다."

황모송 "국경선문제는 큰 문제가 아니어서 잘 해결될 것입니다. 하지만 〈심라조약〉에 따라 인도가 중재인으로 참여하는 것은 받아들일 수 없습니다."

그리하여 어떤 합의도 이룰 수 없었다. [38]

그래도 작은 성과가 하나 있었으니, 티베트의 지위와 영토문제를 계속 협의한다는 핑계로 무선전보기無線電臺를 갖춘 연락관들이 라싸에 거주하는 것을 허락받은 것이다. 이것이 실제로 티베트 주재 중국무역대표부駐藏中國商務代辦가 되었다. 1912년 티베트해방전쟁으로 중국을 몰아낸 지 22년만이었다.

그러자 영국령 인도제국이 가만히 있을 수 없었다. 1912년 이후 비공식적인 인도대표부가 개쩨에 있었다. 이것을 라싸로 옮길 것을 제안했고, 라쩽이 받아들였다. 그리하여 1936년부터 1951년까지 티베트 주재 영국무역대표부駐藏英國商務代辦가 라싸에 있었다. 이곳 책임자가 휴 에드워드 리처드슨Hugh Edward Richardson, 1905~2000. 그는 찰스 벨과 맞먹는 뛰어난 티베트학 학자였고, 실제 티베트 주재 영국대사였다.

제14대 달라이라마의 등극

1935년 여름, 라쩽 섭정이 티베트정부 관리들을 이끌고 라모라초로 가서 5일 동안 머물렀다. 다른 사람은 아무 것도 못 봤는데, 라쩽이 호수 표면에서 풍경 하나를 봤다고 말했다. 라쩽은 자신이 본 영상을 자세히 설명했고, 이에 따라 제13대 달라이라마의 전세영동, 곧 제14대 달라이라마를 찾는 비밀순방단을 조직했다.

북부티베트 서녕 바로 밑, 넓은 계곡이 내려다보이는 언덕에 탁최達澤라는 20가구가 사는 마을이 있었다. 이곳이 지금은 중화인민공화국 청해성靑海省 황중현湟中縣 남기가천南祁家川이다. 쿰붐 사원과 가

_제14대 달라이라마

깝다. 이 초라한 마을에 한 농가가 있었다. 남편 이름은 최종체링曲炯才仁, 아내 이름은 쇠남초索南措: 또는 데끼체링德吉才仁. 최종체링은 병든 말을 잘 고치기로 유명했다.

이 부부는 16명을 낳았는데, 9명이 죽고 7명이 성인 때까지 살아남았다. 맏딸이 체링조마澤仁卓瑪, 첫째 아들이 톱땐직메노르부土丹晉美諾布, 1922~2008, 둘째 아들이 갸로된줍嘉樂頓珠, 1928~, 셋째 아들이 로쌍삼땐羅桑三丹, 1932~1985, 넷째 아들이 라모된줍拉莫頓珠, 1935~이다. 첫째 아들 톱땐직메노르부는 탁최린포체達澤仁波且가 되었다. 라모된줍 밑으로 둘째 딸 제쮠페마澤珍白瑪와 막내 땐진최개丹增却杰가 있다. 1937년 가을, 여러 비밀순방단 가운데 한 비밀순방단이 이 집에서 하루 동안 머물렀고, 마침내 1935년 7월 6일에 태어난 넷째 아들 라모된줍을 제14대 달라이라마로 확정했다. 비밀순방단은 마보방에게 40만 냥銀元을 주고 1939년 8월 중순 쿰붐 사원에서 출발하여 1939년 10월 8일 라싸에 도착했다. 법명 땐진갸초丹增嘉措. 바로 이 사람이 지금 우리가 "달라이라마! 달라이라마!"라고 부르는 사람이다.

1940년 2월 22일, 제14대 달라이라마가 포탈라궁에서 정식으로 등극했다. 이때 중국은 중일전쟁으로 정신이 없었는데도 축하사절로 오충신吳忠信, 1884~1959이 이끄는 사절단을 보내서 축하외교를 펼쳤다. 이것은 자세히 언급해야 한다.

오충신의 축하사절단

당시 중경에 있었던 중화민국정부는 특사 오충신이 등극식坐床大典을 주재主宰; 主持했다고 선전했으며, 지금도 중국 티베트학 서적들은 이렇게 주장한다. 그리고 증거로 아래 사진을 제시하고 있다.

이 사진을 보면, 오충신이 제14대 달라이라마의 왼쪽에 앉아 있다. 그러나 오충신이 중화민국정부에 제출한 보고서에 들어 있는 등극식 현장 조감도는 다르다. 이 조감도를 보면 오충신은 제14대 달라이라마의 오른쪽에 앉아 있다.

金曜庄一農, 馬麗華 主編, 《中國西藏舊事圖史資料》, 第40頁, 五洲傳播出版社, 1994年 12月 第1版.

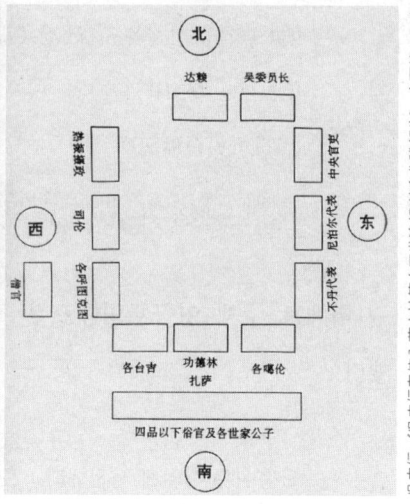

吳忠信, 《吳忠信奉命入藏主持第十四世達賴喇嘛坐床典禮報告: 中國第二歷史檔案館(中國藏學研究中心 合編, 《黃慕松吳忠信趙守鈺戴傳賢奉使藏紀要》, 第150頁, 中國藏學出版社, 1993年 4月 第1版.

따라서 이 사진은 중국이 티베트 달라이라마를 결정하고 등극시켰다는 증거가 될 수 없으며, 오충신도 이 사진이 가짜라는 것을 인정했다. 그는 전보에서 "등극식을 새벽에 했기 때문에 사진 찍기 불편했으며, 대신 다른 사진을 보낸다."고 설명했다. 전체 원문은 다음과 같다.

吳忠信爲坐床典禮時方拂曉不便攝照
以有關照片提供美聯社事致董顯光電
(1940年 3月 2日)
重慶. 曾秘書小魯. 泰密. 轉中央宣傳部董副部長.
顯光兄勳鑒:
感電冬誦悉. 美聯社致奚倫電訖未收致.
此次擧行第十四輩達賴喇嘛坐床典禮, 時方
拂曉, 不便攝照, 惟有關照片尙多, 俟曬出後,
卽如囑徑寄加爾各答《政治家報》. 知注特聞.
弟吳○○. 冬. 印
(蒙藏委員會檔案)*

* 中國第二歷史檔案館, 中國藏學硏究中心 合編, 《十三世達賴圓寂致祭和十四世達賴轉世坐床檔案選編》, 中國藏學出版社, 第319頁, 1991年 1月 第1版.

티베트 주재 영국무역대표부 책임자 휴 리처드슨은 이렇게 일갈했다.

오충신은 이렇게 선전했다.

"내가 달라이라마 등극식을 주재했다. 달라이라마는 북경 방향으로 절을 하며 고마워했다."

찰스 벨은 시킴 총독 바실 굴드Basil John Gould, 1883~1956가 설명한 당시 상황을 듣고 오충신의 주장이 "거짓말!"이라 반박했으며, 본인도 오충신의 주장을 부인한다. 그 등극식에 참석한 티베트인들도 오충신의 주장이 황당하다고 생각했다. 39

샤캅빠도 오충신의 주장을 듣고 분개했다.

오충신이 등극식을 주재했고, 오충신이 직접 달라이라마를 사자좌에 앉혔으며, 달라이라마가 북경 방향으로 고개 숙여 절하며 고마워했다는 것은 새빨간 거짓말이다. 그때 내가 제빠 신분으로 현장에 있었다. 나는 포탈라궁 달라이라마 침실에서부터 달라이라마 앞에서 향로를 들고 가는 사람이었으며, 법좌 앞에서 등극식 모든 과정을 지켜봤다. 침실에서 나올 때 까뢴라마 땐빠짬양登巴絳央과 비서스님 아왕땐진阿旺丹增이 달라이라마 손을 잡고 같이 복도를 지나 계단을 걸어 내려와 사자좌에 이르렀고, 시종스님 친랍땐진欽饒丹增이 달라이라마를 끌어안아서 사자좌에 앉혔다. 오충신이 손으로 달라이라마를 쓰다듬는 것은 있을 수 없는 일이었고, 사자좌 옆에 갈 수도 없었다. 누구라도 사자좌 옆에 가기만 하면 현장에 있는 사람들이 주목할 수밖에 없었고, 당연히 경호스님들이 두들겨 팼을 것이다.

오충신은 라싸에 있는 동안 섭정과 까샥 등 주요 고위인사들에게 예물과 금은으로 만든 휘장을 증정했다. 그리고 티베트와 중국의 우호관계 및 황모송이 남긴 중국인들을 몽장위원회蒙藏委員會: 중화민국정부가 "중국이 몽골과 티베트에 종주권이 있음."을 분명히 하고자 설치한 특별기구 하부기구인 티베트사무소駐藏辦事處로 정식 개명할 것 등을 요청했다. 그러자 까샥이 이렇게 답변했다.

"많은 티베트영토가 중국에게 점령당한 상태입니다. 금사강에서 다르쩨도까지 본래 티베트영토입니다. 이것을 반환한다면 우리는 당연히 중국과 평화회담을 가질 것입니다. 이 평화회담은 1914년 〈심라조약〉에 따라 인도정부가 중재인으로 참여해야 합니다. 지금 라싸에 있는 중국관원들은 티베트와 중국이 계속 연락을 취하도록 돕는 사절단일 뿐입니다. 이들을 몽장위원회 티베트사무소로 인정하는 것을 절대 용납할 수 없습니다."

까샥의 태도가 타협의 여지도 없었기 때문에 더 나은 진전도 있을 수 없었다. 오충신은 전임자 장치여蔣致余를 공경종孔慶宗으로 교체한 뒤 수행원들과 같이 인도를 통해 중국으로 돌아갔다. [40]

라싸에 있는 중국인 관원들. 티베트정부는 이들을 '중국사절단 CHINA mission'이라 불렀고, 중화민국정부는 '몽장위원회 티베트사무소 蒙藏委員會駐藏辦事處'라 불렀다. 이들은 모두 10~12명이었다.

여기에서 우리는 재미있는 사실을 알 수 있다. 오충신이 중화민국 정부에 보고한 등극식 현장 조감도조차 오충신의 왜곡이다. 당시 현장에 인도대표도 있었다. 그 인도대표가 시킴 총독 바실 굴드였고, 등극식 현장의 동쪽이 외국사절들 자리였다. 원래 티베트정부가 배치한 외국사절단 좌석은 달라이라마와 가까운 곳으로부터 ① 인도

사절단 ② 중국사절단 ③ 네팔사절단 ④ 부탄사절단으로 정해져 있었다. 그런데 오충신이 외국사절들 자리 가운데 달라이라마 사자좌와 가장 가까운 곳에 앉으려고 했다. 이것 때문에 등극식을 시작하기 전에 티베트정부 관리들과 실랑이가 벌어졌다. 그러자 바실 굴드가 넓은 마음으로 양보했고, 끝내 중국사절단이 가장 앞자리에 앉았다. 오충신은 달라이라마의 옆에 앉은 것이 아니라, 외국사절단 가운데 가장 앞에 앉았던 것이다. 그런데 오충신은 "내가 달라이라마의 옆에서 등극식을 주재했다."고 허위보고를 했다. 이것이 진실이다.

10. 마지막 섭정

닥자 아왕숭랍

믿기 힘들겠지만, 몽골인들은 날마다 술을 마시고 담배 많이 피우고 여자를 밝히는 제쮠담바를 존경했다. 실제 신이었기 때문이다. 마찬가지로, 티베트인들은 라쩽 튀쿠가 섹스를 즐기는 것을 문제 삼지 않았다. 도력 높은 스님은 자유롭게 무상요가를 할 수 있기 때문이다.

어느 날 라쩽이 점을 쳐보니 자기 앞날이 불길하다는 점괘가 나왔다. 그리고 라쩽을 미워하는 스님들도 있었다. 이런 상황에서 70살이 넘은 라쩽의 스승 닥자 아왕숭랍達扎·阿旺松繞, 1870~1951이 라쩽과 밀담을 나누었다. 단둘이 나눈 밀담이어서 기록이 없는데, 앞뒤 정황을 살펴보면 닥자가 라쩽에게 이렇게 말한 것이 분명하다.

"라쩽 사원으로 돌아가 몇 달만 쉬어라. 내가 잠시 섭정을 맡겠다. 불길한 징조가 사라지면 섭정 자리를 너에게 돌려주겠다."

1941년 1월 1일, 라쩽은 닥자 아왕숭랍이 잠시 섭정을 맡는다고 선언했다. 닥자린포체! 바로 이 사람이 티베트 역사에 나오는 마지막 섭정이다.

이제 '시주와 법주' 개념을 넘어서는 근대적인 외교기구가 필요했다. 그래서 1942년 7월 티베트정부 안에 치깨래쿵啓杰列空을 창설했다. 이것을 외사국外事局으로 번역하는데, 바로 이것이 티베트 외교부다.

외국어공부를 반대하는 나라

1924년부터 1926년까지 영국인이 개쩨에 설립한 사립 영어학교가 있었다. 말할 것도 없이 제13대 달라이라마가 허가하고 재정지원까지 해 줬다. 학생은 모두 귀족의 자제. 그런데 어찌된 영문인지 더 이상 학생이 없었다. 그래서 이 학교는 2년 만에 사라졌다.

1943년, 휴 에드워드 리처드슨이 까샥에 영어학교를 세울 것을 건의했다. 닥자 아왕숭랍과 까샥이 이 제의를 받아들였고, 귀족과 상인들도 환영했다. 자식을 인도까지 보내서 영어를 공부시키면 너무 많은 돈이 들었기 때문이다.

시킴정부가 영국인 교사 한 명과 시킴 교사 한 명을 모셔서 라싸로 보냈다. 1944년 7월, 라싸에 영어학교가 생겼다. 학생은 모두 43명. 이것은 단순한 영어학교가 아니라 라싸에 처음으로 생긴 근대적인 국립 중고등학교였다. 티베트어·영어·수학·체육을 주로 가르쳤고, 귀족과 평민의 자제가 같이 배웠다.

그러나 참으로 안타깝게도 라싸의 주요 라마들이 들고 일어나 반대했다. 그들의 주장은 다음과 같다.

"귀족의 자제들을 영어학교로 보내면 그들의 사상이 변한다. 그러면 사원 수입이 줄어든다. 그뿐만 아니라 미래에 저들이 권력을 잡을 것이고, 우리에게 심각한 피해를 입힐 것이다. 라싸영어학교는 절대 안 된다!"[41]

그래서 티베트 최초의 국립 중고등학교는 5달 만에 폐교했다. 이렇듯, 티베트가 망한 근본원인은 바로 티베트불교였다.

라쩽정변

1946년, 라쩽과 닥자가 밀담을 나누었는데 기록이 없다. 다만 분명한 것은, 라쩽이 닥자에게 매우 화가 났다는 것이다.

1947년 4월, 닥자에게 배달해야 하는 한 소포가 어느 장원에 잠시 있었다. 한 시종이 그 소포를 열었더니 수류탄이 터졌다. 까샥이 공포에 빠졌다. 군대와 경찰이 출동해서 라쩽을 체포했다. 그러자 세라 사원 제戒자창 승려들이 반발했다. 그래서 티베트군이 소총과 대포로 진압했다. 라쩽 사원 승려들도 당연히 분노했다. 이들이 티베트군 17명을 죽였다. 그러자 티베트군 1개 대삥 병력이 출동해서 라쩽 사원을 폐허로 만들었다. 라쩽은 1947년 5월 8일 포탈라궁 안에 있는 감옥에서 갑자기 죽었다.

이것이 라쩽정변熱振政變이다. 닥자 아왕숭랍이 라쩽을 독살시켰다는 것이 정설이다.

1947년 8월 15일, 영국이 물러나고 인도가 독립했다. 1947년 8월 15일부터 1964년 5월 27일까지 인도 초대 수상은 자와할랄 네루 Jawaharlal Nehru, 1889~1964였다.

장개석이 티베트독립을 지지하다

제9대 빤첸라마 최끼니마曲吉尼瑪는 영원히 짜시륀뽀로 돌아오지 못하고 1937년 12월 1일 께구또에서 죽었다. 그래서 시쩨 시민들이 까샥을 원망했다. 최끼니마의 전세영동 후보는 12명이 있었다. 이 가운데 한 명이 1938년 1월 3일 청해성 순화현循化縣 온도향溫都鄉 한 농민가정에서 태어난 아기였다. 이곳은 마보방의 세력권이었고, 제9대 빤첸라마의 수행원들이 공공연히 "이 아기가 진짜 전세영동이다!"라고 주장했다.

1949년 5월 18일 국민당정부가 이 어린이를 제9대 빤첸라마의 전세영동으로 확정하고 몽장위원회 관길옥關吉玉, 1899~1975 위원장을 쿰붐 사원으로 보내 1949년 8월 10일 등극식을 주재했다. 이 사람이 제10대 빤첸라마 최끼개쨴第十世班禪喇嘛却吉堅贊, 1938~1989. 달라이라마와 까샥이 인정하지 않은 가짜 빤첸라마였다. 그럼에도 훗날 이 사람의 말과 행동이 너무나 용기 있었다. 그래서 지금 티베트인들은 이 사람을 진짜 빤첸라마로 여긴다.

달라이라마의 둘째 형 갸로된줍은 라싸에서 스스로 '티베트사무소'라고 일컫는 중국사절단에게 호기심이 생겼다. 갸로된줍은 이들에게 중국어를 배웠고, 티베트정부에 "중국어를 잘하는 사람이 필요하다."고 설득했다. 그래서 1946년 중국 유학길에 올라 남경에 있는 몽장학교蒙藏學校와 중앙정치학교에서 몽골인과 티베트인을 친중파親中派로 키우는 교육을 받았다.

장개석이 이 사람을 자식처럼 대했고, 직접 중국어와 영어 개인

교사를 붙여주었으며, 1947년 4월부터 1949년 여름까지 장개석 관저에서 장개석 가족들과 같이 식사했다. 1949년 어느 날, 갑자기 장개석이 갸로된줍에게 이렇게 말했다.

"티베트가 정말 독립을 바란다면 내가 지원해 주겠다. 티베트의 독립을 지지해 주겠다."[42]

한족추방사건

그러나 홍군이 다가오고 있었다. 티베트정부도 국민당이 공산당에게 졌다는 것을 알고 있었다. 중국공산당에게 티베트가 독립국임을 증명할 필요가 있었다. 그래서 1949년 7월 8일 티베트군이 무력으로 위협해서 라싸에 있는 모든 중국인 130명을 인도로 추방했다. 이를 한족추방사건驅漢事件이라 부른다.

중국에서 티베트학의 기초를 닦은 학자가 임내강任乃強, 1894~1989과 류립천劉立千, 1910~2008이다. 임내강은 1949년 7월 8일 한족추방사건 소식을 듣고 티베트정부가 내세운 명분을 논리정연하게 비판했다.

티베트인은 말도 안 되는 이런 소동을 일으킨 이유를 이렇게 제시했다.

"티베트에 있는 중국인 가운데 공산당이 있다."

이것은 "티베트가 중국인들을 조사하기 힘드니 추방시켜서 중화민국정부가 처리하도록 한다."는 뜻이다. 나는 이렇게 반박하겠다.

첫째, 중국국민정부는 세계에서 가장 철저한 반공정부다. 다른 반공국가는 공산당의 존재를 허용하지만, 중국은 토벌구역 안에 공산당이 존재할 수 없고, 정부 안에 공산당원이 들어갈 수도 없는데, 어찌 그 안에 공산당이 들어 있을 수 있단 말인가.

둘째, 티베트사회는 아직 반半원시봉건시대여서 사회주의시대로 갈 길이 멀기 때문에 공산당이 활동할 가능성도 없고, 공산당이 그곳까지 가서 활동할 필요도 없다.

셋째, 공산당원은 아직 행동에 들어갈 자유가 없다. 최고지휘자는 모스크바에 있고, 중국책임자가 모택동이다. 지금 모스크바는 미국과 냉전에 힘을 쏟고 있다. 티베트는 미국·소련과 직접적인 관계가 없는데, 어느 공산당원이 그곳까지 가서 공산주의운동을 개척한단 말인가. 모택동은 지금 중국 중부와 남부에 힘을 쏟고 있는데, 어찌 공산당원을 티베트까지 파견할 여유가 있단 말인가.

넷째, 지금 티베트인이 환영준비를 하고 있는 네루는 모두가 아는 사회주의자다. 지금 티베트에 있는 중국인 가운데 누구도 네루만큼 사회주의를 선전하는 사람이 없는데, 어찌 네루를 환영하고 중국인을 추방한단 말인가.

다섯째, 지금 티베트에 중국인 공산당원이 있다고 가정해 보자. 그렇다면 국민정부에 조사관 파견을 요청해서 수사한 뒤 혐의범을 중국으로 보내면 된다. 그럼에도 왜 모든 중국인을 추방한단 말인가!

……

티베트가 독립한 지 이미 38년. 독립에 필요한 모든 조치를 완성했고, 오직 열강의 승인만 얻지 못했을 뿐이다. 티베트는 최근 3년 동안 바로 이를 실현하기 위해 노력했다.[43]

이때 라싸에 중국공산당이 보낸 정보원이 있었다. 이는 중화인민공화국이 출간한 민국시대 정사正史《중화민국사》에서 인정했다.

> 1949년 7월 8일 티베트정부가 "티베트에 있는 한족 가운데 공산당이 있다."는 명분으로 한족을 모두 추방했다. 그 가운데 중공지하정보원 민지성閔志成도 있었다. 44

그리고 티베트정부는 라싸에 정말 공산당 간첩이 있는지 알고 싶지도 않았다. 1912년 5월, 만주인에게 충성했던 군대가 갑자기 한족의 군대로 탈바꿈했다. 휴 에드워드 리처드슨은 1947년 8월 15일 영국국기를 끌어내리고 인도국기로 바꾸며 티베트주재 인도무역대표부 책임자가 되었다. 그래서 리처드슨은 4년 동안 영국이 아니라 인도정부를 위해 일했다.

공산당이 중국을 완전히 점령하면 라싸에 있는 중국인들은 청천백일기靑天白日旗를 오성홍기五星紅旗로 바꿀 것이고, 새로운 중국을 위해 일할 것이며, 중국인민군을 라싸로 인도할 것이다. 그래서 티베트정부가 급하게 모든 중국인 관리와 상인들을 추방한 것이다.

이제 티베트현대사로 넘어가자.

1 是豈以吾印爲無能乎?
   〈印藏構釁緣起〉,《申報》, 1888年 12月 26日.

2 1888年3月10日以前, 藏兵不退, 則印度必誓師出境, 以與藏兵相見.
   〈印藏構釁緣起〉,《申報》, 1888年 12月 26日.

3 沙皇尼古拉二世是宗喀巴的轉世.
   彭英全,《西藏宗教槪說》, 第84頁, 西藏人民出版社, 2002年 4月 第2版.

4 一 記者, 〈대영大英과 인도印度〉(10),《동아일보東亞日報》1920년 9월 20일자.

5 不干涉你的管轄權.
   貝爾Charles Bell(英國), 馮其友·何盛秋·劉仁杰·尹建新·段稚荃·莫兆鵬 合譯, 葛冠
   宇 校,《十三世達賴喇嘛傳Portrait of The Dalai Lama》, 第83頁, 西藏社會科學院
   西藏學漢文文獻編輯室, 1985年 編印.

6 達賴私運俄國軍械.
   楊公素,《中國反對外國侵略干涉西藏地方鬪爭史》, 第161頁, 中國藏學出版社,
   2001年 8月 第2版.

7 我們對他的態度是保持中立. 他旣非盟友, 又非敵人.
   貝爾(英國), 馮其友·何盛秋·劉仁杰·尹建新·段稚荃·莫兆鵬 合譯, 葛冠宇 校,《十三
   世達賴喇嘛傳》, 第81頁, 西藏社會科學院西藏學漢文文獻編輯室, 1985年 編印.

8 藏人現遭中國壓制, 目下中國之駐藏大臣爲一强殺之員.
   〈達賴喇嘛之怨言〉,《申報》, 1911年 6月 11日.

9 我等只知欽差, 不知長官爲何物.
   憂患餘生,《藏亂始末見聞記》; 西藏研究編輯部,《民元藏事電稿藏亂始末見聞記
   四種》, 第128頁, 西藏人民出版社, 1983年 2月 第1版.

10 苟其地居有漢人, 固當驅除淨儘.
   第十三世達賴喇嘛, 〈告民衆書〉; 張羽新, 〈蒙藏事務局及其對藏政的管理〉(上), 第
   37頁,《中國藏學》2003年 第1期.

11 So foul and fair a day I have not seen.
   윌리엄 셰익스피어William Shakespeare,《맥베스Macbeth》제1막 2장 38행; 안

병대安炳大, 《셰익스피어 읽어주는 남자》, 250쪽, 명진출판, 2011년 1월 제1판.

12 中國政府不得干涉西藏之内政. 中國政府不承認, 英國政府不承認共和政府.
    〈英藏交涉始末記〉(二), 《申報》, 1913年 1月 17日.

13 其政府本想將國家按最近我們同不丹締約的方式, 變爲英國的保護國, 但就我
    們來說, 去承擔亞洲高原防務則是極端愚蠢的行為. 我們不建立這個保護國,
    再次表明我們並不覬覦他們的領土.
    貝爾(英國), 馮其友·何盛秋·劉仁杰·尹建新·段稚荃·莫兆鵬 合譯, 葛冠宇 校, 《十三
    世達賴喇嘛傳》, 第123頁~第124頁, 西藏社會科學院西藏學漢文文獻編輯室, 1985
    年 編印.

14 倫欽, 爲什麼要在西姆拉會議上把西藏分成內藏、外藏兩個部分?
    貝爾(英國), 馮其友·何盛秋·劉仁杰·尹建新·段稚荃·莫兆鵬 合譯, 葛冠宇 校, 《十三
    世達賴喇嘛傳》, 第196頁, 西藏社會科學院西藏學漢文文獻編輯室, 1985年 編印.

15 陛下, 在我看來, 事情是這樣的. 中國想給西藏靠近中國的部分安上中國名字, 並
    把它們當作中國省份來對待. 我們商定把它們叫做內藏, 因而保住了它們的藏
    名. 以後, 如果你的軍隊強盛到足以維持西藏的主權時, 你就可以名正言順地收
    回貴國的這一部分領土. 如果藏名丟了, 就不好辦了.
    貝爾(英國), 馮其友·何盛秋·劉仁杰·尹建新·段稚荃·莫兆鵬 合譯, 葛冠宇 校, 《十三
    世達賴喇嘛傳》, 第196頁, 西藏社會科學院西藏學漢文文獻編輯室, 1985年 編印.

16 十三世達賴是名符其實的獨裁者; 對他的國家來說, 他比希特勒和墨索里尼有
    過之而無不及.
    貝爾(英國), 馮其友·何盛秋·劉仁杰·尹建新·段稚荃·莫兆鵬 合譯, 葛冠宇 校, 《十三
    世達賴喇嘛傳》, 第163頁, 西藏社會科學院西藏學漢文文獻編輯室, 1985年 編印.

17 國家富強難免犯罪. 它們自恃強大, 挑起戰端, 殺戮交戰國居民, 占領別國領土.
    喇嘛無子, 就是這個道理. 如果他有子嗣, 西藏就會強盛, 就會將別國置于它的
    統治之下.
    貝爾(英國), 馮其友·何盛秋·劉仁杰·尹建新·段稚荃·莫兆鵬 合譯, 葛冠宇 校, 《十三
    世達賴喇嘛傳》, 第127頁~第128頁, 西藏社會科學院西藏學漢文文獻編輯室, 1985
    年 編印.

18 토머스 레어드Thomas Laird(미국), 황정연 옮김, 《달라이라마가 들려주는 티베트
    이야기The Story of TIBET》, 20쪽, 웅진지식하우스, 2008년 5월 제1판.
    藏人對佛教這般虔誠, 有負面的影響. 他們太虔誠了. 宗教領袖最先想到的是
    宗教及他們自己的寺院或派系, 然後才可能會想到西藏這個國家. 他們最關心
    的是佛法. 更糟的是, 他們想的甚至不是眞正的佛法, 只想把一切做的富麗堂

皇. 他們想到的是大寺院、大佛像, 好像這才是眞正的佛法……這眞愚蠢. 這
是導致今日西藏悲劇的歷史種子之一.

湯瑪斯·賴爾德Thomas Laird(美國), 莊安祺(臺灣) 譯,《西藏的故事———與達賴
喇嘛談西藏歷史The Story of TIBET》, 第24頁, 聯經出版社(臺灣), 2008年 7月
第1版.

19 토머스 레어드(미국), 황정연 옮김,《달라이라마가 들려주는 티베트 이야기》, 266
   쪽, 웅진지식하우스, 2008년 5월 제1판.

如果有什麼創意的作法, 他們就覺得這是負面的, 他們希望保留過去原有的一
切, 這是最大的錯誤, 就因爲這樣, 西藏越來越弱, 沒有人想瞭解周遭的世界
究竟如何發展.

湯瑪斯·賴爾德(美國), 莊安祺(臺灣) 譯,《西藏的故事———與達賴喇嘛談西藏歷
史》, 第197頁, 聯經出版社(臺灣), 2008年 7月 第1版.

20 政權是由槍杆子中取得的.

陳廷湘 主編,《中國現代史》, 第243頁, 四川大學出版社, 2002年 8月 第1版.

21 伏查我政府雖云統一, 然對於整個藏族區域政令之所及者, 僅康東之十三縣,
   此十三縣地方, 旣無政治負責之機關, 又無得力防邊之軍隊, 統計南北兩路, 所
   有老弱殘兵, 不過數營, 皆係清末戌邊軍隊所遺存者, 平時當地土匪, 尚難芟除,
   何能御彼槍精彈足訓練有素之藏軍, 又何怪一遇藏兵, 則摧枯拉朽, 勢如破格,
   而打箭爐以西, 非復我國之屬地矣.

〈西康民衆請願鞏固國防 / 推代表到京報告藏兵東侵 / 請迅派負責人員組省政府〉,
《申報》, 1929年 8月 19日.

22 危若累卵, 後方驚惶萬狀, 若甘城不保, 爐瞻亦危, 盼政府迅發大兵拯救.

〈甘孜三面被圍 / 康人電蒙委會乞援〉,《申報》, 1931年 4月 26日.

23 藏兵本月十日, 已占領里塘(理塘), 距打箭爐僅二百里. 華軍不到千, 藏軍約三千,
   川軍志在削取種煙與車進, 不肯援康. 康事遂有今日, 達賴有令嘉獎入康各部.
   康藏糾紛, 確係達賴勾結藏兵, 意圖占領全康.

〈藏兵圖占全康 / 距打箭爐僅二百里〉,《申報》, 1931年 6月 18日.

24 第一項, 撤兵須於簽字以後, 且雙方相互行之; 第二項, 康藏界務問題, 交國際
   聯盟公判; 第三項, 中藏會議地點, 原定察木多(昌都)不能更改.

〈康藏糾紛外迅 / 達賴提出三條件〉,《申報》, 1931年 9月 8日;〈達賴拒還甘瞻〉,
《申報》, 1931年 9月 9日.

25 查達賴要求第二項, 康藏界務問題交國際公決, 此舉流弊甚大, 萬一國聯依據
   公約原則, "民主主義的膨脹, 而統治權應根據被治者的同意" 來解決, 則與

주 _439

吾無利.

〈康藏糾紛外迅 / 達賴提出三條件〉,《申報》, 1931年 9月 8日.

26 康藏糾紛, 藏方並未先起釁端, 尤絕對不違背中藏和好旨趣, 若中央仍將川藏事件交劉文輝辦理, 以後糾紛擴大, 藏方不能負責.

〈達賴聲明對康 / 并未先起釁端 / 請中央勿交劉文輝辦理〉,《申報》, 1932年 8月 1日.

27 就是在這裏——西藏的心臟, 宗教和政府可能會受到內外挾擊. 如果我們不能保衛自己的國家, 情如父子的達賴喇嘛和班禪喇嘛以及其他所有受人敬重的活佛就可能消聲匿跡, 落到無人知曉的地步; 僧侶會遭到摧殘, 寺院會遭到毀壞; 佛法統治遭到削弱; 政府官員的土地和財產遭到沒收, 這些官員將被迫服侍敵人, 或像乞丐一樣飄落四方. 眾生萬物都將陷入水深火熱之中, 提心吊膽地過日子, 苦難的日日夜夜就會沒完沒了, 令人難熬.

艾夫唐John F. Avedon(美國), 尹建新(中國) 譯,《雪域境外流亡記In Exile From The Land Of Snows》, 第2頁, 慧炬出版社(臺灣), 1991年 10月 第1版.

28 印度與我們爲鄰, 它擁有一支強大的軍隊. 中國也擁有一支強大的軍隊. 因此, 我們應與它們兩國政府保持牢固的友誼, 因爲它們都是強國.

英德 L. 馬利克Inder L. Malik(印度), 尹建新·盛艷·段荃 譯,《西藏的歷代達賴喇嘛Dalai Lamas of TIBET》, 第44頁, 中國藏學出版社, 1991年 9月 第1版.

29 人數甚少, 恐難維護, 兼以械彈兩缺, 萬難久持, 謂派軍援助, 並補充軍實, 以應急需.

〈藏軍渡通天河 / 與川軍開始接觸 / 劉文輝電京報告〉,《申報》, 1934年 3月 3日.

30 에드가 스노우Edgar Snow(미국), 홍수원·안양노·신홍범 옮김,《중국의 붉은 별 Red Star Over CHINA》(上), 233쪽, 두레, 1995년 2월 제2판.

31 中共要感謝日本, 如果不是那場抗戰, 中共就不可能奪得天下.

大紀元編輯部,《九評共産黨》, 第132頁, 大紀元(韓國), 2004年 11月 第1版.

32 在這裏生下一個黃頭髮, 藍眼珠的孩子, 這該怎麼辦?

拉魯·次旺多吉,《西藏文史資料選集(十六)》——拉魯家族及本人經歷, 第11頁, 民族出版社, 1995年 8月 第1版.

33 那是種族的關係, 而不是地域的原因.

拉魯·次旺多吉,《西藏文史資料選集(十六)》——拉魯家族及本人經歷, 第11頁, 民族出版社, 1995年 8月 第1版.

34 在達賴喇嘛病情惡化時, 曾多次準備匯報噶廈政府, 但達賴喇嘛執意不允.

拉宗卓嘎,〈關於堅賽·土丹貢培〉, 西藏自治區政協文史資料研究委員會 編,《西藏

　　文史資料選集》(三), 第71頁, 內部發行, 1984年 2月 第1版.

35　如對噶倫的產生, 要每四年選舉一次, 必須直接從西藏大會的候選人中選舉.
　　拉魯·次旺多吉, 〈回憶我的父親龍夏·多吉次杰〉, 西藏自治區政協文史資料研究委員
　　會 編,《西藏文史資料選集》(二), 第49頁, 內部發行, 1984年 2月 第1版.

36　該組織正在密謀殺害噶倫.
　　拉魯·次旺多吉, 〈回憶我的父親龍夏·多吉次杰〉, 西藏自治區政協文史資料研究委員
　　會 編,《西藏文史資料選集》(二), 第50頁, 內部發行, 1984年 2月 第1版.

37　如果沮止向達賴喇嘛的遺體致祭的使者, 宗教界會有什麼口實? 叫人擔心.
　　夏格巴Tsepon W. D. Shakabpa(TIBET), 藏區政治史翻譯組 譯,《藏區政治史
　　TIBET: A Political History》(下), 第185頁, 油印本(中國), 1992年.

38　中國官員黃慕松及工作人員, 携帶收發電報機, 經多堆(卽康區), 于木狗年(公元
　　1934年)七月到達拉薩, 安排他們寓居在拉薩吉堆巴的住宅. 在布達拉宮, 他們
　　以漢族方式在已故達賴喇嘛像前陳列供云, 同時向以攝政, 司倫, 噶倫爲首的
　　普通僧俗公職人員以上官員贈送了與其身分相宜的禮品, 同時向每人分別贈送
　　了一枚用金, 銀, 銅製造的質地不一樣的孫中山像章. 以後, 他說 "這次來西
　　藏, 順便談判維持漢藏雙方舊有的情誼問題." 噶厦說 "樂於談判漢藏供施
　　關係. 但若談判維持木虎年(公元1914年)西姆拉條約, 則須有印度政府作中間
　　人方能會談, 漢藏雙方直接談判政治事務是不行的. 還應歸還此前西藏失去的
　　領地和屬民." 對方說 "邊界問題事小, 好解決. 至於談到要按西姆拉條約規
　　定擧行有印度作中間人的會談一節却未便苟同." 因而關於和談未達成任何協
　　議.
　　夏格巴(TIBET), 藏區政治史翻譯組 譯,《藏區政治史》(下), 第185頁~第186頁, 油
　　印本(中國), 1992年.

39　吳還宣稱他個人主持了坐床儀式. 爲了表示感謝, 達賴還向北京方向平伏. 這些
　　故事都被貝爾根據古爾德的消息, 指爲虛假了, 作者也絕對否認, 參加典禮的西
　　藏人也認爲是荒唐無稽.
　　黎吉生Hugh Edward Richardson(英國), 李有義 譯,《西藏簡史A Short History of
　　TIBET》, 第134頁, 鉛印本(中國), 1978年 編印.

40　不但如此, 還說吳主持(領導)了坐床典禮, 吳本人讓達賴喇嘛坐上金座. 爲了表
　　示感謝, 達賴喇嘛向着北京方向恭恭敬敬地磕了頭. 這些也純粹是謊話, 根本
　　不眞實. 那時我本人雖不在政府上層任職, 但以孜巴名義, 擔任敬獻飾件人中
　　的持香人, 從布達拉宮的內寢過道間開始, 一直在達賴喇嘛的前面端香爐, 一
　　起去到正大廳的寶座附近的前面, 看完了整個典禮過程. 在從寢宮出来時, 噶

倫喇嘛登巴絳央和近侍基巧堪布阿旺丹增拉着達賴喇嘛的手走來, 上下樓梯和登上寶座時, 達賴喇嘛由侍寢堪布欽饒丹增抱着請至寶座上. 不要說吳忠信用手摩一下, 就是金座旁邊都不允許他靠近. 一旦有誰無事多事地走近寶座附近, 必然會引起在場所有人注意, 而且無疑會遭到魁梧的侍衛們毆打. 這些我可清清楚楚地證明.

吳忠信在拉薩期間, 給攝政、噶廈等主要官員們都贈送了禮物和金銀製作的徽章. 並又談起漢藏和平商談, 以及黃慕松留下的繼續進行和談的漢官和電臺, 改名蒙藏委員會的一個分支機構(卽"駐藏辦事處")等等. 噶廈說 "西藏許多地方一度中國政府强占, 東邊打箭爐以内本屬於西藏原來的範圍, 若歸還其土地、部落和屬民, 一定擧行漢藏和談; 而且將按木虎年(公元1914年)西姆拉條約成例, 準備請印度政府作爲中間人參加. 駐拉薩的中國官員只是繼續進行談判的辦事人員(原文注有英文mission意爲派駐國外完成特殊使命的代表團), 絶不承認其爲蒙藏委員會的一個分支機構." 由於噶廈的態度沒有商量的餘地, 所以什麼也沒有辦成. 吳調換了前任蔣致余, 由孔慶宗接替. 吳和隨從從印度返回中國.

夏格巴(TIBET), 藏區政治史飜譯組 譯,《藏區政治史》(下), 第210頁, 油印本(中國), 1992年.

41 貴族子弟送進英語學校會改變他們固有信念, 眼前不僅會削弱寺廟的收入, 而且將來一旦由這些子弟掌權, 會給政敎事業帶來更大危害. 因此, 在拉薩辦英語學校是萬萬行不通的.

嘎雪·曲吉尼瑪、拉魯·次旺多吉, 〈拉薩英語學校破産記〉, 西藏自治區政協文史資料研究委員會 編,《西藏文史資料選集(二)》, 第33頁, 內部發行, 1984年 2月 第1版.

42 토머스 레어드(미국), 황정연 옮김,《달라이라마가 들려주는 티베트 이야기》, 357쪽, 웅진지식하우스, 2008년 5월 제1판.

如果西藏眞的想獨立, 我會支持你們, 支持西藏獨立.

湯瑪斯·賴爾德(美國), 莊安祺(臺灣) 譯,《西藏的故事———與達賴喇嘛談西藏歷史》, 第271頁, 聯經出版社(臺灣), 2008年 7月 第1版.

43 藏人爲此無理取鬧之事, 亦曾聲明理由一條云 "駐藏華人中有共黨". 意如 "西藏未便審訊華員, 故押送返國, 以便中華政府處辦"者然. 果如此云, 則有下列論辯:

第一, 中國國民政府, 乃世界反共最爲徹底之政府, 其他反共國家, 尚容共黨存在, 中國則凡戡亂區域以内, 共黨莫能生存者, 至如政府人員, 則雖睹接共黨之夢, 亦不容有, 安得有共黨混雜其中?

第二, 西藏社會, 尚在半原始的封建時代, 去社會主義時代尚遠, 共產黨無往活動之可能, 亦無前往活動之必要. 現共黨在中華得勢, 方苦 "政治赶不上軍事". 即謂政工人員不敷占領區工作之用, 安得尚有多餘人員, 通過國民政府, 以混入彼無關大局之西藏?

第三, 共產黨員行動未可自由. 最高指揮者在莫斯科. 中國負責人爲毛澤東等. 莫斯科現在注全力於對美冷戰. 西藏雪國, 素於美蘇無直接見解之國際關係, 何在濫黨派員來此墾荒. 毛澤東現致力於爭取華中與華南, 尚未顧及華西, 何至派有黨員入藏?

第四, 目前藏人正在籌備歡迎之尼赫魯, 固即老牌之社會主義者也, 縱使中國駐藏人員中有共產黨徒, 亦不過如尼赫魯之宣傳社會主義. 詎得迎彼而拒此?

第五, 縱謂駐藏華員中有共產黨徒, 有送回審辦之必要. 何不請國民政府派員前往捉訊, 或指出誰爲有共黨嫌疑者而遣送之. 乃竟將全部在藏華員驅逐?

……

西藏旣已獨立三十八年, 一切獨立布署皆已完成, 所缺在列強之承認而已. 彼近三年來, 曾努力於此項意願之實現.

任乃强, 〈檢討最近藏局〉,《康藏研究》第二十七期, 1949年 7月.

44 1949年 7月 8日, 西藏地方政府以西藏境内的漢人中有共產黨爲由, 驅逐漢民, 其中包括中共地下工作人員閔志成(平措旺階).

朱宗震, 陶文钊, 李新 主編,《中華民國史》第三編 第六卷, 第706頁, 中華書局, 2000年 9月 第1版.

제7장 중공시대

1951~?

1. 평화해방은 총구에서 나온다

맹세가 깨지다

중국공산당 홍군은 1949년 11월 30일 중경을, 12월 27일 성도를 점령했다. 이제 이들을 중국인민군이라 부르자. 서녕을 점령한 중국인민군은 티베트어와 영어로 라디오방송을 하여 '티베트평화해방'을 선전했다. 티베트정부 한 관리가 이 방송을 듣고 중국의 침략을 경고하자 한 시종이 달라이라마에게 말했다.

"티베트는 고승의 땅 아닙니까. 그들은 아무런 해도 입히지 못할 겁니다."[1]

1950년 1월 2일 모택동은 모스크바에서 이런 전보를 보냈다.

"티베트는 인구가 얼마 안 되지만 지리적으로 중요한 곳이다. 반드시 점령해야 한다."[2]

그리하여 사천에서 인민군을 재편하여 티베트를 점령하는 제18군 3만 명을 편성했다. 총사령관軍長兼書記 장국화張國華, 1914~1972, 정치위원政治委員兼副書記 담관삼譚冠三, 1908~1985. 제18군은 고산병에 적응하고 캄 전사들의 저항을 물리치며 보급품을 운반하느라 9달을 보냈다. 그리고 1950년 6월 25일 한국전쟁이 터졌다.

1950년 8월 15일 저녁, 티베트 전역에 엄청난 대지진이 일어났다. 가옥이 무너지고 강줄기가 달라질 정도였다. 이때 조캉 옆에 있는 장경회맹비長慶會盟碑가 깨졌다. "토번인은 토번의 땅에서, 한족은 한족의 땅에서 평안히 살지어다."라는 맹세를 새긴 기념비가 깨진 것이다.

겁쟁이

1947년 4월부터 1950년 8월까지 참도까뵌昌都噶本; 昌都總管은 라루 체왕도제였다. 이 사람은 중국인민군의 침입을 예견하고 열심히 방어를 준비했다. 이런 상황에서 총지휘관을 바꾸는 것은 어리석은 행위다. 그러나 까샥이 1950년 9월 아푀 아왕직메阿沛·阿旺晋美. 1911~를 신임 참도까뵌으로 임명했다. 아푀 아왕직메는 이렇게 큰소리쳤다.

"내가 참도에 있는 동안 참도는 항복할 일이 없다."3

방어를 할 때 수색과 정찰은 기본이다. 그러나 이들은 수색과 정찰을 하지 않았다. 중국인민군은 10월 7일 새벽에 금사강을 건넜다. 강에서 저지하는 것이 병법의 기본이다. 그러나 이들은 참도만 지켰다. 당시 중국인민군 제18군은 역전의 용사들이었다. 병력과 화력도 상대가 안 된다. 티베트군의 유일한 장점은 험준한 지형이다. 따라서 게릴라전으로 맞서야 한다. 그러나 티베트군은 진지전으로 맞섰다. 한마디로 전

_아푀 아왕직메

투의 기본이 안 되어 있었던 것이다.

10월 17일 새벽, 아쾨 아왕직메는 혼자 말을 타고 도망갔다. 이 사람은 한 사원에 숨었다가 중국인민군에게 붙잡혔다. 참도는 포위 당했고, 이틀 동안 격렬한 전투가 벌어졌다. 까샥은 9일 동안 야유회 에서 술 마시며 노느라 이 사실을 몰랐다.

미국이 한국을 살리고 티베트를 버리다

10월 25일, 중국정부는 인민군이 참도에서 티베트군 5천 7백 명 을 전멸시켰다고 발표했다. 티베트 전역에 남아 있는 티베트군은 겨 우 1천 5백 명. 중국 주재 인도대사 파니카Kavalam Madhava Panikkar, 1895~1963가 중국 외교부에 인도정부 조회照會를 세 번 제출했다.

"중국군대의 티베트 침입은 비극이라 말하지 않을 수 없습니다."[4]

중국정부는 이렇게 답변했다.

"그 관점은 인도정부가 티베트에 관해 중국에 적대적인 외국세력 의 영향을 받았다고 생각할 수밖에 없습니다."[5]

티베트정부는 마지막 희망으로 유엔UN에 호소했다. 미국이 엘살 바도르를 통해 유엔에 '티베트문제 상정안'을 제출했다. 하지만 당시 상황이 너무나 기막혔다.

인도는 가난했고 인도군은 배고팠다. 인도는 독립한 지 얼마 되지 않아서 긴박한 국내문제가 산더미였다. 더욱이 카슈미르분쟁 때문에 티베트에 군대를 보낼 여유가 없었다. 1950년대 초반 네루의 중국정 책은 중국과 친해져서 환심을 산 뒤, 인도의 히말라야 접경지역에 대한 위협을 중지하도록 하는 것이었다.

영국은 홍콩을 보호하려고 서방국가 가운데 가장 먼저 중화인민 공화국을 승인한 나라다. 영국에게 중요한 것은 홍콩이었지, 티베트 가 아니었다. 프랑스는 알제리 식민지 문제 때문에 티베트에 군대를 보낼 명분이 없었다.

미국에게 가장 중요한 아시아 국가는 일본이었다. 그런데 남한은 일본의 방호벽이다. 미국은 한국전쟁에 군사력을 투입하느라 티베트 에 신경 쓸 여유가 없었다. 한국에서 중국인민군과 싸우는 것도 힘 들었기 때문에 동시에 티베트에 군대를 파견하는 것은 무리였다. 그 래서 미국은 티베트문제의 유엔 상정을 스스로 포기했다.

17조협약

1950년 11월 17일, 제14대 달라이라마는 급하게 친정의식親政典禮 을 거행했다. 이어 1951년 4월 말, 티베트의 회담대표 5명이 북경에 도착했다. 대표는 겁쟁이 아푀 아왕직메. 당시 상황은 이렇게 빗댈 수 있다.

"(중국인이 티베트인 머리에 총구를 겨누며 친절하고 따뜻한 얼굴로) 여기에 서명하세요."

1951년 5월 23일, 중국과 티베트는 조약을 체결했다. 〈중앙인민정 부와 티베트지방정부의 티베트평화해방협약中央人民政府和西藏地方政府 關於和平解放西藏辦法的協議〉. 이를 줄여 〈17조협약十七條協議〉이라 부른다. 주요 내용은 중국이 티베트의 군권과 외교권을 빼앗는 것.

1951년 9월 9일, 중국인민군 3천 명이 라싸에서 개선식을 거행했다. 티베트는 이렇게 겔룩시대가 끝나고 중공시대에 들어섰다.

닥자 아왕숭랍은 1951년 12월 라싸에서 눈을 감았다.

2. 살얼음판을 걷는 시간

미망홍두

티베트 면적은 약 220만 제곱킬로미터. 한반도의 11배다. 그런데 인구는 6백만 명. 북부는 청해성이 되었고, 동부는 참도를 제외한 지역이 사천성과 운남성으로 편입되었다. 오늘날 티베트자치구西藏自治 區의 면적은 120만 제곱킬로미터이며, 인구는 3백만 명. 라싸 인구는 20만 명. 하지만 1951년 중국인민군이 티베트를 점령했을 때 티베트 자치구 인구는 겨우 120만 명이었고, 라싸 인구는 4만 명이었다. 그런데 중국인민군 2만 명이 라싸에 들어왔다. 1천만 명이 사는 서울에 중국군 5백만 명이 주둔한다고 상상해 보라. 그 자체가 공포다.

중공은 라싸를 점령하자마자 티베트공작위원회中共西藏工作委員會; 西藏工委를 조직했다. 1951년 9월부터 1955년 3월까지 이 위원회 최고 실권자인 서기書記는 장경무張經武, 1906~1971. 실제로는 티베트총독이었다. 이 위원회는 처음에 신중하게 행동했다. 그래서 라싸에 있는 티베트군을 해산시키지 않고 중국인민군 군복을 지급했으며, 부대개편도 하지 않았다. 달라이라마는 장경무 장군을 이렇게 평가했다.

"그는 너무 직선적인 성격이었다. 그가 벌컥 화를 내는 버릇도 중

국인들에게 흔한 특성이라는 것을 곧 알아챘다." 6

1952년 2월, 티베트공작위원회가 티베트정부에게 티베트보리靑稞 2천 톤을 요구했다. 그런 다음 또 다시 2천 톤을 요구했다. 라싸 시내 물가는 10배가 올랐다. 그러자 중부 지방 지도자들이 미망충두米 芒贊都; 人民大會라는 조직을 결성해서 1952년 3월 6일 〈6조요구서六條 請願〉를 장경무에게 제출했다. 중국인은 티베트를 떠나라는 뜻이다. 중국군이 미망충두 지도자 5명을 체포했다. 이때부터 미망충두는 지하로 숨었다.

대리씨뢴 캔첸 로쌍자시堪欽·洛桑扎西와 루캉와 체왕랍땐魯康瓦·澤旺 繞丹, 1898~1966이 용기 있게 중국인들과 말싸움을 벌였다. 1952년 4월 27일, 달라이라마가 이 두 씨뢴 목숨을 살리려고 사직시켰다. 다른 까뢴들은 중국인이 무서워서 항의도 못했다. 이틀 뒤인 4월 29일, 제10대 빤첸라마가 라싸에 도착했고, 제14대 달라이라마와 제10대 빤첸라마가 처음으로 노르부링카에서 만났다. 이때 빤첸라마는 중국의 허수아비였고, 짜시뢴뽀에 정착했다. 중국군 군량미는 인도가 해결해 줬다. 티베트인은 모두 살얼음판을 걷고 있었다.

달라이라마가 모떡동을 만나다

1953년, 일부 관리들이 중국여행을 하고 돌아왔다. 달라이라마는 불안했다.

"몇 달 동안 여행을 마치고 돌아온 그들은 찬양과 경탄, 그리고 거짓말로 가득한 보고서를 제출했다. 감시당하면서 보고서를 작성했

_왼쪽부터 주은래, 제10대 빤첸라마, 모택동, 제14대 달라이라마, 유소기

음이 틀림없었다."[7]

달라이라마는 끊임없이 마음을 다스렸고, 1954년 티베트력 1월 15일 비구계를 받았다. 그리고 1954년 7월 11일 빤첸라마와 같이 라싸를 출발했다. 이 150명은 험난한 노선을 거쳐 7월 24일 참도에 다 달았고, 성도와 서안을 거쳐 8월 말 북경에 도착했다. 달라이라마는 모택동과 주은래周恩來, 1898~1976를 이렇게 평가했다.

"모주석을 어느 정도 존경했습니다. 모택동은 타고난 지도자였습니다. 모택동은 천천히 말했는데, 쓸데없는 말이 하나도 없었습니다. 그리고 지나치게 격식을 차리지도 않고 솔직했던 점도 마음에 들었습니다. 빈틈없는 주은래와 많이 다른 사람이었습니다. 주은래를 만나면 그 순간 '어! 저 사람 똑똑한데. 너무 똑똑해.' 하는 생각이 들 것입니다."[8]

달라이라마는 모택동을 비롯한 중공 지도자들을 여러 번 만났고, 중국 산업시찰도 했다. 달라이라마가 느낀 중국이라는 나라는 자유 없는 나라였다.

달라이라마가 티베트를 떠나 있던 1954년 12월 25일, 사천라싸국
도康藏公路와 서녕라싸국도青藏公路를 정식 개통했다. 지금 중장비로도
쉽지 않은 일을 망치와 곡괭이로 해 냈다. 이제 성도에서 라싸까지 3
달이 아니라 보름이면 갈 수 있는 것이다. 이 도로를 건설하면서 매
우 많은 사람이 죽었는데, 정확하게 몇 명이 죽었는지 기록이 없다.

1955년 봄 달라이라마가 북경을 떠나기 전날 밤, 갑자기 모택동이
달라이라마를 불렀다. 이것이 이 둘의 마지막 만남이었다. 모택동은
달라이라마에게 정치와 행정에 관한 여러 조언을 했다. 그러나 마지
막으로 바로 이 말을 했다.

"당신의 태도는 훌륭합니다. 그러나 종교는 독약과 같습니다. 첫
째, 비구와 비구니가 독신이기 때문에 인구를 감소시킵니다. 둘째, 그
것은 물질발전을 도외시합니다."₉

달라이라마는 큰 충격을 받았고, 속으로 외쳤다.

'그래서 당신은 다르마의 파괴자일 수밖에 없는 것이오!'₁₀

달라이라마는 1955년 6월 29일 라싸로 돌아왔다.

정부를 통제하는 정부

달라이라마가 아직 라싸로 돌아오지 않은 1955년 3월 9일, 중국
정부는 티베트자치구준비위원회西藏自治區籌備委員會 설립을 결정했고,
1956년 4월 22일 포탈라궁 맞은편에 새로 건설한 라싸문화궁拉薩文
化宮에서 출범식을 했다. 형식적으로 최고권력자인 주임主任은 달라이
라마, 부주임副主任은 빤첸라마였다. 그러나 실권자는 장국화 티베트

공작위원회 서기. 중국정부가 티베트 까샥을 통제하는 기구였다.

중국의 기본 행정단위는 성省이고, 자치구는 성省과 동급이다. 지금 중국에서 '자치'라는 낱말은 말장난이다. 중국역사를 살펴보면, 중화인민공화국만큼 철저한 중앙집권체제를 수립한 적이 없다. 이 준비위원회가 출범하고 반년이 지나자 동부와 북부는 실제로 전쟁상태였다. 이 전쟁소식이 난민들의 입을 거쳐 계속 중부와 남부로 전해졌고, 라싸 시민들은 불안한 세월을 보내야 했다. 모택동을 찬양하고 중국인민군을 환영했던 빤첸라마가 생각을 바꾸기 시작한 것도 이 시기로 추정한다.

인도로 가는 길

1956년 6월, 시킴정부가 달라이라마에게 초청장을 보냈다. 곧 인도에서 '석가모니 열반 2천 5백 주년 기념활동釋迦牟尼涅槃2500週年慶祝活動'이 벌어지므로 참석해 달라는 것이다. 달라이라마가 오래간만에 받은 희소식이었다. 그러나 중국정부가 "안전에 문제가 있다.安全方面的原因."는 핑계로 허락하지 않았다. 10월 1일, 이번에는 인도 네루 총리가 직접 중국정부에게 빤첸라마도 같이 참석해 달라고 요청했다. 그래도 허락하지 않았다. 11월 1일, 인도정부가 다시 요청했다. 놀랍게도 이번에는 중국정부가 허락했다. 왜 갑자기 태도를 바꿨을까? 모택동이 허락했기 때문이다. 모택동은 이렇게 그 까닭을 밝혔다.

"달라이가 인도로 갔다가 안 돌아올 수도 있겠지. 그리고 계집애마냥 '공산당이 티베트를 침략했어요.'라고 우리를 욕할 수도 있을 테고, 인도에서 '티베트독립!'을 선언할 수도 있겠지. 그러면 나는 좋아. 우리는 먼저 공격하지 않아. 저들이 먼저 공격하게 내버려 둬. 그러면 우리가 반격해서 사정없이 두들겨 버리면 돼."₁₁

1956년 11월 24일 달라이라마와 빤첸라마는 뉴델리에 도착했고, 4달 동안 각종 기념식과 법회에 참석하는 활동을 했다. 이때 달라이라마의 세 형은 모두 인도에 있었다. 형들이 모두 달라이라마에게 라싸로 돌아가지 말 것을 권했고, 제뵌이었다가 시킴에 정착해서 티베트복지협회西藏福利協會를 창설하고 각종 티베트독립운동을 하고 있었던 샤캅빠 왕축데땐도 달라이라마의 귀국을 만류했다.

달라이라마도 라싸로 돌아가고 싶지 않았다. 티베트는 실제로 전쟁상태였기 때문이다. 자신이 언제 죽을지도 몰랐다. 하지만 주은래가 인도로 와서 귀국을 권했고, 네루도 돌아가야 한다고 말했다. 인도는 이미 1954년 4월 29일 중국과 〈판치실라Panch Sheel-a; 潘奇謝爾協定; 中印通商交通協定〉를 체결했다. 이 안에 '평화공존 5원칙和平共存五項原則'이 있었고, 이에 따르면 인도는 티베트가 중국의 일부임을 인정했다. 네루는 중국을 기분 나쁘게 하고 싶지 않았던 것이다. 마침내 달라이라마 일행은 1957년 2월 14일 칼림퐁에서 티베트로 들어갔고, 4월 1일 라싸에 도착했다.

3. 삼일공운동

거짓말

1959년 3월 10일에 폭발한 삼일공운동三—○運動은 티베트역사에서 가장 중요한 사건이며, 세계사에서도 중요한 사건이다. 이 사건을 이해하지 못하는 사람은 티베트를 이해하지 못한다고 말할 수 있다.

아마 아데Ama Adhe, 1932~라는 할머니가 있다. 본명은 타폰창 아데Tapontsang Adhe. 티베트어 '아마'는 엄마라는 뜻이며, 아마 아데는 '아데 엄마'라는 뜻이다. 동부티베트 강쩨甘孜 사람이며, 중국인민군이 동부티베트로 들어왔을 때 신혼이었다. 중국인민군에 대항하는 여성지하단체를 조직해서 헌신했고, 1958년 10월 16일 체포당했으며, 1985년 2월까지 26년 동안 노동수용소에서 복역했다. 이 사람이 구술해서 세상에 내놓은 책이《그래도 내 마음은 티베트에 사네The Voice that Remembers—A TIBETAN Woman's Inspiring Story of Survival》.

1950년 아마 아데가 처음 목격한 중국인민군은 대부분 불쌍해 보였다. 행색이 거지같았고, 고산병 때문에 코피를 쏟는 군인이 많았다. 사령관으로 보이는 사람이 주민들을 최대한 광장으로 집합시켜 이렇게 연설했다.

"여러분을 만나서 기쁩니다. 우리는 국민당 정권의 패덕으로부터 여러분을 해방하러 왔습니다. 우리는 이 나라의 손님이며, 이 땅의 주인은 여러분임을 잘 알고 있습니다. 우리는 의무를 완수하는 대로 고향으로 돌아갈 겁니다."[12]

그들은 언제나 웃으려고 노력했고, 어떤 폭력도 사용하지 않았으며, 농사를 도와주었다. 심하게는 병사들이 "옴마니반메옴"을 외는 노인에게 "우리도 부처님을 사랑합니다."[13]라고까지 말했다. 하지만 1년이 지나자 동부티베트인들이 뭔가 이상한 것을 느끼기 시작했다.

재미없는 사람들

그들은 한 병사가 바퀴 위에 앉아 페달을 밟아 자석을 돌려서 전기를 생산하는 발전기를 설치했다. 이 발전기로 무선송신을 했으며, 주민들에게 영화를 보여줬다. 이곳 사람들은 이때 처음으로 영화를 봤다. 그런데 그 영화가 너무 재미없었다. 시종일관 신중국을 건설한 공산당의 우수성을 강조하는 내용이었기 때문이다. 마치 '우리 공산당이 너무나 위대하고, 너희는 보잘것없는 존재'라는 속뜻이 있는 듯했다. 그래서 영화상영이 끝난 밤 집으로 돌아갈 때 친구가 아마 아데에게 이렇게 말했다.

"이 영화를 보고 나니 정말로 내 운명이 그들 손아귀에 놓여 있다는 걸 확실히 알겠어."[14]

그들의 얼굴은 언제나 진지한 결의에 차 있었다. 그러나 그들이 평소 하는 말도 너무 재미없었다. 그들은 유머가 없었고, 자기들끼리 얘기할 때도 끊임없이 모택동의 말을 인용했다. 심하게는 그들이 평소 부르는 노래도 재미없었다. 그래서 아마 아데는 이렇게 추측했다.

'저 사람들은 자유가 없는 것 같다.'[15]

그리고 그들은 모든 가정과 사원을 방문하며 조사했다. 이 지역에서 존경받는 사람이 누구이고, 유력한 가문이 어디이며, 사원 주지는 누구인가. 더욱이 모든 개뽀와 사원과 가정에 있는 재산이 얼마인가. 타폰창 가문이 강쩨의 갑부였다. 티베트에서 '창昌'으로 끝나는 성姓은 상인 가문이라는 뜻이고, 지금 한국으로 빗대면 재벌이다. 티베트 최고 재벌은 봄다창邦達昌이라는 가문이었다.

보이지 않는 칼날

동부티베트인들은 1952년부터 불안해지기 시작했다. 일단 중국인민군 병력이 끊임없이 늘어났다. 그들은 도로와 비행장 건설에 티베트인들을 동원했고, 병원과 학교를 세웠다. 병원이 티베트인들에게 의료혜택을 베푼 것은 사실이다. 하지만 주요 목적이 군대를 위한 것이라는 것을 곧 알아챘다.

그들이 세운 학교는 중국인 선생님들이 티베트 어린이들을 가르쳤다. 주로 중국어와 중국역사를 가르쳤고, "티베트민족은 거대한 모국의 한 소수민족에 지나지 않는다."며 중국식 관습을 강요했다. 이때부터 동부티베트인들은 저들이 '해방군이 아니라 점령군'이라는 사실을 깨달았다.

1953년, 동부티베트 개뽀와 갑부 30명으로 구성한 중국시찰단이 중국을 견학했다. 여기에 아마 아데의 아버지도 있었다. 이들은 이때 처음으로 비행기를 탔다. 이들은 주요 도시에 있는 훌륭한 공장과 모범농장을 살펴봤다. 이 시찰단의 한 티베트어통역자가 원래 국민당원이었다가 목숨을 유지하려고 최근 공산당원으로 바꾼 사람이었음은 행운이었다. 이 사람 덕분에 중요한 말을 들었다. 아버지가 어느 중국인 노인과 이야기 나눌 때 국민당 포로를 실은 트럭 한 대가 지나갔다. 그러자 그 노인이 말했다.

"저기를 좀 보시오. 저 포로들은 모두 사형에 처해질 거요. 그뿐이 아니라오. 공산주의자들은 점차 모든 가정의 재산을 약탈하고 있소!"[16]

아버지는 너무나 놀랐다. 그런데 조금 뒤 더 놀라운 광경을 목격했다. 여자 죄수들을 실은 트럭 한 대가 멈춰 섰는데, 차에서 내린 여자들이 질질 끌려가 일렬로 세워졌다. 그녀들은 지독한 공포 때문에 다리를 떨며 똑바로 서지조차 못했다. 시찰단 사람들은 드디어 깨달았다. 중국인민군이 자신들에게 베푸는 온갖 친절이 속임수에 지나지 않았다는 것을. 그리고 저들은 티베트를 떠날 생각이 조금도 없다는 것을. 아버지는 집으로 돌아와서 틈만 나면 친구들에게 이렇게 말했다.

"이들은 좋지 않은 의도를 갖고 있소이다. 우리 사회를 몰락시킬 것이고, 우리에게서 모든 것을 빼앗을 것이오."[17]

아버지는 이때 받은 충격이 너무 커서 계속 몸이 약해졌고, 끝내 1954년 늦봄 병원에서 숨을 거두었다. 아버지는 가족들에게 유언을 남겼다.

"중국인들이 약속하는 것을 절대 믿지 마라. 그들은 곧 우리 사회를 파멸시킬 것이고, 우리를 파괴할 것이다. 파국에 이르기 전에 나라를 지킬 방법을 찾아야 한다."[18]

싸워야 한다

1954년 12월 25일, 라싸까지 트럭으로 병력을 이동할 수 있는 도로를 2개 완공했다. 그러자 1955년부터 사태가 급변했다. 중국공산당이 북부와 동부에서 '민주개혁民主改革'을 시작한 것이다. 민주주의의 '민주'가 아니라 인민민주전제정치人民民主專制政治의 '민주'다. 티베트를 중국식 공산체제로 바꾼다는 뜻이다.

먼저 무기를 압수했다. 당시 북부와 동부는 집집마다 총과 탄약 없는 집이 없었다. 이들에게 총은 목숨이었다. 하지만 중국인민군은 강제로 총을 빼앗았다. 말을 안 들으면 쏴 죽였다. 뒤이어 주요 개뽀와 재벌과 라마를 인민재판批鬪會에 넘겼다. 반동분자로 몰아세워 폭언과 구타를 일삼고 자아비판을 강요한 뒤 토지를 몰수했다. 그리고 티베트 어린이들을 강제로 성도, 서안, 북경에 있는 민족학교로 보내서 공산주의교육을 실시했다.

더욱이 불교를 탄압했다. 중국인민군 간부가 거지들을 비구와 비구니로 분장시켜 사원에 들여보내며 "이들이 결혼할 것이다."[19]라고 선언했다. 그러니까 너희 모두 승복을 벗고 환속하라는 뜻이다. 이것을 견딜 수 없어서 많은 승려가 자살했다. 아마 아데는 오빠의 벗이었던 스님이 나무에 목을 매서 자살하기 하루 전 자기 집에서 한 말을 구술했다.

"나는 평생 속세를 떠나 내 믿음의 수련을 위해 몸 바쳤다네. 억지로 나를 세속인으로 살게 할 수는 없는 일일세. 중국인의 지배 아래 살면서 신앙을 잊고 사느니 차라리 죽음을 택하는 편이 더 낫네."[20]

사원이 텅 비면, 중국인민군이 그 사원에 있는 모든 재물을 약탈했다.

그리고 가장 두려워 하던 일이 벌어졌다. 중국공산당이 한족들을 강제로 이민시키는 것이다. 1950년부터 1957년까지 중국정부가 북부티베트로 보낸 한족이 205만 명이고, 동부와 중부로 보낸 한족이 127만 명이다. 남북한 합쳐서 7천만 명인데, 중국정부가 중국인 4천만 명을 한반도로 이주시킨다고 상상해 보라. 이것이야말로 공포다.

이제 의심할 여지가 없었다. 싸워야 한다. 북부와 동부에서 싸울 수 있는 사내들이 총과 칼을 들고 산으로 들어갔다. 1955년 12월부터 동부티베트는 실제 전쟁상태였다.

축시강둑

1955년 12월부터 약 반 년 동안 북부와 동부티베트 젊은이들이 산으로 들어가 각자 게릴라부대를 만들었고, 이들이 서로 협력하며 중국인민군에게 지속적으로 기습했다. 직접 가 보면 안다. 동부티베트 남자들은 정말 무섭다. 이들은 타고난 전사들이다. 중국인민군은 막강한 무기와 압도적인 병력, 그리고 정찰기와 폭격기를 동원해서 소탕작전을 벌였다.

1956년 2월, 일단의 게릴라부대가 리탕理塘에서 중국인민군을 기습했는데 역포위를 당했다. 그래서 포위를 돌파하여 리탕 사원으로 피신했고, 다른 리탕 주민들도 중국인민군이 무서워서 리탕 사원으로 피신했다. 중국인민군은 64일 동안 포위했다. 그런데 짜증이 난 모양이다. 폭격기로 리탕 사원을 공습하여 2천 명을 죽였다. 이것을 리탕사건이라 부른다. 이 뉴스가 티베트 전역에 퍼져 엄청난 충격을 줬다. 달라이라마도 이 소식을 듣고 기절할 뻔했다. 제18군 총사령관 장국화에게 노골적으로 화를 냈을 정도다.

"당신들이 이렇게 행동한다면 어떻게 우리가 당신들을 믿는단 말이오?"[21]

장국화는 적반하장으로 맞섰다.

"당신의 비난은 티베트 인민을 보호하고 도와주려는 조국에 대한 모욕이오. 만약 착취를 막아 주어 인민들에게 이익을 가져다줄 개혁을 원치 않는 티베트인이 있다면 그는 처벌받아 마땅하오."[22]

드디어 1956년 6월 좀다사건이 벌어졌다. 리탕사건 직후 참도주둔군 사령관 왕기매王其梅. 1914~1967가 동부티베트 개뽀와 재벌 350명을 참도에 소집시켜 인민투표를 했다. 민주개혁을 찬성하는가, 반대하는가? 당시 분위기는 '살고 싶으면 찬성하라.'였다. 그런데 개표해 보니 '개혁반대不要改革'였다. 다시 투표해도 결과가 같았다. 이렇게 4번 투표했는데도 압도적으로 민주개혁을 반대했다. 왕기매는 할 수 없이 이들을 다 풀어 준 뒤 좀다江達에 개뽀와 재벌 210명을 다시 소집시키고 45일 동안 지루한 회의를 했다. 그래도 찬성하는 개뽀가 없었고, 왕기매는 중국인민군 5천 병력으로 15일 동안 포위했다. 민주개혁은 조금도 민주적이지 않았던 것이다. 이 210명은 민주개혁을 찬성할 수밖에 없었다.

사흘 뒤, 이들이 용감하게 포위를 뚫고 산으로 숨어들었다. 이들은 공통의 적을 만났다. 뭉쳐야 한다. 그래서 1956년 6월에 정식으로 게릴라부대를 조직했다. 추시강죽曲細崗珠; 四水六崗!

'추'는 물, '시'는 4, '강'은 언덕, '죽'은 6이라는 뜻이다. 전통적인 티베트인의 지리관념은 북부와 동부를 합친 도캄多康, 중부와 남부를 합친 위짱衛藏, 서부 아리阿里 세 부분으로 나눠져 있었다. 도캄을 대표하는 강 4개怒江, 瀾滄江, 長江, 黃河와 언덕 6개色莫崗, 察瓦江, 瑪康崗, 繃波崗, 瑪雜崗, 木雅熱崗, 이것이 도캄의 별칭이다.

이제 지리용어가 무장게릴라 이름으로 변했다. 총사령관은 다르쩨도 출신 안줍창 괸뽀자시安珠昌·貢布扎西. 갸로된줍이 CIA와 접선해서 티베트인 170명을 미국에서 훈련시키고 추시강죽에게 무기를 공수하는 일을 했다. 이들은 부녀자들이 몰래 주는 식량을 먹고, 젊은 이들을 최대한 끌어 모으고, 중국인민군에게 지속적인 기습을 가했다. 더욱이 1957년 1월 사천라싸국도康藏公路 파괴와 1958년 6월 서녕라싸국도靑藏公路 파괴가 대표적인 전과로 기록에 남았다.

동부에서는 더 이상 민간인이 편히 살 수 없었다. 그래서 1956년부터 1958년까지 동부티베트인 최소 5만 명이 중부로 피난 왔으며, 이 가운데 적어도 1만 명 이상이 라싸 교외에 천막을 치고 생활했다. 추시강죽도 서녕라싸국도파괴작전 직후에 거점을 중부로 이동했다. 이제 주요 전쟁터는 동부가 아니라 중부가 되었다.

중국인이 티베트군에 참가하다

1958년 6월 16일, 중부티베트 제꾸탕竹古塘에서 미망충두와 추시 강죽이 합병했다. 티베트군이 부활했다. 총병력 2만 3천 명. 여기에 재미있는 사실이 있다. 총사령관 안줍창 괸뽀자시의 작전참모前敵参謀가 로쌍자시洛桑扎西인데, 이 사람은 원래 강화정姜華亭. 1911~1987이라는 중국인이다. 이 사람 내력은 이렇다.

강화정은 산동성 내양萊陽 출신으로, 1945년 팔로군에 가담했다. 공산중국 성립 이후 동북포병고급학교東北炮兵高級學校에서 공부했으며, 졸업한 뒤 대위가 되어, 티베트에 제18군軍 52사師 155단團 포병 주임炮兵主任으로 들어왔다.

이 사람이 1958년 봄, 전우들에게 자기 속마음을 한 번 말했다. 지금 중국인민들은 먹을 것이 없어서 고통받고 있는데, 왜 우리가 티베트에서 이렇게 막대한 군비를 낭비해야 하느냐는 것이다. 한 전우가 이 한 마디를 상부에 보고했다. 강화정은 순식간에 반동분자가 되었고, 한밤중에 탈영해서 추시강죽으로 들어갔다. 안줍창 괸뽀자시가 이 사람에게 로쌍자시라는 이름을 주며 작전참모로 삼았다. 로쌍자시는 내부사정을 파악하며 놀랐다. 이미 탈영해서 추시강죽에 참여하고 있는 중국인민군이 여러 명 있었기 때문이다.

1958년 가을, 티베트군은 중부에서 중국인민군 3천 명을 격파했다. 이제 티베트정부 고위관리들도 집을 버리고 티베트군에 참가했다. 1956년 6월 23일부터 1959년 3월 9일까지 티베트군이 사살한 중국인민군은 무려 4만 명이었다.

3월 10일

1959년이 되었다. 2~3월 장국화는 북경에 있었고, 담관삼이 라싸를 책임지고 있었다. 티베트군 7천 명은 라싸 교외까지 침투해서 지속적인 기습을 가했다. 달라이라마는 날마다 마음을 다스리며 살았고, 1959년 3월 5일 게셰格西: 박사 학위를 받았다. 바로 이날, 담관삼이 티베트군구西藏軍區 부사령관 등소동鄧小東과 티베트공작위원회 비서장 곽석란郭錫蘭을 달라이라마에게 보내서 3월 10일 티베트군구 문공단文工團의 연극공연 관람을 요청했고, 달라이라마가 허락했다.

그런데 3월 9일 도저히 이해할 수 없는 일이 벌어졌다. 담관삼이 달라이라마의 경호실장警衛代本 닥라達拉를 불러 이렇게 말했다.

"내일 달라이라마가 연극을 보러 티베트군구로 올 때 무기를 가진 경호원은 돌다리石橋를 넘어 올 수 없습니다."[23]

이게 말이 되나? 대한민국 대통령이 중국 국가주석을 초청하면서 "경호원 없이 혼자 오라."고 말하는 것과 같다. 순식간에 소문이 퍼졌다. 이것은 달라이라마를 납치하려는 것이다. 만에 하나 납치 의도가 전혀 없었더라도 이 말을 했다는 것 자체가 공포다.

3월 10일, 라싸 시민 3만 명이 노르부링카로 몰려들어 포위했다. 달라이라마는 무당스님을 불렀다. 접신한 결과는 망명하지 말라는 것이었다. 달라이라마는 초조한 시간을 보냈다. 라싸에 있었던 티베트군은 중국인민군 군복을 버리고 티베트군복으로 갈아입었다. 라싸 시민 전체가 시내에서 독립시위를 벌였다.

"중국인은 중국으로 꺼져라! 티베트는 티베트인의 것이다! 티베트는 자주독립국이다!"[24]

　3월 10일, 호남성을 시찰하고 있던 모택동은 라싸 시국보고를 받고 미소 지으며 한 마디 했다.

　"드디어 그날이 왔군."[25]

　그리고 달라이라마가 무사히 인도까지 탈출할 노선을 구체적으로 지시했다.

망 명

　티베트군은 라싸 교외 중국인민군 트럭을 지속적으로 공격하고 있었다. 그런데 뇌혜산雷惠山이라는 병사가 이것 때문에 열받아서 엄청난 실수를 했다. 1959년 3월 17일 오후 4시, 발사명령도 없었는데 이 사람이 60밀리미터 박격포 2발을 노르부링카로 쐈다. 60밀리미터 박격포는 장난감처럼 생겨서 혼자 다룰 수 있다.

　달라이라마는 계속 초조했고, 다시 무당스님을 불렀다. 그러자 접신한 무당스님이 "가라! 오늘밤 당장 가라!"[26]고 외치며 구체적인 탈출노선까지 종이에 펜으로 그린 뒤 쓰러졌다. 모택동이 지시한 그 노선이었다. 바로 그때 뇌혜산이 쏜 박격포 2발이 노르부링카 정원에 명중했다. 달라이라마가 경악했다. 1959년 3월 17일 밤, 달라이라마는 티베트군 병사로 변장해서 노르부링카를 탈출했다. 그리하여 80명이 망명길에 올랐다.

　왜 모택동이 달라이라마의 망명을 도와줬을까?

　이것은 수수께끼다.

라싸포격전

3월 20일 아침, 라싸 교외 중국인민군이 드디어 당 중앙으로부터 공격명령을 받았다. 이들의 작전계획은 기총소사 없이 60밀리미터 박격포와 82밀리미터 박격포로 무차별 포사격을 가해서 라싸를 쑥대밭으로 만드는 것이었다. 미리 반 년 전에 정확한 위도와 경도를 측정했기 때문에 가늠자로 편각과 사각을 맞추어 쉬지 않고 포탄을 발사할 수 있었다. 라싸에 있는 티베트군과 민간인은 사흘 동안 공포에 떨었다. 이들은 싸움다운 싸움을 전혀 못하고 속수무책으로 당했다.

라싸에서 마지막까지 살아남은 티베트군은 조캉 안으로 들어갔다. 조캉은 함부로 침범할 수 없는 안전지대이기 때문이다. 그러나 그것은 착각이었다. 중국인민군은 그런 생각이 전혀 없었다. 3월 22일 오전 10시, 박격포탄이 조캉 지붕을 사정없이 파괴했다. 뒤이어 전차 한 대가 조캉 앞 광장에 나타나 수백 명을 깔아뭉갰고, 장갑차 한 대가 조캉 정문을 들이받아 안으로 돌격했다. 정오, 게임은 끝났다. 아뢰 아왕직메가 확성기로 항복을 권유했다. 그들은 모두 항복했다.

3월 20일 금요일부터 3월 22일 일요일까지 벌어진 라싸포격전은 이렇게 끝났다. 1만 명이 죽고 4천 명이 포로가 되었다. 시체는 노르부링카 안에 쌓아서 사흘 동안 불태웠다. 중국인민군은 라싸 시내에서 성인 남자가 보이기만 하면 무조건 체포하고 노동수용소로 보냈다. 이때 차롱 다쌍자뷔도 중국인민군에게 체포당했다. 그 뒤로 차롱의 행방을 아는 사람이 없다.

3월 28일, 주은래는 티베트정부 해산을 선언했다.

장개석의 삼일공운동 평가

1959년 3월 15일, 한국은 부정선거가 있었고, 4월 19일 이승만독재정권을 타도하는 4·19의거가 터졌다. 그래서 당시 한국 신문은 이승만독재정권을 규탄하는 것을 주요 내용으로 삼았다. 그럼에도 3월부터 4월까지 신문들을 살펴보면 티베트 삼일공운동 소식을 비중 있게 다루었고, 각계 반응과 평론도 매우 많다. 티베트 삼일공운동은 이 정도로 전 세계적인 뉴스였다. 이 두 달 동안 전 세계에 실린 주요 기사와 사설만 모두 모아도 사료집選編 한 권을 만들 수 있을 것이다. 나는 장개석이 1959년 3월 26일 티베트인에게 보내는 편지만 소개하겠다. 이 글은 지금 중국인이 읽으면 기분 나쁠 수 있지만, 글 자체는 명문이다. 한 번 감상해 보자.

> 티베트동포 여러분!
> 여러분이 이번에 들고 일어나 공산당에 반대하는 저항을 하고 피를 흘리는 투쟁을 하는 것은 우리 중국대륙 전체 동포가 반공혁명을 하는 가장 장엄하고 빛나는 역사성취의 제1막입니다. 지금 저는 대만에 있지만 내 마음은 여러분과 같이 반공투쟁을 하고 있습니다. 더욱이 이번 라싸전쟁은 우리 티베트동포 승려가 장렬한 희생을 했기에 제가 관심을 안 가질 수 없으며 하루도 잊을 수 없습니다. 우리 중화민국정부는 모든 힘을 모아 여러분에게 가능한 모든 원조를 하고 있으며, 전 세

계 동포에게 한 마음으로 여러분에게 적극적인 지지를 보낼 것을 호소하고 있습니다.

여러분은 고립되어 있지 않습니다. 여러분의 반공투쟁은 티베트인 전체의 생존과 티베트인 개인의 자유를 위해 용기 있는 정신을 발휘했으며, 아시아 모든 민족의 자유와 모든 종교의 자유 및 안전을 지키는 용감무쌍한 선봉대가 되었습니다. 그래서 자유를 사랑하고 정의를 주장하는 전 세계 모든 나라와 인민이 여러분을 지지하고 있습니다! 여러분의 성공을 기도합니다!

우리 중화민국정부는 시종일관 티베트 고유 정치사회조직을 존중하고, 티베트인민의 종교 신앙과 전통생활의 자유를 보장합니다. 나는 지금 더욱 엄숙히 말씀드립니다. 티베트 미래 정치제도와 정치지위가 저 비적정권에게 파괴당하고 훗날 티베트인민이 자유롭게 자기 의사표시를 할 수 있을 때 우리정부는 민족자결원칙에 따라 여러분의 바람이 이루어지도록 할 것입니다.

티베트동포 여러분! 저 공산비적괴뢰정부는 여러분의 반공혁명을 잔인하고 광포하며 공포를 안겨 주는 학살로 진압하고 탄압할 것입니다. 그러나 나는 믿습니다. 저 공비들의 무장폭력은 잠시 여러분의 사원을 파괴하고 도시를 약탈할 수 있으나, 여러분의 혁명의지와 종교 신앙은 절대로 없앨 수 없습니다. 여러분이 독하게 마음먹고 더욱 용감히 끝까지 떨쳐 일어난다면, 나는 반드시 모든 군대와 인민을 동원하여 대륙에서 여러분과 만나 같이 싸울 것입니다. 우리 같이 국가와 민족과 동포를 구하는 신성한 반공혁명 사명을 완수합시다. [27]

다람살라망명정부

3월 24일부터 3월 30일까지, 달라이라마 일행은 룽쩨隆子와 까르뽀산噶波拉; 白山을 거쳐 다르질링 접경 망망마을芒芒村에 도착했다. 달라이라마는 라싸포격전 소식을 듣고 가슴이 찢어졌으며, 주은래의 티베트정부 해산선언도 라디오로 들었다. 더 이상 다른 선택의 여지가 없었다. 3월 31일, 달라이라마 일행은 다르질링을 넘어 시킴으로 들어갔다.

인도의회는 달라이라마의 탈출성공 뉴스를 듣고 일제히 일어나 환호했다. 4월 5일, 네루 총리도 달라이라마에게 환영전보를 보냈다. 인도 민중들이 기차역에 몰려들어 달라이라마를 직접 보며 만세를 외쳤다. 티베트망명정부는 4월 20일 무소리穆蘇里 한 별장에 임시 주재했고, 4월 24일 네루 총리가 무소리에 도착해서 달라이라마와 4시간 동안 대화를 나누었다.

달라이라마의 인도망명은 전 세계적인 톱뉴스였다. 6월 20일, 달라이라마는 무소리에서 내외신 기자회견을 가졌으며, 전 세계인이 달라이라마의 티베트사태 진상에 관한 자세한 설명을 신문으로 읽고 충격을 받았다. 1960년 5월, 티베트망명정부는 인도 서북부 다람살라達蘭薩拉에 정착했다.

비참한 사람들

1959년 7월 1일, 중국정부는 티베트 147개 종宗을 80개 현縣으로 바꿨다. 티베트식 행정구역을 중국식으로 바꾼 것이다. 그리고 7월 17일, 티베트 전역에서 '민주개혁실시'를 선언했다. 7월 26일, 처음으로 인민재판을 받은 사람은 라루 체왕도제. 그 뒤로 귀족과 라마들이 줄줄이 인민재판에 끌려나와 모욕과 집단구타를 당했다.

1959년 10월 31일, 조캉 앞에서 티베트인들에게 가장 치욕적인 인민재판이 벌어졌다. 공산당에 적극 협조하는 티베트인 간부들이 한 닝마 라마의 죄를 열거한 뒤 특이한 벌을 줬다. 그 닝마 라마는 군중이 보는 앞에서 한 닝마 비구니와 공개섹스를 했다. 이 광경을 보고 눈물을 흘리지 않는다면 인간이 아닐 것이다.

1959년 3월부터 1960년 9월까지, 순수한 군사작전으로 죽은 티베트인만 8만 7천 명이다. 인민재판은 실제로 1976년까지 벌어졌다. 1959년부터 1979년까지, 티베트인은 20년 동안 공산주의세뇌교육을 받았다. 티베트인은 가족끼리도 함부로 진심을 말하지 못했다.

1959년부터 1963년까지, 그리고 1968년부터 1973년까지, 티베트에서 생산하는 곡식은 모두 중국인민군 군량이 되거나 동쪽으로 반출해서 중국인에게 배급했다. 그래서 티베트는 굶어 죽는 사람이 속출했다. 말의 배설물 속에 있는 옥수수를 찾아 씻어 먹는 사람들도 있었다.

셰랍갸초

소수이지만 마르크스주의를 적극 지지하는 티베트승려도 있었다. 대표적인 인물이 셰랍갸초喜繞嘉措. 이 사람은 중국어도 잘했다. 중국공산당이 티베트를 점령하면 티베트를 지상낙원으로 만들어 준다고 생각했는데, 중국공산당은 티베트를 생지옥으로 만들었다. 사람들이 마구 굶어 죽는 것 자체가 믿을 수 없는 현상이었다. 왜냐하면 티베트는 예로부터 굶어 죽는 사람이 없기로 유명했기 때문이다. 1960년, 세랍갸초는 북경에서 목숨을 걸고 중국공산당에게 통렬한 비판을 가했다.

"우리나라는 공산당의 국가가 아니요, 모택동과 주은래의 국가도 아니며, 너 이유한李維漢의 국가도 아니다. 우리나라는 여러 민족이 같이 사는 국가다. 너희가 하는 짓은 민심을 잃었다. 장개석과 마보방도 못한 짓을, 너희는 했다. 너희는 현실을 회피하기 좋아하고, 숫자놀이나 하고 있다. 무슨 하나의 노선? 두 개의 진영? 세 개의 붉은 깃발? 네 개의 자유? 다섯 개의 원칙? 여섯 개의 표준? 일곱 개의 규명? 여덟 자 헌법? 좋아. 나도 너희에게 배웠다. 너희가 9년 동안 벌인 미친 짓을 숫자로 말해 주마. 일, 거짓말을 일삼는다! 이, 잘못을 인정 안 한다! 삼, 깡패 같이 탄압한다! 사, 불심佛心도 없고 도덕도 없다! 어찌 한 사람모택동의 희로애락으로 옳고 그름을 판단한단 말이냐!"₂₈

다음날 세랍갸초는 감옥으로 끌려가서 죽었다.

중국인도전쟁

이렇게 상상해 보자. 한국이 러시아를 점령했다. 한국인 러시아 총독이 모스크바에서 러시아인들을 다스린다. 그런데 옛날에 폴란드와 핀란드는 러시아의 일부였다. 그래서 한국이 폴란드와 핀란드를 침략했다. 이게 말이 되나? 중국은 이런 짓을 했다.

카슈미르Kashmir와 네팔 사이 심라Simla가 있는 접경지역이 히마찰프라데시Hima Chal Pradesh; 喜瑪恰爾邦이며 히마찰프라데시의 북부가 악사이친Aksai Chin; 阿克賽欽, 부탄BHUTAN 오른쪽 티베트남부와 인도 아삼Assam 사이에 있는 접경지역은 아루나찰프라데시Aruna Chal Pradesh; 阿魯納恰爾邦; 達旺. 이곳은 원래 티베트영토였다. 말할 것도 없이 실제로는 거의 사람이 살지 않는 곳이었다. 그런데 1914년 맥마흔이 지도에 그은 맥마흔선McMahon Line에 따르면 이곳이 인도영토다. 이것 때문에 1945년 티베트와 영국령 인도제국 사이에 외교분쟁이 있었다.

네루는 이상주의자였고, 인도와 중국 사이 국경분쟁은 없다고 생각했으며, 1953년부터 맥마흔선 이남에 인도군을 주둔시켰다. 하지만 중화인민공화국은 〈심라조약〉을 인정하지 않았고, 1959년 8월부터 이 지역 인도군에게 지속적으로 무력도발을 감행했다. 그리고 1961년이 지나자 중국이 본격적으로 군비를 확충했다.

1962년 10월 20일 새벽 5시, 중국군 2만 명이 아루나찰프라데시를 침공했다. 병력이 인도군의 5배였고, 박격포와 각종 중화기도 많았다. 인도군은 실제로 소총이 전부였다. 그래서 인도가 일방적으로 중국에게 두들겨 맞았다. 사망 1383명, 포로 3968명, 실종 1696명. 주은래는 한 달이 지난 11월 21일 일방적으로 종전終戰; 停火을 선언하고 중국인민군을 원래 진지로 돌려보냈다. 미국 항공모함이 출동했고, 히말라야를 넘어가는 보급선이 너무 길어져서 더 이상 전쟁을 수행할 수 없었기 때문이다.

네루는 인도의회와 국민들에게 욕을 바가지로 먹었다. 그래서 통한의 한 마디를 남겼다.

"우리는 줄곧 우리가 만들어 놓은 어리석은 천당 속에서 살고 있었다."[29]

1963년 11월 13일, 인도정보국 연구분석처研究分析處는 특종변경부대特種邊境部隊; Camp-22를 창설했다. 이것이 티베트인으로 조직한 인도특수부대다.

네루는 인도에 민주주의를 정착시키고 우주개발계획을 수립한 사람이다. 그러나 경제정책과 외교정책은 실패했다. 그는 1963년부터 빠르게 기력이 쇠했고, 1964년 5월 27일 총리관저인 틴 무르티 하우스Teen Murti House에서 숨을 거두었다.

4. 생지옥

빤첸라마의 투쟁

1959년 4월, 빤첸라마가 잠시 라싸로 갔다. 시체는 다 치웠지만 남아있는 건물만 봐도 참담한 상황을 알 수 있었다. 라싸 3대 사찰의 승려는 소수 늙은 라마만 남고 대부분 노동수용소로 가거나 환속했다. 빤첸라마는 담관삼에게 포탈라궁, 노르부링카, 조캉, 라모체 수리를 요청했다. 그래서 이 네 곳은 서둘러 보수했다. 빤첸라마는 살아남은 라싸 시민 수천 명에게 이렇게 설법했다.

"달라이라마가 진짜 티베트 통치자입니다. 티베트 발전은 티베트인이 주도해야 하며, 한족은 티베트에서 티베트인과 협조할 뿐입니다."[30]

현장에 있었던 중국 장군들이 깜짝 놀랐다. 그러나 어찌 할 수 없었다. 이것은 1954년 모택동이 한 말을 그대로 인용한 발언이었기 때문이다.

빤첸라마는 1960년부터 평소 북경에서 살았다. 말할 것도 없이 당의 강압적인 배려다. 1960년 12월 말, 빤첸라마가 북경에서 〈작년 티베트업무보고關於去年西藏工作的報告〉를 하고 있었는데, 이때 중국인민군이 짜시륀뽀를 포위하고 이곳 승려 4천 명을 체포했다. 명망 있는 라마와 학승은 이미 자살했고, 10명은 이른바 반란에 가담한 죄로 처형당했으며, 나머지는 청해성 거르무格爾木 노동수용소로 끌려갔다. 빤첸라마는 하늘이 무너지는 충격을 받았다.

1961년 9월, 빤첸라마가 라싸를 비롯한 주요 지역을 돌아다닌 결과는 비참하기 이를 데 없었다. 군용 트럭이 계속 불상과 탕카를 중국으로 실어 나르고 있었다. 티베트인은 가진 것이 없었고, 날마다 강제노동에 시달리며 굶어 죽었다. 1962년 초, 북경에서 티베트에 관한 업무를 책임지는 장경무 장군과 상의했더니 장경무가 솔직하게 대답했다.

"북경에서 하는 말과 티베트에서 하는 일은 완전히 별개입니다."[31]

그러더니 달라이라마를 '반동'이라 규탄하면 당신을 포탈라궁에서 살게 해 주겠다고 말하는 것이 아닌가! 빤첸라마는 단호히 거절했다. 그리고 숙소에 들어가 죽기를 각오하고 편지를 썼다.

《경애하는 주은래 총리를 통해 중앙에 올리는 티베트인의 고통과 차후 업무에 관한 건의通過敬愛的周恩來總理向中央匯報關於西藏和其他藏區群衆的疾苦和對今後工作的建議》. 티베트어로 쓴 편지를 중국어로 번역한 분량이 7만 자이기 때문에 《칠만언서七萬言書》라고 부른다. 이 편지를 1962년 5월 18일 주은래 총리에게 전달했다. 지금 읽어도 눈물 나는 편지다. 한 줄만 읽어 보자.

그들이 제게 울면서 외칩니다. '우리를 굶어 죽지 않게 해 주세요! 불교

가 멸망하지 않게 해 주세요! 우리 티베트인이 멸족당하지 않게 기도해

주세요!' ₃₂

모택동이 이 편지를 다 읽고 한 마디 했다.

"빤첸은 소수민족 지도자 자격이 없어!" ₃₃

빤첸라마는 이 편지 때문에 2년 동안 발언권을 박탈당했다. 1964
년 3월 라싸 조캉 앞, 장국화와 장경무가 빤첸라마에게 연설기회를
줬다. 조건은 달라이라마를 욕하는 것. 빤첸라마가 동의했다. 그는
티베트인 1만 명 앞에서 한참 동안 평범한 이야기를 했다. 그러더니
마지막에 역사에 길이 남을 명연설을 했다.

"와치르다라 달라이라마가 외국으로 납치당했다. 만약 무사하시
다면, 이것은 티베트인의 공동이익에 부합한다. 왜냐하면, 달라이라
마만 무사하시다면, 티베트인의 길상吉祥근원이 마르지 않기 때문이
다. 오늘, 우리가 모인 이 자리를 빌어, 내 신념을 천명한다. 티베트는
머지않아 반드시 독립할 것이다! 와치르다라 달라이라마는 반드시
법좌로 돌아올 것이다! 와치르다라 달라이라마 만세!" ₃₄

탄성이 터져 나왔다. 장국화와 장경무는 충격을 받았다. 일단 빤
첸라마를 연금시키고 북경으로 날아가 모택동·주은래에게 자신들이
어떻게 해야 할지 의견을 청했다.

1964년 8월, 사흘 동안 티베트자치구준비위원회 강당에서 빤첸
라마 인민재판이 벌어졌다. 사흘째 되는 날 분위기가 가장 격렬했다.
장국화가 말했다.

"사람이 뱀을 잡으면 오장육부를 다 긁어내야 한다. 그리고 죽일

때는 머리부터 쳐야 한다. 우리가 투쟁으로 빤첸을 핍박하면 숨어있던 많은 반동분자와 조국의 적들이 같이 튀어나올 것이다. 우리가 빤첸을 죽이면 모든 반동집단이 와르르 무너진다. 중요한 기둥 하나를 없애면 집 전체가 무너지는 것과 같다."[35]

이 말이 끝나자 티베트인 간부들이 우르르 몰려들어 한참동안 빤첸라마를 구타했다. 멱살을 잡고, 침을 뱉고, 따귀를 때리고, 주먹과 발로 치고 때렸다. 동시에 각본대로 한 티베트인 고발자가 빤첸라마의 10가지 죄를 늘어놓았다.

"저 자는 살인을 저질렀고, 형수·제수와 간통했으며, 미치광이처럼 술을 마셨고, 절에 있는 불상도 훔쳤으며……"[36]

이때 지적한 가장 큰 죄는 빤첸이 조국에 대항하는 게릴라부대를 조직하고 훈련시켰다는 것이었다. 빤첸라마는 이렇게 반박했다.

"나는 무엇이든 장국화에게 동의를 구하고 결정했다!"[37]

장국화가 열받았고, 빤첸라마는 더욱 두들겨 맞았다.

투쟁이 끝나고 장국화가 군중에게 이 반동분자에게 어떤 벌을 내려야 하느냐고 물었다. 총살, 추방, 징역 여러 의견이 나왔다. 그러나 이것도 다 각본이 있었다. 장국화는 공산당의 관용을 찬양하면서 빤첸라마가 처벌받지는 않을 것임을 알렸다. 이렇게 인민재판이 끝나고, 빤첸라마와 그 부모, 수행원들은 수갑과 족쇄를 찬 뒤 한 밀실트럭으로 끌려 들어갔다. 이 트럭이 라싸를 떠났다.

1964년 9월 18일, 중국정부는 빤첸라마의 모든 직위를 박탈한다고 선언했다. 이때부터 14년 동안 빤첸라마 소식을 알 수 없었다.

1965년 9월 1일, 티베트자치구인민정부西藏自治區人民政府가 정식으로 성립했다. 자치구 서기는 장국화, 주석은 아뢰 아왕직메. 서기가 실권자이고 주석은 명예직이다. 티베트만 이런 것이 아니라 중화인민공화국 정치제도 자체가 이렇다.

수용소군도

그렇다면 1956년부터 1966년까지 노동수용소에서 무슨 일이 벌어졌을까? 아마 아데의 경험담을 정리하면 다음과 같다.

① 중국인들이 포승줄에 뒤로 묶인 내 손을 위로 끌어올려 천장에 매달았다.
② 수갑을 찬 채 심문받았고, 온몸을 구타당했으며, 손톱 밑에 날카로운 대나무조각을 끝까지 쑤셔 넣는 고문을 받아서 기절했다.
③ 중국인들이 고문으로 티베트인끼리 이간질과 고발을 장려했다.
④ 나는 "차라리 지금 죽여 달라."고 말했다.
⑤ 지저분한 좁은 감방 안에 매트리스도 없었고, 조명도 없었으며, 감시인들이 지켜보는 감방 문 작은 구멍으로 새어 들어오는 빛만 있었고, 안에 변기로 쓰는 나무통 하나만 있었다. 오랫동안 감방 안에서도 수갑을 차고 있었다.
⑥ 가끔 총살 소리를 들으며 공포에 떨었다.
⑦ 11년 동안 머리를 감지 못했고, 5년 동안 옷도 갈아입지 못했으며, 달거리를 해결할 물건도 없었다.
⑧ 감방이 좁아서 여러 명이 몸을 바짝 붙여 잤다. 밤사이 옆 사람

체온이 떨어지는 것을 느낀 적이 있다. 끝내 시체와 같이 자야 했고, 아침에 간수에게 말해서 시체를 처리했다.

⑨ 하루 한 끼 옥수수죽만 주는 날이 많았다. 언제나 배고팠고, 돼지 사료조차 맛있게 먹었다. 음식쓰레기를 맛있게 먹었다는 뜻이다.

⑩ 날마다 하루 내내 돌을 옮기는 강제노동을 했고, 2시간 동안 중국공산당의 우수성을 선전하는 정신교육을 받았다.

⑪ 젊고 섹시한 여자죄수는 가끔 청소와 빨래를 했다. 대신 교도소장이 그녀들을 강간했다. 나도 이런 일을 여러 번 당했다. 한 번 당하면 강제로 사향수麝香水를 마시게 해서 사후피임을 했다.

⑫ 1960~1962년이 가장 배고프고 혹독한 시기였다. 그때 모든 죄수는 자기 신발 밑창 가죽까지 다 먹었다. 노동하다가 풀만 보이면 열심히 먹었고, 벌레를 먹은 사람도 많았다.

⑬ 대부분 배고픔과 가혹한 광산노동을 견디지 못해 쓰러져 죽었다. 1959년부터 1962년까지 3년 동안 내가 있었던 수용소에서 1만 2,019명이 죽었다.

⑭ 수용소에 국민당 출신 중국인 수감자들도 있었다. 이들에게 중국어를 배웠다. 수용소에 국민당원이었던 중국인 의사도 있었다. 그 사람은 티베트인들에게 친절했고, 나를 많이 도와주었다.

⑮ 언제나 모자를 쓰고 다니는 티베트인 죄수도 있었다. 그 모자 속에 돌돌 말아서 실로 묶은 딱딱한 종이가 있었다. 그것은 달라이 라마 초상화였다.

⑯ 티베트인 가운데 특이하게 자살한 사람도 있었다. 그는 가부좌를 하고 합장한 채 스스로 숨을 멈추어서 앉은 채로 죽었다.

⑰ 내가 있었던 수용소에 여자 1백 명이 있었는데, 1963년까지 4명만 살아남았다. 내가 4명 가운데 하나였다. 남자까지 합하면 모두 60명이 살아남았다.

⑱ 우리 60명은 1963년 다르쩨도 수용소군도로 이송되었다. 이곳에 노동수용소 21곳이 있었으며, 사원을 노동수용소로 개조한 곳도 있었다.

⑲ 다르쩨도 수용소는 새 옷 한 벌을 지급했고, 잠자는 공간이 넉넉했으며, 채소밭에서 일했고, 병든 사람만 감방 안에서 물레질을 했다. 이곳에 있는 국민당 출신 중국인 죄수들이 티베트인을 많이 도와줬다. 우리는 강제노동하던 가운데에도 신선한 야채를 많이 훔쳐 먹어서 건강이 좋아졌다.

⑳ 중국인 간수들이 날마다 우리를 욕했고, 교도관들이 예쁜 여자를 뽑아 자기 목욕 시중을 들게 했으며, 목욕이 끝나면 강간했다. 끝내 여자 2명이 임신했고, 그 교도관들은 다른 곳으로 발령 났으며, 여자교도관들이 부임했다.

무장투쟁을 매듭짓다

라싸포격전이 끝나자 중국인민군은 티베트군 섬멸에 주력했다. 1959년 4월 21일, 안줍창 괸뽀자시는 티베트군을 1백 명 단위로 최대한 분산해서 각자 저격전과 기습전을 벌일 것을 결정했다. 1960년 9월, 괸뽀자시가 직접 이끄는 티베트군 주력 3천 명은 네팔과 접경인 무스탕Mustang에 근거지를 마련했다. 재빨리 네팔로 숨을 수 있기 때

문이다. 《티베트반란평정平息西藏叛亂》에 따르면 공식적인 티베트군소
탕전은 1961년 10월 10일에 끝났다. 이때부터 1974년까지 주요 전쟁
터는 네팔과 맞닿아 있는 남부티베트였다.

이들은 처절하게 무장투쟁을 벌였다. 갸로된줍이 이들과 무선전
보로 연락하며 CIA지원을 받아 무기와 식량을 공수했다. 말할 것
도 없이 미국에게 이들은 공산주의에 대항하는 한 카드였을 뿐이다.
1973년, 무스탕에서 살아남은 티베트군은 3백 명이었다. 네팔은 중
국에게 계속 외교압력을 받았고, 1974년 초 이들에게 무기를 버리고
네팔로 넘어와 정착할 것을 권했다. 그래도 왕뛰갸초旺堆嘉措를 비롯
한 37명이 끝까지 거부했다. 1974년 7월, 네팔군이 헬기 4대와 보병
8백 명을 동원해서 이들을 소탕했다. 그래서 티베트군은 다시 사라
졌다.

흡혈귀

1966년부터 1985년까지 아마 아데의 경험담은 다음과 같다.

① 1966년, 나는 남자죄수가 없는 여자수용소로 이송되었다. 이곳은
   야채와 찐빵을 먹을 수 있었다. 하지만 《모주석어록毛主席語錄》외
   우기를 거부해서 모욕과 구타를 당했다.
② 1967년, 의사들이 나를 포함하는 여자 20명을 병원으로 데려 가
   서 강제로 피를 뽑았다. 그래서 3명이 빈혈로 죽었다.
③ 1968~1969년, 각종 세뇌교육과 자아비판으로 괴로운 시간을 보

냈다.

④ 1969~1970년, 식당에서 일했다. 1970년 티베트설날, 죄수들이 처음으로 티베트야크牦牛 고기를 먹었다.

⑤ 1974년 늦봄, 나는 16년 형기를 마치고 제분소로 갔다. 이곳에서 처음으로 거대하고 복잡한 기계를 봤다. 이곳 작업장은 교도관도 없었다. 이곳에서 처음으로 티베트인의 주식 짬빠를 날마다 먹을 수 있었고, 식권을 받았으며, 월급 29위안元을 받았다.

⑥ 1975년부터 5년 동안 벽돌공장에서 찰흙으로 기와를 만들었다. 나는 검은 모자를 썼다. 반동분자를 상징하는 모자였다. 평소 고개를 숙여야 했고, 자아비판보고서를 써야 했다.

⑦ 나는 벌목장에서도 일했다. 그 벌목장은 마을과 가까웠다. 그 마을 사람들이 티베트처녀 20명을 보내 교도관들이 처녀들을 희롱하게 했고, 처녀들은 교도관들을 즐겁게 해 주었다. 이때 마을 사람들이 내 노동을 도와줬고, 교도관들이 묵인했다. 그 처녀들은 군인들에게도 교태를 부렸고, 내 옆을 지나가다가 재빨리 짬빠·빵·고기조각을 내 옷에 찔러주었다. 울창한 숲이 나무 하나도 없는 민둥산으로 변했다.

⑧ 나도 1976년 9월 9일 모택동이 죽었다는 소식을 들었다. 1977년 7월 중순, 중국인 간부들 얼굴이 불안했다. 1979년이 되자 내가 있는 수용소에서 376명이 석방되었고, 우리는 검은 모자를 벗었다. 중국인 교도관들이 우리에게 몸을 씻고 깔끔한 옷을 입으라고 명령했으며, 고개를 들고 자유롭게 웃으라고 명령했다.

⑨ 1979년 보름 동안 고향을 방문했다. 숲이 사라졌고, 들판도 황폐

해졌으며, 너무 많은 사람이 죽었다. 중국인은 자신들의 이익을 위해 티베트를 철저하게 약탈했다. 나는 1980년부터 5년 동안 티베트야크 12마리를 돌보는 약한 강제노동을 했다. 1985년 티베트 설날이 끝나고 나는 석방되었다. 고향에 돌아오니, 육자진언 옴마니반메옴을 새긴 돌들을 도로포장에 사용한 것을 보고 기절할 뻔했다.

⑩ 1987년, 네팔에 있는 오빠를 보려고 방문 허가를 받았다. 공안 사무실에서 중국인 경찰은 내게 이런 정신교육을 했다. "티베트는 중국의 일부라는 것을 기억해라. 네가 목격한 사형과 굶주림, 교도소생활을 이야기하면 안 된다." 나는 네팔에서 오빠를 만났고, 인도로 망명했으며, 달라이라마를 친견했다.

파드마삼바바의 예언이 이루어지다

6천 개가 넘었던 티베트 불교사원은 대부분 1959~1961년에 파괴당하고 겨우 70개가 남았다. 이 70개도 1966~1967년에 다 파괴당했다. 승려는 사라졌다. 금불상은 모두 녹여 금괴로 바꾸었고, 귀중한 경전과 역사책은 불태우거나 북경으로 반출했다. 홍콩 골동품상에게 팔아넘긴 탕카도 많았다.

1966~1967년에 끔찍한 일이 많았다. 팔다리를 자르거나 혀와 코를 자르거나 눈을 뽑았다. 생식기를 잘라 불에 태우기도 하고, 유목민 아버지와 딸에게 강제섹스를 시킨 일도 있다. 이 시기에 총살도 많았다. 그것도 자기 무덤을 파게 한 뒤 곧바로 총살시켜서 땅에 묻

었다. 그래서 온 가족이 목숨을 걸고 인도나 네팔로 망명한 사례가 많았다. 이 가운데 많은 가족이 중국인민군에게 발각당해 총 맞아 죽었다. 총살당하기 전에 자살한 사람도 많았다. 자살하는 라싸 시민이 너무 많아서 중국인민군이 라싸하에서 순찰할 정도였다.

포탈라궁에 있었던 금고는 제5대 달라이라마 시절부터 거의 사용하지 않은 보물창고였다. 이것도 깡그리 사라졌다. 노동수용소는 광산에서 최대한 지하자원을 캐고, 소중한 천연림을 사정없이 마구 베어 민둥산으로 만들었다. 중국은 티베트를 약탈했다.

1956년부터 1976년까지 티베트에서 벌어진 사건을 종합하면 제3차 불교탄압운동이다. 그러나 더 정확히 말하면 티베트멸망운동이라 정의할 수 있겠다. 그래도 한 가지 긍정적인 측면이 있으니, 수많은 승려가 소중한 불경과 역사책을 품에 안고 히말라야를 넘어 인도로 망명했으며, 이들은 오로지 살아남으려고 열심히 영어를 공부하고 외국인들에게 불교를 가르쳤다. 그래서 티베트불교가 붉은 족속유럽인과 미국·캐나다인들에게 전해졌다.

5. 문화통치

검은 고양이와 흰 고양이

중국에 《참고소식參考消息》이라는 신문이 있다. 해외뉴스만 중국 공산당 입맛에 맞게 요약편집해서 소개하는 신문이다. 1950년부터 2000년까지 중국지식인들은 이 신문을 읽고 외국을 이해했다. 1981년 7월 12일자 《참고소식》을 읽어보자.

> 망명 중인 티베트불교 정신지도자 달라이라마는 기자회견에서 이렇게 말했다.
>
> "예전에 중국정부는 고의로 티베트인의 한화漢化를 강조하며 중국어를 공부시키고 티베트어를 공부하지 못하게 했다. 지금은 이런 상황이 적어졌다. 상황은 좋아지고 있지만 티베트인이 근본적으로 행복하다고 말할 수 없다. 중국인의 20년이 넘는 통치는 티베트인에게 보편적인 공포감을 안겨 주었다." [38]

지금 중국에서 이런 기사는 절대 나올 수 없다. 중화인민공화국 탄생부터 지금까지 중국 신문들을 살펴보면, 중국 언론은 1980년부터 1982년까지 가장 큰 자유를 누렸다. 주은래는 1976년 1월 8일에 사망했고, 모택동은 1976년 9월 9일에 사망했으며, 1976년 10월 6일 화국봉華國鋒, 1921~2008과 섭검영葉劍英, 1897~1986이 친위쿠데타를 일으켜 이른바 사인방四人幇: 江靑·姚文元·張春橋·王東文을 체포했고, 섭검영이 등소평鄧小平, 1904~1997을 중국의 구세주로 적극 밀었다. 등소평은 1977년 7월에 실권을 잡았고, 1979년 12월 공식적으로 개혁개방을 선언했다. 중국지식인들은 봄을 느꼈고, 1980~1982년에 갑자기 자유로운 사회분위기를 느꼈다.

1980년, 등소평은 늙은 자신을 대신해서 개혁개방 실제업무를 주도할 젊은 인재를 기용했다. 이 사람이 호요방胡耀邦, 1915~1989이다. 1981년 6월 27일, 화국봉은 실제로 정계를 은퇴했고, 당 총서기를 호요방이 맡았으며, 등소평의 또 다른 심복 조자양趙紫陽, 1919~2005이 국무원 총리로 올라섰고, 등소평은 중앙군사위원회 주석이 되었다.

등소평의 별명은 두 개가 있다. 하나가 오뚝이不倒翁이고, 다른 하나가 흑묘백묘黑猫白猫. 등소평이 "검은 고양이든 흰 고양이든 쥐만 잘 잡으면 좋은 고양이에요."라고 말해서 생긴 별명인데, 이것은 등소평이 지어낸 말이 아니라 사천성 격언이다. 등소평은 실리주의자였다. 중국공산당에 위협만 없다면 최대한 자본주의를 실시해야 한다고 생각하는 사람이었다. 그런데 1977~1979년 중국은 비참했다. 당시 중국은 한마디로 거지국가였다. 따라서 외국자본을 최대한 끌어들여야 했으며, 이를 위해 할 수 있는 모든 유화조치를 최대한 취해야 했다. 그래서 등소평·갸로된줌 비밀회담鄧嘉密談이 열렸다.

등소평·갸로된줍 비밀회담

중국어가 유창한 달라이라마의 둘째 형 갸로된줍은 1959년 삼일 공운동 이후 정보수집을 위해 홍콩에서 지내는 시간도 많았다. 1979년 1월 신화사新華社 홍콩지사 이국생李菊生 지국장이 홍콩에서 갸로된줍과 접선했다. 등소평이 만나고 싶어 한다는 것이다. 갸로된줍은 달라이라마 허락을 받아 이국생과 같이 북경으로 날아갔고, 그달 인민대회당에서 등소평과 비밀리에 만났다. 둘은 이런 이야기를 했다.

"티베트독립만 아니라면 어떤 문제든 이야기해도 괜찮소."[39]

"망명 티베트인과 티베트 본토인이 연락을 하지 못한 지 20년이 흘렀습니다. 인도 국경을 개방해서 해외 티베트인이 친지와 연락하고 직접 가서 만날 수 있게 해 주십시오."[40]

"아무 문제없소. 해외 티베트인이 티베트자치구로 자유롭게 가서 친지를 만나고, 티베트자치구 티베트인도 인도로 가서 친지를 만날 수 있소. 여행과 성지순례, 다 괜찮소. 오늘 이렇게 명령 내리겠소."[41]

"빤첸라마께서 오랫동안 고생한 것을 알고 있습니다. 이제 자유롭게 풀어 주십시오."[42]

"지금 사람을 보내서 처리하겠소. 원래 빤첸라마 직위인 정치협상회의 부주석 직책도 회복시키겠소."[43]

빤첸라마는 1964년 8월 북경에서 연금당한 뒤 1966년 8월 홍위병紅衛兵들에게 죽기 직전까지 두들겨 맞았고, 9년 8개월 동안 감옥생활을 했다. 그리고 다시 연금당했는데, 1978년 2월 25일 연금에서 풀려났다. 다만 아무 직책도 없었다. 등소평의 유화조치는 1978년 11월에도 있었다. 아직 감옥에 살아 있던 티베트정부 전직 고위관리 34명을 석방한 것이다.

등소평은 갸로된줍에게 약속한대로 빤첸라마에게 정치협상회의 부주석 직책을 회복시켰고, 빤첸라마는 대중 앞에 모습을 드러냈다. 이때 티베트인들이 한 가지 사실에 충격받았다. 빤첸라마가 동기무董其武 장군의 손녀 이결李潔과 결혼했고 딸이 하나 있다는 것이다. 하지만 달라이라마 태도는 간단하다.

"빤첸도 사람이지."[44]

호요방

다람살라망명정부는 중국정부에게 티베트시찰단을 보낼 것을 제의했고, 등소평이 받아들였다. 그래서 1979년 8월 2일부터 12월 21일까지 달라이라마의 셋째형 로쌍삼땐이 이끄는 제1차 티베트시찰단 5명을 보냈다. 로쌍삼땐이 나타나자 라싸 시민들이 경찰의 제지를 조금도 아랑곳 않고 구름처럼 몰려들어 울부짖었다. 제발 우리를 살려 달라! 달라이라마께서 보내신 사자使者의 손을 한 번만 만지고 싶다! 다람살라망명정부의 시찰단도 같이 눈물을 흘렸다. 1956년부터 1976년까지 20년 동안 비정상적으로 죽은 티베트인이 무려 120만 명이다. 외국군이 한국을 20년 동안 통치하면서 1천만 명을 비정상적으로 죽였다고 상상해 보라. 이런 비극은 정확하게 표현할 형용사도 없다. 그 뒤 다람살라망명정부가 두 번 더 시찰단을 보냈지만 티베트자치구인민정부가 제1차 시찰단이 왔을 때 티베트인들이 보인 반응을 보고 충격받았기 때문에 자유로운 조사활동을 방해했다.

일반적인 중국인은 평생 티베트를 한 번도 가지 않는다. 고산병을 두려워하기 때문이다. 호요방도 티베트에 간 적이 없었다. 하지만 로쌍삼땐시찰단에 관한 보고를 받은 뒤 자신이 직접 가봐야겠다고 판단했다. 그래서 1980년 5월 22일, 당 총서기 호요방과 국무원 부총리 만리萬里. 1916~가 비행기를 타고 라싸에 도착해서 6일 동안 현지시찰을 했다.

이 둘은 경악했다. 그때 중국은 지금 중국과 다르다. 그때 중국인들은 대부분 가난하게 살았다. 그러나 티베트인들의 실제 상황은 가난한 정도가 아니었다. 도저히 말로 표현할 수 없을 정도로 비참했다. 그래서 5월 29일 호요방이 티베트자치구인민정부 간부들을 다 모아 놓은 자리에서 열변을 토했고, 더욱이 이 한 마디가 명언으로 남았다.

"이것은 완전히 식민지야!"[45]

호요방은 티베트자치구 서기를 음법당陰法唐. 1922~으로 교체했고, 반드시 티베트문화를 존중해야 하며 티베트인의 경제형편을 개선시키라고 명령했다. 이때부터 티베트인들의 생활이 좋아지기 시작했다.

달라이라마는 호요방을 크게 칭찬했다.

"중국이 티베트에 저지른 잘못을 시인할 줄 알았던 그의 용기는 대단히 높이 평가한다."[46]

1983년 2월 1일 인도 부다가야菩提伽耶 보리수菩提樹에서 달라이라마가 말했다.

"많은 예언이 이렇게 말합니다. 제가 마지막 달라이라마입니다."[47]

6. 1989년

빤첸라마 독살

1985년 5월부터 1988년 12월까지 티베트 서기를 맡은 오정화伍精華, 1931~2007는 경제발전과 종교자유화정책을 어느 정도 수행했다. 그래서 '라마서기喇嘛書記'라는 별명도 얻었다. 1988년 12월 신임 티베트자치구 제1서기로 발령받은 사람이 후진타오胡錦濤, 1942~다.

사실 티베트는 해마다 각종 독립시위와 분신焚身항의가 있는 곳이다. 1987년 9월 말부터 1990년 5월까지 다람살라망명정부가 보고받은 독립시위만 무려 80회다. 영장 없는 연행, 구타, 고문, 재판 없는 총살도 그 수를 알 수 없다. 중국 언론이 보도하지 않을 뿐이다. 지금 티베트에 주둔하는 중국군 규모는 중국정부가 밝히지 않는다. 다만 50만 명이라는 것이 정설이다. 지금 라싸 인구 20만 명 가운데 10만 명이 한족이다.

빤첸라마는 8년 동안 티베트 각지에서 설법하며 민심을 다독였다. 그런데 1987년부터 강한 발언을 하기 시작했다. 티베트인이 티베트어를 읽지 못하는 것은 문제 있다는 것이다. 중국정부가 티베트어 사용을 허용했지만, 초등학교에서 조금 가르쳤을 뿐이었다. 빤첸라마가 강력히 항의했기 때문에 1987년부터 티베트 어린이와 청소년이 충분한 티베트어교육을 받기 시작했다. 그리고 빤첸라마는 1988년 한 연설에서 목숨을 걸고 이런 발언을 했다.

"30년 동안 티베트가 발전하기 위해 치른 대가가 너무 큽니다. 이익보다 손해가 많아요."[48]

1989년 1월 9일 빤첸라마와 후진타오는 같이 라싸로 왔고, 1월 17일 같이 짜시륀뽀로 왔다. 그런데 1월 28일 빤첸라마가 심장마비로 죽었다. 그리고 한 달 동안 라싸에서 한 가지 소문이 퍼졌다. 내가 직접 취재해서 기록한 그 소문은 다음과 같다.

설역경외류망기

존 애버든John F. Avedon이라는 《뉴스위크News Week》 기자 출신 미국인 작가가 오랫동안 티베트인 망명객들을 취재한 내용을 바탕으로 명작 한 권을 썼다. 이것이 《설역경외류망기雪域境外流亡記》.

말할 것 없이 중국에서 출간할 수 없는 책이다. 원래 내부비판용으로 번역했다. 그런데 어찌 된 영문인지 1988년 3월 서장인민출판사西藏人民出版社가 공개출판을 했고, 서점에서 순식간에 모두 팔렸다. 라싸 젊은이들이 이 책을 읽고 흥분했다. 진실을 알았기 때문이다. 그러나 며칠 지나지 않아 티베트 당위원회가 긴급통지를 발령했고, 시중에 나온 이 책을 재빨리 수거했다. 긴급통지는 이렇게 밝혔다.

"우리가 일하다가 실수해서 이 책을 공개출간 했습니다.此書的公開發行是由於工作中的失誤造成的."*

지금도 티베트인은 진실에 목말라 있다. 이것은 돈으로 대체할 수 없는 것이다.

* 艾夫唐(美國), 尹建新(中國) 譯, 《雪域境外流亡記》, 第5頁, 慧炬出版社(臺灣), 1991年 10月 第1版.

_제10대 빤첸라마

1월 22일부터 빤첸라마는 계속 짜시륀뽀에서 설법했다. 그리고 1월 27일 설법에서 이렇게 말했다.

"다람살라에 계신 달라이라마는 우리 유일한 희망이다!"

이날 저녁, 방 안에 빤첸라마와 시종스님 단 둘이 있었다. 빤첸라마가 창밖을 지긋이 보며 말했다.

"나, 내일, 샴발라로 갈까?"

샴발라는 '샹그릴라'라고도 한다. 티베트 이상향이다.

"설마 그럴 일이 있겠습니까?"

"음… 알았다."

다음날 아침, 이상한 일이 벌어졌다. 빤첸라마가 차를 탔는데 옆에 수행스님이 없고 사복경찰 두 명이 타고 있었다. 이 승용차가 어디론가 사라졌다. 수행스님은 이 차에 타지 못했다. 그날 저녁 빤첸라마가 죽었다.

중국정부는 빤첸라마 시신을 공개하지 않았다. 정말 심장마비로 죽었다면 시신을 공개 못할 이유가 없다. 끝내 이런 주장이 새어 나왔다.

'빤첸라마 시신에 있는 손톱 10개가 모두 검은색이었다.'

라싸 중심가에 찻집이 여러 개 있다. 이 찻집에서 뉴스에 나오지 않는 이야기도 많이 나온다. 2월 첫째 주, 그 시종스님이 한 라싸 찻집에서 울분을 토했다. 자신이 1월 27일과 28일 겪은 이야기를 사람들에게 다 한 뒤 이렇게 말했다.

"다 내 탓이다! 나는 바보였다! 샴발라로 간다는 말이 '내일 죽는 다.'는 뜻인지 몰랐다. 바로 그날 내가 빤첸라마를 모시고 다람살라로 망명했어야 했다!"

그 사람은 엉엉 울더니 그 찻집을 나가 버렸다.

그날 그 사람은 목매달아 자살했다.

삼오독립시위

1989년 3월 5일, 라싸 시민들 분노가 폭발했다. 당시 이들은 무기가 없었다. 돌멩이와 맨주먹이 전부였고, 각종 관공서와 중국인들을 공격했다. 라싸는 순식간에 무정부상태가 되었다.

중국인민군은 유혈진압을 했다. 3월 6일, 중국군이 한 집에 들어가 18살 먹은 티베트 여성이 차를 만드는 동안 그녀의 눈에 총을 쏘아 죽였다. 한 집을 급습해서 임신한 티베트 여성을 등 뒤에서 대검으로 찔러 산모와 태아 모두 죽였다. 주머니에 손을 넣은 채 길가에 서 있던 티베트인 두 명이 중국군의 사격으로 죽었다. 중국군은 '티베트독립'이라는 말만 들으면 무차별 사격을 가했다. 3월 5일부터 8일까지 티베트인 256명이 죽었다. 체포당한 사람은 1천 명이 넘는다.

그리고 이런 일도 있었다.

> 티베트인 청년이 무장경찰에게 돌 두 개를 던졌다. 부소대장이 물었다. "저 놈을 패야 하지 않습니까?" 돌멩이 하나를 다리에 맞은 부대대장이 명령을 내렸다. "패라!" 그러자 부소대장은 무장경찰 세 명을 이끌고 돌을 던진 티베트인을 쫓아갔다. 그 청년은 한 티베트 가족이 사는 집으로 뛰어 들어갔다. 무장경찰은 문을 차고 들어가 모든 거주자를 사격으로 싹쓸이했다. 가족 여섯 명이 모두 죽었다. 막내는 겨우 11살이었다. 그러나 돌을 던진 티베트인은 벽을 타고 올라가 도망쳤다. 무장경찰은 그의 뒤를 쫓아가 다리에 총상을 입혔다. 그러자 한 무장경찰이 부리나케 달려가 총으로 티베트인 머리에 대고 발사했다. 예상치 않게, 소총이 갑자기 오발되어 그 뒤에 있던 무장경찰 하나가 목에 총상을 입고 그 자리에서 즉사했다. 병사가 죽는 것을 보고 분노한 부소대장은 돌을 던졌던 티베트인의 머리를 때렸고, 그 청년의 머리가 깨져 뇌가 밖으로 쏟아졌다. 이때 멀지 않은 곳에서 자기 집 문간에 서있던 한 티베트인 가족 여섯이 "살인자! 살인자!"라고 외쳤다. 부소대장은 경기관총을 들더니 가족을 향해 갈겨 댔다. 티베트인 여섯 명이 모두 죽었다. [49]

중국정부는 1989년 3월 8일 0시 라싸에 계엄령을 선포했다. 이 계엄령이 18개월 동안 이어졌다. 등소평은 후진타오를 칭찬했다. 등소평은 1992년 10월 제14기 전당대회에서 후진타오를 중앙정치국 상무위원에 앉혔고, 차기 중국공산당 최고지도자로 결정했다. 그래서 후진타오는 2002년 10월부터 2012년 10월까지 중국 최고지도자가 되었다. 이런 까닭으로 후진타오는 "티베트인을 학살해서 중국의 국가주석이 된 사람"이라는 평가를 받는다.

달라이라마가 노벨평화상을 받다

달라이라마는 현대과학과 민주주의를 좋아한다. 그는 전 세계적인 스타이며, '달라이라마' 자체가 한 책 종류라고 할 수 있다. 내가 가장 좋아하는 달라이라마의 말은 다음과 같다.

"고통은 무지에서 나온다. 사람들은 자신들의 행복과 만족을 추구하기 위해 다른 사람들에게 고통을 가한다. 그러나 진정한 행복은 내적인 평화와 만족감에서 오는 것이다. 이런 내적인 평화와 만족감은 타인에 대한 사랑과 자비를 기르고, 분노와 이기심과 탐욕을 없애어 함양하는 것이다."[50]

달라이라마는 세계 평화에 이바지한 공로를 인정받아 1989년 12월 10일 노르웨이 의회에서 노벨평화상을 받았다. 달라이라마는 먼저 영어로 "저는 티베트 사람들의 대표로 이 상을 받습니다."[51]라고 말하며 잠시 양해를 구한 뒤 티베트어로 이렇게 말했다.

"우리 조국 티베트에 계시고 또 세계 각처에 나와 있는 티베트 사람들에게 말씀드립니다. 얼마나 고생이 많으십니까. 더욱이 중국에 점령되어 힘들게 살아가는 티베트 사람들에게 말하겠습니다. 내가 멀리 망명 나와 있지만, 힘든 삶에서도 중요한 것은 불법佛法입니다. 부처님의 법을 믿고 그 법에 따라 사신다면 내가 없어도 상관없습니다. 더욱이 중국 사람들을 미워하지 마시고 어떤 물리적 가해로

도 피해를 주지 마시기를 당부 드립니다. 중국인도 우리와 같은 사람입니다. 행복을 원하고 불행을 원치 않습니다. 끝까지 자비심으로 욕됨을 참으면서忍辱 먼 훗날 다시 모여 함께 살 때까지 부처님께 근거를 둔 법에 따른 삶으로 살아가기를 거듭 당부합니다."₅₂

그리고 미리 준비한 연설원고를 영어로 읽었다.

이틀 뒤인 12월 12일《인민일보해외판人民日報海外版》을 보면, 1면 톱기사는〈노르웨이가 달라이의 분열활동을 지지하고 중국내정에 난폭하게 간섭함을 항의抗議挪威支持達賴分裂活動和粗暴干涉中國內政〉. 옆에 있는 해설기사는 이렇게 마무리했다.

이번에 그들은 민족단결 파괴와 조국 분열활동에 종사하는 달라이에게 상을 줬다. 그리하여 노벨평화상은 엄청난 조롱거리가 되었다. ₅₃

그런데 이 두 기사가 있는 제1면 가장 밑에 바로 이 기사가 있다.

〈중앙정부가 티베트 주요 건설사업에 13억 위안 투입國家投資十三億元支持西藏重點建設〉.

중국이 티베트를 다독이는 방법은 돈밖에 없는 것이다.

7. 종교정치의 종말

가짜 빤첸라마

제10대 빤첸라마가 죽었기 때문에 전세영동을 찾아야 했다. 짜시륀뽀에 있었던 한 라마가 1995년에 찾았다. 이름은 게뒨최끼니마更敦曲吉尼瑪, 1989~. 이 라마는 목숨을 걸고 몰래 인도 다람살라까지 와서 달라이라마에게 자세한 상황을 설명했고, 달라이라마는 이 어린이를 제11대 빤첸라마로 인정했다.

달라이라마와 빤첸라마는 순환사제관계이기 때문에, 달라이라마가 인정해야 진짜 빤첸라마이고, 빤첸라마가 인정해야 진짜 달라이라마다. 그 라마가 다시 짜시륀뽀로 돌아왔고, 다람살라망명정부는 1995년 5월 14일 게뒨최끼니마를 제11대 빤첸라마로 선언했다.

중국정부는 그 라마를 감옥에 가두고 고문했다. 그 뒤로 이 라마의 행방을 모른다. 게뒨최끼니마와 그 가족들도 재빨리 북경으로 데려가서 연금시켰다. 달라이라마가 빤첸라마로 인정한 이 어린이는 이미 죽었다는 것이 정설이다.

중국정부는 대타를 내세웠다. 이름은 개쩬노르부堅贊諾布, 1990~. 1995년 12월 8일, 이 어린이가 중국정부의 축복을 받으며 제11대 빤첸라마가 되었다.

이 사람은 가짜다. 티베트인들이 대부분 이렇게 생각하고 있는 것을 중국정부도 알고 있다. 제10대 빤첸라마가 마지막 빤첸라마였다. 빤첸라마는 법맥이 끊겼다.

까귀와 겔룩이 화해하다

까마까귀와 겔룩은 원수다. 하지만 화해의 조짐이 나타났다. 1932년, 제16대 까마빠 랑중릭빼도제朗中日必多吉. 1924~1981가 취푸 사원에서 정식으로 등극했다. 이때 제13대 달라이라마가 제16대 까마빠 등극식에 참석해서 축하해 줬다. 이때부터 티베트 민중 사이에 이런 관념이 생겼다.

'티베트 서열 1위는 달라이라마, 서열 2위는 빤첸라마, 서열 3위는 까마빠.'

제16대 까마빠도 1954년 제14대 달라이라마와 같이 북경을 방문하고 중국을 시찰했으며, 1956년 달라이라마와 같이 인도를 방문했다. 1956년, 까마빠가 시킴에 있었을 때 시킴 국왕이 룸텍 사원隆太寺으로 초대했지만 여러 개인 사정이 있어서 방문하지 못했다. 룸텍 사원은 제9대 까마빠가 직접 세운 사원이다.

정확하게 말하자면, 시킴 국왕은 제16대 까마빠를 룸텍 사원으로 초대한 것이 아니라 룸텍 사원 유적지로 초대한 것이다. 당시 룸텍 사원은 폐허였다.

중국인민군은 까마빠에게 별다른 관심을 기울이지 않았다. 이것이 다행이었다. 제16대 까마빠는 1959년 1월 달라이라마를 찾아가 "티베트를 떠나겠다."고 밝혔다. 달라이라마가 까마빠를 축복해 줬고, 까마빠는 추종자들을 모두 데리고 소중한 유물과 서적까지 다 챙겨서 3주일 동안 여행을 즐기며 부탄에 도착했다. 까마빠는 국빈 대접을 받았다.

두 달 뒤, 까마빠 일행은 시킴 강톡甘托克에서 시킴 국왕의 환대를 받았고, 드디어 룸텍 사원에 도착했다. 사원은 폐허였고, 전기도 수도도 도로도 없었다. 이들은 천막을 치고 열심히 기도했으며, 까마빠가 인도정부와 시킴 왕족들에게 도움을 청했다. 그리하여 4년 동안 건설사업을 벌였고, 1966년 정식으로 완공했다.

제16대 까마빠는 1974년부터 세계를 돌아다니며 열심히 티베트 불교를 전파했다. 그는 1981년 11월 5일 미국 일리노이Illinois주 시온Zion에 있는 한 병원에서 눈을 감았다. 그러자 겔룩 신도들도 제16대 까마빠를 애도했다.

까마까귀겔룩전쟁은 3백 년도 넘은 옛날이야기가 되었고, 나라가 망하는 사태를 같이 겪으며 시나브로 완전히 화해했다.

까마빠가 망명하다

제16대 까마빠는 1981년 죽기 직전 제자 시뚜린포체司徒仁波且에게 노란 비단으로 포장한 부적 하나를 주며 이렇게 말했다.

"나중에 자네한테 큰 도움이 될 걸세."[54]

시뚜는 10년 동안 이 부적을 목에 걸고 다녔다. 그러다 1991년 갑자기 이 부적을 열어 봐야겠다는 생각을 했다. 열어 보니 '철마년鐵馬年에 열어 보라.'[55]고 쓴 봉투가 있었다. 철과 말의 해, 바로 1992년이다. 시뚜는 흥분했다. 이것은 유언장이다.

1992년 3월 19일, 시뚜와 다른 까귀 종파 린포체 3명, 이렇게 4명이 드디어 봉투를 열었다. 이들은 눈물을 흘렸다. 제17대 까마빠가어디에서 태어나는지 예언한 노래였다. 시뚜린포체가 티베트로 들어가 제17대 까마빠를 찾았다.

제17대 까마빠 오겐친레도제烏金欽麗多吉는 1985년 7월 26일 참도

티베트철도

〈은하철도999〉라는 일본 만화영화가 있다. 역사에 길이 남을 명작이다. 이 기차는 우주를 날아다닌다. 아직 이런 기차가 없지만 하늘을 날아다니는 기차는 있다. 중국이 이렇게 놀라운 일을 했다. 바로 티베트철도靑藏鐵路다. 공중에 떠다니는 기차는 아니지만, 해발 5천 미터 동토凍土를 지나가므로 하늘을 날아간다고 말할 수 있다.

티베트철도는 서녕에서 거르무格爾木와 나취那曲를 거쳐 라싸에 도착한다. 서녕에서 거르무까지 노선은 1984년에 개통했다. 거르무에서 라싸까지 노선 1,142킬로미터는 2001년 6월 29일 착공해서 2006년 7월 1일 정식 개통했다. 이제 기차를 타고 이틀 만에 편안히 라싸에 갈 수 있는 것이다. 나도 2006년 8월 그 기차를 타고 라싸에서 성도로 돌아왔다. 그 기차는 참 잘 만들었다.

말할 것도 없이 중국정부가 티베트철도를 만든 근본목적은 티베트독립을 막는 것이다. 그래서 전 세계 티베트인과 티베트불교 신자들이 중국을 욕하는 것이다. 하지만 욕하지 말기 바란다. 철도는 쉽게 끊을 수 있다. 티베트인들이 해야 하는 토목사업을 중국정부가 대신 했다고 위로하며 살기 바란다.

북쪽 한 유목민 천막에서 태어났다. 1992년 6월 15일 취푸 사원으로 왔으며, 6월 27일 티베트자치구인민정부도 대표단 40명을 보내 축하했고, 9월 27일 정식으로 등극했다. 티베트인들이 모두 기뻐했고, 까마빠는 열심히 공부했다.

까마빠도 어렸을 때 다른 어린이와 마찬가지로 장난감을 좋아했다. 그런데 조숙했다. 1994년 처음으로 중국여행을 했고, 10월 1일 북경에서 강택민江澤民, 1926~과 이붕李鵬, 1928~을 만났는데, 이 어린이가 속으로 이런 생각을 했다.

'중국정부는 나를 정치적으로 이용하려는 것 같다.'[56]

한번은 이런 일이 있었다. 1998년 여름, 취푸 사원 승려들은 칼을 지닌 두 괴한이 사원 도서관 담요 밑에 숨어 있는 것을 발견해서 때려잡았다. 경찰에게 넘겨줬더니 제대로 조사도 하지 않았다.

까귀는 '입으로 전한다口傳'는 뜻이다. 가장 중요한 가르침은 기록하지 않고 입으로만 전한다. 까마빠에게 입으로 가장 중요한 가르침을 전해 줄 수 있는 시뚜린포체는 인도에 있었다. 그래서 인도여행을 요청했더니 티베트자치구인민정부가 허락하지 않았다. 대신 한 중국인 관리가 까마빠에게 이런 말을 했다.

"당신이 18살이 되면 정부는 더 많은 관심을 보일 것입니다."[57]

까마빠가 이 말 뜻을 알아차렸다. 자신은 18살이 되면 평소 북경에서 살아야 하며, 중국공산당의 꼭두각시가 되어야 한다는 뜻이다.

1999년 까마빠가 두 번째로 중국을 방문했다. 이때 북경에서 가짜 빤첸라마 개짼노르부가 까마빠에게 충격적인 발언을 했다.

"당신과 나는 협력해서 조국중국의 발전과 불법 중흥을 위해 일해야 합니다."[58]

까마빠가 북경에 있는 동안 중국 기자들이 열심히 취재했다. 까마빠는 중국어도 잘한다. 한 기자가 까마빠에게 처음으로 빤첸라마를 만나보니 느낌이 어떠하냐고 물었다. 그러자 까마빠는 중학생 정도의 나이인데도 노련하게 대답했다.

"만일 빤첸라마가 아미타불의 화신이라면 그는 훌륭한 라마임이 틀림없습니다. 그리고 말이 나왔으니 말인데, 튀쿠는 세 가지 품성 지식·근면·바른 행동을 갖춘 사람입니다. 나아가 튀쿠는 부처님의 가르침을 열심히 따르고 승가의 발전을 위한 정열을 갖고 있어야 합니다."[59]

까마빠는 하루하루가 불안했다. 1999년 11월 초, 까마빠는 취푸 사원으로 돌아와 날마다 두 번씩 열심히 설법했다. 동시에 자기 탈출을 도와줄 동지들을 은밀히 포섭했다.

1999년 12월 28일 밤 10시 30분, 까마빠는 민간인 복장을 하고 다른 동지 4명과 같이 지프를 타고 취푸 사원을 빠져나갔다. 이들은 12월 30일 무스탕을 거쳐 네팔로 들어갔고, 사흘 만에 네팔을 관통하여 2000년 1월 4일 인도 델리에 도착했으며, 1월 5일 아침 다람살라에 도착했다. 이 뉴스가 해외토픽으로 나오자 전 세계 티베트불교 신자들이 환호했다. 달라이라마와 까마빠는 손을 잡고 이마를 맞대며 뜨겁게 감격했다.

지금 까마빠는 시킴 룸텍 사원에 있다. 중국어를 잘하기 때문에 까마빠의 설법을 듣기 위해 룸텍으로 오는 홍콩사람·대만사람·화교가 많다. 지금은 영어도 잘한다. 그런데 놀라운 사실이 있다. 까마빠는 한국어도 공부하고 있다. 2007년 12월 3일, 까마빠는 한국인들에게 이런 메시지를 보냈다.

"저는 지금 한국어를 공부하고 있습니다. 그래서 가까운 미래에 한국 역사와 문화를 깊이 이해하고 싶습니다. 저는 미래에 여러분을 이롭게 하고자 진심으로 기도합니다."[60]

공포 일상화

2006년 8월, 나는 라싸에 있었다. 내게 라싸를 안내해 준 한 티베트청년이 있었다. 나는 중국인이 아니라 한국인이기 때문에 티베트인들이 쉽게 마음을 열어 본심을 말한다. 라싸에서 일주일이 지났을 때 우리는 이런 대화를 했다.

"라싸는 조용해요. 사람들도 잘살고 있어요. 아무 문제가 없는 것 같아요."

"당신처럼 한 달 이내 머물다 가는 외국인은 그렇게 느낍니다. 하지만 1년 이상 라싸에 사는 외국인들은 모두 이상함을 느낍니다. 자, 지금 제 말 잘 들으세요. 눈동자를 전방위로 확대하고 시선은 앞만 보면서 저와 같이 태연하게 걸어갑시다."

우리는 약 1백 미터를 걸어갔다.

"왼쪽에 무엇이 있었죠?"

"군부대 같아요."

"정문에 간판이 있었나요?"

"없었어요."

"바로 그겁니다. 중국 모든 경찰과 군부대는 반드시 이름을 새긴 간판이 있습니다. 그러나 티베트는 저렇게 간판도 없는 장소가 많습니다. 저런 곳에서 지금 무슨 일이 벌어지고 있는지 저도 모릅니다. 그리고 라싸에 계시는 동안 언제나 조심하세요. 라싸와 시쩨는 감시자가 많습니다. 그 감시자는 제 친구일 수도 있습니다."

공포 일상화! 이것이 지금 티베트인의 고통이다. 중국인이 바로 이것을 이해하지 못한다.

삼일사독립시위

지금 티베트에 있는 불교사원은 약 1천 7백 개. 중국정부가 지금도 열심히 사원 복원사업을 하고 있다. 현재 승려는 약 4만 6천 명. 티베트는 승려가 되려면 당의 허가를 받아야 한다. 18세 이전에 실제로 승려가 되는 것을 막는 규제가 있고, 승려가 되어도 사회주의교육과 유물론·무신론교육을 받아야 한다. 지금은 중국인들도 사회주의교육을 짜증내는데, 티베트인은 오죽할까! 더욱이 초등학교 선생님까지 포함하는 모든 공직에 있는 티베트인과 라마는 해마다 한 번 달라이라마를 욕하는 사상확인서를 직접 써서 제출해야 한다. 티베트인들이 이것을 매우 괴로워한다.

모든 티베트인에게 3월 10일은 특별한 날이다. 이날은 다람살라의 공휴일이기도 하다. 2008년 3월 10일, 라싸 조캉에서 젊은 승려 15명이 티베트독립을 요구하는 평화시위를 벌였다. 경찰이 재빨리 체포해서 두들겨 팬 뒤 끌고 갔다. 이 15명은 지금 행방을 모른다. 현장에 있었던 라싸 시민들이 분노했다. 그래서 드디어 폭발했다.

3월 14일, 라싸 시민들이 일제히 맨주먹으로 한족들을 공격했다. 한족들은 공포에 떨었다. 라싸 시내가 불길에 휩싸이고 경찰 차량도 뒤엎었다. 이 소식이 티베트 전역에 퍼졌다. 그리하여 약 일주일 동안 티베트 전역에서 독립시위가 벌어졌다. 중국군이 유혈진압을 했고 최소 130명이 죽었다.

2008년 5월 서남민족대학西南民族大學, 내가 라싸에 사는 한 티베트인에게 당시 실제상황을 물었다. 그 사람은 한참동안 침묵하더니 끝내 한 마디만 했다.

"장갑차가 시내를 달리며 기관총을 난사했습니다."

2006년 8월 나는 라싸에 쉽게 들어갔었다. 성도 민산호텔岷山飯店 앞에 있는 여행사에 가서 신청서를 작성하고 돈을 내면 다음날 비행기 타고 라싸에 갈 수 있었다. 그러나 2011년 1월 민산호텔 앞에 있는 여행사로 가서 문의하니, 외국인은 반드시 허가를 받아야 한다며 나를 귀찮은 존재로 대했다. 다행히 한 여행사에 내게 친절하게 대하는 직원이 있었다. 그 사람은 "2008년 3월 폭동이 벌어진 뒤 상황이 완전히 달라졌다."며 "일단 허가를 받아 보자."고 제안했다. 그 사람이 도와줘서 나는 적지 않은 돈을 내고 티베트여행허가증을 받을 수 있었다. 그런데 그 허가증은 단순히 외국인이 소지하는 것이 아니라, 라싸에 도착하자마자 그곳 여행안내원導遊에게 제출하는 서류였다. 그 허가증에 이런 문구가 있었다.

관리 잘 하시오. 61

세상에, 내가 감시대상이라니! 생각할수록 기분 나빴다. 그런데 라싸에 도착해서 여행안내원에게 허가증을 주고 같이 조캉 앞 중심가를 가보니 조금 이해가 갔다. 라싸 시내 분위기가 살벌했다. 무엇보다도 경찰과 군인이 너무 많아서 마음이 편하지 않았다. 2008년 삼일사독립시위 때문에 이렇게 달라진 것이다.

건전한 상식을 지닌 보통 한국지식인은 티베트문제를 어떻게 바라보고 있을까?《한국일보》이광일李光— 논설위원이 쓴〈티베트는 독립할 수 있을까?〉전체 원문을 소개하겠다.

티베트 시위 사태를 접하면서 20년 전 일이 떠올랐다. 1988년 서울올림픽 때 나는 메인 프레스센터main press center에서 외국 언론인 취재를 맡고 있었다.

그때만 해도 공산권은 금단의 땅이어서 소련이나 동독, 헝가리 같은 나라의 기자 인터뷰는 충분히 기사거리가 됐다. 그런데 어느 날 백발이 성성한 백인이 리투아니아LITHUANIA 독립을 외치는 팸플릿을 들고 한국일보 부스에 들어왔다. 호주의 한 통신사 기자인데 틈틈이 어릴 때 떠나온 조국의 독립운동을 하고 있다는 것이었다.

아니, 리투아니아가 소련에 합병된 게 언제인데 아직도 독립운동을 한단 말인가. 히틀러와 스탈린이 리투아니아를 소련에 합병하는 조약을 맺은 것이 1940년이니까, 나라가 없어진 지 50년이나 지난 시점이었다.

일제 35년간 나라를 잃었던 한국인으로서 그 할아버지 기자의 호소를 듣는 기분은 참 묘했다. 저런다고 소련이라는 강대국에서 벗어나 독립이 될까 싶었지만 꼭 기사화해야겠다는 의무감을 느꼈다.

기사는 사회 2면 머리로 나갔다. 그런데 웬걸! 1년 반 뒤인 1990년 3월 리투아니아는 독립했다. 다시 1년 후에는 에스토니아ESTONIA와 라트비아LATVIA까지, 발트 3국이 모두 독립을 되찾았다. 공산 소련의 개혁 개방이 연방 해체로 이어질 줄 그 누가 알았으랴.

티베트가 중화인민공화국에 무력으로 강점된 것은 한국전쟁이 한창이던 1950년 10월. 그로부터 두 세대가 흘렀다. 중국정부는 티베트가 역사적으로 중국의 고유한 일부라고 떠들지만 말짱 거짓말이다.

원나라의 속국이었으므로 중국의 일부라고 하는데, 원나라는 당시 몽골제국의 일부로 현재 몽골공화국이 승계자다. 몽골제국은 몽골족의 발원지인 몽골고원은 물론이고 한족의 중원, 페르시아와 러시아 일부까지 판도에 넣고 있었다.

당시 티베트의 법왕法王은 몽골제국 황제의 스승이어서 속국이라 할 수도 없지만, 속국이라 한들 중국이 아닌 몽골의 속국이었다. 같은 식민지 처지였던 중국이 종주권을 주장하는 것은 난센스nonsense다.

청나라 때도 마찬가지다. 청나라는 명나라의 법통을 잇는 중국이 아니다. 만주족이 중국 명나라를 멸망시키고 위구르, 몽골족 상당수, 한족, 티베트 등 4대 민족을 다스린 대제국이었다. 20세기 들어 만주족 지배가 해체되면서 한족이 그 지위를 잽싸게 빼앗았을 뿐, 티베트가 중국의 일부였던 적은 없다. 우선 본인들이 아니라지 않는가!

중국은 이러한 사정을 호도하려고 '중화민족'이라는 개념을 새로 만들었다. 전 인구의 92퍼센트인 한족에다가 티베트, 위구르, 몽골, 조선족 등 55개 소수민족을 합쳐 새로운 민족을 발명해 낸 것이다.

영국 출신 백인과 아프리카 출신 흑인, 남미 출신 라틴계와 아메리카

인디언, 기타 일본·중국·한국·이탈리아계까지 다 합해서 '미국민족'으로 하자는 것이나 마찬가지다. 그래서 몽골의 영웅 칭기즈칸은 중화민족의 영웅으로 둔갑한다. 그 중화민족이 큰 가족을 이루어 화목하게 산다는 것이 바로 중국정부의 캐치프레이즈인 '중화민족 대가정中華民族大家庭'이다.

그런데 무슨 가정이 한 번 싸움 나면 수십만 명씩 죽어나간다. 이유는? 원래 한 가족이 아니기 때문이다. 땅덩어리가 크다고 좋은 것만이 아니라는 것을 알 수 있다.

늘 골치가 아프다. 티베트가 독립하면 위구르를 비롯한 다른 소수 민족들의 독립 요구도 거세질 게 뻔하다. 그렇게 되면 치안과 안보가 흔들리는 것은 물론이고, 만주족이 2배로 늘려준 땅이 다시 지금의 절반명나라 때 영토으로 줄어든다.

티베트는 독립할 수 있을까? 현재 국제사회에서 중국의 덩치와 위상을 생각하면 당연히 불가능해 보인다. 그러나 리투아니아와 같은 기적이 일어나지 말라는 법도 없다. 역사는 왕왕 인간 인식의 한계를 비웃는다.[62]

로쌍상게

다람살라망명정부는 영국식 내각책임제다. 룽샤 도제체께가 이루려 했던 그 민주주의 개혁을, 나라가 망한 뒤에야 제14대 달라이라마가 강력하게 밀어붙여 성공했다. 총리 임기는 5년이며, 연임할 수 있다. 2001년 8월 15일부터 2011년 8월 14일까지 다람살라망명정부

총리까뢴치바; 噶倫赤巴를 지낸 사람은 삼동 로쌍땐진桑東·洛桑丹增, 1939~. 이 사람이 제5대 삼동 튀쿠인데, 보통 삼동린포체라고 부른다. 2001년부터 달라이라마는 정치에 전혀 간섭하지 않았다.

제14대 달라이라마는 두 가지 업적이 있다. 첫째, 자신이 세계적인 스타가 되어 티베트불교를 세계에 전파시켰다. 둘째, 귀족과 승려의 반대를 온화한 카리스마로 물리치고 민주주의 개혁을 성공했다. 나라가 망한 원인이 귀족과 승려들에게 있었기 때문에 이들도 다람살라에서 더 이상 개혁을 막을 수 없었다.

다만 한 가지 안타까운 점이 있다. 민주주의혁명은 밑에서 위로 올라가야 한다. 그러나 티베트 민주주의는 위에서 밑으로 내려왔다. 티베트 민중이 스스로 눈을 떠서 남녀평등 법치사회 시민혁명을 이룩해야 진정한 문명국가로 탈바꿈할 수 있는데, 티베트는 현대과학과 민주주의를 신봉하는 제14대 달라이라마 혼자 힘으로 민주주의사회에 들어섰다. 이것이 미래 티베트에 영향을 끼칠 것이다.

2011년 3월 25일, 달라이라마는 정식으로 사임했다. 이제 달라이라마는 정치권력이 없다. 그냥 중이다. 달라이라마는 이렇게 자신을 희생해서 티베트를 민주주의사회로 만들었다. 달라이라마의 마지막 역사 사명은 전 세계에 이렇게 선언하는 것이다.

"나는 더 이상 환생하지 않겠다! 다른 모든 티베트 튀쿠들도 더 이상 환생하지 마라!"

이제 다람살라망명정부는 형식적인 최고 국가원수도 없는 내각책임제가 되었다. 그냥 총리가 최고 권력자다. 2011년 3월 20일, 다람살라에서 국회의원 43명과 총리를 뽑는 총선거가 벌어졌다. 이때 하버

드대학에서 법학박사 학위를 받고 이 대학에서 국제법 전문 연구교수로 재직하던 로쌍상계洛桑桑盖, 1968~가 신임 총리로 당선되었다. 드디어 승려와 귀족이 백성을 다스리는 시대가 끝났다. 티베트는 민주주의 시민국가가 되었다. 로쌍상계는 2011년 8월 15일부터 정식으로 다람살라망명정부 총리로 일하고 있다. 로쌍상계 총리가 말했다.

"중공은 이 말을 많이 합니다. '망명 1세대가 끝나면 망명 2세대는 티베트의 불가능한 사업을 이어갈 수 없다.' 하지만 제가 당선된 가장 중요한 메시지는 망명 1세대가 권력과 사업을 다음 세대에게 편안히 물려줬으며, 티베트사업이 끊어지지 않고 계속 된다는 것입니다. 티베트문제를 해결하지 못하면 티베트사업은 반드시 계속 이어집니다. 이것이 현세대가 미래세대에게 기대하는 바입니다."[63]

8. 티베트의 미래

중국이 티베트에 이바지한 것

중국은 티베트에게 10가지를 이바지했다.

① 사병을 없앴다.

② 개뿌와 귀족을 없앴다.

③ 달라이라마가 신이 아니라는 것을 깨닫게 했다.

④ 티베트불교가 전 세계로 퍼지게 했다.

⑤ 도로·철도·통신망을 잘 건설했다.

⑥ 엄청난 경제지원을 했다.

⑦ 군복무 고통에서 해방시켜 주었다.

⑧ 티베트 최고 특산품 라싸맥주를 만들어 주었다.

⑨ 모든 티베트인을 다언어모국어인多言語母國語人으로 만들었다.

⑩ 티베트인들을 한마음으로 단결시켜 주었다.

티베트인 학자들은 미리 반박논리와 증거를 준비하기 바란다.

너의 조국 나의 외국

1934년 〈중공헌법中華蘇維埃共和國憲法大綱〉에 이런 말이 나온다.

> 중화소비에트정권은 소수민족의 자결권을 인정하며, 약소민족이 중국
> 에서 떨어져 스스로 독립국가를 세우는 권리를 인정한다. 몽골, 회족,
> 티베트, 묘족, 여족, 고려인 등 모든 중국 안에 있는 민족이 완전한 자결
> 권을 가지며, 중화소비에트연방에 가입하거나 탈퇴할 수 있고, 스스로
> 자치구를 건립할 수도 있다. 64

참으로 재미있는 사실이다. 중공이 티베트독립을 지지했다니! 오
늘날 중국의 티베트학 학자들도 1934년 중공헌법에 이런 문구가 있
다는 사실을 인정한다. 그러나 심각하게 생각하지 않는다. '정책은 얼
마든지 변할 수 있다.'고 생각하기 때문이다. 바로 이것이 중요하다.
'티베트독립 절대 반대!'라는 정책도 얼마든지 변할 수 있는 것이다.

중국공산당은 중국이 아니다. 자신들의 권력을 유지하는 것이 중
요하지, 중국이라는 나라 자체가 중요한 것이 아니다. 그래서 지금
중국은 국군이 없다. 중국인민군은 당에 충성하는 당군이다. 중국인
민군이 아무리 강해도, 중국공산당이 망하면 중국인민군은 저절로
망한다. 바로 이것이 지금 중국의 가장 큰 약점이다. 중국지식인들도
이것을 걱정하고 있다. 그래서 중공을 욕하면서도 중공을 지지하는
것이다.

지금 중국공산당의 국민교육은 한 마디로 애국이다. 하지만 중국

공산당이 강조하는 애국의 본질은 애당愛黨이다. 가장 쉽게 풀이하면 다음과 같다.

"우리가 너희를 잘 먹고 잘살게 해 준다. 너희는 정치에 신경 쓰지 말고 열심히 돈 벌어서 부자가 되어라."

여기에 놀라운 비밀이 있다. 날마다 열심히 애국을 강조하는 중국공산당 자신은 애국할 생각이 없다. 중요한 것은 애당이지, 애국이 아니다. 그런데 애당이라는 낱말에 더 놀라운 비밀이 숨어 있으니, 오늘날 중국공산당 고위관리들은 애당할 생각도 없다. 그냥 많은 이

역대 티베트총독 歷代西藏自治區黨委員會第一書記	
1965년 9월~1967년 2월	장국화張國華, 1914~1972
1968년 9월~1970년 11월	증옹아曾雅雅, 1917~1995 혁명위원회 주임革委會 主任
1970년 11월~1980년 3월	임영任榮, 1917~ 혁명위원회 주임革委會 主任, 1970년 11월~1979년 8월 1979년 8월부터 제1서기第一書記 직함 회복
1980년 4월~1985년 5월	음법당陰法唐, 1922~
1985년 5월~1988년 12월	오정화伍精華: 彝族, 1931~2007
1989년 1월~1992년 11월	후진타오(호금도)胡錦濤, 1942~
1992년 11월~2000년 9월	진규원陳奎元, 1941~
2000년 10월~2004년 12월	곽금룡郭金龍, 1947~
2005년 1월~2006년 5월	양전당楊傳堂, 1954~
2006년 5월~2011년 8월	장경려張慶黎, 1951~
2011년 8월~현재	진전국陳全國, 1955~

익과 권력을 추구해서 공산당원이 된 사람들이다.

사실 오늘날 진정으로 애국열정이 강한 중국인은 대부분 외국에서 살고 있다. 중국정부는 이들을 '반체제인사政治異議人士'라고 부른다. 내 개인적인 경험에 따르면 약 20년 동안 일반적인 중국지식인들은 '분열'이라는 공포 때문에 애국을 의심하지 않았다. 그런데 2008년부터 놀라운 현상을 발견했다. 그들이 술자리에서 이렇게 말하기 시작했다.

"애국! 애국! 애국! 이제 지겨워!"

중국인들도 '애국'에 짜증을 내기 시작했는데, 티베트인들은 오죽할까! 조국을 보위해야 한다? 그 조국은 너의 조국인가, 나의 조국인가? 이런 까닭으로 지금 티베트 젊은이들은 독실한 불교신앙심이 없으면서 티베트민족주의가 강하다. 티베트가 중국의 일부라는 것은 강요당한 것이지, 스스로 원한 것이 아니기 때문이다.

많은 티베트인 공산당 간부가 자식을 다람살라에서 잠시 공부시키고 있다. 한 한족이 티베트인 공산당 간부 친구집에서 차 마시며 이야기 나누었는데, 그 집에 모택동 사진을 붙인 족자가 있었다. 그런데 바람이 불자 그 족자가 옆으로 뒤집어졌다. 족자는 달라이라마 초상화였다. 이것이 티베트에서 공공연한 비밀이다. 하지만 티베트자치구 당위원회는 우수한 티베트인 공산당 간부들을 모조리 자를 수도 없다. 그래서 티베트자치구 진규원陳奎元 서기가 명언을 남겼다.

"너희는 공산당 밥을 먹으면서 달라이라마를 위해 일하고 있다!"[65]

중국정부는 미치고 환장할 노릇이다. 우리가 이렇게 티베트를 잘

살게 해 주고 있는데, 대체 뭐가 불만이란 말인가! 내가 2008년 여름 북경에서 만난 한 티베트인 학자는 이렇게 말했다.

"중국정부가 티베트에 많은 경제원조를 하고 있는 것은 부인할 수 없는 사실입니다. 저도 당의 은혜를 받은 사람입니다. 하지만 우리 요구는 간단합니다. 우리 모두 거지가 되어도 좋으니 제발 독립시켜 달라!"

속세에서 어른이란 경제적으로 자립한 사람이다. "어른이 되어야 독립할 수 있다."고 말하는 한국인들이 있다. 대표적인 궤변이다. "수영을 배울 때까지 물에 들어갈 수 없다."는 논리와 같기 때문이다. 물에 들어가야 수영을 배울 수 있고, 독립해야 어른이 된다. 국가도 마찬가지다. 독립하려고 실력을 키워야 하는 것이 아니라, 실력을 키우려고 독립해야 한다. 독립하지 못하면 실력도 키울 수 없다.

나는 중국인을 이해하고 중국정부를 이해한다. 중국이 티베트, 위구르, 몽골에 집착하는 근본이유는 영토다. 중국이 영토에 집착하는 근본이유는 인구다. 중국정부가 티베트에 집착하는 근본원인은 생존이다. 목적이 생존이기 때문에 집요할 수밖에 없다. 중국은 인구를 4억 명까지 줄여야 한다. 이것은 살을 빼는 것과 같다.

중국과 티베트는 물과 기름이다. 이 사실을 1천 2백 년 전 중국인과 티베트인도 알고 있었다. 그래서 비석을 세웠다. 중국인은 중국인의 땅에서, 티베트인은 티베트인의 땅에서 행복하게 살면 되는 것이다. 그리고 언제인가 티베트정부는 중국정부와 대등한 외교관계를 수립할 때 "우리를 서장西藏이라 부르지 말고 토번土伯特으로 호칭하라."고 요구할 것이다. 미래에 있을 수 없는 일일까?

영국 케임브리지대학교 경제학과 한국인 교수 장하준張夏準이 말했다.

"2백 년 전에 노예해방을 외치면 미친 사람 취급을 받았습니다. 1백 년 전에 여자에게 투표권을 달라고 하면 감옥에 집어넣었습니다. 50년 전에 식민지에서 독립운동을 하면 테러리스트로 수배당했습니다. 단기적으로 보면 불가능해 보여도 장기적으로 보면 사회는 계속 발전합니다."[66]

그날이 오면, 중국인들은 티베트인들에게 이렇게 호소할 것이다.

"우리가 오랫동안 너희에게 이렇게 좋은 일을 많이 했다. 더욱이 우리는 너희에게 너무 많은 돈을 줬다. 이제 세상이 달라졌다. 너희에게 독립과 다를 바 없는 자치권을 주겠다. 제발 독립만 하지 마라."

그러면 티베트 지식인들은 1942년 네루가 감옥에서 영국정부에게 일갈한 바로 이 말을 할 것이다.

"너희가 지금까지 잘한 일이 무엇이든 여기 너무 오랫동안 앉아 있었다. 이제 떠나라. 그리고 우리가 너희와 결별하게 해 달라. 신의 이름으로, 떠나라!"[67]

기관총을 난사해도 티베트가 월드컵에 참가하는 날은 온다.

주

1 토머스 레어드Thomas Laird(미국), 황정연 옮김, 《달라이라마가 들려주는 티베트 이야기The Story of TIBET》, 367쪽, 웅진지식하우스, 2008년 5월 제1판.
   西藏是偉大喇嘛所在之地, 他們不可能傷害我們.
   湯瑪斯·賴爾德Thomas Laird(美國), 莊安祺(臺灣) 譯, 《西藏的故事——與達賴喇嘛談西藏歷史The Story of TIBET》, 第279頁, 聯經出版社(臺灣), 2008年 7月 第1版.

2 西藏人口雖不多, 但國際地位極重要, 我們必須占領.
   朱宗震·陶文釗, 李新 主編, 《中華民國史》第三編 第六卷, 第707頁, 中華書局, 2000年 9月 第1版.

3 只要我在昌都, 昌都就不會投降.
   艾夫唐John F. Avedon(美國), 尹建新(中國) 譯, 《雪域境外流亡記In Exile From The Land Of Snows》, 第33頁, 慧炬出版社(臺灣), 1991年 10月 第1版.

4 中國軍隊之侵入西藏不得不被認爲可悲嘆的.
   〈一九五零年十月二十八日印度大使交來印度共和國政府關於西藏問題的照會〉, 《人民日報》, 1950年 11月 17日.

5 中華人民共和國中央人民政府對於印度政府所認爲可悲嘆的觀點, 不能不認爲這是受了西藏方面與中國敵對的外國勢力的影響.
   〈一九五零年十月三十日中華人民共和國中央人民政府對印度政府關於西藏問題備忘錄和照會的答復〉, 《人民日報》, 1950年 11月 17日.

6 달라이라마The 14th Dalai Lama(티베트), 심재룡 옮김, 《달라이라마 자서전 Freedom in Exile》, 123쪽, 정신세계사, 2003년 10월 제2판.
   他的確是十分的直率. 張將軍發過脾氣以後, 我很快地發現這種情形在中國人裏相當尋常.
   達賴喇嘛The 14th Dalai Lama(TIBET), 康鼎(臺灣) 譯, 《達賴喇嘛自傳——流亡中的自在Freedom in Exile》, 第84頁, 聯經出版社(臺灣), 1990年 12月 第1版.

7 달라이라마(티베트), 심재룡 옮김, 《달라이라마 자서전》, 138쪽, 정신세계사, 2003년 10월 제2판.

好幾個月之後, 他們返回拉薩, 提出一分充滿讚揚、羨慕和謊話的報告, 我當
下洞悉這份報告是在中共監督下炮製出來的.

達賴喇嘛(TIBET), 康鼎(臺灣) 譯, 《達賴喇嘛自傳——流亡中的自在》, 第99頁,
聯經出版社(臺灣), 1990年 12月 第1版.

8 토머스 레어드(미국), 황정연 옮김, 《달라이라마가 들려주는 티베트 이야기》,
400쪽, 웅진지식하우스, 2008년 5월 제1판.

我覺得他很偉大、有權力、支持革命創新. 我依舊覺得他早年真的是爲人民奉
獻, 毛主席原本是值得尊敬的, 但後來他變成另一個皇帝. 我對毛澤東印象最
深刻的, 是他的談話. 雖然我那時不會說中文, 但有很好的翻譯. 毛澤東說話非
常緩慢, 字字鏗鏘有力. 他遣字用辭字斟句酌, 沒有一個字沒有意義或價值, 教
人難忘. 另外他也不會過度客套, 總是直截了當, 不像周恩來那樣鋒芒外露, 和
周恩來一談, 你馬上就會覺得 "這人非常聰明, 太過犀利."

湯瑪斯·賴爾德(美國), 莊安祺(臺灣) 譯, 《西藏的故事——與達賴喇嘛談西藏歷
史》, 第306頁, 聯經出版社(臺灣), 2008年 7月 第1版.

9 달라이라마(티베트), 심재룡 옮김, 《달라이라마 자서전》, 161쪽, 정신세계사,
2003년 10월 제2판.

你的態度很好. 宗敎是一種毒藥, 第一它減少人口, 因爲和尚、尼姑必須獨身;
其次它忽略了物質進步.

達賴喇嘛(TIBET), 康鼎(臺灣) 譯, 《達賴喇嘛自傳——流亡中的自在》, 第118頁,
聯經出版社(臺灣), 1990年 12月 第1版.

10 달라이라마(티베트), 심재룡 옮김, 《달라이라마 자서전》, 161쪽, 정신세계사,
2003년 10월 제2판.

啊! 原來你是個毀滅佛法的人.

達賴喇嘛(TIBET), 康鼎(臺灣) 譯, 《達賴喇嘛自傳——流亡中的自在》, 第118頁,
聯經出版社(臺灣), 1990年 12月 第1版.

11 佛菩薩死了二千五百年, 現在達賴他們想去印度朝佛. 讓他去, 還是不讓他去?
中央認爲, 還是讓他去好, 不讓他去不好. 過幾天他就要動身了, 勸他坐飛機,
他不坐, 要坐汽車, 通過噶倫堡有各國的偵探, 有國民黨的特務. 要估計到達賴
可能不回來, 不僅不回來, 而且天天罵娘, 說 "共產黨侵略西藏" 等等, 甚至在
印度宣布 "西藏獨立"; 他也可能指使西藏上層反動分子來一個號召, 大鬧其
事, 要把我們轟走, 而他自己卻說他不在那裏, 不負責任. 這種可能是從壞的方
面着想. 出現這種壞的情況, 我也高興. 我們的西藏工委和軍隊要準備着……
你要打, 我就防, 你要攻, 我就守. 我們總是不要先攻, 先讓他們攻, 然後來它

一個反攻, 把那些進攻者狠狠打垮.

西藏農牧學院馬列教研室與西藏自治區黨校理論研究室合編,《西藏大事輯錄
(1949~1985)》, 第65頁~第66頁(毛澤東在第八屆中央委員會第二次會議上講話),
1986年; 王力雄,《天葬: 西藏的命運》, 第179頁, 大塊文化出版公司(臺灣), 2009年
3月 再版.

12 타폰창 아데Tapontsang Adhe(티베트) 구술, 조이 블레이크슬리Joy Blakeslee(미
국) 기록, 김은주·김조년 옮김,《그래도 내 마음은 티베트에 사네The Voice that
Remembers——A TIBETAN Woman's Inspiring Story of Survival》, 72쪽, 궁리,
2007년 4월 제1판.

13 타폰창 아데(티베트) 구술, 조이 블레이크슬리(미국) 기록, 김은주·김조년 옮김,
《그래도 내 마음은 티베트에 사네》, 74쪽, 궁리, 2007년 4월 제1판.

14 타폰창 아데(티베트) 구술, 조이 블레이크슬리(미국) 기록, 김은주·김조년 옮김,
《그래도 내 마음은 티베트에 사네》, 77쪽, 궁리, 2007년 4월 제1판.

15 타폰창 아데(티베트) 구술, 조이 블레이크슬리(미국) 기록, 김은주·김조년 옮김,
《그래도 내 마음은 티베트에 사네》, 77쪽, 궁리, 2007년 4월 제1판.

16 타폰창 아데(티베트) 구술, 조이 블레이크슬리(미국) 기록, 김은주·김조년 옮김,
《그래도 내 마음은 티베트에 사네》, 82쪽, 궁리, 2007년 4월 제1판.

17 타폰창 아데(티베트) 구술, 조이 블레이크슬리(미국) 기록, 김은주·김조년 옮김,
《그래도 내 마음은 티베트에 사네》, 85쪽, 궁리, 2007년 4월 제1판.

18 타폰창 아데(티베트) 구술, 조이 블레이크슬리(미국) 기록, 김은주·김조년 옮김,
《그래도 내 마음은 티베트에 사네》, 86쪽, 궁리, 2007년 4월 제1판.

19 타폰창 아데(티베트) 구술, 조이 블레이크슬리(미국) 기록, 김은주·김조년 옮김,
《그래도 내 마음은 티베트에 사네》, 95쪽, 궁리, 2007년 4월 제1판.

20 타폰창 아데(티베트) 구술, 조이 블레이크슬리(미국) 기록, 김은주·김조년 옮김,
《그래도 내 마음은 티베트에 사네》, 96쪽, 궁리, 2007년 4월 제1판.

21 달라이라마(티베트), 심재룡 옮김,《달라이라마 자서전》, 177쪽, 정신세계사,
2003년 10월 제2판.
如果你們這樣倒行逆施, 西藏人怎能夠信賴中國人?
達賴喇嘛(TIBET), 康鼎(臺灣) 譯,《達賴喇嘛自傳——流亡中的自在》, 第132頁,
聯經出版社(臺灣), 1990年 12月 第1版.

22 달라이라마(티베트), 심재룡 옮김,《달라이라마 자서전》, 177~178쪽, 정신세계
사, 2003년 10월 제2판.
你的批評是污衊祖國——我只是想保護、幫助你的子民啊! 如果你的同胞有人

不想要改革——改革將會澤及群眾, 因爲改革可杜絕剝削——那麼他們就會
受懲罰.

達賴喇嘛(TIBET), 康鼎(臺灣) 譯, 《達賴喇嘛自傳——流亡中的自在》, 第132頁,
聯經出版社(臺灣), 1990年 12月 第1版.

23 明天達賴喇嘛要來看演出, 按舊例携帶武器的警衛人員不許越過石橋, 你若陪
同達賴喇嘛, 不得在我們軍營內携帶武器.

夏格巴Tsepon W. D. Shakabpa(TIBET), 藏區政治史翻譯組 譯, 《藏區政治史
TIBET: A Political History》(下), 第290頁, 油印本(中國), 1992年.

24 中國人立卽滾回中國! 西藏是西藏人民的! 西藏是獨立自主的!

夏格巴(TIBET), 藏區政治史翻譯組 譯, 《藏區政治史》(下), 第293頁, 油印本(中
國), 1992年.

25 果然等到了今天.

王力雄, 《天葬: 西藏的命運》, 第194頁, 大塊文化出版公司(臺灣), 2009年 3月 再
版.

26 달라이라마(티베트), 심재룡 옮김, 《달라이라마 자서전》, 211쪽, 정신세계사,
2003년 10월 제2판.

快走! 快走! 今晚!

達賴喇嘛(TIBET), 康鼎(臺灣) 譯, 《達賴喇嘛自傳——流亡中的自在》, 第160頁,
聯經出版社(臺灣), 1990年 12月 第1版.

27 西藏同胞們!

你們這次奮起反共抗暴, 浴血作戰, 乃是我中國大陸全體同胞反共革命最莊嚴
光輝的歷史成就第一頁開始. 今日我雖身在臺灣, 但我這一顆心, 仍是與你們始
終一起, 反共作戰. 尤其是這次拉薩戰爭, 我藏胞僧侶, 壯烈犧牲, 更使我關懷
倍切, 時刻難忘. 我中華民國政府, 正在集中一切力量, 給你們以繼續有效的援
助. 並號召海內外全體同胞, 共同一致, 給予你們以積極的支持.
你們不是孤立的, 你們的反共抗暴運動, 不僅是爲了藏族全體的生存, 爲了藏
胞個人的自由, 發揮了大無畏的精神, 並且對於自由亞洲各民族, 各宗教的自由
與安全, 擔當了英勇無比的前鋒. 所以世界上一切愛好自由、主張正義的國家和
人民, 都站在你們這一邊, 支持你們! 禱祝你們的成功!
我中華民國政府, 一向尊重西藏固有的政治社會組織, 保障西藏人民宗教信仰
和傳統生活的自由. 我現在更鄭重聲明: 西藏未來的政治制度與政治地位, 一
俟推毀匪僞政權之後, 西藏人民能自由表示其意志之時, 我政府當本民族自決
的原則, 達成你們的願望.

西藏同胞們! 朱毛共匪的傀儡政府, 對於你們反共抗暴的革命運動, 使用殘忍、狂暴、恐怖、屠殺的手段, 企圖加以鎮壓和控制. 我深信共匪的武裝暴力, 縱能一時破壞你們的寺院, 劫掠你們的城市, 絕對不能毀滅你們革命的意志和宗教的信仰, 只要你們更加堅決, 更加勇敢, 繼續不斷的奮鬥到底, 我必領導全國軍民, 很快的與你們在大陸上約期會面, 共同作戰, 來完成我們反共抗暴, 救國家救民族救同胞的神聖使命.

〈先總統蔣公告西藏同胞書〉, 中華民國四十八年三月二十六日; 徐正光(臺灣) 主編, 劉學銚(臺灣) 編輯,《民國以來蒙藏重要政策匯編》, 第197頁, 蒙藏委員會(臺灣), 2001年 12月 第1版.

28 我們國家不只是共產黨的國家, 不是毛主席周恩來的國家, 也不是你李部長(李維漢)的國家……你們有些做法, 太失人心, 蔣介石、馬步芳沒有做過的事, 你們做了……你們老愛回避實質問題, 而搞數字遊戲, 什麼一條道路、兩個陣營、三面紅旗、四大自由、五項原則、六條標準、七個清查、八字憲法……我也向你學習, 用幾個數字, 講講你們這九年的毛病: 一說假話、二不認錯、三亂整人、四無佛心, 不講人道. 不能用一個人(毛澤東)的喜怒好惡來判斷是非曲直.

何頻, 〈西藏進入敏感季節〉,《中國之聲》, 1991年 6月(第97期); 仁眞洛色, 謝剛政、游祥飛 主編,《海外"民運"分子與藏獨分子談"西藏問題"文集》, 第118頁, 四川藏學研究所, 2000年 5月 內部刊物.

29 我們一直生活在自己異想天開的傻瓜似的天堂裏.

艾夫唐(美國), 尹建新(中國) 譯,《雪域境外流亡記》, 第131頁, 慧炬出版社(臺灣), 1991年 10月 第1版.

30 達賴喇嘛是西藏的眞正領袖. 西藏的發展必須由藏人來領導, 因爲漢族只是在西藏協助他們而已.

艾夫唐(美國), 尹建新(中國) 譯,《雪域境外流亡記》, 第294頁, 慧炬出版社(臺灣), 1991年 10月 第1版.

31 北京所講的和西藏所幹的完全是兩碼事.

艾夫唐(美國), 尹建新(中國) 譯,《雪域境外流亡記》, 第294頁, 慧炬出版社(臺灣), 1991年 10月 第1版.

32 他們中的一些大膽人, 流着眼淚哀呼 "勿使眾生飢餓, 勿使佛教滅亡! 勿使我雪域之人滅絕! 爲祝爲禱!"

第十世班禪喇嘛,《七萬言書》, 電子版本, 2004年 傳發.

33 你們想把班禪培養成民族領袖, 我看他當不了領袖!

何頻,〈西藏進入敏感季節〉,《中國之聲》, 1991年 6月(第97期); 仁眞洛色,謝剛政,
游祥飛 主編,《海外"民運"分子與藏獨分子談"西藏問題"文集》, 第118頁, 四川藏學
研究所, 2000年 5月 內部刊物.

34 神聖的達賴喇嘛被劫持到了外國. 在此期間, 如果達賴喇嘛安然無恙, 是符合全
 體西藏人民的共同利益的. 因爲, 只要達賴喇嘛安然無恙, 西藏人民的吉祥之
 源就沒有枯竭. 今天, 藉我們大家聚會的機會, 我申明自己的堅定信念: 西藏在
 不久的將來一定會重獲獨立, 神聖的達賴喇嘛一定會重返法座. 神聖的達賴喇
 嘛萬歲!

艾夫唐(美國), 尹建新(中國) 譯,《雪域境外流亡記》, 第295頁, 慧炬出版社(臺灣),
1991年 10月 第1版.

35 如果人們緊捏蛇身, 一定可以將它的五臟六腑全擠出來. 但置蛇於死地, 就要擊
 它頭部. 如果我們通過鬪爭會來緊逼班禪喇嘛, 許多隱藏的反動派和國家的敵
 人就會自行跳出來. 如我們置班禪於死地, 全部反動集團就會土崩瓦解, 如同
 一棟房子的基礎被摧毀了一般.

艾夫唐(美國), 尹建新(中國) 譯,《雪域境外流亡記》, 第296頁, 慧炬出版社(臺灣),
1991年 10月 第1版.

36 他, 殺人, 與他兄弟的妻子同居, 縱酒狂歡, 偸竊寺院佛像……

艾夫唐(美國), 尹建新(中國) 譯,《雪域境外流亡記》, 第297頁, 慧炬出版社(臺灣),
1991年 10月 第1版.

37 每當決定問題時, 我總是徵得了張國華的同意!

艾夫唐(美國), 尹建新(中國) 譯,《雪域境外流亡記》, 第297頁, 慧炬出版社(臺灣),
1991年 10月 第1版.

38 在流亡中的西藏佛教精神領袖達賴喇嘛在記者招待會上說 "從前, 當局有意强
 調同化, 要學生學漢語而不是學藏語, 但是現在這種情況少多了. 情況雖然在好
 轉, 但是根本算不上幸福. 漢人二十多年的統治造成了一種普遍的恐懼感."

〈達賴在美對記者說西藏的情況已有改善〉,《參考消息》, 1981年 7月 12日.

39 除了獨立以外什麼都可以談.

紀碩鳴,〈鄧小平西藏政策揭秘〉,《亞洲週刊》(香港), 2007年 3月 11日(第二十一卷
第九期).

40 二十年來, 流亡的大部分西藏人與家人失去聯絡, 不知西藏親人的情況, 請開
 放印度和西藏邊境, 海外的藏民可以回去探親, 找他們的親人.

紀碩鳴,〈鄧小平西藏政策揭秘〉,《亞洲週刊》(香港), 2007年 3月 11日(第二十一卷
第九期).

41 一點問題都沒有, 非常歡迎藏族人民回來探親, 來去自由. 在西藏自治區的藏族
    同胞也可以自由地到印度去, 或者旅遊、或者去朝聖, 一點不沮擋, 我今天就下
    命令.
    紀碩鳴,〈鄧小平西藏政策揭秘〉,《亞洲週刊》(香港), 2007年 3月 11日(第二十一卷
    第九期).

42 班禪喇嘛在這些年中受了很多委屈, 希望能恢復班禪喇嘛的自由.
    紀碩鳴,〈鄧小平西藏政策揭秘〉,《亞洲週刊》(香港), 2007年 3月 11日(第二十一卷
    第九期).

43 我馬上派人去處理, 恢復班禪的職位, 我們委任他做政協副主席.
    紀碩鳴,〈鄧小平西藏政策揭秘〉,《亞洲週刊》(香港), 2007年 3月 11日(第二十一卷
    第九期).

44 班禪也是人啊.
    曹長青 主編,《中國大陸知識分子論西藏》, 第244頁, 時報文化出版公司(臺灣),
    1996年 5月 第1版.

45 這簡直是植民地的做法!
    何頻,〈西藏進入敏感季節〉,《中國之聲》, 1991年 6月(第97期); 仁眞洛色、謝剛政、
    游祥飛 主編,《海外"民運"分子與藏獨分子談"西藏問題"文集》, 第116頁, 四川藏學
    研究所, 2000年 5月 內部刊物.

46 달라이라마(티베트), 심재룡 옮김,《달라이라마 자서전》, 341쪽, 정신세계사,
    2003년 10월 제2판.
    我非常感謝他, 因爲他有極大的勇氣, 公開承認中共在西藏所犯的錯誤.
    達賴喇嘛(TIBET), 康鼎(臺灣) 譯,《達賴喇嘛自傳──流亡中的自在》, 第275頁,
    聯經出版社(臺灣), 1990年 12月 第1版.

47 許多預言表明, 我是最後一位達賴喇嘛.
    艾夫唐(美國), 尹建新(中國) 譯,《雪域境外流亡記》, 第386頁, 慧炬出版社(臺灣),
    1991年 10月 第1版.

48 三十餘年里, 西藏發展過程中付出的代價太高, 得小于失.
    達瓦才仁,〈關於西藏問題的看法〉,《北京之春》, 1996年 2月(第33期); 仁眞洛色、謝
    剛政、游祥飛 主編,《海外"民運"分子與藏獨分子談"西藏問題"文集》, 第43頁, 四川
    藏學研究所, 2000年 5月 內部刊物.

49 Amnesty International, Urgent Action 8. 3. 1989, PRC 'Fear of Mass Arrests /
    Torture / Summary Execution in TIBET'; 폴 인그램Paul Ingram(영국), 홍성녕
    옮김,《티베트, 말하지 못한 진실TIBET, The Facts》, 187쪽, 알마, 2008년 7월

제1판.

50 달라이라마(티베트), 심재룡 옮김, 《달라이라마 자서전》, 392쪽, 정신세계사,
2003년 10월 제2판.
我相信痛苦來自無明, 人們會把自己的快樂與滿足建築在別人的痛苦上. 但眞
正的幸福來自內在的安詳和滿足, 唯有經由利他、博愛、慈悲、消滅貪嗔癡的
修養才能達成.
達賴喇嘛(TIBET), 康鼎(臺灣) 譯, 《達賴喇嘛自傳——流亡中的自在》, 第320頁,
聯經出版社(臺灣), 1990年 12月 第1版.

51 청전淸典, 《달라이라마와 함께 지낸 20년》, 19쪽, 지영사, 2006년 6월 제1판.

52 청전, 《달라이라마와 함께 지낸 20년》, 19~20쪽, 지영사, 2006년 6월 제1판.

53 這次它又把從事破壞民族團結和分裂祖國活動的達賴作爲授奬對象, 只能是對
諾貝爾和平奬的莫大嘲弄.
〈諾貝爾和平奬委員會竟向達賴頒奬〉, 《人民日報海外版》, 1989年 12月 12日.

54 미셸 마틴Michelle Martin(미국), 신기식 옮김, 《까르마빠, 나를 생각하세요Music
in the Sky》, 21쪽, 지영사, 2007년 12월 제1판.

55 미셸 마틴(미국), 신기식 옮김, 《까르마빠, 나를 생각하세요》, 21쪽, 지영사, 2007
년 12월 제1판.

56 미셸 마틴(미국), 신기식 옮김, 《까르마빠, 나를 생각하세요》, 70쪽, 지영사, 2007
년 12월 제1판.

57 미셸 마틴(미국), 신기식 옮김, 《까르마빠, 나를 생각하세요》, 116쪽, 지영사,
2007년 12월 제1판.

58 미셸 마틴(미국), 신기식 옮김, 《까르마빠, 나를 생각하세요》, 116쪽, 지영사,
2007년 12월 제1판.

59 미셸 마틴(미국), 신기식 옮김, 《까르마빠, 나를 생각하세요》, 118쪽, 지영사,
2007년 12월 제1판.

60 On my part, I am making an effort to learn the Korean language so that in the
near future I will have a better insight into your history and culture. It is my
sincere prayer that I will be of benefit to you in the future.
미셸 마틴(미국), 신기식 옮김, 《까르마빠, 나를 생각하세요》, 6쪽, 지영사, 2007
년 12월 제1판.

61 내가 라싸 여행안내원에게 제출한 허가증 전체 원문은 다음과 같다.

西藏自治區旅遊局

旅藏確認函 NO0052235號

西藏聖源雪鴿旅行社:

　　茲確認 SY-110107 團一行零壹人

于貳零壹壹年零壹月零柒日至貳零壹壹年零壹月零玖日在藏旅遊.

旅行路線及地點: 成都、拉薩、成都

注: 請加强管理.

　　民航　火車　汽車售票處　　　　　西藏自治區旅遊局
　　　　(公章)　　　　　　　　　　　　(公章)

注: 此件不收費 NO COMMISSION FEE　　貳零壹壹年零壹月零伍日

62　이광일李光一,〈티베트는 독립할 수 있을까?〉,《한국일보》2008년 3월 27일자.

63　中共一再講, 老一輩的流亡人士結束後, 新一代人無法繼承西藏未竟的事業. 我當選最重要的信息是, 西藏的事業延續不斷, 老一輩流亡藏人很平穩的把他們的權力和事業交給新的年輕西藏一代. 西藏的事業在沒有解決西藏問題時, 一定會延續下去, 這是上一輩對新一代的期待.
紀碩鳴,〈流亡藏人領袖告別貴族宗教執政〉,《亞洲週刊》(香港), 2011年 6月 19日(第二十五券第二十四期).

64　中華蘇維埃政權承認境內少數民族的自決權, 一直承認到各弱小民族有同中國脫離, 自己成立獨立國家的權利. 蒙、回、藏、苗、黎、高麗人等凡居住在中國地域內, 他們有完全的自決權, 加入或脫離蘇維埃聯邦, 或建立自己的自治區域.
達瓦才仁,〈西藏問題是中國民運的試金石〉,《北京之春》, 1996年 9月(第40期); 仁眞洛色、謝剛政、游祥飛 主編,《海外"民運"分子與藏獨分子談"西藏問題"文集》, 第70頁, 四川藏學研究所, 2000年 5月 內部刊物.

65　你們吃的是共產黨的飯, 却心向達賴, 爲達賴辦事.
〈茉莉和流亡藏人談歸鄉──達蘭薩拉人們的心裏話〉,《北京之春》, 1998年 11月(第66期); 仁眞洛色、謝剛政、游祥飛 主編,《海外"民運"分子與藏獨分子談"西藏問題"文集》, 第291頁, 四川藏學研究所, 2000年 5月 內部刊物.

66　장하준張夏準,〈불가능은 없다〉,《사랑밭새벽편지》, 2011년 5월 14일.

67　You have sat too long here for any good you have been doing. Depart, I say, and let us have done with you. In the name of God, go!
샤시 타루르Shashi Tharoor(인도), 이석태 옮김,《네루평전Nehru ──The Invention of INDIA》, 156쪽, 탐구사, 2009년 3월 제1판.

한국인은 중국인을 이해해야 한다

여기까지 읽은 사람이 오해할 수 있다.

"당신은 반중인사反中人士로군!"

괴롭다. 나는 중국을 싫어하는 사람이 아니다. 오히려 중국을 좋아한다. 내가 가장 존경하는 은사님이 중국인이고, 내가 사랑하는 학우도 중국인이다. 내게 아픔을 준 중국인도 많았지만, 내게 사랑을 준 중국인도 많았다. 지금 돌이켜 생각해 보면 나도 중국인에게 아픔과 사랑을 줬다. 나는 중국을 사랑한다. 말할 것 없이 이 책에 중국을 비판하는 내용이 많다. 중국인이 내게 항의한다면 나는 이렇게 대답하겠다.

"날마다 조국을 비판하는데, 외국을 비판 못할까?"

일본을 사랑하는 영국인 문화평론가 알렉스 커Alex Kerr는 《치명적인 일본Dogs and Demons》에서 "일본은 더 이상 희망이 없다."고 단정했으며, 미국을 사랑하는 한국인 사회학자 김광기金光基는 《우리가 아는 미국은 없다Gone The AMERICA We Knew》에서 "미국은 더 이상 희망이 없다."고 단정했다. 자신이 사랑하는 대상에게 이보다 더 잔인한 비판은 없을 것이다. 이 책에 나오는 내 중국비판이 이들만큼 잔인하지는 않다.

중국정부는 "티베트가 독립국이었으며, 1950년 중국이 티베트를 침략해서 병합했다."는 명제를 매우 싫어한다. 그래서 외국학자들의 티베트역사서를 열심히 반박하고 "8백 년 전부터 티베트가 중국의 일부였다."고 선전한다. 이 주장은 한 마디로 반박할 수 있다.

"내가 쓴《티베트 비밀 역사》를 칼질 전혀 없이 완역본으로 공개 출판한 뒤 그렇게 말하세요."

원래 정치권력은 거짓말을 잘한다. 권력은 진실을 숨기고 세뇌를 좋아한다. 중국정부는 모든 중국인 두뇌 속에 녹음기를 설치했다. 일 반적인 중국인은 자기 생각이라 착각하는 세뇌지식의 반대의견을 들 으면 두개골 속의 자물쇠를 철커덩 잠가 버리고 녹음기 재생단추를 쿡 눌러 버린다.

"티베트는 중국의 분리할 수 없는 일부!"

그리하여 생각하기를 멈추고 의심하기를 거부한다. 하지만 한국 인은 중국인을 비웃지 말아야 한다. 인간은 자기 이익이 침해당한다 고 느낄 때 두뇌가 이성적으로 돌아가지 않는다. 감성은 본능이지만 이성은 후천적인 능력이기 때문이다. 이것은 독도獨島를 생각하면 쉽 게 이해할 수 있다.

독도가 역사적으로 한국 땅이라는 증거가 많고, 독도가 일본 땅 이라는 증거도 있다. 하지만, 만약 독도가 한국 땅이라는 역사적인 증거가 전혀 없다면, 우리가 독도를 포기할 것인가?

그렇지 않다. 우리는 독도를 점령하고 있으며, 누가 뭐라 하든, 독 도는 한국 땅이다. 일본이 아무리 "독도는 일본 땅!"이라 외쳐도 우리는 귀를 막고 일치단결하여 마지막 한 사람까지 목숨을 걸고 독도를 지킬 것이다.

우리가 저 보잘것없는 바위섬을 이렇게 소중하게 생각하는데, 중국인들이 티베트를 어떻게 생각하겠는가? 중국인에게 분열은 공포다. 외국인이 중국인에게 "티베트독립!"이라 말하는 것은 "내가 너를 죽이겠다!"라고 말하는 것과 같다. 한국인은 중국인에게 "티베트는 중국의 분리할 수 없는 일부"라고 말하라. 그래야 친하게 지낼 수 있으니까.

사실, 중요한 것은 행복이지 독립이 아니다. 만약 중국정부가 "제발 독립하세요."라고 부탁해도 티베트인들이 "독립하기 싫어."라고 말하면 외국인은 할 말 없다. 나는 "티베트가 독립해야 한다."고 생각하는 사람이 아니다. "우리가 찬성하든 반대하든 상관없이, 티베트는 끝내 독립한다."고 생각하는 사람이다. 로마제국이 망할 줄 누가 알았나? 몽골제국이 망할 줄 누가 알았나? 소련이 망할 줄 누가 알았나? 세상에 1천 년 넘게 가는 나라가 없다. 모든 사람은 죽고, 모든 회사는 망하고, 모든 나라는 멸망한다. 이것이 역사법칙이다.

티베트는 망했기 때문에 역사사명을 완수했다. 그 사명이란, 유럽인들에게 티베트불교를 전해 준 것이다.

유럽인의 기본 사상은 세 가지다. 고전철학, 크리스트교 교리, 현대과학. 플라톤에서 출발하여 칸트에서 꽃을 피운 서양고전철학의 주요 관심은 주관주의, 곧 '나'에 대한 통찰이고, 크리스트교 교리의 핵심은 '절대적인' 존재에 대한 순종이며, 현대과학의 혜택은 군사력이 대표하는 강력한 '힘'이다. 따라서 유럽인의 기본 사상은 이렇게 요약할 수 있다.

"나는 절대적인 힘이다."

바로 이런 유럽인에게 불교는 엄청난 충격이다. 왜냐하면 불교는 무한과 무분별과 자비를 가르치기 때문이다. 사랑과 자비는 다르다. 사랑은 인간을 존중하는 것이고, 자비는 사트바를 존중하는 것이다. 그래서 지금 불교를 공부하는 유럽인의 기본 사상은 이렇게 변하고 있다.

"우리는 상대적인 자비다."

티베트는 이미 세계평화에 이바지했다.

중국어는 고립어이고, 티베트어는 첨가어다. 문자도 다르고 문법도 다르다. 언어뿌리가 다르기 때문에 사고방식도 완전히 다르다. 중국은 농경상업문화이고, 티베트는 유목신앙문화다. 중국인은 돈을 추구하지만 티베트인은 행복을 추구한다. 더욱이 자연환경이 완전히 다르다. 중국은 평지가 많지만, 티베트는 협곡과 고원지대이며 설역雪域이다. 중국과 티베트는 물과 기름이다. 잠시 강제로 합칠 수는 있다. 하지만 끝내 저절로 분리된다. 이것이 중국과 티베트의 운명이다. 지금 티베트에서 살고 있는 중국인들은 티베트가 좋아서 살고 있는 것이 아니다. 대부분 먹고 살려고 할 수 없이 티베트로 들어온 사람들이다. 중국인은 대부분 티베트를 떠나고 싶어 한다. 이것이 공공연한 비밀이다.

그날이 언제 올까? 내일? 모레? 글피? 1년 뒤? 1백 년 뒤? 어쩌면 1천 년이 지나야 가능할 수도 있다. 1천 년이 지나도 그날은 반드시 온다. 그날이 오면, 1912년에 벌어진 사건이 다시 벌어질 것이다.

그들은 "이렇게 나쁘고도 좋은 날은 처음 봤소."라고 말하며 티베트를 떠나 중국으로 돌아갈 것이다. 그리고 다람살라망명정부 국회의원들이 제14대 달라이라마의 유골과 영정사진을 앞세우고 포탈라궁에서 노르부링카까지 장엄한 행진을 할 것이며, 라싸 시민들은 그 자리에 엎드려 눈물을 흘릴 것이다.

나는 한국인이기 때문에 한국을 비판적으로 본다. 솔직히 말하자면, 나는 한국을 좋아하지 않는다. 한국은 위선적인 나라다. 더욱이 한국은 베트남에게 미안한 마음을 가져야 한다. 그러나 이런 생각을 하는 한국인이 많지 않다. 나는 한국에서 공부하는 외국인학생에게 이렇게 말한다.

"한국을 비판적으로 바라보고, 좋은 것만 배우세요. 나쁜 것은 배우지 마세요."

나는 오랫동안 중국을 비판적으로 바라보려고 노력했으며, 지금도 비판적으로 본다. 하지만 도저히 인정 안 할 수 없는 사실이 있다. 내 무의식에 중국에 대한 애정이 있다.

우리 인정할 것은 솔직하게 인정하자. 한국이 중국에서 많은 문물을 수입한 것은 사실이다. 심지어 소동파蘇東坡. 1037~1101는 고려인에게 책을 팔지 말아야 한다고 주장했다. 그럴 만도 했다. 고려 상인들은 송나라에서 장사를 한 뒤 그 돈으로 책을 샀다. 그 가운데 희귀본도 많았다. 송나라가 고려에게 지금 송나라에서 사라진 책 목록을 보내면 고려가 송나라에게 그 책들 필사본을 전해 줄 정도였다. 우리는 중국에서 많은 무역흑자도 얻었다. 많은 중국인 학자와 교류하며 우리도 발전했다. 수많은 중국인이 한국독립운동을 도와줬다.

더욱이 장개석에게 감사하게 생각한다. 중국에 착한 사람도 많고 존경스러운 사람도 많으며, 우리가 고개 숙여 끌어들여야 하는 뛰어난 인재도 많다. 중국 고전문학과 고전철학은 놀라움 그 자체다. 중국은 칭찬하고 아끼고 사랑해야 할 것이 많은 나라다.

우리는 대한민국이지 소한민국이 아니다. 어른은 어른답게 행동해야 하며, 대국은 대국답게 행동해야 한다. 한국인에게 부탁한다. 한국어와 한국을 공부한 외국인이 한국을 욕한다면 결코 화내지 말고, 여유 있게 웃으며 "고맙습니다."라고 말하자. 그리고 따뜻하게 안아주어라. 이것이 군자숙녀의 인격이다.

나는 중국에 대한 애정 때문에 중국을 연구하려다가 나도 모르게 티베트를 연구한 사람이다. 미워하고 욕하는 것은 누구나 할 수 있다. 하지만 진정한 승리는 미움이 아니라 이해에서 출발한다. 나는 비밀을 알아내어 진실을 밝히고 비판을 한 것이지, 남을 욕할 생각이 조금도 없다. 한국인이나 중국인이나 티베트인이 이 책을 읽고 기분이 상한다면 그것은 내 책임이다.

그리고 한국인과 중국인과 티베트인에게 이 말을 하고 싶다.

들판에서 살아남은 잡초는 아름답다.

내게 사랑을 준 모든 중국인이 언제나 행복하기를! 티베트인도 마음의 평안을 얻기를!

2013년 2월 2일(토)

만인萬忍 박근형朴根亨

참고문헌

한국어문헌

1차 사료

혜초慧超, 정수일 역주, 《왕오천축국전往五天竺國傳》, 학고재, 2004년 4월 제1
　　판.

박지원朴趾源, 리상호(북한) 옮김, 《열하일기熱河日記》, 보리, 2004년 11월 제1
　　판.

석가모니釋迦牟尼(인도) 구술, 석지현 옮김, 《숫타니파타Sutta—Nipata》, 민족사,
　　2001년 6월 제1판.

정안鄭安 엮음, 《밀린다왕문경Milindapanha; 彌蘭陀王問經; 邢先比丘經》, 우
　　리출판사, 1999년 3월 제1판.

스벤 헤딩Sven Anders Hedin(스웨덴), 윤준·이현숙 옮김, 《티베트원정기A
　　Conquest of TIBET》, 학고재, 2006년 4월 제1판.

하인리히 하러Heinrich Harrer(오스트리아), 박계수 옮김, 《티베트에서의 7년
　　Sieben Jahre in TIBET》, 황금가지, 1997년 11월 제1판.

달라이라마The 14th Dalai Lama(티베트), 심재룡 옮김, 《달라이라마 자서전
　　Freedom in Exile》, 정신세계사, 2003년 10월 제2판.

아데 타폰창Adhe Tapontsang(티베트) 구술, 조이 블레이크슬리Joy Blakeslee(미
　　국) 기록, 김은주·김조년 옮김, 《그래도 내 마음은 티베트에 사네The
　　Voice that Remembers——A TIBETAN Woman's Inspiring Story of
　　Survival》, 궁리, 2007년 4월 제1판.

폴 인그램Paul Ingram(영국), 홍성녕 옮김, 《티베트, 말하지 못한 진실TIBET, The Facts》, 알마, 2008년 7월 제1판.

미쉘 마틴Michelle Martin(미국), 신기식 옮김, 《까르마빠, 나를 생각하세요 Music in the Sky》, 지영사, 2007년 12월 제1판.

저서

김한규金翰奎, 《티베트와 중국의 역사적 관계》, 혜안, 2003년 8월 제1판.

김규현金奎鉉, 《티베트 역사산책》, 정신세계사, 2003년 2월 제1판.

_____ 글, 이상원李尙原 사진, 《바람의 땅 티베트》, 실크로드문화센터, 2008 년 5월 제1판.

김호동金浩東, 《황하에서 천산까지》, 사계절, 1999년 2월 제1판.

김운회金雲會, 《대쥬신을 찾아서》, 해냄, 2006년 3월 제1판.

이희진李熙眞, 《중화사상과 동아시아—자기 최면의 역사》, 책세상, 2007년 4월 제1판.

박원길朴元吉, 《몽골의 문화와 자연지리》, 두솔, 1996년 4월 제1판.

민영규閔泳珪, 《사천강단四川講壇》, 민족사, 1997년 7월 제1판.

청전淸典, 《달라이라마와 함께 지낸 20년》, 지영사, 2006년 6월 제1판.

진순신陳舜臣(일본), 권순만·김태용·오정환·윤대균·진영보 옮김, 《중국의 역사 中國の歷史》 총12권, 한길사, 1995년 11월 제1판.

르네 그루쎄René Grousset(프랑스), 김호동·유원수·정재훈 옮김, 《유라시아 유 목제국사L'Empire des Steppes》, 사계절, 1998년 9월 제1판.

R. A. 슈타인Rolf Alfred Stein(프랑스), 안성두 옮김, 《티벳의 문화La Civilisation TIBÉTAINE》, 무우수, 2004년 10월 제1판.

토머스 레어드Thomas Laird(미국), 황정연 옮김, 《달라이라마가 들려주는 티베 트 이야기The Story of TIBET》, 웅진지식하우스, 2008년 5월 제1판.

에드가 스노우Edgar Snow(미국), 홍수원·안양노·신홍범 옮김, 《중국의 붉은 별Red Star Over CHINA》, 두레, 1995년 2월 제2판.

조너선 D. 스펜스Jonathan D. Spence(영국), 김희교 옮김, 《현대중국을 찾아서
　　The Search for Modern CHINA》, 이산, 1998년 11월 제1판.

다닐로프A. A. Данилов(러시아)·코술리나Л. Г. Косулина(러시아) 공저,
　　문명식 편역, 《러시아역사История государства И народо
　　в россии》, 신아사, 2009년 4월 제1판.

니콜로 마키아벨리Niccolò Machiavelli(이탈리아), 강정인·김경희 옮김, 《군주론
　　Il Principe》, 까치, 2008년 5월 제3판.

시오노 나나미塩野七生(일본), 김석희 옮김, 《로마인 이야기ローマ人の物語》제
　　15권 로마 세계의 종언, 한길사, 2007년 2월 제1판.

샤시 타루르Shashi Tharoor(인도), 이석태 옮김, 《네루평전Nehru——The
　　Invention of INDIA》, 탐구사, 2009년 3월 제1판.

안병대安炳大, 《셰익스피어 읽어주는 남자》, 명진출판, 2011년 1월 제1판.

논문

허일범許一範, 〈한국불교 속의 티베트·몽골불교〉, 《불교평론佛敎評論》 제5호,
　　2000년 겨울호.

김재기金再起, 〈중국—티베트 민족갈등의 정치적 동학動學——국내외적 집단
　　요인을 중심으로〉, 전남대학교全南大學校 대학원 정치학과 박사논문,
　　2001년 2월.

박장배朴章培, 〈청말 민국시대 중국의 변경 지배와 동부 티베트Khams——서강
　　성西康省 창건과정(1903~1939)을 중심으로〉, 서강대학교西江大學校
　　대학원 사학과 동양사 전공 박사논문, 2001년 7월.

박정진朴正鎭, 〈선종禪宗의 신화조작과 정중선淨衆禪〉, 《제1차 무상無相과 사
　　천四川 한중학술문화교류대회韓中學術文化交流大會》, 일시: 2004년 9
　　월 18일 오전 9시~오후 5시, 장소: 사천四川 성도成都 대자사大慈寺,
　　주최: 대자사大慈寺·명원문화재단茗園文化財團·월간 《차茶의 세계》.

송미령宋美玲, 〈17~18세기 조선정부의 몽골 이해〉, 《중국사연구中國史研究》

제62집, 2009년 10월호.

언론

《동아일보東亞日報》　　　《조선일보朝鮮日報》　　　《한국일보韓國日報》
《주간조선週刊朝鮮》　　　《사랑밭 새벽편지》

중국어문헌

1차사료

拔塞囊(TIBET), 佟錦華·黃布凡 譯註, 《拔協》, 四川民族出版社, 1990年 10月 第
　　　1版.

阿旺·貢噶索南(TIBET), 陳慶英·高禾福·周潤年 譯注, 《薩迦世係史》, 西藏人民
　　　出版社, 2002年 9月 第2版.

五世達賴喇嘛(TIBET), 劉立千 譯註, 《西藏王臣記》, 民族出版社, 2000年 2月
　　　第1版.

多仟夏仲·策仁旺杰(TIBET), 湯池安 譯, 《頗羅鼐傳》, 西藏人民出版社, 2002年
　　　12月 第2版.

土觀·羅桑却季尼瑪(TIBET), 劉立千 譯註, 《土觀宗派源流》, 西藏人民出版社,
　　　1985年 11月 第1版.

貝爾Charles Bell(英國), 宮廷璋 譯, 《西藏之過去與現在TIBET, Past and
　　　Present》, 商務印書館, 1930年 9月 第1版.

____, 馮其友·何盛秋·劉仁杰·尹建新·段稚荃·莫兆鵬 合譯, 葛冠宇 校, 《十三世達
　　　賴喇嘛傳Portrait of The Dalai Lama》, 西藏社會科學院西藏學漢文文獻
　　　編輯室, 1985年 編印.

《西藏研究》編輯部, 《民元藏事電稿藏亂始末見聞記四種》, 西藏人民出版社,
　　　1983年 2月 第1版.

達賴喇嘛The 14th Dalai Lama(TIBET), 康鼎(臺灣) 譯, 《達賴喇嘛自傳──流

亡中的自在Freedom in Exile》, 聯經出版社(臺灣), 1990年 12月 第1版.

中國第二歷史檔案館,中國藏學研究中心 合編,《十三世達賴圓寂致祭和十四世達
賴轉世坐床檔案選編》, 中國藏學出版社, 1991年 1月 第1版.

───────────────────────,《黃慕松吳忠信趙守鈺戴傳賢奉使
辦理藏事報告書》, 中國藏學出版社, 1993年 4月 第1版.

徐正光(臺灣) 主編, 劉學銚(臺灣) 編輯,《民國以來蒙藏重要政策匯編》, 蒙藏委
員會(臺灣), 2001年 12月 第1版.

金暉,任一農、馬甯輝 主編,《中國西藏社會歷史資料》, 五洲傳播出版社, 1994年
12月 第1版.

西藏自治區政協文史資料研究委員會 編,《西藏文史資料選集(二)》, 內部發行,
1984年 2月 第1版.

───────────────────,《西藏文史資料選集(三)》, 內部發行,
1984年 2月 第1版.

───────────────────,《西藏文史資料選集(七)》——西藏人民
抗英鬪爭史料專輯, 內部發行, 1985年 8月 第1版.

───────────────────,《西藏文史資料選集(十一)》——第十三
世達賴喇嘛年譜, 民族出版社, 1999年 5月 再版.

拉魯·次旺多吉,《西藏文史資料選集(十六)》——拉魯家族及本人經歷, 民族出版
社, 1995年 8月 第1版.

西藏自治區黨史資料征集委員會,西藏軍區黨史資料征集領導小組 編,《平息西藏
叛亂》, 西藏人民出版社, 1995年 8月 第1版.

第十世班禪喇嘛,《七萬言書》, 電子版本, 2004年 傳發.

저서

王森,《西藏佛敎發展史略》, 中國社會科學出版社, 1997年 4月 修訂第1版.

藏族簡史編寫組,《藏族簡史》, 西藏人民出版社, 1985年 12月 第1版.

王貴、喜饒尼瑪、唐家衛,《西藏歷史地位辨》, 民族出版社, 2003年 2月 第3版.

石碩,《西藏文明東向發展史》, 四川人民出版社, 1994年 3月 第1版.

____,《吐蕃政教關係史》, 四川人民出版社, 2000年 8月 第1版.

鄧銳齡,《元明兩代中央與西藏地方的關係》, 中國藏學出版社, 1989年 2月 第1版.

陳慶英、馬林、星全成、馮智、王維強、熊文彬 編著,《歷輩達賴喇嘛生平形象歷史》,
　　　　中國藏學出版社, 2006年 第1版.

吳豐培、曾國慶,《清朝駐藏大臣制度的建立與沿革》, 中國藏學出版社, 1989年 5月
　　　　第1版.

牙含章,《班禪額爾德尼傳》, 華文出版社, 2000年 1月 第1版.

江平、李佐民、宋盈亭、辛文波、廖祖桂,《班禪額爾德尼評傳》, 中國藏學出版社, 1998
　　　　年 6月 第1版.

楊公素,《中國反對外國侵略干涉西藏地方鬥爭史》, 中國藏學出版社, 2001年 8月
　　　　第2版.

周偉洲 主編,《英國俄國與中國西藏》, 中國藏學出版社, 2000年 7月 第1版.

曉浩,《西藏, 1951年——人民解放軍進藏實錄》, 民族出版社, 1999年 4月 第1版.

多杰才旦、江村羅布 主編,《西藏經濟簡史》, 中國藏學出版社, 1995年 8月 第1版.

美朗宗貞,《近代西藏巨商"邦達昌"之邦達·多吉的政治生涯與商業歷程》, 西藏人民
　　　　出版社, 2008年 3月 第1版.

張天路,《西藏人口的變遷》, 中國藏學出版社, 1989年 3月 第1版.

仁眞洛色、謝剛政、游祥飛 主編,《海外"民運"分子與藏獨分子談"西藏問題"文集》,
　　　　四川藏學研究所, 2000年 5月 內部刊物.

彭英全,《西藏宗教概說》, 西藏人民出版社, 2002年 4月 第2版.

陳立明、曹曉燕,《西藏民俗文化》, 中國藏學出版社, 2003年 7月 第1版.

霍巍,《古格王國——西藏中世紀王朝的挽歌》, 四川人民出版社, 2002年 1月 第1
　　　　版.

周錫銀、望潮,《藏族原始宗教》, 四川人民出版社, 1999年 2月 第1版.

多識·洛桑圖丹瓊排,《藏傳佛教疑問解答120題》, 四川民族出版社, 2000年 5月
　　　　第1版.

金申,《西藏的寺廟和佛像》, 文化藝術出版社, 2007年 6月 第1版.

陳廷湘 主編,《中國現代史》, 四川大學出版社, 2002年 8月 第1版.

李新 總編, 周天度、鄭則民、齊福霖、李義彬、董長芝、黃道炫、張北根,《中華民國史》
　　　　第三編 第二券 上冊, 中華書局, 2002年 4月 第1版.

＿＿＿＿＿＿＿＿＿＿＿＿＿＿＿＿＿＿＿＿＿＿＿＿＿＿,《中華民國史》
　　　　第三編 第二券 下冊, 中華書局, 2002年 4月 第1版.

李新 主編, 汪朝光,《中華民國史》第三編 第五券, 中華書局, 2000年 9月 第1版.

＿＿＿＿＿, 朱宗震、陶文钊,《中華民國史》第三編 第六券, 中華書局, 2000年 9月
　　　　第1版.

嚴如平、熊尚厚 主編,《民國人物傳(第八券)》, 中華書局, 1996年 7月 第1版.

＿＿＿＿＿、宗志文 主編,《民國人物傳(第九券)》, 中華書局, 1997年 3月 第1版.

婁獻閣、朱信泉 主編,《民國人物傳(第十券)》, 中華書局, 2000年 6月 第1版.

中國革命博物館研究室 郭雄、夏燕月、李效蓮、李俊臣 編寫,《抗日戰爭時期國民黨
　　　　正面戰場重要戰役介紹》, 四川人民出版社, 1985年 7月 第1版.

徐才安、蔡東洲,《川史通講》, 西南財經大學出版社, 1996年 1月 第1版.

大紀元編輯部,《九評共産黨》, 大紀元(韓國), 2004年 11月 第1版.

王力雄,《天葬: 西藏的命運》, 大塊文化出版公司(臺灣), 2009年 3月 再版.

曹長青 主編,《中國大陸知識分子論西藏》, 時報文化出版公司(臺灣), 1996年 5月
　　　　第1版.

孫子和(臺灣),《西藏研究論集》, 商務印書館(臺灣), 1989年 7月 第1版.

札奇斯欽(臺灣),《蒙古與西藏歷史關係之研究》, 正中書局(臺灣), 1978年 4月 第1
　　　　版.

星雲大師(臺灣),《菩薩的宗敎體驗》, 香海文化事業有限公司(臺灣), 2008年 10月
　　　　第1版.

更敦群培(TIBET), 格桑曲批 譯, 周季文 校,《白史(更敦群培文集精要)》, 中國藏
　　　　學出版社, 1996年 12月 第1版.

黎吉生Hugh Edward Richardson(英國), 李有義 譯,《西藏簡史A Short History

of TIBET》, 鉛印本(中國), 1978年 編印.

夏格巴Tsepon W. D. Shakabpa(TIBET), 藏區政治史翻譯組 譯, 《藏區政治史
　　TIBET: A Political History》, 油印本(中國), 1992年.

艾夫唐John F. Avedon(美國), 尹建新(中國) 譯, 《雪域境外流亡記In Exile From
　　The Land Of Snows》, 慧炬出版社(臺灣), 1991年 10月 第1版.

範普拉赫Michael C. van Walt van Praag(和蘭), 中國社科院民族研究所翻譯組
　　譯, 《西藏的地位——從國際法角度對西藏歷史,權利與前景的分析The
　　Status of TIBET: History, Rights, and Prospects in International Law》,
　　中央統戰部(中國), 1991年 6月 鉛印本.

戈爾斯坦Melvyn C. Goldstein(美國), 杜永彬 譯, 《喇嘛王國的覆滅A History of
　　Modern TIBET, 1913~1951: The Demise of the Lamaist State》, 中國藏
　　學出版社, 2005年 再版.

戈倫夫A. Tom Grunfeld(加拿大), 伍昆明·王寶玉 譯, 《現代西藏的誕生The
　　Making of Modern TIBET》, 中國藏學出版社, 1990年 8月 第1版.

米歇爾·泰勒Michael Taylor(瑞士), 耿昇 譯, 《發現西藏Mythos TIBET——
　　Entdeckungsreisen von Marco Polo bis Alexandra David Néel》, 中國藏學
　　出版社, 1999年 1月 第1版.

湯瑪斯·賴爾德Thomas Laird(美國), 莊安祺(臺灣) 譯, 《西藏的故事——與達賴
　　喇嘛談西藏歷史The Story of TIBET》, 聯經出版社(臺灣), 2008年 7月
　　第1版.

英德 L. 馬利克Inder L. Malik(印度), 尹建新·盛艷·段荃 譯, 《西藏的歷代達賴喇
　　嘛Dalai Lamas of TIBET》, 中國藏學出版社, 1991年 9月 第1版.

勒內·格魯塞René Grousset(法國), 黎荔·馮京瑤·李丹丹 譯, 《草原帝國The
　　Empire of The Steppes》, 國際文化出版公司, 2010年 6月 第2版.

논문

任乃强, 〈檢討最近藏局〉, 《康藏研究》 1949年 7月 第27期.

張遐民(臺灣), 〈共匪暴政下之大陸邊疆近況〉, 《中國邊政》(臺灣) 1975年 9月 第
　　51期.
蔣武雄(臺灣), 〈西藏抗暴運動的回顧〉, 《中國邊政》(臺灣) 1979年 12月 第67,68
　　期 合本.
賈大泉 主編, 《四川歷史研究文集》, 四川省社會科學院出版社, 1987年 11月 第1
　　版.
楊永紅, 《吐蕃軍事研究》, 四川大學 中國藏學研究所 博士論文, 2008年 4月 13
　　日.
〈西藏是中國領土的一部分無可辯駁, 西藏人權狀況新舊社會不可同日而語——
　　《西藏的主權歸屬與人權狀況》白皮書發表座談會部分發言摘要〉, 《中國藏
　　學》 1992年 第4期.
秦和平, 〈1912年民國政府籌治西藏措施述評〉, 《中國藏學》 1993年 第4期.
伍昆明, 〈1914-1917年英國政府向西藏地方當局供應武器的政策〉, 《中國藏學》
　　2000年 第1期.
張羽新, 〈蒙藏事務局及其對藏政的管理〉(上), 《中國藏學》 2003年 第1期.
石碩, 〈康區藏族的形成及多元文化特點〉, 《人文科學論集》(韓國), 江南大學校 人
　　文科學研究所, 2004年 總第13集.

언론

《申報》　　　　《康導月刊》　　　《人民日報》　　　《人民日報海外版》
《光明日報》　　《參考消息》　　　《西藏日報》　　　《中國國家地理》
《亞洲週刊》(香港)　《鳳凰資訊》(香港)

찾아보기